明治史論集

書くことと読むこと

御厨 貴
Mikuriya Takashi

吉田書店

明治史論集

——書くことと読むこと——

目　次

第Ⅰ部 明治史を書く――論文編

第Ⅱ部　明治史を読む——書評編

【凡例】

・本書に収録した論稿は、巻末に一覧として掲げた初出論文に適宜手を加えるなどしたものである。ただし、序と各章冒頭に掲げたコメントは新たに書き下ろした。

・［　］は編集部が入れた文言である。

・本書に収録するにあたり、他章との整合性の観点から元号優先表記に改めた論稿がある。一方で、特に第Ⅱ部などでは、西暦優先表記のままとしている論稿もあり、あえて統一をとっていない。

序——明治は遠くになりにけり

明治一〇年代に始まる「国家形成期」にむけて、わが学者人生のすべてを賭けた時期があった。それは、学者として駆け出しの一九八〇年代のこと。一九八〇年刊行の処女作『明治国家形成と地方経営』(東京大学出版会)と、一九八四年刊行の第二作『首都計画の政治』(山川出版社)は、モノグラフィーの形をとったその成果である。後に二〇〇七年刊行の『明治国家をつくる』(藤原書店)に、この二作品は一書として収められた。

そこでの私の「自著自注自解」は、次のようなものであった(『政治へのまなざし〈特装版〉』千倉書房、二〇二一年の「付録」)。

「一八八〇年代の日本は七〇年代とも九〇年代とも異なる一つの画期であった。それは官僚制度、内閣制度、議会制度といった明治国家の統治のハードコアを作り上げる試みと、様々な政策や計画を地方や首都に課していく明治国家の統治のソフトウェアを作り出す試みが併行しながら進み相互に連関するダイナミックな時代であったことに由来する。そこに『地方経営』と『首都計画』とを焦点とする統治の『楕円』構造が顕在化してくる。……〔二著を、〕『楕円の構造と異端の系譜』という新たな観点から集大成した作品である」。

明治史を対象とした作品は、この二作以降にもう一つある。それはこの二作に登場しえなかった明治天皇と〝建国の父祖共同体〟にまつわる物語である。「精密実証主義」の装いを完全に打破した「歴史物語」として、主として明治二〇年代以降を対象に描いたものだ。やはり既述の「自著自注自解」に沿って、二〇〇一年刊行の『明治国家の完成　一八九〇─一九〇五』(『日本の近代』第三巻、中央公論新社)を繙いてみよう。

「近代最初の『世紀末・新世紀』を明治の時代軸上に浮かび上がらせ、その位置の中から、明治天皇を取り巻く五人の政治家たちが、相互連鎖的に関係を深めつつ、明治国家の統治の『ゲーム』に臨んでいく姿を描きだす。明治憲法、帝国議会、条約改正、日清戦争、そして日露戦争。明治国家の統治の実態を探ると、明治天皇と建国の父祖たちに流れる共同体の意識が明らかになる」。

「精密実証主義」こそが学者の本分であると信じながら、何とかそこからの離脱をはかり、学者の領分とのギリギリのせめぎ合いを試みて来たのが、〝私の明治史〟との戦いの日々であった。「歴史物語」を一方に、そして「体系的一貫性」を他方においていたように思う。しかし当初においては、「精密実証主義」から「体系的一貫性」への離脱が試みられたように思う。だが一九八〇年代にくり返されたせめぎ合うその日々について忘れて久しい。私は一九八九年から二年間のアメリカ留学生活と、一九九〇年代の怒涛の如き私を取り巻く内外の人生模様の劇的変化の中で、それらの戦いの日々を忘却の彼方に無意識のうちに追いやってしまっていた。先に〝お宝探し〟の第一弾(『戦後をつくる』吉田書店、二〇一六年)で、「戦後史」に埋まったわが一九九〇年代を掘りおこしたように、〝お宝探し〟の第二弾で、「明治史」にうずもれていたわが一九八〇年代を、数々の掘り出された作品との再会の中で覚醒させたのであった。

わが「明治史」との戦いの日々は、決してモノグラフィーの形をとったあの一著二作品として「体系的一貫性」化されたものに限られなかった。いや、おびただしい数の論文、エセー、レビューアーティクルなどの形をとって、それらは至る所でモノグラフィーになりきらぬ自己の独自の存在を主張していた。時としてそれは「歴史物語」への傾斜を示している。〝お宝探し〟が進み、わが学者人生の若き青年客気の時代のとてつもない作品群との新たな出会いの中で、戦いの日々は追憶の日々としてて、はっきりと自分の中に蘇った。

本書の第Ⅰ部「論文編」の主柱をなす第1章、第2章、第3章の三大論文は、第Ⅱ部「書評編」の前半の1、2、3と、実は平仄を同じくしている。さらには、モノグラフィーと成った一著二作品とも共振している。どうしてそうなったのか。当時は混沌としていた意識を、今ならここだと明確に捕捉できる。何かあれば「書いてしまえ」との衝動に駆られていた若書きの私にとっては、明治史を〝書く〟ことも、明治史を〝読む〟ことも、すべてが明治史に係わる不可分一体の行為であり、明治史へのわが「心証」を形づくるための果てることのない試みに他ならなかった。表現形態はどうあろうと、明治史の手応えをつかむことが何よりも私の戦いの成果と思い込んでいたからだ。

自らの明治史への思いを書くことと読むこととの中に炸裂させる。「精密実証主義」と「体系的一貫性」のどちらをも満足させる論文を書くことが大切なのだとの思い込みがまずあった。だから「論文編」の第1章から第3章の大論文に関していえば、その双方のどちらをも満足させせぬ中途半端な作品というのが、当時の自己評価であった。レビューアーティクルの1と3は、自らの作品の正統性を主張するために、先達の作品にモノ申す体の行為であったと、まもなく気づくことになる。今なら〝倦怠感〟に襲われたところであろうが、当時は一度書いたもの、読んだものには、二度と振り向きもせず、ただただ新たな「心証」を求めて前へ前へとひたすら進んでいったので、そんな感慨を催す〝ゆとり〟すらなかったと言えよう。

「論文編」の後半の第4章から第8章までの、今見ると〝ごった煮〟の如き、それこそ〝未完〟とも覚しき作品群は、「書評編」の5、6、それに第6章に補として収めた「鉄道会議」のレビューアーティクルもどきの作品とも触れ合うものがある。それらの発想の芽は、後のリーディングス、『東京——首都は国家を超えるか』（読売新聞社、一九九六年）や、『政策の総合と権力——日本政治の戦前と戦後』（東京大学出版会、一九九六年）さらには『戦後をつくる』の柱となる論文へと育まれていったことが今ではわかっている。もっとも青い芽のまま終わってしまった「論文編」の「百科全書派と田口卯吉」（第8章）や「書評編」5と6の「特許制度と高橋是清」、それに先に述べた「鉄道会議」も、今再会すると懐かしい思いがする。なぜなら、明治史の沃土を開拓しまくろうとした戦いの日々の中で、「歴史物語」への方向性を意識した、ともかくの戦利品ではあるのだから。

「書評編」の後半の柱となる、7と8は、異様に長い。ただ発表されたのは、二一世紀に入ってからのことであるが、基本的な着想は、一九八〇年代の明治史との戦いの日々の中にあった。升味準之輔と佐藤誠三郎。共に現代政治に迫る二人の政治学者が、若かりし日にそれこそ明治史の中でも幕末・維新期や自由民権期からの史的パノラマの展開の中で、思わず知らず射程距離の長さを示した作品に対して、深い憧憬の念を抱き続けて来たのは確かだからだ。二人の他界が、その思いをはっきりとカタチにできる契機になったのだと思う。

とまれ、若き日の明治史を書き、明治史を読む戦いの日々の成果を、戦利品として並べた本論文集を、博物館めぐりよろしく改めて順番にながめて見ると、大小の作品がそれぞれに未完ながら、いや未完だからこそのエネルギーをいまだに発し続けているのがわかる。時に歴史家としての自己のアイデンティティーの確立が、本論文集の通奏低音として始まる「精密実証主義」と「歴史物語」とをめぐる学者の本分と領分に関わる永遠の課題にあることを、強烈に再認識させられた。

この永遠の課題については、新刊の『戦前史のダイナミズム』（放送大学叢書、左右社、二〇一六年）の、冒頭の第一章『明治史の「流れ」と幕末・維新期の「歴史物語」』の中で、詳細に述べておいたので、ここではくり返さない。

私の明治史の四つめの作品集として、今を去ること三、四〇年前の一九八〇年代の歴史の響きを感じながら読んでいただくことを望みたい。私自身にとっては、「初心忘るべからず」との思いを新たに、「明治は遠くになりにけり」と言い古された文言を今一度ひっくり返す礎にしたいと願っている。

第I部　明治史を書く——論文編

序章

明治がつくった二〇世紀日本

この序章に掲げた文章を書いたのは、二〇〇〇年代初頭である。

放送大学の「日本政治史」テキストの冒頭三章分に該当する。自分なりに、明治・大正時代のスケッチができるようになったという自信もあったのかもしれない。それまでの論文（本書に収録した論文群に相当する）では、論じる対象から除外していた明治天皇、戦争の問題を、積極的に取り上げた。〃通史〃というものを意識する限りは、この二つを避けては通れないとの意識が働いたことは言うまでもない。

そう、通史という問題は歴史家に常に付きまとう。すべてを知らねばならぬという全能幻想に襲われながら考えるのだ。確かに知っていないと書けないし、かと言って知り過ぎると書けない、これが通史なのだろう。

私自身、一九八〇年代、九〇年代は、個別の専門論文を書くことに生きがいを感じていても、通史的な文章を書くことには、ついぞ食指が動かなかった。個々のテーマを丹念に掘り下げ、思いもよらずにそれらが論理的につながったりすること、それを世に問うことにこそオリジナリティが存在するとの思いにとらわれていた。

であればこそ、通史的な講義を行うことは極めて苦手であった。私の「日本政治史」と銘打たれた、本来であれば通史的な講義を期待された都立大学の教場での学生との一期一会の出会いは、蓋を開けてみれば、テーマ別のもの、いわば特殊講義であったことを白状せねばなるまい。受講する学生の、「これじゃあ、とても敵わないなあ」という顔を見ながらも、「自分は自分。他の人は知りませんがね」という不遜な態度で押し通してしまった若かりし自分を恥しく思う。

時宜を得てと言うべきだろうか、二〇〇〇年代に入って放送大学という場を与えられ、通史的な構成をとらざるをえないという、ある意味では外圧を利用してできあがったのが、ここに収めた文章である。タネをあかせば、この文章に先立って、放送教材の作成をすでに済ませていた。そこでのゲストスピーカーとの対話を踏まえた構成が、ついに通史の執筆を容易にした面があるように思う。読者諸氏がどう読んでくれるか、かつての都立大学における〝特殊講義〟受講生に遅ればせながら捧げたい。明治がほぼ完成し、大正へと移らんとする時期を描いた一文を、明治史への誘いの章として読んでいただければ幸いである。

1 20世紀の開幕

「世紀」で考える

「近代」という時代が始まって以来、二度目の新しい世紀があけた。では一〇〇年前の「近代」最初の新世紀を、日本人はどのように迎えたのであろうか。

考えてみれば、「世紀」という認識の仕方そのものに、西洋暦をあたりまえのこととして受けいれる時間感覚が、あたかも遺伝情報のようにわれわれの体内に知らず知らずのうちに入りこんでいる。西洋暦の世界、それはまさに今日流にいうグローバル・スタンダードの適用される世界にほかならない。そしてかつては時間を支配することは空間を支配することと同一であった。

空間の支配はそのまま時間の支配となる。それは帝国主義的領土拡大すなわち植民地獲得において避けることのできぬ事態であった。だが当時の日本は、欧米帝国主義の領土的支配のもとにあったわけではない。黒船来航以来、欧米帝国主義との出会いから「死の跳躍」（お雇い外国人で医学者のトク・ベルツが、日本の猛烈なスピードでの近代化へのテイクオフを指して述べた表現）を賭けて近代化をめざした新興の帝国主義国家だったのである。にもかかわらず、日本が近代化＝西洋化を積極的に受けいれる以上、西洋暦というグローバル・スタンダードもまた受けいれざるをえない。それこそが当時の日本が置かれた立場であった。

結局日本は、政府布告というかたちでの国家公認の元号たる明治と、グローバル・スタンダードとしての西洋暦たる一九世紀とを併用することとなる。西洋紀元で事《こと》の成り行きを考えることは、一〇〇年単位の歴史認識を自覚化することにつながっていく。それは西洋の衝撃を受けた日本における空間支配なき時間支配の進行でもあった。

しかし他方で一世一元の重みもまた年数をへるに従って増していく。それは明治天皇という人格と分かちがたく結びついているからだ。つまり明治天皇が日本の近代化と密接不可分のかたちで成長していくかぎりにおいて、「明治」という元号も独自の時間の刻印となっていく。こうして、「世紀」と「明治」とは、二つながらに近代日本の時間支配を達成することになる。

一九世紀末に帝国主義を正統化したラディヤード・キップリングは、「ジャングルブック」の作者として、一世紀たってなおよく知られている。実は、キップリングはインド生まれのイギリス人で、イギリスで教育を受けた後、一六歳のときにインドに戻って新聞記者になった。そのときに書いていたものが本国で評判を得たため、彼はアジアを漫遊しながらイギリスに戻ることになる。

その途中で日本に寄ったのがちょうど明治憲法ができた一八八九（明治二二）年であった。キップリングはひと月日本に滞在して、日本の印象記を書いている。それから三年後の一八九二年に、もう一度日本に来て、鎌倉の大仏についての詩を書いたりしている。

この来日で目にした日本の伝統芸術のきめ細かさにキップリングは強い印象を受ける。そして彼は心の底から、日本は芸術の国だと感じ入る。そしてこのような芸術の才にあふれた日本人が、憲法を制定して近代国家になろうとすることは注目に値することだと彼は思ってしまう。

キップリングは、世界中に憲法をもってもよい国は二つしかなく、その一つはイギリスで、もう一つはアメリカであるという考えを持っていた。なぜ、そのような割り切り方ができるのか。あえて裏返して言えば、その二カ国は「芸術と無縁の国」だからなのである。

投票したり、政治談義をしたり、新聞を発行したり、工場を建設したりといった近代化は、キップリングに言わせれば芸術性とまっこうから対立するのだ。ありていに言えば、芸術と政治はトレード・オフの関係にある。そうだとすれば、日本は芸術の国なのだから、その国が憲法をもって政治を始めれば、いったいどうなるのかというのが、彼の根本的な疑問になる。

憲法の問題についてもキップリングはいら立つことになる。憲法発布を、人々はどうしてそんなに喜ぶのか。いや、喜んでどうするのだ、と皮肉めいた言葉を何度も投げかける。

憲法はきわめて散文的で退屈なものだ。自分たちが選んだ人間を国会に送りこむというところまではたしかにおもしろいかもしれない。しかし、その後は退屈そのものではないか。それに憲法に保障されている政党政治は、お手本にするイギリスでも決しておもしろいものではなく、もはや飽きあきした制度にほかならない。それなのになぜ日本人はこれから、あえてつまらない統治のゲームのあり方を学んでいくのか。キップリングはまことに正直な見解を述べている。

これはある意味で非常に傲慢《ごうまん》な発言に聞こえる。しかし同時に、日本が必死になって西欧化し、政治の代償に芸術を失っていくのはまことに残念だという率直な批判なのだ。つまり日本人はだれでも政治の議論をする。その政治の議論で日本はますます政治化していく。近代化のなかで、統治のゲームに熱中したあげく、すべてが統治をめぐる議論に巻きこまれてゆく。そのような世界ははたしてほんとうに幸せなのだろうかという反省を秘めた意味で、彼はつぶやくのである。

これは、西欧の真似事としての近代化を日本で実現することが、日本に真の意味の幸せをもたらすか否かという眼差《まなざ》しにほかならない。

国会開設前夜の統治ゲーム

日清戦争を指導した陸奥宗光は、やはり国会開設を前に、様々な思いをめぐらしている。統治のゲームが国会を場として展開することになる以上、戦略はただ一つ、国会の多数を制する以外にありえない。

俗に「数こそ力」と言われるが、リアリティのあるこの言葉のもつ意味を、当時の多くの人々は理解していなかった。三〇〇人の議員によって構成される衆議院の生態を、事前に的確に見通していたのは、かつてイギリスでワラカーのもとで統治のあり方をきちんと勉強した陸奥以外にはいなかったのではあるまいか（萩原延壽『陸奥宗光』下巻、朝日新聞社、一九九七年）。

陸奥は立憲制のあり方、すなわち国会と内閣の相互関係を、内閣による国会の多数維持と理解していた。立憲制と責任内閣はセットで運営されなければ意味がないのである。だがイギリスでもその達成に二〇〇年にわたる長い時間を必要としたことも事実だ。さらにその間にも何が決定打と言える事件が存在したわけではない。世代から世代へと受けつがれるあの気の遠くなるような習慣と先例の積み重ねの結果そうなったのだ。

日本は維新からたかだか二〇年。政党による責任内閣制の即時導入は無理であろうとも、立憲制―

国会を開設する以上、政府側も多数決原理を有効に活用しない手はないはずであった。だが「超然主義」の内閣のもとでいかにしたら国会の多数を獲得しうるのか。これは陸奥にとっても難問であった。

　国会開設前夜の政府は次のような体制であった。すなわち黒田内閣は、「国会開設」をめざして、「憲法制定」を伊藤博文、「条約改正」を大隈重信に担当させ、黒田みずからは「国会開設」に備えての政治環境の整備を進めていった。自治党育成をもくろんでいた井上前外相を一八八八（明治二一）年七月に農商務相に新任させたのも、第一回総選挙を考慮に入れた大隈系の改進党と井上自治党の与党化工作という側面をもっていたのである。

　一八八九（明治二二）年二月の「憲法制定」は、黒田首相－伊藤枢密院議長という薩長体制が生み出した最大の政治的所産にほかならない。この「憲法」から導き出される「明治憲法体制」は、天皇大権のもとに行政・編制・統帥・外交など統治に必要な専門別の大権が分立していた。このような統治の大権を、内閣・軍部などがこれまた分かれて担当し、天皇にのみ責任を負う仕組みである。ただし制度上は分かれていても、内閣が一体として、さらには内閣と枢密院が一体となって機能するならば、統帥権を除く統治の大権は、ここに集中することとなっていた。

　したがって、「超然主義」宣言として知られる黒田、伊藤の演説は、天皇にのみ責任を負う統治の大権のあり方を背景にして初めて理解できるものと言わねばならない。

　伊藤はあくまでも天皇大権や統治の大権を前提にした上で、憲法は「国会開設」を約束したと述べる。統治の大権を制限し抑制する機能を果たすものとして、国会は捉えられているのだ。だからすべての政治主体は、憲法の定める範囲で行動をしなければならぬというわけである。こうした予定調和的憲法体制を高らかに宣言する以上、当然に政党に対してはさらに抑制的にならざるをえない。もちろん事実として国会における政党の存在は認めざるをえない。だが国会より上位に立つ天皇大権および統治の大権は、政党を排除して初めて成り立つのだと言う。一党一派に偏したとき、国家全体の利益が失われるからである。

かくて「超然主義」は、政党を排除し国会を抑制し、ひたすら統治の大権の担い手として現にある内閣と枢密院の一体化を擁護するイデオロギーにほかならぬものであった。そうであれば「超然主義」イデオロギーは、可能な限り反政府派を政府に包摂する役割を当座果たすことになる。国粋派の谷干城がだめならば、大同団結派の後藤象二郎でとして後藤を入閣させたのは、その意味で不思議ではない。

黒田内閣下、大隈外相の条約改正は、大審院判事への外国人任用が憲法違反とされ世論の追及にあい、政府内にあっても賛否両論が拮抗し、解決のめどがつかず、大隈がテロにあうことによってかろうじて中止と決まった。

できたての明治憲法体制は、たちまちにして統治不全の状況に陥った。黒田総理大臣は所与の決定に与《くみ》して絶対に動かない。大隈外務大臣も所信を変えない。伊藤枢密院議長は憲法違反で辞表提出。そういう状況のなかに明治天皇が出てきて調停のための手段を試みるが、結局はコントロールできない。そして宮中派や、薩長藩閥への反対派も、条約改正に反対はするものの、その反対を統治のゲームのなかでの制度的な解決として明確に実現していく手段をもちあわせていない。

その制度的解決のいきづまりのなかで、いかにすればよいかとあれこれ模索している間に、とどめの一発と言うべきか、テロリズムがなんなく事を解決してくれたということになる。明治時代には、これ以前もこれ以後もさまざまなテロがあったが、ともかくも条約改正を中止に追いこみ、機能不全に陥っている統治のゲームに一つの決定を促したテロリズムはこれだけであろう。その点では、窮地に陥っていた「明治憲法体制」に対して、逆説的だがテロリズムがまことに有効に働いた事態だったのではないかと思われる。

「建国の父祖共同体」のダイナミズム

国会開設以後の一九世紀末の統治のゲームの詳細な展開は、拙著をはじめ、他の参考文献に譲りたい。ここでは国会開設前後から明確化する「建国の父祖共同体」と、明治憲法体制とのダイナミクスについて説明しておこう。

明治天皇は、征韓をめぐる明治六年の政変で下野し西南戦争をおこして「逆臣」となった西郷隆盛を深く憐れんでいた。木戸孝允もまた同様であった。したがって「逆臣」西郷はいずれ名誉回復をされることになる。当時の明治天皇にとっては、西郷も木戸も大久保も明治維新を成しとげた「建国の父祖共同体」の第一人者に他ならなかった。確かにドナルド・キーンが『明治天皇』上（新潮社、二〇〇一年）で指摘しているように、ヨーロッパの君主ならば忘恩行為に怒号を浴びせ、「男が反乱を決意するに至った心の痛みのことなど、君主の眼中にないことは言うまでもない」ことだ。明治天皇は近代国家の制度的確立以前に、「建国の父祖共同体」の存在を意識的か否か、考慮し始めていたに違いない。たとえ「逆臣」であろうとも、という点にとりあえず注目しておこう。

かくて明治天皇に受信能力に加え発信能力が担保され始めた時、いよいよ「建国の父祖共同体」の実質化が進められていく。折もよくそれは、明治憲法体制の創設と軌を一にしていた。一見合理的な明治憲法体制において、唯一欠けていたのが、高位高官を退いた短期的な政治的敗者の処遇に他ならなかった。天皇の歴史を繙いてみれば、前近代においてはいったん政治的敗北を喫すればそれは即全人的失脚に連なり、時にそれは物理的死をも意味し、復活の例はほとんどありえない。

だが近代的制度においては、短期的な政治的敗者の処遇を担保しない限り、統治のゲームが効果的に運営されぬ恐れが充分にあった。無論、明治憲法はそのためもあって、枢密院など制度的官制も用意してはいた。しかしこの点にこそ、明治天皇による今ひとつの支配様式が必要とされたことは疑いえない。そこで明治天皇は「元勲優遇」の勅を適宜適切に発する工夫をこらすこととなる。その適用第一号は、一八八九（明治二二）年条約改正に失敗し、首相を辞した黒田清隆と枢密院議長を辞した伊藤博文であった。

明治憲法公布後わずか半年にして、統治の危機を解決できなかった薩長の最高権力者二人に「元勲優遇」の勅が与えられたことの意味は深い。すなわち彼等に対しては、いかなる政治的失敗があろうとも、維新の功臣として別格待遇とすることを、明治天皇がパーソナルな関係の確認行為において証明したことに他ならない。それは一面で彼等の政治的責任を曖昧化すると同時に、他面で特別待遇に処することによって、明治憲法体制を維持させるための人的安全性を確保することを明確化した。

すなわちこれは、あくまでも明治憲法体制の外側にありながら短期的な政治的失敗の有無にかかわらず、「建国の父祖共同体」の一員としての自覚をもたらす結果を生ずる。そして明治天皇と元勲とはあくまでもパーソナルな関係に立ちつつ、明治憲法体制に関与していくこととなる。したがって一八九〇年代の明治憲法体制による統治のゲームの全面展開と共に、「建国の父祖共同体」もまた活性化していく。

三人目の「元勲優遇」の勅は山県有朋に与えられる。金権発動により辛うじて第一議会を切り抜けたものの、以後の展開が開けず、首相を辞したばかりの時であった。だが続く解散と選挙干渉という強権発動で失敗し辞職した松方正義はこれを見送られた。未だ薩派の中での格付けが問題とされたからかもしれない。さらに山県有朋には日清戦争の最中、第一軍司令官退任直後に二度目の「元勲優遇」の勅が発せられている。さらに伊藤は都合四度、山県もやがて四度、松方は後に一度と与えられている。

ここに「元勲元老」の理解の難しさがよく現れている。そもそも「元勲」は洋式解釈でいうところの制度ではない。天皇とのパーソナルな関係で「建国の父祖共同体」というバーチャルな存在をリアリティあらしめる行為である。

どうやら「元勲優遇」の勅は、明治天皇の側からパーソナルな信頼関係を確認する必要があるたびに出されているようである。逆にいうと、同一人物にくり返し出ているということは、その人間が再度明治憲法体制内の要職に返り咲いた折に、いったん天皇と元勲との関係は消去はされぬものの停止されるのではないか。そこでまたもや明治憲法体制内の要職を退いた時、天皇はパーソナルな関係の確認行為をくり返し、「建国の父祖共同体」に招き入れる必要があるのであろう。

しかし現実には「建国の父祖共同体」のメンバーはこの四人に限られない。井上馨、西郷従道、大山巌の三人は、明治天皇の勅は発せられなかったにもかかわらず、事実上元老となった。いわゆる「元老会議」への出席者となったことで、そう認定されているのである。とはいえこの点は疑問なしとはしない。なぜなら「元勲優遇」の勅は、くり返しになるがあくまでも天皇とのパーソナルな関係の確認行為なのだから。もっとも「元老会議」そのものも、制度のように取り扱われてはいるものの、実は明治憲法体制における正式な制度ではなく、統治のゲームの中で事実上できあがったものであるから、相互関係の把握はさらに難しい。

これらを整理すると、次のように言えるのではなかろうか。「建国の父祖共同体」は、本来維新の功臣にして、短期的な政治的敗者の復権への処遇として顕在化していく。しかし、これは顕在化するにつれて天皇とのパーソナルな関係という自由度をしだいに失う。そこにはメンバーシップの問題が生ずるからである。そして大隈重信を含めたメンバーシップの確定が困難に陥るや、ついに排除の論理が働き始めて「元老会議」出席者に事実上元老元勲は限定される結果になったのではあるまいか。つまり一八九〇年代の統治のゲームの展開の中で、明治憲法体制と「建国の父祖共同体」とに競合関係が生じたので、それを制度的に解決する必要があった。そこで二〇世紀の初めには、「建国の父祖共同体」はバーチャルリアリティであるが故に統治にもっていた言い難い力を喪失してしまった。そして「元老会議」という、あたかも明治憲法体制を憲法外機関として支える目にみえる制度となるに至ったのである。

2　日露戦争と戦後経営

桂内閣と日英同盟

伊藤博文と星亨との協力による第四次伊藤内閣は、一九〇一（明治三四）年五月、組閣後わずか半年で閣内対立を起こして総辞職する。

そこで元勲たちが次期首班として推したのは、元勲クラスでただ一人総理大臣の経験のない、長派の井上馨であった。薩長交替路線から言うとあきらかにイレギュラーだが、元勲クラスの組閣という点では、従来の体制を維持していると言える。

組閣の大命を受けた井上は、ついに適格なる大臣を得られず、大命拝辞をせざるをえない。ここに、元勲クラスでありながら、総理大臣として内閣を組織できないという異常事態が起きる。

その結果、元勲たちが最終的に推薦したのは、長州の山県有朋の後継である陸軍大将桂太郎であった。

桂にかわったということは、非常に大きな意味をもつ。桂はこの後、日英同盟から日露戦争という日本の二〇世紀最初の安全保障をめぐる問題を一手に引き受けるからである。しかも桂が総理大臣になると、日清戦争を指導した第二次伊藤内閣よりも長い五年有余（これは戦前の内閣で最長）にわたりこの内閣が維持されたため、一挙に世代交代が進むことになる。

そもそも、桂内閣は、その七割近くの閣僚が、山県系の官僚などで占められていた。したがってこの内閣は一般に「二流内閣」とか「小山県《やまがた》内閣」と呼ばれたのである。

この体制を構造的に見ると、明治憲法体制を担う現場の第一人者が、ようやくこの時点で第二世代、つまり元勲元老世代より一つ下に世代交代をしたことがわかる。維新の三傑が亡くなった一八七七（明治一〇）年前後から二〇年余りが経って、いまや世代交代の嵐が統治のゲームの現場に吹きすさぶこととなった。そして元勲元老は現権力者の後景に退き、その後は堂々と元老会議に出席し、あるいは元老と現職の閣僚を含んだ会議を開催することによって、内閣を後援する。いわば内閣と元勲とが一体になって明治憲法体制を支えていくことになる。

そこで桂内閣成立前後の日本をめぐる国際状況について見ておこう。重要なことは、一九〇〇（明治三三）年六月に、清で義和団の運動が活発化し、やがてそれが北清事変へと発展したことだ。これに対して、ヨーロッパ各国とアメリカ、日本は共同出兵というかたちで、事変の制圧に臨む。結局、列国と清との間の和平交渉で翌一九〇一（明治三四）年九月に北京議定書が調印され、事変は終結する。

各国は義和団の乱の後、軍隊を引き揚げるが、ロシアは事実上満州の軍事占領を行う。一九〇〇（明治三三）年一〇月のことである。ロシア軍が撤退しないでいることは、日本の安全保障上、非常に重大な脅威と言わざるをえない。桂内閣はこうした国際状況のなかで成立したのだ。

国際情勢を考えて内政と外交を対比すれば、桂内閣は当初から外交を重視せざるをえない運命をもっていた。桂内閣のもとでは、ロシアに対してどのような行動をとるか、真剣な議論が交わされることになる。そこに、日英同盟論、日露協商論の二つの議論の対立が浮かび上がる。

桂首相、小村寿太郎外相という第二世代の指導者たちは、イギリスの潜在的なパワーに目をつけ、イギリスと同盟を結ぶことによってロシアを牽制するという考え方をもっていた。これに対して元老伊藤博文や井上馨は、ロシアと交渉して、ロシアとの平和的協調のなかで東アジアの勢力範囲の画定を行いたいと考えて、日露協商論をとっていた。要するに、日本が満州に関するロシアの優越的な地位を承認し、逆にロシアは、韓国（大韓）に関する日本の優越的地位を承認するという満韓交換論をその基礎にするものであった。

将来、いずれの日にか日露開戦があるにしても、できる限り和平交渉でいって、やがて開戦とならざるをえない状況をつくり出す。時期的な問題について、もっとも短い範囲で開戦体制を考えていた小村と、もっとも長い射程距離で少しでも開戦を先延ばしにしようとした伊藤らに差はあるが、最終的な到着点に日露開戦があったことはまちがいないことであった。

伊藤博文は実際にヨーロッパで日露協商の打診をしていた。このことがイギリスを刺激し、もし日露協商が成立すれば、それによって日本は、ロシアとフランス、ロシアとドイツというかたちのヨーロッパの協商関係のなかに巻きこまれることになる。そうなってはイギリスにはなすすべがなくなる。そこで、イギリスは日英同盟を真剣に考えざるをえない。イギリスにとって日本の魅力は、なんといっても海軍力を割くことができずにいた極東で、イギリスの海軍力を代行しうる力があることである。

伊藤自身は、みずからが推進していた日露協商の交渉に本気であった。その日露協商の交渉プロセスが見えていたからこそ、逆に日英同盟の交渉が強力に推し進められる反射効果をもったと言える。

一九〇一（明治三四）年一二月七日、日英同盟条約に最終的に調印するかどうかを決定するための元老会議が開かれる。ここには山県以下五人の元老と、桂太郎首相、小村寿太郎外相、山本権兵衛海相の八人が出席し、日英同盟案を推進することが決定される。

伊藤博文はなお、日露協商の交渉を先にして、それが成立しない場合日英同盟の交渉をすべきだと外地から主張している。しかし、すでに日英同盟をより現実的であるとする意見が強く、伊藤も最終的には日英同盟を先に進めるという案に同意する。

日英同盟は、翌一九〇二（明治三五）年一月末にロンドンで正式に調印され、二月には一般に知らされることになる。秘密交渉であったので、ロシアはこの同盟が発表されたときに驚いたと言われるが、それだけ日英同盟交渉はうまく行ったということであろう。

日英同盟の内容はどのようなものであっただろうか。まず第一に、「清国または韓国」において保護すべき財産が侵された場合、日英両国はその特種権益を保護するために必要な措置をとるということである。第二に、日英両国のうちの一国が、その利益保護のために第三国と戦争を開いた場合、他の一方は中立を守るということである。第三に、戦争になったときに別の一国が敵方に味方した場合には、もう一つの同盟国が参戦するということである。

きわめてもって回った言い方だが、日本の「清国または韓国」における権益をイギリスも尊重するということで、第三国とはあきらかにロシアを想定している。日本がロシアと戦端を開いた場合、イギリスは中立を守る。しかしロシア側にもう一つ別の国が参戦してきたら、イギリスも日本側に立って参戦するという規定であった。

これはイギリスが「光栄ある孤立」から初めて転じた同盟である。つまり、一九世紀末をもって、イギリスの光栄ある孤立は終わったことを示すものでもあった。

日露戦争の政治指導

悪化する一方の日露関係をうけて、一九〇三（明治三六）年四月、桂首相・小村外相と伊藤・山県の二元老が集まり、開戦を前提とした和平交渉を決定する。その後日清戦争のときと同じく、日露戦争においても議会と戦争のタイミングは符丁《ふちょう》を合わせたように、解散・総選挙のまっただなかで戦争が始まり、戦争の間はすべてが挙国一致となって進んでいく。

一九〇三（明治三六）年一二月三〇日に日露戦争の方針が決まる。「清国は中立維持、韓国は実力を以《もっ》て支配下に置く」という決定であった。こうして開戦秒読みの体制になる。翌年一月三〇日には元老会議が開かれた。開戦慎重派であった伊藤にも、主戦派の桂や小村と、もはや見解の相違はなかったと言えよう。かくて二月四日に日露は開戦する。

さて戦争はどのように展開されただろうか。まず国交断絶を通告してのち、日本海軍は旅順を奇襲攻撃する。日清戦争もそうだったが、日本の明治の戦争は二つとも奇襲攻撃によって始まる。

いったん日露の戦いの火蓋《ひぶた》が切られると、戦争を賛美し、日本を賛美し、日本の戦争への道を賛える空気が国内に満ちみちてくる。もちろん非戦論の立場の人がいなかったわけではない。社会主義やキリスト教の立場から反対した人たちもいたが、全体としては戦争を肯定する動きが強く出てくる。

日清戦争のとき以上に、国際環境は日本に有利だった。まず、清も韓国も基本的には日本に対して敵対行動をとらなかったし、イギリスは同盟国として日本に対して好意的であった。もっとも重要なのは、日露戦争に入った日本に対して、アメリカの態度が好意的であったことだ。

アメリカとイギリスが日本に好意的であったことは、直接的には日本の戦費調達に役立つ。日本の日露戦争の戦費は合計一七億円といわれているが、このうち八〇パーセントの一四億円が公債であり、そのうち五四パーセントの八億円が外債であった。ロンドンなどで外債募集に多くの欧米の銀行が応じてくれたことは幸いだった。

開戦当初、日本は勝利につぐ勝利をつづける。海軍は旅順港でロシア艦隊の攻撃に成功し、ウラジオストックの艦隊も撃沈して、一九〇四（明治三七）年八月の段階で日本海、黄海の制海権を獲得する。陸軍は韓国を支配下に置くと同時に、南満州に進出し、やがて遼東半島に上陸するというかたちで、破竹《はちく》の進撃をつづける。陸上においては旅順の総攻撃を除いては、日本の勝利となる。さらにこの年九月、遼陽《りょうよう》の会戦で、かなりの損害をこうむったものの、勝利する。

しかし日本にとって破竹の進撃はこのあたりまでで、さらに北に追撃できるかというと、兵站線の関係から躊躇《ちゅうちょ》せざるをえない。また、遼陽の会戦が行われた後、ロシア側はシベリア鉄道を通して兵力を増強する。日本とロシアの底力の差が出はじめる。

最大の問題は八月から続いていた乃木希典の旅順要塞総攻撃である。旅順が落ちないうちにヨーロッパからバルチック艦隊がやって来ることは避けなければならない。そしてようやく一二月に二〇三高地を奪取し、ロシア太平洋艦隊を撃滅することに成功する。

その後、戦局の中心は満州になり、一九〇五（明治三八）年三月の奉天会戦を迎える。この会戦に投入された兵力は両国合わせてほぼ三〇万と言われる。日本軍は、ロシア軍主力に壊滅的打撃を与えて一挙に勝利を獲得したいと思ったが、ロシア軍は北方に引き下がり、陣容を立て直す。この奉天会戦をメルクマールに、日本は兵力数においてロシアに対しても劣勢を強いられるようになる。日本の動員能力、武器の調達能力が枯渇し、要である戦費調達もしだいに苦しくなってきた。

しかも問題は、ここまで戦ったところで絶対にロシアは和議を求めなかったということにある。ロシアはいったん始まった戦争は皇帝の戦争であり、皇帝が戦争を認めているかぎり続行するということで、和平への意向をまったくもたなかった。

奉天会戦につづいて、東郷平八郎率いる連合艦隊が、日本海海戦でバルチック艦隊を全滅させることに成功する。この日本海海戦における勝利を契機に、日本側はアメリカ大統領のローズヴェルトに対して、日本とロシアの和平交渉の斡旋をとるように要望する。最終的にロシア皇帝ニコライ二世は、ドイツ皇帝ヴィルヘルム二世の勧告を受けいれるかたちで和平を結ぶ決意をする。ロシア国内において革命的状況が生じていたこともその一因となっていた。

かくして一九〇五（明治三八）年八月から九月にかけてポーツマスに講和会議が開かれ、日本からは小村寿太郎、ロシア側からはウィッテが全権としてやって来る。

ロシアはこの間も満州における軍隊の増強をやめることなく、集結する軍隊の力を最大限に利用して、和平の条件を値切ろうとした。和平交渉において双方ともに譲れないポイントは、樺太の割譲と賠償金の支払いであった。それ以外のことはほとんど合意できることであった。ロシアは、日本の韓国における利益を承認し、日本が韓国に対して必要な指導の措置をとることを認める。ロシアは遼東半島の租借権を日本に譲る。ロシアは長春－旅順間の鉄道の権益を日本に譲る。この三点は双方とも認めていたのである。

したがって問題は、最初から、樺太という領土の割譲と賠償金の支払いにあった。これは双方とも絶対に譲れない一線であった。

最終的に、日本側とロシア側の妥協によって、ロシアは南樺太を日本に譲渡することだけを認め、ポーツマス講和条約は結ばれた。

講和条約の結果が発表されると、日本国内は一種虚脱状態になり、同時に、どこへぶつけていいかわからない怒りや無力感から人心は騒然となる。ポーツマス講和条約が調印された一九〇五（明治三八）年九月五日、東京では三万人にのぼる人々が日比谷公園に集結して大会を開き、講和条約破棄、戦争続行を決議する。当然、それではすまずに、国民新聞、外務省、内務大臣官邸、警察署等々を襲撃する騒擾《そうじょう》が始まる。

これが日比谷焼き打ち事件と呼ばれるものであった。この事件は、やがて横浜、神戸等にも広がり、屈辱講和反対という民衆運動として展開されることになる。

桂園体制の成立と安定

政友会はすでに伊藤博文にかわり、西園寺公望が総裁になっていたが、反政府的な日露講和条約批判運動の側には立たなかった。やがてこうした政友会の統治を担う姿勢から、桂内閣と政友会との間には「情意統合」と称される政権授受の密約が成立する。一九〇六（明治三九）年一月の第一次西園寺内閣は、まさにそれを反映したものである。

かくて桂と西園寺とが政権を交互に担当する桂園体制が成立する。それは第一次桂内閣末期（一九〇五年秋）から第二次西園寺内閣末期（一九一二年秋）までの七年間に及ぶ。後の政党内閣の時代（八年間）とほぼ同じ期間を、二人の首相だけで、しかも円満に政権の引き継ぎをくり返したのだから、日露戦後のこの時代こそ、明治憲法体制が最も安定した時代に他ならなかった。そもそもこの時期における衆議院総選挙は二度とも解散によらず任期満了によったのである。

ではなぜこうした安定期が、日露戦後に訪れたのか。第一に統治システムの中に、実質的に桂が指導力を発揮する山県閥と、西園寺が象徴的な指導力を発揮する政友会という二つのアクターが、軍部、衆議院、貴族院、枢密院、官僚機構（内務省・大蔵省等）を通して、各々支配権力を担保していたからである。この二つのアクターは当然にヘゲモニー争いを行っていたが、統治のコストを考えた場合、相互に主導的リーダーシップを交代しながら支えあう体制が最も現実的であった。第二に満蒙権益の確立をめざす対外政策における二つのアクター間の対立がなかった。そのためなおのこと、この安定は強固なものとなった。

そこで統治システムの一方のアクターたる山県閥を考察しよう。明治維新以来薩長藩閥と称されたこの「建国の父祖共同体」をバックとする集団は、すでに一九世紀末に薩派が没落し、二〇世紀初頭には長派の伊藤系が弱小化した結果、山県閥と呼ぶにふさわしい存在となった。無論山県有朋はあくなき権力の維持に務めていたが、元老会議の一員として内閣をバックアップする形が常態化していたことからわかる通り、第一線からは退いていた。

したがって山県閥は桂太郎そして寺内正毅といった同じく長派の陸軍軍人に、実際の支配が委ねられることとなった。では、こうして山県閥の拠点となった陸軍は、しかるが故に陸軍としての組織利益を政策に反映させることができたであろうか。北岡伸一によれば、桂や寺内は陸軍軍拡や大陸政策について、これを強力に推進するというよりは、むしろこれを抑制する政治指導を展開する。

一般に「我党内閣」ができれば、まず自らの組織利益を拡大拡張することが、政治においては常識だ。だからこそ政党はまさに党派とみなされ、一党一派に偏した利益集団として嫌悪の情をもたれることがしばしばあった。これに対して、二〇世紀初頭の山県閥の指導者たちは、自らの組織利益ではなく、日本全体の国家利益と統治の安定を第一の課題と考えていた。それは一面で彼等の目線の高さゆえであった。それと共にもう一つの理由が考えられる。実は日露戦後の統治システムの中で、山県閥は余りにも強く大きくなりすぎていた。内部に複雑な小利益集団を抱えこんだ結果、もし本体たる陸軍固有の組織利益を促進すると、巨大化した山県閥の維持と継続が困難に陥ることは火を見るより明らかだったからである。

しかしまた山県閥が自らに対して抑制的だったからこそ、政友会との「情意統合」路線たる桂園体制を実現せしめたのである。しかし、こうした現状の固定化、安定化は、やがて陸軍内部に反対派を結集させていく。薩派の上原勇作と、長派の若手田中義一は、現状打破をめざし二個師団増設問題という自己利益をつきつけることにより、七年余続いた桂園体制を崩壊させることになる。

では統治システムの他方のアクター、政友会の分析に移ろう。一九〇〇（明治三三）年の政友会の成立以降、改進党‐憲政本党は民党的主張と決別できなかったため、後退の一途をたどった。また政友会においても西園寺総裁の下で実質的に支配を確立したのは、松田正久、いやそれを上回る存在としての原敬（星亨の後継）に他ならなかった。原は政党を単なる反政府勢力と位置づけることから、国家利益を考え積極的に統治を担う組織へと転換すべく、すべての精力を集中していく。

原は党外リーダーシップの確立のためにも党内リーダーシップの確立をめざした。そのため党に政治資金を集中すると同時に、ポストを提供し地方利益を培養することを促進した。実は、日露戦時増税の恒久化により、有権者数は初期議会時の四五万人から一五九万人へと三倍に増えていた。有権者増の中での総選挙となれば、党員の自立性は低下し、党のリーダーシップはまちがいなく強化されるのであった。

他方で原は、官僚出身者や財界人の入党を促進し、党の統治能力を高め、他のアクターの信頼を勝ち得ようとはかった。三谷太一郎によれば、原は西園寺内閣の内務大臣として、「老朽淘汰」「新進抜擢」によって人事刷新をくり返し、内務省内に親政友会派、さらには積極的入党者を増やしていった。山県閥のように地縁血縁による人材の統合をなしえない以上、原による組織人事への介入は、人材獲得のための不可避の手段であった。

人材と共に原が取り組んだのは、星亨以来の地方利益培養政策の精緻化であった。一言にして、それはインフラストラクチュア（鉄道・道路・河川・港湾）の整備を地方的視点から体系的に行うものに他ならない。再び三谷太一郎によれば、それはこの時期の鉄道政策に如実に現れる。日露戦後の鉄道政策は大別して二つにわかれる。第一は国家主義的幹線強化（広軌化）であり、これは桂内閣鉄道院総裁の後藤新平に代表される。これに対して第二は地方主義的路線拡大（狭軌化）であり、これこそが原によって推進された。「我田引鉄」と称された所以である。かくて地方のインフラストラクチュアの整備は、政友会の党としての権能を高めていく。

結局「情意統合」は、短期的には統治の安定を求める山県閥の意にかなない、長期的には党の基礎強化を求める政友会の利にかなった。だが安定はあくまでも相対的安定にすぎず、統治のシステムはその中に次第に波乱要因を芽生えさせていく。そしてそれが沸騰点に達した時、桂園体制は終焉を迎えるのである。

3　帝国主義の時代

日露戦争から第一次世界大戦へ

日露戦争の勝利は、優勝劣敗、弱肉強食を旨とする帝国主義国家群の一翼を日本が担うことを意味した。日本は後発帝国主義国家として、朝鮮次いで満州へと発展を進めていく。まず英・米・露の三国から朝鮮半島における支配的位置を承認された日本は、ただちに一九〇五（明治三八）年一一月、第二次日韓協約（財政権・外交権の獲得）を締結し、初代韓国統監として伊藤博文が赴任する。ついで一九〇七（明治四〇）年のハーグ密使事件（ハーグ万国平和会議に韓国皇帝が日本を訴える密使を派遣）を契機として第三次日韓協約（内政権把握、軍隊解散）が結ばれ、二年後に、前統監伊藤博文が安重根によって暗殺されるや、一九一〇（明治四三）年韓国併合が行われ、寺内正毅が初代朝鮮総督に就任する。

日本は明治初年から朝鮮の独立を安全保障上の最大の課題としていた。しかし、他国の支配の朝鮮からの排除をめざした日清・日露戦争の結果、戦後わずか五年で、朝鮮を日本自身の植民地とし独立を奪う皮肉な展開を招いたのである。こうして朝鮮半島が日本の支配下に入ると、その後の日本の安全保障上の課題は満州へいかに介入するかに変わっていく。

後発帝国主義国家日本にとって、満州への介入は朝鮮以上に困難をきわめるものであった。それは第一に先進帝国主義国家とのハンディなき弱肉強食のパワーゲームにさらされることを意味したからである。日露戦後にあってなお日本の最大の脅威はロシアであった。つまり、幕末以来の恐露論は安全保障上少しも変わることはなかった。もっともこの時期、ヨーロッパにおいてフランスはロシアのアジアへの介入を嫌っており、ここに一九〇七（明治四〇）年フランスを媒介とする形で日露協商、日仏協商が成立する。

満州への日本の介入の困難の第二要因は、先進帝国主義国家の力をあてにしての清国の抵抗にあった。後発故に資金力において決定的に劣っていた日本も、やはり先進諸国をあてにせねばならず、その意味では日本と清国は常に先進諸国の支持獲得競争を余儀なくされていた。

これに対して日米関係は、日露戦後急速に悪化の一途をたどることになる。それはアメリカの門戸開放主義という原則論から見て、日本のアジア政策は明らかに戦前の開放性に比べて、閉鎖性に傾斜していたからである。日本が満州に対する特殊な感情を有することが、そうしたアメリカの判断を強めることとなった。また日米関係悪化のさらなる要因として、一九〇六（明治三九）年以来の日本人移民排斥問題をあげねばなるまい。

さらにアメリカが満鉄との並行鉄道や満鉄中立化などをアメリカ資本によってまかなうドル外交を展開すると、日露はともに満州権益を守るため、協商関係の強化へとむかった。一九一〇（明治四三）年の第二次日露協商（南北満州の双方の権益の日露による保障）、一九一二（明治四五）年の第三次日露協商（東西内蒙古の双方の勢力圏の相互保障）により、日本の勢力範囲は急速に拡大することになった。他方、日米離反、日露接近という状況の中で、日英関係は曖昧のまま推移していく。かくて日露戦後の東アジア情勢は、結果として日本の介入度が飛躍的に強まることとなった。

こうした中でおこった一九一一年の辛亥革命は、日本の東アジア政策に大きな影響を与えた。日本には当然いくつかの選択肢が考えられた。第一は清朝を援助して満蒙権益を強化する議論であり、第二は革命派を援助して権益強化をはかる議論である。しかし日本は権益強化の視点にとらわれすぎた余り、かえって何を選択すべきかの政策判断を明確に下すことを躊躇せざるをえなかった。

辛亥革命そのものは、袁世凱が臨時大総統となり中華民国の成立という一つの着地点を一九一二（明治四五）年に迎える。しかし翌一三（大正二）年には第二革命が勃発し、袁一派と国民党との対立は激しさを増していく。もっとも最終的に中国の領土保全を願うイギリスのプレゼンスがある限り、日本も国民党も袁世凱につけいることはできなかった。

この状況を一挙に変えたのは、またしても戦争であった。一九一四（大正三）年の第一次世界大戦は、ヨーロッパ各国を本土での戦争に釘付けにした。そのためヨーロッパ各国はアジアを留守にせざるをえず、戦前よりははるかに日本の動向を気にかける有様となった。日本にとってはまさに「大正の天佑」、千載一遇のチャンス到来と思われた。

時の第二次大隈内閣は、外相加藤高明の強力な指導の下、力の真空の生じた東アジア情勢を変えるべく参戦した。一九一五（大正四）年一月のいわゆる中国に対する二一か条要求は、このプロセスにおいてなされたものである。主な内容としては、山東省のドイツ権益の譲渡、満蒙権益の強化、中国沿岸部の不割譲宣言などがある。

しかし、ポイントはあくまでも満蒙権益の強化に絞られた。明文化を求める日本と更なる譲歩を恐れる中国との間に摩擦が続いたものの、最終的に半年後、中国は日本の要求を受けいれた。後発帝国主義国家日本のやや強引なこの外交手法は、中国そしてアメリカの強い批判をあび、後まで日本の悪いイメージを残す結果となってしまった。

戦争は革命を育んだ。一九一七（大正六）年ロシアに一〇月革命が勃発する。帝政を打倒したボリシェヴィキ政権は、帝国主義戦争を悪とみなしこれを否定する理念的見地から、直ちに講和の姿勢を示したのである。帝政ロシアから一挙に共産主義ロシアへの大転換の前に、日本はまたもなす術を持たなかった。ここで二〇世紀への遺産として残された恐露論は、緩和されるどころか、共産主義という「赤色」イデオロギーによって一層強化されることになった。

北岡伸一によれば、寺内内閣はロシアへの対抗上、日中提携強化をはかり、そのため西原借款という名の巨額の借款供与に踏み切った。またボリシェヴィキ政権がアジアへ進出するのを抑止するため、一九一八（大正七）年にはシベリア出兵にも踏み切っている。しかしこの二つの政策はいずれも失敗を運命づけられていた。

大正政変

日本における東アジア政策が変化し始めた一九一二（明治四五・大正元）年は、内政においてもエポックメーキングな年であった。まずこの年七月明治天皇が亡くなり、大正天皇への代替わりが行われた。このことは先述した「建国の父祖共同体」の内からの解体を促進する。同時にちょうど一年前におきた大逆事件によって、「建国の父祖共同体」は外からの脅威にもさらされていた。幸徳秋水をはじめとする無政府主義者たちによって企てられたと言われる天皇暗殺計画が明治天皇の晩年におこったことは、天皇その人よりも周囲にいる「建国の父祖共同体」にまつわる人々を恐怖の底に陥れた。西洋国家の皇帝・国王に頻出する暗殺行為が、ついにグローバル・スタンダードを採用した日本にもやってきたその事実に驚いたのだ。

かくて世は大正となった。大正天皇は明治天皇と比べた場合、病弱で性格が弱いイメージがあった。実は即位直後の大正天皇によって桂太郎に「元勲優遇」の勅が与えられ、西園寺公望は大正政変後から「元老会議」への出席を許された。つまりぎりぎりのタイミングで桂と西園寺は元老に組み入れられていた。もしも桂園体制が統治のシステムとして大正期にも続いたならば、大正天皇の下で「建国の父祖共同体」はなお機能した可能性がある。しかし大正天皇即位後半年もたたぬうちに、桂園体制は崩壊してしまった。したがって、「建国の父祖共同体」は機能停止の事態を迎える。

もし新たな共同体を作るならば、大正天皇には「大正維新」の功臣が必要な筈であった。だがこの時期に現実に企図された「大正維新」は、藩閥打破と立憲政確立とを意味しており、明らかに政党勢力に偏したスローガンに他ならなかった。このため「建国の父祖共同体」は大正天皇の下では機能不全に陥り、以後天皇からのパーソナルな関係をくり返し確認する行為も、新たにパーソナルな関係を確立する行為も潰えてしまう。むろんこれには大正天皇自身に由来する問題も関係していたに違いない。

実は大正天皇は「建国の父祖共同体」の継承発展はおろか、明治憲法体制の維持推進にも困難な状況におかれていた。憲法学者美濃部達吉の「天皇機関説」が大正天皇下の統治のオーソドキシーとして顕在化したのは、このために他ならなかった。一九一二（明治四五）年に美濃部が刊行した『憲法講話』が、そのテクストである。坂野潤治によれば、美濃部はまず統治権の主体を天皇個人ではなく共同目的をもった国家とし、天皇はその最高機関であると定める。次いで天皇は大臣の同意なしには国務を行いえず、しかも内閣は連帯責任制をとり、その責任を国会に対して負うと断言する。その上で、明治憲法体制は政党内閣制を必然的に内包すると結論づけている。

ところで同じく一九一二（大正元）年、ついに桂園体制が崩壊する。その契機は、第二次西園寺内閣の下で生じた陸軍の二個師団増設問題にあった。では陸軍はなぜこの時期に軍拡要求を出したのか。まず考えられるのは、先述の辛亥革命勃発による中国の混乱への対処である。しかし同時に、桂・寺内といった陸軍・山県閥の指導層は、東アジア政策に対しても現状維持的で、海軍軍拡に先をこされ、政党とも妥協しすぎると、次の世代にあたる薩派の上原勇作や山県系の田中義一ら陸軍中堅層に見なされていた。だから彼等は桂園体制の維持ではなく、むしろその打破に自らの組織利益を見出したのである。

しかし行政整理を主眼とする第二次西園寺内閣がこれに反対した結果、上原陸相は辞任する。しかも後継陸相を得られぬ状況となり、内閣総辞職のやむなきに至った。そこで大正天皇の下に内大臣兼侍従長として宮中にあった桂太郎が後継首班となった。もっとも七年も続いた安定の後の政変だけに、桂に決まるまで、元老会議は右往左往をくり返した。しかも山県閥における山県と桂の関係は、桂園体制の中で微妙な変化をとげていた。

そもそも桂は自らの宮中入りに不平不満を持っていた。他方山県は桂の自立と影響力の増大を好まぬからこそ、宮中に封じこめたのであった。だが世論は彼等を一体の藩閥勢力とみなし、西園寺から桂への政権交代を、厳しく批判した。しかも桂は、宮中からの出馬、海軍大臣の留任など要所要所で、統治のコストを安くするために大正天皇の詔勅を活用した。これは伊藤博文もよく用いた手であるが、かえってコスト高となることの方が多かった。そして実は桂の場合も、コストはいやます高くついたのである。すなわち天皇の活用を天皇の利用と見て世論は指弾した。ここに「閥族打破」「憲政擁護」をスローガンとする第一次護憲運動がおこる。

だが桂は、陸軍軍拡の延期、軍部大臣現役武官制の廃止など政策的には山県閥・陸軍の利益にとらわれぬ柔軟な対応を示した。同時に閣僚にも桂直系を起用し、彼等を主体に新しい政党を結成しようと考えた。これは、詔勅政策と政党内閣を並立させた一九世紀末の伊藤博文によく似ているではないか。これは、とりもなおさず、山県閥の政党化による変容を通じて桂の支配を飛躍的に強化することをねらいとしたものだった。衆議院を母体とする政党への着手こそが、桂園体制の再構築にあたっても、桂側をより強化した形になる筈であった。

だがこの桂構想は、山県と政友会の双方から忌避された。山県は桂新党を批判し、桂の政友会切り崩し工作も失敗に終わる。その上議会で詔勅政策を徹底的に批判された桂は、解散もままならずわずか二カ月で総辞職を余儀なくされた。

不安定な擬似桂園体制

桂の失脚後、薩派の海軍大将山本権兵衛が首班となる。桂系はもとより、長派を徹底的に排除した形で、薩派と政友会の提携が成立したことによって、ここに擬似桂園体制が成立する。山本は桂と同じく軍部大臣現役武官制の廃止など、出身母体の利益にとらわれぬ政策を断行した。しかし一九一四（大正三）年シーメンス事件なる海軍内のスキャンダルが暴露され山県閥の牙城たる貴族院に見放された結果、総辞職に至る。

次なる擬似桂園体制は、前内閣で排除された長派と、大隈系との提携として実現する。元老会議をリードした長派（山県と井上）は、一方で一六年ぶりに大隈重信をリバイバルさせると同時に、他方で桂園体制以来常に与党の一角を占めていた政友会を野党へとたたき落とした。そこで大隈の与党となったのは、桂没後加藤高明に率いられた立憲同志会（桂系・国民党改革派）であった。大隈内閣は第一次世界大戦と共に歩むことになる。そして一九一四（大正三）年末、二個師団増設の実現と政友会打破をスローガンに、議会を解散した。大隈は鉄道を用いて日本各地への遊説旅行を行うなど、国民に対し、演説を含めた数多くのパフォーマンスを演じている。かくてわかりやすくかつ積極的な選挙戦を演出した結果、同志会は大勝した。これは大隈という類希れなパーソナリティを存分に利用した効果ということができよう。また大隈は大正天皇へも果敢にアプローチした結果、幾度も辞職の危機を免れている。

一九一六（大正五）年、満を持して山県閥の後継者寺内正毅が組閣の大命をうけた。寺内は政友会を味方に、憲政会（かつての大隈与党が合同）を敵とする色わけを行った。そのため、一九一七（大正六）年の解散総選挙により憲政会から政友会に議会の主導権は回復する。ここで山県閥と政友会とが提携したことにより、この時点で、擬似桂園体制は大正政変以前の原初桂園体制に形式上復したと言えよう。一九一三（大正二）年西園寺の後継総裁となった原敬にとっては、しばしの雌伏期間であったが、元老山県有朋とのパワーゲームに余念はなく、一九一八（大正七）年寺内内閣が米騒動で退陣すると、ついに首相の印綬を帯びることになる。

大正政変後の、四代の内閣はいずれも不本意ながら退陣を迫られた。桂は第一次護憲運動という名の大衆運動、山本はシーメンス事件という海軍スキャンダル、大隈は大正天皇を利用しての延命工作の失敗、そして寺内は米騒動という名の大衆運動。この擬似桂園体制においては、「情意統合」はありえなかった。次が見えぬ一回限りの政権という不安定性はどうしてもぬぐいえない。さればこそ辞職に追いこまれた首相の無念の思いがよくわかる構造ではないだろうか。

さらに一代前の西園寺の陸軍による打倒、一代後の原内閣のテロリズムによる暗殺を含めると、二〇世紀に入ってのこの一〇年代の内閣だけで、およそすべての内閣の交代の契機を語って余すところがないことに気がつくだろう。

参考文献

岡崎久彦『陸奥宗光とその時代』ＰＨＰ研究所、一九九九年
ラドヤード・キップリング『キップリングの日本発見』中央公論新社、二〇〇二年
北岡伸一『日本陸軍と大陸政策』東京大学出版会　一九七八年
原武史『大正天皇』朝日選書、二〇〇〇年
坂野潤治『大系日本の歴史13・近代日本の出発』小学館、一九八九年
御厨貴『日本の近代３・明治国家の完成』中央公論新社、二〇〇一年
御厨貴「明治天皇から昭和天皇へ」『大航海』第四五号、新書館、二〇〇三年
三谷太一郎『増補版　日本政党政治の形成』東京大学出版会　一九九五年

第1章

大久保没後体制——統治機構改革と財政転換

ここに掲げるのは、一九八一年に発表した論文である。前年（一九八〇年）に出版した私の処女作、『明治国家形成と地方経営　一八八一―一八九〇年』（東京大学出版会）の問題意識の延長線上にある。

同書で描いた、明治一四年政変から二三年の帝国議会開設までの枠組みを、どうにかして前後に延長したい、いや延長しなければならぬ、との強迫神経症的な思いに苛《さいな》まれていた。それを前の時代へと延ばしたのが第1章の論文である。正題「大久保没後体制」が示すとおりの体制論を目指している。さらには副題「統治機構改革と財政転換」から、機構改革と政策変更は連動するという視点をもご理解いただけると思う。

私が明治史研究を始めた頃（一九七〇年代後半〜八〇年代前半）、政治史の対象としての明治一〇年代は、他の年代に比べると、かなり空白の感があった（『知の格闘』でも述べたとおりである）。

有り体に言えば、当時は民権運動史観が強く、権力者としての明治政府の側は、有司専制的な色合い一色で描かれていたように思う。実は政府部内にも、多様な意見があり様々な選択肢が示された中から政策決定をしていたという多元主義的アプローチを、私はいつのまにやら、史資料をあれこれ重ねあわせて読み解く作業に熱中している間に、文字どおり体得していった。まさに現代政治の構造的特質とのアナロジーで一八八〇年代を政治史的に検討する意味があるのではないか、そうした複層的な視角が必要なのではないかという思いに、これまた資料内在的考察からとらわれることになった。

処女作のこうした問題意識を継承するなかで、「大久保没後体制」も書かれた。いずれにせよ、処女作もこの論文も歴史学方面よりも、行政学、政治学からの好意的な反応があった。当時、ある行政学者が私を訪ね「これは、現代の政府と同じではないか。同じ構造があるとは思いもよらなかった」と評価してくれたことを思い出す。

とまあ、ここまであれこれ述べてきたものの、この論文については、実は失敗作と考えてきた。発表後、読み返していない……。「『大久保没後体制』を読んで勉強しました」などと言われると恥ずかしいことしきりであった。

何ゆえ、失敗作と思い込んだのか。若き日への懺悔だが、機構改革と政策の転換は、決して、『明治国家形成と地方経営』のようにクリアには出てこなかった。財政の細かい議論に手をつっこみながらも、そこでは経済史、財政史の議論の理解には及ばず、結果として中途半端な議論に終始したという反省がある。ただ、処女作『明治国家形成と地方経営』よりもこれを取りあげて議論している人がいるのを見ると、それなりに意義のある論文を書いたのかな、などとひとり思い返したり……。私に最も近しい学問的友人の一人は、「明治期の中ではあの論文が一番いい」と言うのだが、こそばゆいやら悔しいやら……。

一つ付言しておけば、「大久保没後体制」は私の造語であった。大仰に構えて世に問うた若き日の論文が、一世代を超えてどう受け取られるか戦々恐々である。わが学者人生初期の作品をここに再披露する次第である。

序

西南戦争の終結後、約半年を過ぎた明治一一年、参議兼内務卿大久保利通は、「内治ヲ整ヒ民産ヲ殖スル」[1]ために、いわゆる維新の第二期の政治運営に着手していた。その第一は、天皇制を機軸とする国家統治機構の改革と整備である。すでに前年八月西南戦争の動乱の中で、大久保は侍講元田永孚ら宮中グループによる宮中諸制度改革の進言を受けいれ、宮中に侍補職を設置していた。そして侍補の要求により一一年一月には、太政大臣・右大臣以外に参議も定期的に参内拝謁し、天皇親裁の実をあげることが始まった。その後三月には佐佐木高行が侍補に任ぜられ、侍補グループによる天皇親政運動は、しだいに独自の色彩を強めつつあった。無論大久保自身、政治的対立の仲介者・調停者としての天皇の統合能力に期待するところは大きかったから(2)、君徳培養及び万機親裁を、強力な中央集権機構の確立と官僚制の整備とならんで追究さるべき課題と考えて当然であった(3)。大久保の中では、それらは矛盾することなく一貫した統治構想として存在していたに相違ない。

以上の中央における統治機構改革と不可分の関係にあるのが、地方制度の整備であった。大久保を支える参議兼工部卿伊藤博文は、一一年四月―五月の地方官会議議長を務め、いわゆる「地方三新法」の制定に大いに尽力していた。地方官会議終了後、伊藤は「此度は府県会議并に民費等之事にて将来之得失にも太に関係有之、随分心配仕候事に御座候(4)」と述べている。大久保はこの地方官会議を、「他日国会開設の事あらん其の初歩起頭を作すに存るを見るべし(5)」と位置づけ、来たるべき国会との関連で了解していた。したがって既設の元老院は上院、三新法で新設された府県会は下院の各々モデル形態だったと言ってよい。

さらに統治機構改革に優るとも劣らぬ重要な課題として、第二に積極財政を前提とした殖産興業政策の推進があげられる。一一年三月から四月にかけて大久保は参議兼大蔵卿大隈重信とともに、「一般殖産及華士族授産ノ儀(6)」について建議し、「国土国有ノ物産ヲ改良シ国人恒有ノ産業ニ安ンシ以テ国家ノ元気ヲ養成スルモノ百務中最急ナルハ更ニ呶々ヲ要セス(7)」と述べた。そしてこの殖産興業政策の進展のために、内国債を起すことを決定し、起業公債一二五〇万円の募集に踏み切ったのである(8)。

このような殖産興業政策とりわけ積極的勧業政策の遂行という観点からも、実は統治機構の改革と整備が要請されていた。すでに、内務・大蔵・工部という勧業担当の三省の部分的複合状態を解消し、効率的な運営をはかるために、明治九年の行政改革建言書において、大久保は「内務省工部省ヲ合併スルコト」[9]と提案している。これらの諸提案のうち、「各寮ヲ廃シ局トナシ、或ハ合併スルコト」[10]だけは、明治一〇年一月の改革で実現した。しかし西南戦争の勃発により、同じ殖産興業を担当する工部省と内務省との並立状態は解消するに至らず懸案として残されたのである。しかもまた当時においては、内務省勧農局長を大蔵大輔松方正義が兼任するという、近代官僚制の論理からいえば変則の状態が続いていた。すなわち三省は、担当領域からいっても人的側面からいっても、相互に独立した機構ではありえず、相互癒着の関係にあった。つまり、殖産興業政策の推進にみあう官僚制の整備は、むしろ遅れていたのである。

ところで明治一一年二月、欧州に滞在していた井上馨はやはり維新の第二期の大久保体制を担うべく帰朝命令をうけた。前年一二月末の太政大臣三条実美と右大臣岩倉具視との間における了解事項[11]として、帰国後の井上のポストには、外務・内務・大蔵のいずれかの省卿が候補に上っていた。この三条―岩倉了解においては大隈重信の異動も考慮されており、さらに「王室根軸宮内省体裁云々の事」という項目がたてられている。以上に加えて、前述の参議の定期的参内拝謁が決まった際、侍補グループは「参議に至りては、各省長官を兼ぬるを以て日々内閣に出仕することを得ず」[12]との批判を行い、天皇親政実現の立場から何らかの統治機構改革を示唆している。さらに一一年五月には、彼等は大久保を右大臣若くは宮内卿として、宮中に迎える運動を進めつつあった[13]。

以上を総合して考慮するならば、維新の第二期の政治運営の一環として、大久保が彼自身の異動を含む権力の再編成を、明治一一年の政治日程の中に組み入れていたと推測しうる。だがそれを実行に移す前に、大久保は五月一四日暗殺されてしまい、ここに予期せぬ権力の真空が生ずることになった。

この権力の真空から生まれた大久保没後体制においては、自由民権運動、天皇親政運動、元老院改革、参議省卿分離、五千万円外債論、米納論、立憲政体構想など、多種多様にわたる争点が、一四年政変で一応の決裁がつけられるまで、集中して現われてくる。従来この大久保没後体制については、噴出する争点を個々独立にとり扱い、いわば独立変数の軌跡としてのみ論ずることが多かった。したがってそこでは、同時期に複数存在する争点の相互関連についてはあまり議論されない。それ故、各争点ごとに政府内の指導者達が様々の合従連衡をくり返す様は、およそ一般的な政治指導者個人の赤裸々な権力動機に還元されるか、あるいは形成期明治国家の体制内の矛盾として片付けられてしまうことになる(14)。

しかし現実の政治の世界において、これらの各争点は決して相互に無媒介に並列される存在ではありえない。また現実に対応し将来を構想していく政治指導者にとっても、程度の差こそあれ争点の相互関係の把握無しではリーダーシップを発揮できないであろう(15)。そこで本稿では、大久保没後体制を支えた政治指導者——岩倉具視・大隈重信・伊藤博文・井上馨・黒田清隆・佐佐木高行・松方正義ら——の状況認識と政策意図とを、資料に則して浮かび上がらせ、彼等のリーダーシップの態様を明らかにする。同時に各争点をめぐる政策決定過程の叙述を通して、争点相互の内在的連関を明らかにし、一つの時代像を描き出したい(16)。もっとも、この時期の政治的争点のすべてをとりあげることは不可能であり無意味である。そこで形成期明治国家の特色を示すのにふさわしく、かつ政府内部の多くの政治指導者に共通して認識されていた問題をとりあげることにしたい[17]。それは大別して、統治機構論と財政論とに収斂していく争点群であり、一見無縁にみえるこの二つの議論の射程距離の長さとそれ故の内在的連関性こそ、大久保没後体制を規定していたものであった[18]。それは、以下の行論の中で明らかになろう。

1　大久保没後の権力状況

侍補の政治的台頭

大久保体制は、きわめて盤石であった。一一年春滞欧中の井上馨は、三条・岩倉から「御国朝野一般静謐御同慶此事に候[19]」と書き送られ、また伊藤からも「本邦昨年之乱後は先平静にて即今憂慮と為すべき内訌之廉は無之様被察申候[20]」との書翰を受けとっている。だが大久保の突然の死によって、状況は一変した。「斯の如き威望の大臣を失ひ候以上は、各地の人情にも大に影響を生じ、万一国家の禍乱是より生じ候様の域に至り候ては、容易ならず[21]」との言に、伊藤の受けた衝撃の大きさが窺える。

とまれ大久保暗殺の翌一五日、伊藤は間髪をいれず後継内務卿に転じた。この人事が何らの異論もなく容易に行われた背景に、伊藤が地方官会議議長を務めた実績を持ち、大久保自身が生前伊藤を後継内務卿にするとの意を洩らしていたことが考えられる[22]。しかし事態は、薩派にとっては最悪であった。伊藤内務卿に続いて、岩倉の斡旋により五月二四日には、薩派の川村純義が参議兼海軍卿、同じく薩派の西郷従道が参議兼文部卿に昇格したとはいえ[23]、内政における薩派の影響力喪失はどうみても否めない事実だったからである。それに関して、薩派の政商五代友厚が二月よりパリ出張中の松方正義に対して、次のような注目すべき書翰を送っている。[24]

「内務卿は伊藤に相成、昨日拝命。此上は、内・蔵の両卿、能協和して、大久保遺志を伸すの論を、主張する外無之と存候間、吉原は、勿論、黒田及西郷輩にも注意為致度。（中略）当今は、吉原にても、其中間をなすべしと云へども、将来の事に至り候ては、閣下より他無之候付、（中略）可成早目に御帰朝、大久保の遺志を貫く事、御尽力、只管、渇望仕候。」

五代は大久保没後の政治的主導権を、長派の内務卿伊藤と肥前の大蔵卿大隈とが掌握するものと逸速く判断した。そこで大蔵大輔兼内務省勧農局長という特殊な地位にあって、官僚機構的にいっても伊藤・大隈を補佐しうる松方に、両者の提携を実現させ、薩派の権力を維持させようと五代は考えたのである。もっとも松方の早期帰国は実現しなかった。それ故後述するように、五代は内務省勧商局長河瀬秀治と大隈との接近を画策し、長派伊藤の権力の内務省への浸透を阻止する挙に出ることになる。

だが、当面問題は薩長間には生じない。何故なら前年以来大久保により政治的に培養されてきた侍補グループが、大久保の死を奇貨として、彼等の理想とする天皇親政を実現するために、侍補の権限強化を要求し、従来の大臣・参議・省卿による統治体制への介入をはかったからである。彼等は、大久保暗殺の際の島田一良の斬奸状における有司専制批判をも用いて、[25]「大臣方是レ迄御輔導ノ不行届ナルヲ督責」[26]する行為にでた。これについて当惑した岩倉は、次のように伊藤に述べている。[27]

「侍補等御補導上に付百万尽力は当然候得共、内閣一同え対し侍補一同より奉務上既往を咎め将

来を責る等、其次第如何と存候。（中略）殊に君徳上に関し彼是に而は、不容易事と一通り返事
に及ひ置候事に候。」

とまれ岩倉は、「侍補迚も此際不平抱かせ候は不可然[28]」との判断のもとに、侍補の要求に慎重に対応した。そして大臣・参議グループの話し合いの後、三条及び伊藤から侍補グループに対して、「兼テ御申立之侍補中行政上ノ機密ヲモ預リ聞キ候事ハ、何分不可然トノ内閣一同ニテ評議相決シ候[29]」と伝えた。これに対して、侍補グループは次のように述べて抗弁している[30]。

「大臣モ多事、各参議モ各省ノ事務多事ニ候ヘバ、侍補タル任ヲ重クシテ内輔スルニ非ズハ、到底被行ガタカラン歟、又内官ノ弊害ヲ憂フルナラバ、侍補ヲ廃サレテモ、各省ヲ兼任ナキ参議等ヲ被任テモ、専ラ聖上ヲ御輔佐申ス様相成候テ可然歟。」

ここで早くも侍補グループは、侍補廃止かあるいは参議・省卿分離かという二者択一的選択を大臣・参議グループに迫っている。しかし大臣・参議グループは、大久保没後の権力の真空という危機的状況にあって、このようなドラスチックな解決方法をできる限り回避せねばならなかった。そこで「内閣は内閣丈けの御輔翼上は中迄も無之、万機の事にては一入御聖意を被為注候様有之度[31]」と伊藤が述べた如く、内閣と天皇との関係の事実上の密接化を実践する方針がとられたのである。

かくて五月中に、侍補の第一の要求は当面退けられた。しかし侍補対参議の主導権をめぐる抗争は、それで終わったわけではない。何故なら侍補グループは、侍補の権限強化と同時に、帰国予定の井上馨の排斥運動を展開していたからである。松方正義が五代宛書翰の中で「井印も、いづれ、工部の頭取に、相違有之間敷候[32]」と推測したように、井上馨には伊藤異動後の工部卿の地位が予定された。そ

れを察知した侍補グループは天皇に入説し、逸速く佐佐木高行を工部卿に送りこむよう働きかけたのである。[33]

これに関して、岩倉は五月二四日大隈に対し「貴卿伊藤と能々御懇談に而平穏に自今無害様致し度候」[34]と、解決を大隈―伊藤に依頼した。だがその後も佐佐木工部卿の問題は解決されず、結局岩倉は大久保の遺志として井上工部卿の実現をはかる以外にないと、次のように述べたのであった。[35]

「工部卿の事は盤石の如く六ケ敷なりたる事と被存候。是も小生の推測なり。（中略）然れども大久保在世に合議の次第も有之、十分応分の力は致し度心得なり。」

その後七月には、侍補グループによる井上排斥運動が絶頂に達する。しかし三条・岩倉・伊藤・大隈・黒田ら大臣・参議グループの一致した力により、侍補グループは押し切られ、七月二九日、井上馨は参議兼工部卿に就任する。[36]

こうして七月には、侍補の第二の要求も退けられた。その結果、大久保の死を契機とする、侍補グループによる大臣・参議グループ主導体制に対する、機構的かつ人的な介入に一応の歯止がかけられた。しかし侍補自体は廃止されず、しかもなお侍補の要求は一つとして満たされたわけではなかったから、両グループの対立は、その後も潜在化して体制内部に存在し続けるのである。

大蔵省主導体制の確立

大久保没後体制は、以上の経過をへて明治一一年七月に成立する。大隈大蔵卿―伊藤内務卿―井上工部卿の三者を中心とする体制では、すでに述べたように薩派の影響力の後退は否めなかった。そこで薩派の五代は大隈に極力接近し、長派が三条太政大臣と結んでいる以上、大隈は薩派と同じく岩倉右大臣との信頼関係をつなぎとめるよう、次のように注意を促している。[37]

「想像致候処、長人は条公を以てし、又条公も長人を信ずるは、必然の勢ひと奉存候間、岩倉公には、能々御熟談被為在度、在京中外聞にても、岩公は閣下を信ずる云々をも承居候得共、時の勢ひに乗ずるは、人情の常に有之、岩公も御油断無之様、御注意被下度。薩人も岩公には、取分親睦も有之。」

五代はこのように人的側面において、長派に対抗しうるよう、岩倉及び大隈を薩派につなぎとめる工作を行った。その上で、殖産興業政策そのものへの長派の介入を阻止することを画策している。すなわち五代は、大久保内務卿の下で現実に勧業政策に携ってきた勧商局長河瀬秀治[38]を、直接大隈大蔵卿に結びつけ、伊藤新内務卿の勧業政策に対する影響力の行使を、できるだけ制限しようと試みたのである。その最も端的な現れは、次に述べるように勧商局自体の内務省から大蔵省への移管であった。[39]

「猶勧商局の儀、内務省中の一局に有之候得共、其実、大蔵に属するの御用向のみに有之、且向来を想像仕候処、大蔵へ相付候方、大に都合宜候半と見込申候間、自然、御工夫も被為立候はば、御省に御付着相成候御明考は無御座候や。」

しかも注目すべきことに、この勧商局の大蔵省への移管は、大久保内務卿時代にすでに河瀬局長が建言していたことであった。[40]

「河瀬にも、内々、示談仕見候処、同人儀は、故内務卿在世中より、右の心得にて、建言いたしたる事も有之趣にて、当今の御模様にては、猶又、渇望仕候由に御座候。」

前述したように、勧商局と並ぶ勧業担当局たる勧農局が、内務省管轄下にありながら、局長は大蔵大輔たる松方正義が兼務しており、現実には大蔵省の支配下におかれていた。その上勧商局が大蔵省に移管されれば、大蔵―内務両省の相互癒着がますます進み、かつて明治二年八月の民部省と大蔵省の実質的な合併による、いわば大蔵省主導体制の実現(41)とほぼ同様の状態になることは明白であった。このような新たな大蔵省主導体制の出現は、一般的な官僚制の形成過程には、おそらく逆行するものであったろう。しかし大隈と薩派とにとって、たとえ過渡的にもせよ、積極財政を基調とする勧業政策の効率的な運営のためには、大蔵省が勧業担当局を直接支配する大蔵省主導体制が望ましかったのである。この後、大隈との会談を終えた河瀬は、早速次のように仲介者たる五代(42)に伝えている。

「兼て御内話仕候勧商局を、大蔵省へ附属の義も、内々御相談申上候処、此事迚も、聊、面倒も無之、伊藤氏へ相談いたし候得ば、手軽く相整ひ可申。乍去、当時の事務上に於ても、拙者よりも伊藤氏へ談示候得ば、強て相拒候程の事は有之間敷候間、まづ、当分の儘にいたし置候方可然。」

ここに、明治一一年当時の勧業政策における大隈―伊藤の力関係は明白である。現実に伊藤内務卿は、河瀬ら従来からの下僚の意に逆らうことはできず、勧業政策における新たな主導権の確立は不可能であった。したがって逆に伊藤が主導性を発揮しない限り、当面勧商局は内務省にすえ置かれた。しかし大隈及び薩派は、次のようにたえず移管のチャンスをねらってはいた(43)。

「乍去、内務省には、随分、理屈家も有之候間、往々、事務上に面倒有之候様の事情に候得ば、其節如何とも取計は可致との御内意に付、まづ、其辺に、当分落着可被在かと奉存候。」

かくて伊藤は、内務省を完全には掌握できず[44]、特に勧業政策における主導権は封じられた。しかしその後伊藤も、主導権奪還の方策をとらなかったわけではない。一一年一一月、伊藤は「産業資金貸与法」の立案を河瀬勧商局長に命じた[45]。従来の資金貸与が、第一に「一般ノ人民ヨリ之ヲ見レバ其事偏厚偏薄ノ観無キヲ得ザルヲ以テ其公平ヲ失スルノ誹ヲ招ク」ものであるし、第二に「一定ノ例規ナク各自其法ヲ異ニスルヨリ勢ヒ錯殺粉擾ノ弊ヲ保シ難」いものであるから、立法による規制を行おうという趣旨[46]であった。これは明らかに、大隈―河瀬ラインに壟断されつつある勧業政策に対し、法の枠をはめることから介入し、伊藤の主導権を確立することをねらいとしていた。内務卿として地方官を統率する立場からも、勧業政策の実権を掌握することは、当然重要であった。河瀬はその伊藤の意図を見抜いたが故に、次のように反対論を展開したのである[47]。

「仮令幾百条ノ規則ヲ制スルモ到底貸与ノ施行ヲ廃止スルニアラサレハ、則金額ノ多少ヲ問ハズ其方法ノ如何ニ拘ハラズ決シテ偏厚偏薄ノ外観ヲ免ルベカラズ。故ニ若シ唯此患ヲ免ン事ヲ切望スルトキハ、則断然貸与ノ方策ヲ廃止スルノ一法アルノミ。」

明治一一年当時の政府においては、積極財政を基調とする殖産興業の推進という大久保の遺志に明確に疑問をさしはさむ者はいなかった。したがって、直接的勧業政策自体の廃止がありえない以上、立法規制によっても問題は解決しないと河瀬は述べて、伊藤を威嚇した。

その上で河瀬は、現在の勧業政策のあり方を擁護し規則設立は弊害をもたらすと、次のように論じている[48]。

「従来政府ノ之ヲ挙行セラル、ヤ深ク爰ニ鄭重ヲ加ヘ決シテ普通ノ常務ト同視セラレズ。其議起ルトキハ内蔵両卿躬親ヲ該営業者ニ尋問討論シ能ク其芸能及ビ精神ヲ識得シ、然シテ後其可否ヲ決スルモノ十ノ七八ニ居リ。（中略）然ルニ今強テ之レカ制規ヲ設ケ之ヲ処分セルトスレバ則チ啻偏厚偏薄ノ患ヲ免レザルノミナラズ、規則設立ノ効ナクシテ却テ為メニ弊害アルヲ見ル。」

河瀬が列挙した「弊害」のうち、特に注目に値するのは次の三点である。[49]第一に本来政府の本務ではなく臨時特別の業務たる直接勧業に、規則はいらず規則をたてること自体がおかしい。第二に規則をたてる場合には目的を明記せねばならぬが、あまりに範囲の広い現行の貸与では目的を絞ることができない。第三に本来貸付は人を信用して行うにもかかわらず、規則をたててしまうとそれに左右されて本来の貸付ができなくなる。やや牽強付会とも言うべきこれらの議論の中に、しかし大隈—河瀬による勧業政策の実態が明らかにされている。そこから導き出される河瀬の結論は、当然のことながら立法化反対であった。

そしてこれに続いて一二月には、河瀬は「勧業論」を新たに提出し、現行の勧業政策を全面的に擁護し、さらにそのより一層の発展を主張したのである。[50]

「将来唯新業新工ヲ起シテ物産ヲ殖シ或ハ改良ヲ加ヘ外人ヲ以テ顧客ト為シカメテ万国ト駆逐スルノ外手段アル事無シ。而シテ其事タルヤ現今人民ノ一朝一夕ニシテ能クス可キニ非ス。故ニ政府暫ク率先誘導シテ之ヲ補助シ其挙ヲ達セシメサル可カラス。（中略）而シテ之ヲ収拾シ之ヲ主持スルハ素ヨリ権力ノ能クスル所ニ非ス。唯資力ノ能クスル所ナリ。」

「権力」よりも「資力」と説く河瀬にあっては、明治一〇年代後半に活躍する前田正名と同じく、[51]積極財政を前提とした勧業政策こそが政府において最も中心的で最も優位にたつ政策でなければならなかった。このような積極的な勧業政策論の展開を前にして、結局伊藤自身その積極主義そのものには異論がないために、内務省における主導権の掌握に失敗してしまった。それ故伊藤は、一一年一一月から一二月にかけての陸軍参謀本部創立に伴う人事機構改革の際、内務卿からの異動を考慮するに至った。その旨をきいた岩倉は、次のように伊藤に返書を送っている(52)。

「貴卿云云の事は実に不容易御所置に而、今朝来条公にも懇談、事頗る重大何共決談致し難しとの事に候。（中略）然るに若し被行候砌井上内務省御請否如何と懸念候。貴卿には無異議事と御考慮に哉。」

伊藤が具体的にどのポストへの異動を考慮していたのかは明らかでない。おそらく専任参議としてより上の立場からの政治指導を考えたのではあるまいか。そして伊藤の後継の内務卿には、井上馨をあてることが考慮されていた。しかし、侍補グループによる排斥運動の終結から日未だ浅く、また大隈も「両氏之転職ハ不可然議論(53)」であり、「清盛入道(54)」というあだ名に象徴されるように伊藤以上に薩派から警戒されていた井上の内務卿就任は、かなり困難視された。その状況を見きわめた井上は、一二月一五日に次のような書翰を伊藤に送り、むこう一年間内務卿に止まるよう要請したのであった(55)。

「陳、過日来之位置転換談議尚熟考候得共、（中略）先参謀局之決末迄にして此度は差置御互之所は先明春に相成候とも現在に其害は無之様愚考候（中略）、誠に以御気の毒に候得共老台丈は当官之処今一ケ年御勉強被下度候。」

かくて伊藤は、当面内務卿に留任することになった。これに対して、立法規制による伊藤の介入を封じた河瀬は、勧業政策のより一層の発展のために、一二年一月初頭、ついに勧商局の大蔵省への移管に成功する。河瀬は移管に伴う局務拡大の模様を次のように五代に伝えている。[56]

「〔大隈〕卿公の御考案にも、今更変転の機に際し、大に商務局の体載《裁》を変じ、第一全国の理財に関する物産運転・売買・流通の統計を基とし、所謂、英国の「ボートルフ、トレード」の如き、商業の全体を目的とし、又、全国商業の全体に関する、則、相場取引所の類を管理するの体面を立て、以て其事に従はしむべきの御考案にて、至極商務の体面も相立、又精神も着実に及び可申、欣喜罷在候。」

ここに、大蔵省主導体制による勧業政策の拡大路線があますところなく明らかにされた。かくて大久保没後体制において、大隈及び薩派は伊藤の介入を許さず積極財政の担い手たり続けた。つまり参議兼開拓使長官黒田清隆による北海道開発と共に、積極的な勧業政策の維持発展が試みられたのである。しかしその結果、大久保の死後内務省から大蔵省に殖産興業政策の実質的な主導権が移り、ここに大蔵省主導体制が確立したと言わねばならない。

2　勧倹論と勧業政策

「勧倹論」をめぐる政治的攻防

大蔵省主導体制の下で勧業政策の拡大をはかる商務局長河瀬は、明治一二年二月一〇日次のようにその動向を伝えている。[57]

「未た本局章程は御決定不相成候得共右は実に篤と御考量可相成積り、其他当時之民業に付勧奨

御補翼等之義も更に特種之方案を御設立是亦漸次御施行之御内意も有之候。（中略）尚不日松方氏も帰着可相成候条可成早々御上京屈指奉仰待候。」

注目すべきは、勧業政策の拡大が意図されながら、商務局の章程作成が遅れていることである。何かそれを掣肘する事情が生じたのであろうか。また河瀬は、薩派で勧農局長兼務の大蔵大輔松方正義の帰朝を歓迎している。おそらく河瀬は、大隈―松方―河瀬ラインによる、積極的勧業政策の全面的展開を期待していたであろう。河瀬の思惑通りに、事態は運ぶであろうか。

大久保の遺志とされた積極的勧業政策の展開に、最初に異議を表明したのは侍補グループである。彼等は一一年秋天皇の北陸東海地方巡幸に随行した後、地方人民の窮状に接した天皇が、皇居造営簡素化の聖旨を抱いたことを理由に、「節倹愛民の聖旨」及びそれに立脚する政治改革の建議書を、政府が採用し公布するよう運動したのであった[58]。当初彼等は、一二年初頭において公布することを目標に、特に岩倉に入説した。岩倉は一一年一二月に天皇から直接その内諭をうけたせいもあって[59]、今回はかなり精力的かつ積極的に侍補グループの要求を受容する方向に傾いたのである。

岩倉の斡旋によって、一二年三月には参議グループもこの問題の処理を迫られるに至った。三月三日岩倉は井上に対して次のように書き送り、問題の早期解決を促した[60]。

「扨過日来御内談申入候叡慮之旨有之、幸御改正有之度条公示談之上中村井上両書記官に命し極密順序取調申聞け、一日伊藤にも臨会依頼別紙之通出来候。（中略）今度は是非根基を定め富強之実を勧め度事と不堪切望事に候。」

前年、侍補の権限拡大による政治への介入を参議と共に阻止した岩倉が、今回侍補の提言を受容した真意は「根基を定め富強之実を勧め度事」の言に明らかである。より詳しくは、同時に岩倉が提出した「国本培養に関する上書」[61]に示されている。この上書は題目だけから判断すると、積極財政を前提とした勧業政策の推進という従来の方針の擁護にすぎないようにみえる。無論「務メテ国産ヲ生殖シ国力ヲ培養」することを主張しているのに相違ない。ただしそれに一つの条件を付した。「蓋シ勤倹ハ国ノ生命ナリ」がその条件である。この上書ではまだ大規模な財政整理を予定してはいないが、少なくとも従来の積極財政に対して、最低限冗費冗官の削減という形ででも何らかの枠をはめ留保条件を付すことを意味したのである。

かくて岩倉は、この意味で侍補の提言を参議グループに受容させることを考慮し、「勤倹之聖旨被仰出之事如何之御懸念も候得共、右は何れ御発表無之ては不相成事に思召有之」[62]と督促した。しかし岩倉の予想に反して三月五日の会議は紛叫した。その事情について三条は、翌六日付書翰で伊藤に次のように明らかにしている[63]。

「昨日評議之一件岩倉右大臣少々不平之形況に付甚苦慮致候に付今日行向面談候処、実は該事件は同卿頗熱心にて、頃日来大隈、足下、井上等へも被遂内談候末故、昨日は異議も有之間敷と被存候処、種々議論も有之、旨趣も貫徹不致段甚遺憾之由。」

勤倹の聖旨の形式と、侍補建議書の具体的内容との双方に対し、参議グループから異論が出された[65]。この建議書については、いくつかの原案が残されている[64]。そこで「大隈文書」の中に存在する原案をここでは検討したい。

第一は「勤倹之聖旨ヲ奉体スル事」であり、その具体的内容としては「勧業事務ヲ更張ス」が注目に値する。そもそも「勤倹」と「勧業更張」とは両立するのであろうか。両者矛盾なく並列させるために、「貸金ヲ止メ専ラ地方官ニ委シテ各地ノ物産ヲ興シ需用運輸ノ便ヲ開ク」と明記された。これは明らかに、従来の大蔵省主導体制による勧業政策に対するアンチテーゼであった。特に「地方官ニ委シテ」という言に注意を払うならば、これは積極的勧業政策自体に対する真正面からの否定ではなく、むしろ大蔵省主導体制に対する批判なのである。

このような統治体制に対する批判は、続く第二の「親裁ノ体制ヲ定メラル、事」及び「八年四月十四日ノ聖詔ヲ遵奉シ立憲ノ国是ヲ守リ漸次ノ方法ニ従フ事」の中に、より明快に現れてくる。

「当時聖詔ノ発スル元老院大審院ノ設ケ稍ヤ立法司法ノ権ヲ分チタリ、然ルニ其後未ダ幾バクナラズ稍々ニ退歩スルコトアルヲ免レズ。今宜シク立憲ノ目的ヲ明カニシ而シテ其施設ノ方法ニ至テハ所謂漸次ノ旨ニ依リ進ムコトアルモ退ク事ナク緩急宜ヲ料リ間ニ髪ヲ容レズ以テ此新旧相換ルノ世運ヲ保持スベシ」

明治八年の聖詔から導かれる政治的結論は、まず元老院の権限強化、すなわち検視条例の削除と法律・徴税に関する議決権の付与であった。続いて、太政官直轄部局—大臣参議の下部部局の権限強化である。具体的には「根軸ヲ固クシ行政官庁ノ施行スル所ヲシテ検閲監査彼此相顧ミル所アラシム」べく、「法制局」「調査局」を設け、さらに太政官内部に「内閣書記官」を置くことが提案された。侍補の権限強化こそうたっていないが[66]、これらは明らかに侍補グループの政治的利害と見あっており、しかも大蔵省主導体制に象徴される行政権の拡大に対する監視と介入とを意味していた。

以上の侍補建議書の検討から、彼等の真意は、勤倹そのものすなわち財政政策の縮小転換にあるのではなく、いわば勤倹を契機とする現在の統治機構改革にあることが理解される。侍補自らが、「万事聖意を発揮し、聖旨を拡充して、従来の専制弊を断然改め候様、大臣初め諸官の注意専一と存候[67]」と述べたことに明らかである。

かくて侍補グループの意図が、大蔵省主導体制をはじめとする一連の現在の統治機構の改革への足がかりをつかむことにある以上、侍補の建議書を受容した場合、前述の岩倉の上書の程度ではすまない事態になることは明白であった。無論第1節で明らかにしたように、伊藤は大蔵省主導体制に介入し抑制することを考えていた。しかしそれは、専ら内務卿としての権力的動機にのみ基づくものであり、伊藤自身政策転換はおろかそのための機構改革すら構想していたわけではない。しかも大蔵省主導体制を抑制する機構改革が、侍補グループの政治的利益の伸張とトレード・オフの関係にある以上、伊藤があえて大隈と対立する道を選択しなくて当然であった。

そこで三条の言によれば[68]、岩倉は「該事件に付内閣紛紜の情態他に漏泄致候而は意外之物議も相生し候而は甚不可然に付何とか速に決定有之度、夫迄は自身出勤も不致との」態度をとり[69]、事態の収拾を伊藤に一任したのである。その際岩倉は、勤倹の聖旨の形式については「到底詔書或御沙汰書両様之内にて被行候は丶異論無之[70]」と述べ、建議書については「内閣書記官被置候事丈は、同日御発表無之而は、諸事の運ひ不都合に付、同十日被仰付候様致度候[71]」と述べ、両者の妥協点を示唆している。

その結果、三月一〇日に勤倹の聖旨は「御沙汰書」の形式で公布され、同時に建議書の中ではとりあえず内閣書記官の設置だけが決定された[72]。つまり侍補グループの提案は、きわめて形式的かつ抽象的なものに止められたのである。しかしそれに対する侍補グループの不満と失望は大きく、佐佐木は

「勤倹の御沙汰書も、何分不十分の様に被存候（中略）兎角内閣諸大臣の精神薄き様に存候、遺憾万々に有之候」(73)と嘆じている。そして彼等は、以後結束を強化し新たな政治的展望を切り開いていくことになる。

だが、たとえ形式的抽象的にもせよ、政府が「勤倹」という大枠を定めたことの意味は決して小さくはない(74)。少なくとも、これまで所与の前提とされてきた大蔵省主導体制による積極財政―殖産興業政策というものが、必ずしも疑う余地のない程自明のものではないということが明らかになったといえる。それ故、五代が期待し河瀬が推進していた商務局の局務拡大による勧業政策の一層の進展は実現しなかった。すなわち大蔵省商務局は、遂に予定された章程改正は実現できず、内務省勧商局当時の章程のまま据え置かれたのである。また後述するように、フランスから帰朝した大蔵大輔松方正義の政策提案にあたっても、政府の「勤倹」方針はかなりの影響力をもったものと察せられる。

しかし他方で、「勤倹」のイデオロギー的効用に対して激しい反発も生じた。開拓使事業を統轄し、積極財政に基づく殖産興業政策の全面的な信奉者である黒田清隆は、一二年四月三条・岩倉にあてて、次のように述べている(75)。

「夫れ王言如綸片紙の布令一旦之を発すれは億民の遵守する所となる。尤慎真謀議を尽し必す遺策なくして後之を挙行せさる可らさるなり。今然る能はす。後に紛更を事とするときは一事を創め一令を更る毎に其意今を是として昨を非とするの見に出てさるなきも、之を事後に験するに啻に其益少きのみならす反て其弊の多きに堪へす。」

政策変更の非を抽象的に論じる黒田の真意は、何よりも「勤倹」方針により彼の推進している北海道における勧業政策が掣肘をうける事態を恐れたことにあった。それ故黒田は、「昨年大久保参議兇変に遭ひし以来政府従前の方嚮を易へす稍持重動かさりしも、未た一周年ならさるに又改革の説興り前日議案を下示せられしにより鄙見の存る所黙止するに忍ひす[76]」と断言し、積極的勧業政策の擁護を唱えたのである。

以上に述べたように、明治一二年前半において「勤倹論」をめぐる侍補と参議との政治的攻防は一応収束した。しかしやがて「勤倹論」は、単なるイデオロギー的効用を脱し、政府の政策の規制要因へと化していくのである。

勧業政策転換の構想

大蔵卿大隈重信は、インフレーションの抑制と貿易赤字の克服のために、明治一二年六月二七日「財政四件ヲ挙行セン事ヲ請フノ議[77]」を政府に提出した。そこには四つの方針が列挙されているが、その中心は「紙幣支消ノ額ヲ増シテ之ヲ截断ニ付スル事」における、従来からの減債方針のより一層の強化にあった。これに加えて「地租再査」及び「儲蓄備荒」を実施することにより、地租の安定的確保をねらっている。ところでさらに「外国関係ノ用度ヲ節減スル事」をあげ、外国人傭・外国品使用・外国派遣の三点における節減を提案している点に、「勤倹論」のイデオロギー的効用を如実に窺うことができる。言い換えれば大隈でさえも一応「勤倹」を考慮にいれなくてはすまぬ状況に変わってきたことを、この大隈の建議書は示唆している。しかし「勤倹」の具体的内容を、外国関係に限定することによって、大隈の財政基調そのものには何らの影響も及ぼさぬよう充分の配慮がなされていたことも事実である。結局この大隈の建議は、第3節で述べる参議と侍補の政治的対立のために、しばらく棚上げされ、一二月一日に閣議において正式に決定された(78)。

同様のことは、勧業政策それ自体にもみられるようになる。商務局の局務拡大に失敗した河瀬は、一二年七月五日「財政之儀ニ付建言(79)」を大隈に提出し、次のように述べた。

「政府ハ当サニ民業ヲ保護ス可シ。已ニ之ヲ保護スルヤ則之ヲ勧奨輔導シ以テ其隆盛ヲ希図セサル可カラス。其レ民業ヲ振興シ国益ヲ増進スルハ亦政府職任内ノ事ノミ。（中略）欧米各国ノ政府トイヘトモ善ク民業ヲ翼賛スルモノ少シトセス。況ンヤ民業未タ進マサルノ我国ニ於テヲヤ。」

積極財政に基づく相変わらずの民業奨励論をこのように総論として展開した後、河瀬は各論として具体的政策を「正権二道」に大別し列挙している。無論河瀬の主旨は、「権策」として掲げた真貨銀行設立・貯蓄銀行設立・銀貨増鋳・輸出物品増産などの積極的施策の実現にあった。彼は、「本邦ノ現況ハ所謂日暮道遠キノ勢ナルヲ以テ、若之ヲ救フニ唯常径ニノミ是拠リ他ニ権術ヲ求メサレハ、則恐ラクハ未タ其効ヲ見ルニ及ハス」と述べて、「権策」の実施を正統化した。しかしその河瀬にしても従来と異なり、「政府ノ費用ヲ節ス」「収税法ヲ簡ニシテ税額ヲ軽減ス」という節減政策や、「民産保護ノ法ヲ補足ス」という法的規制を、「正道」乃至「常務」として認めざるをえなかった。ここに「勤倹」のイデオロギー的効用を、みてとることができるのである。

以上に述べた河瀬の意見書は、大隈から大蔵大輔松方正義にも回覧された(80)。そしておそらくは、この河瀬の意見書に触発される形で、しかも従来からの大隈―河瀬ラインによる勧業政策を批判しそれを転換する意図をもって、内務省勧農局長を兼務する松方は、「勧農要旨(81)」なる独自の意見書を明らかにしたものと思われる。この中に「資金ヲ人民ニ貸与シテ其産業ヲ保護スルノ得失ヲ論ス」の一項をわざわざ設けた松方は、次のように述べている。

「従来人民一物産ヲ興シ一事業ヲ営ナム毎ニ、動モスレハ資本ノ薄乏ヲ訴ヘ政府ノ貸与ヲ要スル者多シ。政府亦随テ之ヲ允シ只其周給セサルヲ恨ムモノ、如シ（中略）政府其独立ノ方向ヲ示サスシテ反テ之ニ資金ヲ貸与セハ、人民ハ益政府ノ力ニ倚頼センコトヲ希望スルハ自然ノ勢ナリ。斯ノ如クニシテ物産ノ繁殖ヲ謀ル傾国ノ資財ヲ給スルトイヘトモ其余リアルヲ見サルナリ。」

さらに「甲ニ厚クシテ乙ニ薄」くするというような不平均を生じた場合、「政府カ保護ノ厚意ハ反テ人民怨望ノ媒」となるから、「政府カ資金ヲ以テ妄リニ少数ノ人民ニ貸与スルノ益ハ此ヨリ生スル所ノ弊害ヲ償フコト能ハサルナリ」と断言した。こうして従来の勧業政策のあり方に正面切って疑問を投げかけた松方は、さらに一一月の勧農局「本局主務ノ目的ト臨時事業ノ要目」[82]において、勧業政策の変更を具体化している。すなわち勧農局の「主務」に農事景況調査をあて、従来主務であった官営諸場はすべて「臨時事業」の方にくりこまれたのである。

以上から明らかなように、一二年三月以来の「勤倹論」はおそらく侍補グループの予期せざる効果を生み出したと思われる。つまり「勤倹論」は政府の政策に対するイデオロギー的規制に止まらず、インフレの進行による財政の悪化[83]を背景として、ついに松方に勧業政策の転換を決意させるに至ったのである。もっとも松方は大蔵大輔として、大隈の積極財政自体を真正面から批判したわけではない。大隈財政全体への批判にむかう可能性を持ちながらも、当面は同じ勧業政策を扱う河瀬商務局長に対し、松方はあくまでも勧農局長として限定的な批判を行い、独自の政策を選択したにすぎない。いわば大蔵大輔兼内務省勧農局長という大蔵省主導体制下の松方の特殊な立場が、そうした松方の行動を容易にしたのである。

3　参議・省卿分離の政治過程

「国会論」をめぐる政治的攻防

「勤倹論」に基づく統治機構改革に失敗した侍補グループは、その後も天皇親裁の実質化をめざして運動を続けた。元田は一二年六月「政務親裁」について上奏をしている[84]。その際、侍補の具体的な権限の強化を要求するのではなく、「国会開設」と「憲法制定」の早期実現を要請した。無論元田は、いわゆる「西洋家流」の憲法論や国会論を排撃し、日本固有の「君主親裁立憲政体」を肯定した上で、いわゆる士族反乱も「国会民権論」も「皆是内閣ノ専制ヲ疑フニ由テ」生じたのであるから、「親裁ノ実ヲ明示スルハ国憲ノ立之ヲ親裁ニ決シ、国会ノ開ク之ヲ宸断ニ発スルニ若クハナシ」と述べて、次のような見通しを論じた[85]。

「今国会ノ議与論下ニ鬱興シテ廟議之ヲ難スルト雖トモ、人心ノ赴ク処其勢終ニ開カサルヲ得サルナリ、其迫ラレテ之ヲ開クハ之ニ先キンスルニ若クハナシ（中略）先後ノ機間ニ髪ヲ容レス、唯陛下洞ラカニ察シテ明断スルニ在ルノミ。」

かくて、在野民権派の先手をうって国会を開くという議論が、初めて天皇に上奏されたのであった。そしてこのことによって、「勤倹論」に続いて「国会論」という、大臣・参議グループ内で未だ合意形成はおろか本格的着手さえされていない難問の解決が切実化したのである。それ故この元田の上奏に対しては、六月中に三条・岩倉の秘密上奏(86)において、大臣・参議グループの迅速な政治的対応が示された。三点に及ぶ上奏のうち、最も注目に値するのは「諸官分任ノ責ヲ重クセラル、事」であった。

「立憲ノ政治ハ事ヲ統ヘテ事ヲ執ラズ、尋常ノ政務ハ挙テ之ヲ諸省長官ニ任シ其責ニ当ラシメ而シテ其成ルヲ綜フルノミ。（中略）或ハ廟議ノ外侍御ノ臣別ニ内旨ヲ奉スルカ如キアリテ万一中外ニ漏洩スル如キアラハ毫釐千里ノ謬ナシト謂難シ。其害勝テ言ヘケンヤ。」

各省卿以外の者の介在の明白なる否定は、侍補職の存在の否定を意味した。侍補による天皇への様々な問題提起を許し、彼等が天皇と大臣・参議グループとを媒介する力を有することは、正規の統治体系をいたずらに混乱に陥れることになる。そこで岩倉も「勤倹論」の時とは違い、今回は侍補に対して容赦なかった。続いて前述の上奏の第一点と内的関連を有するものとして、「施政ノ方向ヲ慎マルル事」が展開される。

「大政ノ方向ニ至テハ夙ニ聖慮ノ在ル所ニシテ現今ノ廟謨実ニ不易ノ標準トス。伏シテ願ハクハ皇上陛下益々既定ノ規模ヲ広メ玉ヒ新進軽躁ノ説ニ惑フ事無ク、而シテ将来改良ノ方法ニ至テハ臣等仰テ聖旨ヲ承ケ勉励スル所アルヲ得ン。」

侍補の介在の拒否に続いて、ここでは従来からの政府方針が天皇の意思を反映した正しいものとして再確認されている。そして侍補や在野民権派勢力などが主張する、憲法と国会の早期決定という「国会論」を、「新進軽躁ノ説」と決めつけて否定する。しかしその上で、「国会論」をも含めたあらゆる改革を今後とも大臣・参議グループの力によって行うことを宣言したのである。

以上からわかるように、大臣・参議グループは侍補の存在とその議論との双方を断固として否定した。しかも天皇親裁の形式を整えるため、彼等はしばしば参内拝謁を行った[87]。徳大寺侍従長が佐佐木に対し、「大臣参議祇候の儀、暑中休暇中と雖も、従前の如く順次参社に相成候間、御心得迄に及拝陳候[88]」と報告した所以である。かくて進退きわまった侍補[89]は、一二年八月末評議の結果、「近日両大臣へ出会の上、篤と後来の方向を決し（中略）、侍補を廃する歟、置く事にすれば精神の活発する様仕組を立る歟の、一刀両断法[90]」を求めることを決めた。前年五月、大久保の死直後とまったく同じ要求を出したのである。この要請を受けた岩倉は九月二一日伊藤に対して、「内閣自今密着御補導之事」及び「侍補中立に対し返答之事」について、熟議の上決定したいと伝えた[91]。

その結果、明治一二年一〇月一三日大臣・参議グループは「一刀両断[92]」の措置をもって侍補を廃止してしまった。しかし侍補廃止は「内閣密着奉仕[93]」とトレード・オフの関係にあったから、大臣は一名毎日出仕、参議は一名定日出仕と決められたが[94]、「内閣密着奉仕[95]」への現実的対応の見地から、侍補が従前より主張していた参議・省卿分離論が次第に有力化してくることになる。

さらにまた「勤倹論」に続いて、侍補が争点化した「国会論」も、「勤倹論」の軌跡と同じように現実に大臣・参議グループに対するイデオロギー的影響力を強めていく。その背景には、明治一二年には事実として民権運動も次第に高揚し活発化していたことがあげられる[96]。折柄一二月には参議山県有朋が、立憲政体について参議として最初の建白書を提出し、次のように述べた[97]。

「今日ニ在テハ政事ノ機軸ヲシテ鞏固ナラシメサルヘカラス。之ヲ行フノ法ハ行議法ノ三権ヲシテ鼎立拡張釐正スルヲ以テ急務トス。（中略）夫レ政ヲ為ス者ノ民心ヲシテ政府ニ帰向セシムルハ事必シモ新奇ニ出テス、只尋常人士ノ恒ニ言フ所ヲシテ適切ニ之ヲ行フノ外ナラス、即チ国憲ヲ確立スルニ在ルノミ。」

実は山県の建白書の政治的意味は、国会に関する具体的構想の提案にではなく、当時の政治状況についての認識とそれに基づく大局的な政治方針の提示にあった。すなわち山県は民衆の支持を調達するために、「政事ノ機軸」を確定して「国憲」を制定し、しかも「行政権ヲシテ他ノ二権ヲ掣肘スルコトナカラシメ」[98]るよう提案したのである。この政治認識は、前述した明治一二年六月の元田のそれにきわめて近かった。[99]とりわけ「三権分立」の確立による行政権の抑制という構想は、一二年三月の「勤倹論」以来の侍補の主張であり、かつ侍補廃止後元老院に蟠踞《ばんきょ》することになった彼等が、現に展開しつつある元老院の権限拡張運動[100]に見合うものであった。

つまりこの時点における「国会論」の提示は、イデオロギー的には「三権分立」の確立と行政権の縮小を前提とした統治機構改革の推進を意味し、現実政治的には間接的にせよ現に存在する立法機関たる元老院の権限拡張の支持を意味した。しかも「国会論」は明治八年四月の「詔勅」に基づく主張であり、[101]それが閣内から提案された以上、もはや無視することは不可能であった。したがって岩倉はこの山県の国会論の建白を受けた後、「明治八年四月十四日立憲政体詔書ノ件ハ其際ヨリ下官終始不同意ナリ。然レトモ既発表アリ今之ヲ如何ントモ致シ難シ、宜シク其緒ヲ継ガザルヲ得ス[102]」と述べて、山県以外の各参議に対しても、立憲政体に関する意見を提出するよう命じたのである。[103]かくてこれを契機として、明治一三年には争点ごとに各参議の意見書提出が命ぜられるようになった。そのことがまた、明治一三年の政治過程の大きな特色となる。

分離論と勧業論

明治一三年一月、佐佐木高行ら旧侍補に近い内閣書記官長中村弘毅は三条に対して、国会論の取り扱いに失敗すれば、「殆ント未発ノ禍乱タラザルヲ保チ難」[104]い状況にあることを指摘した。しかも現今の国会論は、かつてのような「不平」論の域に止まっていない。すなわち「単ニ政府ヲ咎ムルノ陋見ノミニ非ス、或ハ外邦ノ侮蔑ヲ憤リ、或ハ条約ノ改正ヲ唱へ、或ハ国帑ノ空乏ヲ歎シ、或ハ殖産ノ工夫ヲ議シ、頗ル皆国事ヲ以テ自任シ、独リ政府ニノミ倚頼セザルノ気象」[105]を有する、具体的要求を明白にした国会論なのであった。かくて「国会論」への対応が、政府当局者にとって焦眉の急たる課題になった際、参議からの意見書の提出を待つばかりでなく、「国会論」を前提とした統治機構の改革が考慮されることになる。一二年一二月二八日伊藤は黒田に対して「政体制度上の儀に付、前述廟議一定、其方嚮に基き施設の順序等見込可相定事」[106]と書き送り、そのことを示唆した。

現実に伊藤が考えた統治機構改革は、参議・省卿分離である。[107]この参議・省卿分離による改革の政治的意味は、第一に旧侍補・元老院グループの元老院権限強化に対する、反論の余地なきもう一つの選択として提案されたことにある。つまり彼等の主張たる行政権の抑制すなわち権力の分散と、天皇親政との実現のために、やはり彼等の二者択一的選択の一方にあった、参議・省卿分離を今こそ実現するというわけである。しかも彼等の主張する「国会論」の正統性の根拠たる明治八年四月の「詔勅」の書かれざる部分として、大阪会議では合意されていた参議・省卿分離があったことは周知の事実であった。[108]したがってこれらによれば、旧侍補・元老院グループは分離論に反対はできず、しかも少なくとも分離の形式的正統性だけは認めざるをえない。佐佐木が「抑モ分離論ハ、既ニ論題タル久シ」[109]と述べた点に明らかであろう。

分離論の政治的意味の第二は、参議・省卿兼任体制への批判を大蔵省主導体制への批判としてうけとめ、それへの介入をはかった点にある。前述したように、インフレーションの進行による財政の悪化が民間において高揚せる国会論の根底にある以上、財政再建は切迫せる課題の一つであった。いわば国会論と共に財政論は、政府全体の考慮すべき問題になりつつあった。すでに伊藤は「小生内務の重任に当り候事政府の得策に非る事」[110]と述べて内務卿辞任の意向を明らかにしていたから、大隈にも大蔵卿を辞任させ共に専任参議となることによって、伊藤も財政への発言権を今度こそ確保したかったのであろう。しかもそれは、一一年段階のような単なる権力的動機に止まらない。その背景には、前述した松方による限定的な財政転換の方針すなわち勧業政策の緊縮化の実施ということがあった。とはいえ、積極財政全体に対する新たな構想を提出できるほど、当時伊藤の考えが固まっていたわけではない。

こうした思惑を秘めた分離改革は、現実にはそうスムースには進まなかった。明治一三年一月一九日、井上は伊藤に対して次のように書いている[111]。

「又福岡県、備前、土佐其他中国、九州方々より国会建議持出し中には激なる論も有之由、内閣も迚も此儘に而維持は無覚束、過日岩公と一夜相談し候処分離論も寺島、大木、山田等不同意多く、黒田は寺島と相談し候処、従来参議と各省長官と之間に不和を起し候実際も有之事故不面白と之説に服し、(中略)分離も六つケ敷様相考へ(後略)。」

各参議は、伊藤・井上による分離論の真意をはかりかねて一様に消極的であった[112]。しかも政府内で事態が膠着している間に、分離論は逸速く外部に洩れている。[111] すなわち森山茂は、一月二〇日薩派の政商五代に対して、噂と断わりながら「参議は大隈・伊藤・河村となり。他は皆一省に卿たり。即、井上は大蔵」と伝えた[113]。従来の大隈による大蔵省主導体制を支持し続けている薩派にとって、長派とりわけ井上大蔵卿の出現は最も望ましからざる事態であった。分離論を大蔵省主導体制への介入という権力的観点からとらえた五代は、一月二七日大隈に対して「東京は、政躰上の御変革有之との説粉々にて、其内には、注意可致策略も有之候やと被存候間、随分、御注意奉仰候」[114]と注意を促している。大隈自身、二月一〇日岩倉に対して一応分離不可の意を表明した[115]。困惑した岩倉は伊藤・井上に対して、「種々見込も承候得共不可然との事にて頗る六ケ敷被存候」[116]と述べている[117]。

薩派による長派に対する疑惑は、しだいに大きくなっていった。そして薩派は、分離論による大蔵省主導体制への長派の介入が、単なる大隈との主導権争いのレベルに止まらず、積極財政に基づく従来からの殖産興業政策の転換を意味する可能性を察知するにいたる。薩派の黒田が、自らの意思を鮮明にしたのはちょうどこの時期である。すなわち黒田は二月一二日山県に続き、立憲政体に関する意見書[118]を「国会開設ヲ尚早トスル意見案」と明記して提出し、その中で国会論よりも財政論―殖産興業論を優先させるべきことを説いた。そして「夫レ国益ヲ図ルハ物産ヲ起スニ在リ、物産ヲ起スハ農工商売ノ業ヲ勧誘スルニ在リ」と述べた黒田は、現在の「勧農勧商」の部局が「内務大臣両省中ノ一局タルニ過キサル」事態を不満として、「仏孛諸国ノ制ニ倣ヒ農商事務ヲ管掌スルノ一省ヲ設ケ全国勧業ノ事皆此ニ専轄セシメ」ることを提案した。さらに勧業政策の飛躍的発展をはかるために、「国債ヲ募リ紙幣ヲ製シテ」積極財政を推進すべきであり、国会は二の次のことという結論を導いたのである。黒田は、前述した一二年四月の「勤倹論」への批判(119)をより明確にして、従来の大隈財政を全面的に擁護し、さらに勧業政策の発展のために専任の省の独立という機構改革を提示し、前年一二月の山県の国会論に自己の意見を対置させたのである。そして大隈財政擁護の立場から、二月一五日三条・岩倉に対して次のような懸念を表明している(120)。

「〇〇〔大隈〕進退に関し云々猶退て勘考仕候に、大蔵省の改革自由に行はれざるより、伊藤、井上等如此策略を廻し、遂に分離に出でしならんと疑図を抱き、此事に及候哉と推察仕候。」

さらに参議・省卿分離の現実的有効性を疑い「又一ケ年を出でざるに、困難引起す事もあらんと思ふは過慮とも不存候(121)」と憂慮したのであった。

大隈は国会論自体について、当時何らの構想も展望も持ちあわせていなかった。それ故国会論をめぐる薩長の対立が、具体的に長派の分離論と薩派の勧業論という政策対立の形で顕在化した中で、大隈は判断を決しかねていた。大隈のその様子は、次の二月一六日付岩倉宛伊藤書翰において、見事に浮き彫りにされている(122)。

「今朝大隈来訪、反覆談話を遂申候末明後日まで尚可致熟考との事に御座候。矢張以前之話と同様にて此儘にても充分の目的有之と申意にも無之、夫ならばと申て改革論にも屹度踏込みも無之候。」

結局、岩倉や伊藤の説得が実り、一八日に大隈は後継大蔵卿を佐野常民にすることを条件に分離論に同意した(123)。その後具体的人選の段階で、黒田・西郷・大木らが種々の駆け引きを行ったため、岩倉は「殊に人撰に而崩れ可申哉之懸念」を表明したが(124)、二月二八日には四人の例外を除き、参議・省卿分離が断行された[125]。この日井上は伊藤に対して、「連日之舌戦定て御疲労奉察候[126]」と述べ、その奮闘をたたえた。

かくて実現した参議・省卿分離に対して、旧侍補・元老院グループは厳しい態度をとった。その一人たる元老院副議長佐佐木高行は、「内閣ノ集権ヲ分離スルノ精神ニ起ッテ一層集権ニ帰セリ[127]」と述べ、分離の現実の形態を批判している。何故なら、「参議十人ニシテ三名ハ諸卿長官ヲ兼務シ、又、参議ハ諸省ノ事務ヲ分課シテ総裁ス、今日ノ諸省卿ハ前日ノ大輔ト同ジ[128]」であり、不体裁たること甚しかったからである。また佐佐木は、分離によって懸案の元老院改革が当面阻止されたことも、次のように理解していた[129]。

「今般元老院ノ改革ハ、自然内閣ノ改革ヨリ及ブ所ナレ共、河野文部卿ニ、柳原全権公使ニ被任タル、畢竟元老院ニテ、民権論ノ起ランヲ豫防ノ政略ニ出デタルベシ、併シ乍ラ、一二人転任スルモ、今日ノ如キ内閣集権ニテハ、同院モ必ズ抵抗力ヲ起スベシ。」

確かに佐佐木が鋭く看破したように、分離の現実は妥協の産物であった。第一に大蔵卿に薩派が恐れた井上でなく、肥前の佐野常民が大隈の推挙によって就任し、しかも開拓使長官を参議の黒田が兼任し続けたことは、大隈財政の継続性が一応保障されたことを意味する。第二に内務部分掌参議に伊藤・黒田・西郷、会計部分掌参議に伊藤・大隈・寺島があてられたのも、表見的には勢力均衡を保つための人事配置であった。しかし内務・会計双方に伊藤が任ぜられたことは、今後伊藤による積極的介入の可能性を残したことになる。第三にもっとも注目に値するのは、松方正義の内務卿への昇格である。すでに明治一二年の「勧農要旨」以来、従来の勧業政策への批判を強めていた松方は、一三年二月に「勧農局処務条例」を制定し[130]、間接的勧業政策をその主務とし直接的勧業政策をその臨時業務とすることを、明確にした。大隈と松方とのこのような政策上の相違を察知した五代は、それは本質的な相違ではなく、しかも松方は個人的には黒田と近く、したがって今後とも薩派と大隈とは従来通りの路線でやっていけることを、次のように述べている[131]。

「松方には、内務をやれ、商農をやれ抔と申事也。大蔵の事務は、松方余り不好趣きに相聞へ内務を欲る勢也（中略）。松方にも種々議論有之候由。併、閣下に対し、決て不満足は無之趣、其辺は御安心被下度候。元来松方には、西郷・川村には不充分。仍之、黒田と内実相結居候趣に相聞候。」

五代のこのような強弁にもかかわらず、伊藤内務卿―松方勧農局長の関係が、伊藤内務部分掌参議―松方内務卿の関係となったことは、勧業政策の将来における変更を可能とする体制が成立したことを意味する。何故なら松方は大蔵大輔を辞して大隈幕下から完全に伊藤幕下に移り、内務卿として地方統治をみる立場からの財政批判が可能になったからである。

この一連の異動を契機として、実は一年前に大蔵省に移管された商務局を、再度内務省に移管すべき旨の議論が生じた[132]。

「農産上資金ヲ要スルノ緊切ナルモノアル時ハ勧農局之ヲ査覈シテ大蔵省ニ照会スベシ
商業上販売適当ノ目的ヲ立テ願請スルアレバ商務局（内務省中新ニ設クルモノヲ云フ）之ヲ大蔵省ニ照会スベシ
大蔵省ハ此勧農商務両局ノ保証ヲ信トシテ後金員ヲ出スルモノナリ」

内務省管轄下の勧農・商務両局の厳重な審査と保証をへたものに限り、大蔵省が勧業資金を出すことにするという意図が、この議論には秘められていた。しかもそのために、生糸・茶・織物・陶器などの輸出産業に「専ラ資力ヲ添フルヲ肝要トス」(133)べきことを説いている。つまり総花的な無原則な勧業資金の配布をやめ、重点的に限定された勧業資金の配布に切り換えることを提案したのであった。その意味では、黒田の農商務省設置論とはまったく方向が異なるものである。

結局、商務局の内務省への再度移管は実現しなかった。しかし以上に述べた一連のことから、分離を契機として大蔵省主導体制の優位が揺らぎ、権力的動機からも政策的動機からも、それに対する介入が容易な状況になったと言わねばならない。

4　外債論をめぐる政治過程

参議・省卿の意見書提出

明治一三年五月、会計部分掌参議大隈重信は財政に関する二つの意見書を明らかにする。その第一は「財政政策ノ変更ニ就テ」と題する意見書(134)であり、大隈は二月の参議・省卿分離に伴う改革に基づいて、「各省使院事務ノ章程就中理財ニ関スル事項ニ付キ、施政ノ主義管理ノ方向ヲ更政釐定スル事堅要ナリ」と述べ、皇室財産設定の他三点を指摘した。まず「勧誘ノ為メ設置シタル工場払下ケノ議」において「内務工部両省所管ノ工場総計十四ケ所」を払い下げることを提案した。無論すべての官営事業の払下げではないが、これらの中には二月の「勧農局処務条例」において松方が臨時業務に指定した工場も含まれている。ということはある意味で、大隈が松方の勧業方針を部分的に追認し、しかも払下げという思い切った方法の提示によりそれを一歩進めたことになる。

次に「諸学校ヲ文部ニ統轄シ普通小学ノ補助金ヲ廃スルノ議」で小学校への補助金を打切り、さらに「各省中局課ノ分合所属改替ノ件」で主として内務省の組織再編が企てられた。その中に、「内務省中ノ土木局ヲ工部省ノ所轄ニ付ス」とあるのが注目に値する。それはおそらく、工場払下後の工部省に府県土木事業を担当させる意図であり、地方統治と土木事業とを切断し運営する考えだったと思われる。

この大隈の意見書は、確かに従来の大隈財政に修正を加える色彩の強いものであった。一部工場の払下げや小学校補助金の打切は、明らかに経費節減と勧業抑制とを意味している。しかしその背景には、やはり大隈の大蔵省主導体制維持の意図があった。つまり松方の財政批判をある限度で摂取しながら、他方で内務省から工部省への土木局移管提案に象徴されるように、内務省を牽制したのである。そのことは、大隈が内務省の組織再編を論じながら、黒田意見書にあった農商務省独立論や、商務局の内務省への再移管論をまったく無視したことにも明らかであろう。

その事情を最もよく現しているのが、大隈の第二の意見書の提案[135]である。すなわち第一の意見書とほぼ同時期に、大隈は五千万円外債募集を骨子とする「通貨ノ制度ヲ改メン事ヲ請フノ議」を明らかにした。周知の如くこの提案で大隈は、外債による不換紙幣消却を意図し、それによってインフレを抑制すべく考えたのである[136]。言い換えれば、五千万円外債導入によって積極財政のベースを崩さずに物価引き下げを期待したのであった。結局この二つの意見書から、大隈は基本的には従来の大蔵省主導型の財政方針を変えておらず、ただ松方の主張する勧業政策の転換方針を限定的に受容する態度をとったと言いうるだろう。

五千万円外債論については、一番最初に松方が疑問を表明し、五月六日には伊藤に対して次のように述べている[137]。

「陳は会計論は困難無相違候。過日は井上君来訪被下候に付種々見込も承り候処、順序は至極尤と奉存候。唯々外債之点に至り成程是は疑点有之秘事とは申事なり。」

五月一四日の閣議は、外債論をめぐって紛糾し結論を得るに至らなかった[138]。無論山県が、「目下切迫ノ会計上大困難ヲ此儘打捨置候訳には参り不申、孰にしても困難の原因を治療すへき目的相立候て断然御処置無之ては不相成[139]」と三条に述べたように、財政の悪化に対して、何らかの打開策が講じられる必要はあった。とはいえ、大隈の主張する外債論を否定したとしても、確固たる信念に基づき、それに対置しうる政策をもちあわせている参議・省卿もいなかったのである。

結局、まったく異例のことながら各参議及び各省卿に対して、外債論の是非についての意見書の提出を命じ、さらに熟議をつくすことになった[140]。伊藤は、外債論をめぐって対立した閣議の模様を次のように活写している[141]。

「博文は過日御評議之節如申上候到底外債には極〻之異論に御坐候故政府を挙ての御決定に有之候共乍恐服従難仕心事は詳細岩公へ申上置候。乍去黒田西郷河村抔は同論之趣に付此上異説を主張候ては目下不容易御困難を惹起可申に付黙過之外無之。」

かくて、一触即発の危機的状況の中で、五月下旬から六月初旬にかけて、各参議・省卿の意見書が提出されていった[142]。そこで次にこの外債論をめぐる意見書を検討し、当時の参議・省卿の状況認識と将来への展望を整理しておくことにしたい[143]。

外債論に賛成したのは、前述の伊藤書翰にある黒田・西郷・川村の薩派系三参議、山田参議、榎本海軍卿、大山陸軍卿、田中司法卿であった。松方を除く薩派全員が大隈に賛成した点に注目せねばなるまい。特に薩派系三参議は、いわゆる節倹主義に明確に反対しており、それ故に積極財政の維持発展を意味する外債論に賛成なのであった。つまり彼等は外債そのものの是非というよりは、前述した一三年二月の分離論をめぐる薩長対立の延長上における議論としてこの議論を考え、積極的勧業論の見地から外債論を受容したのである。もっとも彼等のうちの多くは、自ら「経済不工者[144]」たることを認めており、それ故財政に詳しい者を選んで熟議調査することを、あわせて提案していた。

これに対して外債論に反対したのは、伊藤・井上・山県の長派系三参議、大木参議、松方内務卿、佐野大蔵卿、河野文部卿、山尾工部卿であった。このうち大木は積極財政そのものに反対ではなく、ただその方法としての外債論に反対し代案として「一時米納ノ法」を提示したのである。これが後述する米納論の嚆矢である。

山県・佐野・河野の三人は、外債償還の方法が明示されていないことを最も疑問とし、これに反対した。そして彼等はいずれも財政転換の必要性を説いている。河野は大隈の楽観的な殖産興業論を戒め、物産の増殖などの勧業政策の成果は「一朝ニシテ望ムヘキモノニアラス、必ス多少ノ歳月ヲ経過セザル可ラス」と述べ、勧業政策の速効的効果の非現実性を訴えた。また山県は外債論に対して明確に節倹主義を対置し、佐野は酒税増税・タバコ課税による紙幣消却案を対置した。

松方は薩派で唯一人外債論に反対だったため、意見書の提出にも慎重を期して当初は口頭報告ですませ[145]、六月に入ってから文書を提出している[146]。そこで松方は真正面から、「此議断然今日ニ決行ス可カラサルモノナリ」と外債論を否定した。ただ注意すべきは、彼は外債論を「始メニ易クシテ終リニ難シ」と述べてその安易さ故に否定したのであり、積極財政自体を否定したわけではない。その証拠に彼が各論として展開した「財政管窺概略[147]」における具体的提案では、「節倹ノ精神ヲ養フ可キ事」というういわゆる勤倹イデオロギーと共に、「農工商ヲ勧奨シテ物産ヲ増殖スル事」という在来の勧業政策が並列されている。つまり松方は外債論に反対することによって、大隈との相違を明確にし伊藤・井上ら長派との人的結合を強め、しかし積極財政には反対しないことによって、黒田ら薩派との関係も維持するよう配慮したのである。

伊藤・井上は、基本的には外債論に反対ながら、「不得止場合ナレハ一千万円ハ外債スルモ差支ナカラン、之五分之一ナレバナリ」との、きわめて政治的な妥協案を提示した[148]。

「五千万円ノ巨額ヲ外債スルハ甚危殆ナリトス。方今国会論起ルモ只政府上経済ノ事等ヲ専ラ指シテ云ナリ。此上外債ヲナサハ三千万人ノ人心ヲ統御スル尤苦神ノ至ナリ。諸官省冗費ヲ充分ニ減省シテ可ナラン。」

佐野が「国会ノ設立ヲ主張シ嘖ニ止マサルノ今日ニ在テハ奇貨口実トシテ為メニ非常ノ変動ヲ醸成スルモ測ルヘカラス」と述べたのと同様に、伊藤らも外債論を国会論と同レベルでとらえていた。つまり、一三年二月の分離論を国会論との内的連関において主張したように、外債論も国会開設を唱える民権運動の「国会論」への政治的対応という見地から、その是非を判断したのである。したがって

「方今国会論起ルモ只政府上経済ノ事等ヲ専ラ指シテ云ナリ」との言からは、単に外債論の否定に止まらずさらに財政転換への焦慮感をうかがうことができる。

以上の他に、事情を知った佐佐木・元田・土方ら旧侍補グループは、一致して「勤倹論」の立場から外債反対を唱えた(149)。それでは三条・岩倉はどのような立場をとったであろうか。岩倉は五月二九日伊藤に対して、「財政事件諸省卿御返答昨日に而各相済候(150)」と述べ、その結果「種々意見候得共、三条には佐野考を可然被申居候(151)」と伝え、大臣グループの結論を示唆していた。当事者の大隈も外債論への抵抗の大きさに驚き、松方の言によれば「若や建白不被行候得は節倹より外には無致方との」意向に変わっていた(152)。つまり彼は、外債論を主とする第二の意見書を放棄し、緊縮方針を主とする第一の意見書でいくべく考えを変えたのである。

結局六月三日、外債は不可とし勤倹主義に基づく財政改革を行うとの勅諭が下され、会計部分掌の大隈・寺島・伊藤三参議及び佐野大蔵卿に対して、具体的な財政整理計画の作成が命じられた(153)。その結果、六月一三日会計部分掌参議は共同で、各省使定額金合計三百万円の節減と、佐野提案にあった酒税増税とにより、紙幣処分の資本に充当するとの方針を決定した(154)。だが現実にどの省が減額に応じるかでは、各省卿とも譲らなかった。その後一〇日程折衝が続けられたものの、結論を得るに至らず、定額金節減計画は完全に暗礁に乗り上げてしまった。特に黒田を中心とする薩派系は、前述の外債論の意見書において「方今之際定額ヲ減シ官員ヲ減スル等ハ不可然(155)」と述べており、節減反対の先頭に立っていたものと思われる。

そこで六月二九日、とりあえずこの節減の具体的計画は棚上げし、天皇還幸後の閣議で、改めて財政整理の方法を決することになったのである。[156]結局外債論の代案としての勤倹論は、薩派にとっては一二年三月と同じく現実に彼等を拘束するものとは思われなかったのであろう。それ故彼等は、定額金節減という具体的手段に拒絶反応を示したと考えられる。とまれ外債論、勤倹論ともに政府決定とならず、「一寸先ハ暗ノ夜ト申ス有様[157]」になってしまったのである。

国会論と財政論

明治一二年六月には山県・黒田に続いて参議山田顕義が、立憲政体に関する建議を提出した。[158]この建議の特色は、以上に述べた財政整理をめぐる政治的対立を背景として、何よりも「国体ヲ議定スヘキ事」という国会論と「財政目的ノ事」という財政論とが内的関連を有するものとして、共に論議されたことにある。「万機ノ事挙テ皆財政ノ得失ニ関ス」と述べた山田は、長派で唯一人外債論に賛成したことからわかるように、「国債ヲ起シ紡績器械并鉄砂糖製造器械ヲ建設シ一意奮然其目的ニ達スヘキ事」として、積極財政に基づく勧業政策の一層の充実を訴え、そのためにも「諸官庁ニテ同一ノ事業ヲ各自ニ施行スルヲ禁シ便宜ノ所ニ合併スヘキ事」をあわせて提案している。この山田の意見書は、積極財政の推進という点で内容的には二月の分離論をめぐる対立の際の黒田の意見書[159]ときわめて類似していた。ただ山田は黒田とは異なり、国会論をも無視できぬとした点に、外債論をめぐる対立の際の伊藤・井上と同じ認識をうかがうことができる。

国会論と財政論との内的連関の重要性を強く意識し、どのような方針をとるにせよこの両論を同時に確定することが、民権運動に最も効果的に対応し政府の統一性を回復する最良の手段たることを考えたのは、岩倉であった。岩倉は六月二五日伊藤に対して、「国会一件及国憲御取調等之義に付御出発迄に御密談申度次第有之候。山田建白之義も有之同人より一応御談し申入置候筈に候」[160]と述べている。そして六月中に作成した意見書[161]において、数ヵ条に及ぶ「勤倹及輸出入平均見込等之廉」を掲げた。その中に「諸省ニテ是迄同様ノ事業ヲ二重ニ設ル分ハ総テ一方ニ取纏ノ事」とあるのは、明らかに前述の山田意見書の影響と思われる。殖産興業政策の効果的推進のために、積極にせよ緊縮にせよ機構改革の必要があるという認識は、次第に広まりつつあった。岩倉はこれらの諸方策を掲げた後、「前件治定之上漸次国会設立之目的ヲ以テ其方法着手ノ順序取調同時発表之事」と明記したのである。

さて山田に続いて明治一三年七月、参議井上馨が立憲政体に関する建議を提出している[162]。井上の意見書は、まず現今の財政論における政策の動揺を意識し、「我政府常ニ内情ニ区々タルヨリ其政策ノ據ル所未タ之ヲ一定スルニ暇アラス」と述べて、現在の政府に対する仮借ない批判から出発する。井上は維新以来の殖産興業政策の失敗を認め、財政悪化と国会論との関連を次のように説いた。

「維新以来我政府巨万ノ資金ヲ費消シ以テ斯民ヲ利導セルモ純美ノ教化未タ起ラス天富ノ殖産未タ充分ニ発セス、輸入ハ常ニ輸出ニ超過シテ金貨日ニ隠レ楮幣月ニ低《〔ママ〕》ク、加之国会論者四方ニ蜂起シテ務テ政府ノ失策ヲ咎メ遂ニ国会ノ設立ヲ逼迫スル。」

以上の認識に立って、井上は「与論ノ帰向スル所ニ従テ国会ヲ開設シ、以テ政府ノ組織ヲ一変シ、以テ其據ル所ヲ確立スル」ことを訴えた。言い換えれば、積極財政からの転換をはじめとして各種政策の機軸を確立し、それに見あうよう統治機構を再編した上で国会開設に臨むということである。しかも井上は、国会開設を期して民権運動を展開している人民の「智識」が、明治六、七年の段階から着実に進歩しつつあることを察知していた。それ故にこそ、彼は「与論ノ帰向スル所最早妄ニ威権ヲ負テ以テ之ニ逆フ可ラサルナリ」と断言したのであった。

岩倉は、国会開設のために財政整理の早期決定を示唆したこの井上の意見書に、七月二一日に接している[163]。そこで岩倉は六月に引き続き、天皇還幸後決定すべき財政整理の方法について考慮し、七月二六日伊藤に対して、「扨兼而御配慮財政一件実ニ御大事、御留守中種々愚考之件にも有之、先以而速に御内談可致存居候[164]」と述べた。そして会計部分掌三参議及び佐野大蔵卿に対し、「財政ノ儀ニ付愚考[165]」という私見を提示したのである。その中で岩倉は、基本的には六月の定額金節減の方針以外に財政整理はありえないことを強調した。

「要スルニ前議ノ通各庁定額減少ノ外アルヘカラサルヘシ。尤事業上ニ付軽重ヲ較リ減少スヘシト雖トモ、恐ラクハ五拾万円ヨリ百万円ニ充タサルヘシ。」

一方で薩派を中心とする積極政策論者を納得させるために、定額金減額を六月原案の三百万円から三分の一以下に減少し、他方で次のような注目すべき具体的提案を付加している。第一は勧業資金の直接配布の全面禁止である。

「各地方ニ於テ起業資金ノ手当ヲ為ササルヘカラス。従来大蔵省ヨリ直接ニ農工勧奨ノ為ニ貸附タルモノノ如キハ以来一切停止スヘシ。而シテ右ハ今回更ニ各地方ノ銀行ヨリ特別ノ規則ヲ設ケテ貸附ヲ為スヘシ。」

分離論以来、ここに初めて勧業政策の全面転換が明確に主張された。同時にこれは大蔵省主導体制の解体を意味する。つまり六月の岩倉意見書[166]にあったように、内務省勧農局や大蔵省商務局など重複している部分の再編が、当然予想されよう。続いて岩倉は、土木事業の地域負担を次のように明確化した。

「河渠道路ノ改良ハ運搬便塞ノ関スル所ニシテ固ヨリ其事堅要ナリト雖トモ、目今此挙ノ為ニ別ニ課税スルヲ得サルハ亦タ時勢ノ已ムヲ得サル事ナレハ強テモ民費ヲ以テ弁セシムヘシ。是今日ニ在テ農民ハ稍ヤ貯蓄スル所アルニ至レハナリ。」

土木費への国庫補助をやめ地域負担にすることの前提には、米価騰貴による農民の富裕化の認識があった。さらにこの岩倉提案によれば、土木局の工部省への移管という五月の大隈提案[167]は当然否定される。すなわち勧業・土木を含めたすべての殖産興業政策について、大蔵省の資金散布によるコントロールを抑制し、内務省―地方官のコントロールを強化する意図が明らかであった。言い換えれば、積極財政から緊縮財政への全面転換である。

以上の岩倉の「愚考」は、積極財政派と財政転換派とのぎりぎりの接点を求めようと考えられたものであった。しかしいくら定額金減額を最小限におさえるにしても、実質的には地方への支出を抑制する提案が含まれている以上、この「愚考」が積極財政派に受容される余地は少なかったと言わねばなるまい。

5　米納論をめぐる政治過程

岩倉の米納論

　財政整理をめぐる政府内の対立は、有力な代案も妥協案も提出されぬまま、八月半ばに予定された御前会議を前に、一種の膠着状態に陥った。そうした手詰り状態を打破し、急速に政府内を席巻したのが米納論であった(168)。すなわち明治一三年八月に入ってから、外債論の際にも積極財政派たることを明言していた大木や黒田・西郷・川村ら薩派系三参議及び山田参議の間に急速に広がり支持を得ていった。これに対して、外債反対派であった三条・有栖川両大臣、及び伊藤・井上・山県ら長派系三参議が、やはり米納論にも反対の態度を貫いた。ここで注目に値するのは岩倉と大隈である(169)。二人は後にも述べるように、相互に独自の立場から外債論の時とは攻守をかえることになった。つまり岩倉は米納論に賛成し、大隈は反対したのである。米納論をめぐる対立は、外債論の場合よりも明白に、積極財政の維持か緊縮財政への転換かという路線対立の色彩が濃厚であった。それ故に、二人の行動の相違はその後の政治運営に決定的な影響を与えることになる。以下に米納論をめぐる政治過程を考察し、そのことを明らかにしたい。

　そもそも外債論にせよ米納論にせよ、これらはいずれも政府内部からではなく、政府外からの示唆によるものであった可能性が高い。たとえば松方は土方に対して、次のように述べている(170)。

「此度外国債ノ事ハ、渋沢栄一・五代友厚・益田孝・福沢諭吉等ノ発意ニハ有ル間ジキ歟、平素大隈ハ、右ノ向々へ財政上ノコトハ相謀リテ、百事施行セル故、右ノ向ニテ誰レカ発意ノ人アリタルベシ。」

米納論を政府内で最初に提案したのは、外債論の際その代案として提示した大木喬任であった。大木の言によると[171]「其後岩公一人ニテ被申候ハ、過日足下申述ラレタル如ク、金納ノ処ヨリ今日ノ困難ヲ来シタル事ヲ、此頃篤ト了解セリ」と述べ、「或商人モ足下同様ノ説ナリ」と付加している。後述するように、岩倉の言う「或商人」とは五代友厚である。積極財政の維持発展の意図をもって、大隈や岩倉に対し薩派の五代が外債論や米納論を提示したとしても不思議ではない。

ところで大隈は、前述したように外債論の失敗により、伊藤らと共に定額金三百万円減額という節倹プランを作成しており、必ずしも積極財政に拘泥しなくなっていた[172]。そしてどちらかといえば、これまで対立していた伊藤・井上との協調関係の樹立を模索していたように思われる。それ故、なお積極財政の維持を意味する米納論を提示された時、大隈は反対の態度を明確にしたのではあるまいか。

これに対して岩倉は、政治的に一つの見通しをたてて米納論に賛成したように思われる。岩倉は八月五日に五代に対して「過日は早速来訪忝存候。其節、米納意見書、感銘此事候[173]」と述べ、五代による米納論の提示を明らかにしている。そしてさらに「此義は、元来熱心申立、是非貫徹有之度[174]」と、米納論への積極的姿勢を見せた。五代の入説により岩倉が米納論を受容するに至った背景には、従来からの五代―大隈関係への配慮が考えられる。そのことは、岩倉がわざわざ五代に対して、「此旨趣〔米納論〕定て〔大隈〕前大蔵卿にも同意ありし事と推察、御談話如何ありしや。少々心得の為め、承知致置度次第有之、極内々承知致度[175]」と尋ねていることに明らかである。

やがて岩倉は、米納論を含めた財政整理意見書を提出した。[176] しかしそのことは、岩倉が再度積極財政派に転じたことを意味しない。岩倉の意見書は、実は前述した七月の岩倉「愚考」の議論[177]のあくまで延長線上にある。つまり名を積極財政派に、実を財政転換派に与えることにより、両派に分裂した政府内部をまとめるよう工夫されていたのである。その意味では、全額もしくは半額以上米納に戻し政府の手に米価調節の権能を回復し、積極財政に基づく殖産興業政策の展開をはかるという五代・大木・黒田の米納論[178]とは質的に異なるといってよい。そこで彼等の米納論が、岩倉の意見書[179]の中でいかに換骨奪胎されているかをみることにしよう。

岩倉はまず、「前議ノ如ク三百万円ノ節減ヲ実施スルハ到底為シ難カルヘシ」と述べ、一応定額金節減論を御破算にする。その上で「急務十一ケ条附録三条」を提案している。その筆頭に掲げられたのが、「田畑ノ地租中其十分ノ一半ハ現穀ヲ公納セシムル事」という、四分の一米納論であった。それには、「今ヤ幾分ノ米納ヲ回復スルニ非サレハ決シテ此財政ノ困難ヲ匡救シ国家ヲ維持スルニ能ハサルナリ」との理由づけがなされている。それに続く諸提案は、七月の岩倉「愚考」と大同小異のものが多い。たとえば勧業政策の転換については「政府ニ於テハ既ニ勧業資金ヲ已メ漸次之ヲ回収スル」方針だから、「各地方ニ於テ起業資金壱千弐百万円ヲ募集セシメ其起業ヲ奨励保護スル事」とされ、地域負担を明確にしかつ大蔵省主導体制の解体を志向している。[180] それに「勧業ノ目的ヲ以テ設置セル各官工場ヲ払下ケル事」等の緊縮方針を列挙した。

以上からわかるように、岩倉の四分の一米納論は、かつて外債論の際に伊藤が基本的反対にもかかわらず、政治的妥協のため五分の一外債論を唱えた[181]のとよく似ている。しかし八月一六日の閣議において、米納論をめぐる対立は大隈が反対にまわった結果、岩倉の政治的妥協方針をも受容せず議論は平行線をたどったようである[182]。閣議の後、反対論の井上は三条に対して「今夕陳述仕候精神之外に見込も考も無之」と述べ、かつ「大隈参議も同意」と断言したのであった[183]。そして外債論の際の伊藤に代わって、今度は井上が米納論に対する反論と対案の提示を行った[184]。

井上はまず前文にて「会議ニ先チ右府岩倉公ノ建議書ヲ下付セラレタルモアレバ、馨ハ、則参議大隈君ノ説ニ同意」と述べた。そして井上は、そもそも米納論の背景にある米価騰貴及び農民奢侈の認識を否定し、「今日ノ米価ノ如キ、未ダ其騰貴ニ足ラザルナリ」と述べ、「今日農家ノ状況ヲ指シテ奢侈ト謂ハズ、寧ロ生活ノ度上進セシ現象」と答えている。その認識の上に立って、井上は米納論には「其十分ノ一半ヲ以テスルト其全額ヲ以テスルトヲ問ハズ」断固反対の姿勢を明確にした。井上のこうした農民重視的視点に立つ米納反対論の理解のためには、すでに七月の立憲政体に関する意見書において明らかであったように、国会論との内的連関を考慮に入れねばならない[185]。

「爾来僅ニ四五年ノ間ニシテ其智識大ニ進ミ今ヤ山村僻邑ト雖モ国会論ヲ喋々スルニ至レリ。（中略）乃米納ノ命アラン乎彼等必ズ相集テ曰ン五年ハ改租セズトノ口吻未ダ乾カザルニ又候米納ノ命アリ我政府ノ頼甲斐ナキ何ゾ此極ニ至ルト。従是政府ノ信威索然地ヲ払テ去ルベシ。」

かつて外債論を、伊藤や佐野が国会論との関連において危惧したのと同様の論理である。こうして徹頭徹尾米納論を否定した井上は、「漸次ト耐思トヲ以テ克チ敢テ速効ヲ期セザレバ必ズ其目的ヲ達スルヲ得ベシ」と述べて、大隈が今回提案したといわれる毎年一千万円捻出による紙幣消却に賛成し、その具体的方法を次のように列挙した[186]。

「官省ノ事業ヲ減廃シテ、其定額ヨリ弐百万円ヲ減ジ、且地方税則ヲ改メテ弐百万円ヲ残シ、又タ間税（酒・煙草等）ヲ増賦シテ四百万円ヲ改メ、又予算等中ノ減債紙幣弐百万円ヲ活用スレバ、乃壱千万円ノ余剰ヲ護ル計算タリ。」

ここに掲げられた政策のうち、第一の官省事業の縮小と払下げ、第三の酒税・煙草税増税は、六月の大隈・伊藤ら会計部分掌参議の提案の踏襲にすぎず、格別新味はない。ただし、第一の提案においてさりげなく「官省使ヲ合併或ハ廃止スル」と述べ、薩派の聖域たる開拓使をも緊縮財政の対象とすることを示唆したのが注目に値する。七月の岩倉「愚考」の影響はみられるものの井上独持の提案といえるのは、地方税の改正であり次のように述べている[187]。

「夫レ今日ノ地方税ハ、道路防費等ノ如キ、其全部或ハ幾分ヲ国税ヲ以テ補助スル者多キニ過グ。然ルニ近来農家ハ殷富ノ実況アルヲ以テ、断然明治十一年第十九号、地方税ハ地租五分一以内ノ法令ヲ解キ、之ヲ県会ニ附シテ、尚地方税弐百万円ヲ増賦スルモ其負担ニ苦マザルベシ。」

かくて岩倉の折衷論、黒田・大木らの米納論による積極財政論、伊藤・井上・大隈らの節減と増税とによる緊縮財政論とに議論は大きくわかれることになった。ただし今回は外債論の時の混乱に鑑みて、「此ノ上、諸省へ御下問相成候ハハ、諸卿モ又々異論ヲ生ジ候テハ、到底纏マリ相附クマジク」ため、諮問はあくまでも参議限りとされた[188]。それ故薩派で唯一人前回外債論に反対した松方は、今回は幸運にも態度を表明せずにすんだ。黒田ら他の薩派の積極財政論に対し、松方は真正面からの衝突を免れ政治生命の維持に成功するのである。ちなみに松方は、八月一七日伊藤に対して「今日は早朝より理財上之御再会議之趣ニ窃ニ伝承仕、如何之御決着に相成候や[189]」と、事態の推移を尋ねている。

大隈と薩派との決別

八月一九日に、米納論についての再度の御前会議が開かれた[190]。この前後、五代は岩倉・黒田・大木ら米納論者の間の周旋に忙殺されている。また御前会議直前に、意外にも今回は五代の提案を受けいれず反対論にまわった大隈に対し、次のように最後の説得を試みた[191]。

「昨日は〔井上〕清盛入道罷出候由。如何の論有之候や、不相訳候得共、又外国債云々の如き、反復表裏相成候ては、終に閣下独立の姿に相成候儀は、乍陰痛心仕候。」

薩派との長い間の提携を切り、今さら長派と結んでみても、井上などは到底信用に足らないから、大隈は結局孤立する事態に陥ると五代は警告し、さらに「伊藤にも、今日は、粗、不得止、米納にても相用候外無之〔と〕、心中決定罷在候模様と相聞候[192]」との伝聞情報を付け加え、とにかく大隈の翻意を促している。同時に五代は、賛成論の大木に対して次のように書き送った[193]。

「猶、得と勘考仕候処、彼反対論者の為に、本日再び御議を被開、米納云々は暫く置、目下危急の財政を挽回せんには、如何の方法を設、如何の方策を可行や否を、討問質議相成候外無之と存候。昨夕も岩公へ精々御注意申上置候得共、若、本日其順序を失候時は、再、不可期の時と痛心仕候。」

伊藤・井上・大隈が反対論に固執する以上米納論採可の可能性はないから、この際採決をせず米納論を一時棚上げにし、説得のための時間的余裕を設けた方が有利であると五代は考えたのであろう。結局五代の見通しどおり、この日は米納論の可否の採決には至らず、八月二一日に大隈に対して財政調査の命が下った。これに対して、大隈は伊藤と共同して財政調査の任にあたることを望み、若干の紆余曲折の結果、井上を背後の参謀としながら、正式には大隈・伊藤の二人の間で今後の財政運営について検討が進められていくことになる(194)。

だがこの時点で、薩派は大隈に対して決定的に不信感を抱くに至った。そこで黒田は、彼自身の言によれば「過日来の一条、岩印・三印へ云々、切論致し、夫れより引続、昨夜徹しに今暁、太政大臣殿・有栖川左大臣宮殿下へ、猶、畳掛、念を押し、書面にて差出(195)」すことを許されたのである。米納論を積極財政の最後の手段と考える黒田は、八月二二日両大臣宛書翰において次のように大隈への不信の念を述べた(196)。

「就テハ右財政上ノ調書大隈参議へ被命候処同人ハ固ヨリ米納ヲ不可トスル説ナレハ、今前ニ切陳スル所ニ向テハ反対ノ論ナルニ付万一右ノ説行ハレ候様相成ルトキハ前途ノ形勢如何可相成歟ト甚痛心仕候。」

そして黒田は、初めて公然たる大隈批判を行うのである(197)。

「同人ニ於テハ数年大蔵省ノ重任ニ当リ財政ニ諳練《(マヽ)》仕居候儀ニハ候。併是迄同省ニ於テ目的ヲ定メ候事業ハ果シテ一ニ誤ル所ナカリシヤ否ハ明言難致、即チ此節ノ議論ニ於テモ其意見ヲ以テ取調候処必ス万全ノ説トハ被申間敷、因テ右調書ノ義ハ米納主義ノ論者ヘモ十分其見込ヲ申出サセ御参考ニ供セラレ度。」

大久保没後体制における大蔵省主導体制の確立以来、侍補の「勤倹論」や長派の「分離論」の際にも大隈を擁護し、「外債論」においては積極的に大隈を支持し、ともかく一貫して大隈財政を支えてきた薩派にとって、その大隈がこともあろうに長派と結んで緊縮財政へと転向したことは、許すべからざる背信行為であった。以上の黒田の働きかけにより、大隈・伊藤とは別個に黒田・大木に対しても財政調査が命じられる[198]。ここに大隈と黒田の対立は決定的となった。その結果黒田は五代に対して「必ず方法調査は、老兄へ依頼せずんば決して不相済[199]」とその具体案を依頼し、八月三〇日に五代の筆になる黒田の意見書[200]が提出されることになる。ちなみにこの米納再論には、とりたてて新しい見解は示されていないが、米納による「農民竹槍ノ変」の可能性に対して、現状のままによる「士商工ノ騒擾」の可能性を対置した点に特徴をみることができる。

両論対立の状況の中で、結局バランス感覚に富んだ岩倉は、八月二三日井上に対して「自今内閣一丸目途に付ては尤大事と奉存候[201]」と述べて閣内一致の観点から、四分の一米納論断念を示唆した。そして「大隈えは伊藤より咄し置呉候得ば可然か、是も御談申し被下度存候[202]」と述べ、大隈・伊藤・井上の財政方針に従うことを、あわせて岩倉は表明したのである。なお岩倉は、四分の一米納意見書とほぼ同じ時期に、「国憲審査ノ局」を太政官中に設置し国会に備えるようにとの意見書も提出している[203]。すなわち岩倉は、前述した六月の際の意見書と同じ政治的考慮[204]から、財政論と国会論の方針の同時決定という考え方だけはあくまで捨てなかったのである。

さて「内閣ヲ以テ不信ヲ抱ク事、前件ノ理財ノ一端ニテ見ルニ足レリ[205]」と述べ、大隈財政を批判し続けてきた旧侍補・元老院グループは、勤倹論の立場から外債にも米納にも反対した。もっとも彼等は原則論としての米納論には賛成だったが、現状の財政危機克服のためのいわば緊急手段としての米納採用に反対したのである[206]。すなわち米納のような財政上の大問題は、「一日暮シノ貧家ノ如キ有様[207]」なる現行の内閣ではとても処理できないから、そのためにも統治機構を整備して国会を開設し、その審議に委ねるべき旨を主張している。彼等もまた、国会論との関連において米納論を考えていたのである。

九月二八日の元田の「国憲大綱」の草案[208]には、「国憲ヲ立国是ヲ定ムル事」及び「元老院ヲ改正スル事」という項目と並列して、「財政ハ国ノ大計一日忽ニスヘカラサルノ要務タリ、宜シク一定ノ廟議ヲ決シ以テ前述ノ目的ヲ立ツヘキナリ」と記されている。このことからも、緊縮財政の機軸をたてることと、憲法を前提とした統治機構改革を行うことが、内的関連のある緊急課題として彼等に理解されていたことがわかるのである。

6　緊縮財政への転換

明治一三年九月一七日、「其米納ノ議アル、時ヲ救ノ策ニ出ルト雖之ヲ今日ニ行フ頗不穏ヲ覚ウ[209]」との理由により、正式に米納論は不可と決定した。同時に、財政調査を命ぜられた大隈・伊藤は相互協力の上、前述した八月の井上の意見書にきわめて近い内容を持つ「財政更革ノ議[210]」を提出している。具体的提案は、次の四点から成っていた。第一は「税法改正ノ事」であり、酒税増税と烟草税課税とにより四百万円を、第二は「府県ノ理財法ヲ改正スル事」であり、地方税増徴と土木費堤防費及び監獄費に対する国庫補助停止とにより二百万円を、第三に「正貨ノ収支ヲ均フスル事」で百六十万円を、第四に「各庁経費減少ノ事」で百五十万円を、合計で九百万円を捻出し、それらすべてを紙幣消却にあてる計画であった。経費節減の方針の中には、局課分合廃置や不急重複事業の停止とともに、官工場の払下げが含まれていた。

このような緊縮財政への転換を意図した財政調査は、大隈・伊藤・井上三者の協調によって作成された。その模様を吉井友実は、「是レ迄財政ノ事ニテハ、伊藤ハ大隈ト相解ケ、相談モナク、大隈モ大ニ困却ノ処、今度伊藤ハ公平心ヲ以テ大隈ヲ助ケ、共ニ財政ノ事ヲ熟議セリトゾ」[211]と述べ、佐佐木は「近日迄井上・大隈モ呉越ノ景況ナリシニ、両三日前ヨリ大ニ相和シ、又々水魚ノ交ト成レリ」[212]と語っている。だがこのような大隈の緊縮財政への転換と長派との協調は、薩派の不信感と反発とを強めた。その事情を佐佐木は「井上ト大隈ノ相和シタルヨリ、黒田ハ不平ヲ起シ、又々辞表差出シタリト」[213]と述べている。特に黒田の場合、緊縮財政方針が徹底されれば、当然彼の主管たる開拓使が整理の対象とされるのは必至であった。折柄開拓使一〇年計画の満了期が翌一四年に迫っており、その意味でも官業整理の対象とされて不思議ではなかったのである。[214]

それ故、これらの緊縮財政方針は閣議において直に了承されたわけでは無論ない。黒田は開拓使定額金三十万円の減額に反対し、川村も海軍定額金の減額率に異議を唱えたため、[215]薩派系の不満をできる限り回避しながら、前述の「財政更革ノ議」を現実化していく方法がとられた。最初に合意をみたのは、酒造税則制定による酒税増税であり、九月二七日に早くも公布されている。次に決定されたのは地方税規則の改定であり「太政官布告四十八号」により、地方税負担を地租五分の一以内から三分の一以内に拡大し、地方税支弁費目に府県監獄費等三項目を追加し、府県土木費への国庫補助を廃止した。さらに一一月五日には「工場払下概則」が具体化され、関係官庁たる内務・工部・大蔵・開拓の四部門に通達された。黒田主管の開拓使をも払下げの対象に組みこむために、会計部分掌の三参議は真正面から薩派系参議と交渉しにくいので、井上馨が背後で活躍したようである。そのことを岩倉が次のように述べている[216]。

「黒田一件好都合に運候事全く御尽力により候事、此上不失機却々開拓使云々会計部調書面被改義、乍御苦労大隈伊藤寺嶋等と御相談有之度候。」

このような一連の財政整理方針の確定にともない、一三年一一月大隈と伊藤は改めて両名建議の形で、農商務省設立の建議書[217]を提出した。

「既ニ地方ノ政務改良ノ事ハ載テ第四十八号ノ公布ニ明カナリ。中央政府ノ改良モ彼ノ工場払下ノ令達ノ如キ其一端ヲ発スト雖モ未タ政務改進ノ基礎タル各省管掌事務ノ分合ヲ画定スルニ至ラス。事務節略ノ令達アリト雖モ是レ各省使ニ向テ為シタル令達ナルヲ以テ其効力各省限リニ止リテ彼此相通シテ行政ノ全局ニ及ホスヲ得ス。」

大隈・伊藤に共通の見通しが、ここに明らかである。つまり今回の財政転換は、単に狭義の財政改革の実施のみならず、それを通じての「百般ノ政務ヲ一層改良[218]」することまでをも展望していた。開拓使を含めて各省間の分合廃置を断行し、憲法と国会に備えた統治機構改革を実施することを意図していたのである。言い換えれば緊縮財政の実施に見合い、かつ来たるべき国会を前提とした機構改革が予定された。そのための官僚制の整備では、当然いわゆる大蔵省主導体制の解体が最初の課題となる。具体的には、農商に関する事務を一省に統合することが提案される。無論これはかつて黒田が建議[219]した積極財政を前提とする殖産興業政策の積極的推進のためではなく、緊縮財政にともなう勧業政策の転換の促進のためであった[220]。

「勧農勧商ノ実況タル抑モ農商事務局第一ノ要務タル農商管理ノ事務即チ博ク奨励保護ニ関スル法制ヲ案シ一定ノ規則ニ拠リテ公平不偏洽ネク農商ヲ誘導スルノ事ハ却テ第二トナリ、稍々奨励保護ノ区域ヲ踰越シテ自ラ事業ヲ興起シ若クハ資金ヲ貸与云々（中略）宜ク此主義ヲ顚倒一変シテ農商管理ノ事務ヲ主ト為スヘキナリ。」

「勧農要旨」以来の松方の主張が、ここに完全に政府の機軸となった。しかし機構改革の嚆矢としての農商務省の設置は、その後順調に進んだわけではない。たとえば桜井勉は大隈に対して、農商務部分掌参議に井上馨、農商務卿に松方正義が就任する可能性を論じ、[221]「農商務部一タヒ立ツ会計部大蔵省ハ一出納局タルニ過キス閣下数年ノ経綸漸次瓦解セン」[222]との警告を発し、「閣下自ラ農商務部ノ長官ヲ兼子玉ハンコトヲ」[223]請うている。これは明らかに、積極的勧業政策の要として農商務省の設置を考える、一三年二月の黒田の建議に基づく誤解から生じている。しかし一般には農商務省の設置は、むしろ積極的勧業政策の推進の観点から考えられたので、かなり難航したのである。佐野大蔵卿も「其長官ヲ御撰定之儀一大難事と推考仕」[224]、場合によっては農商務省の創設を見あわせるよう勧めている。また佐野は同時に、やはり新設が予定されている会計検査院についても触れ、これが大蔵省の従来持っていた力を削減する可能性を論じ、次のように大隈にただしている。[225]

「即御改正之上譬へハ尊兄大蔵卿へ御復任被成候共又ハ他ニ有力者御撰任相成候トモ更ニ不満足無之様大蔵卿ノ権限責任并大蔵省ト検査院ト之関係等相当之定規御取立相成度候。」

しかし現実には大隈は、大蔵省主導体制を解体する方向に何らの異議も唱えなかった。後にも述べるように、もはや大隈は財政への興味よりは、新たなる課題たる憲法と国会への関心を強めていたからである。

明治一四年三月末には農商務省の新設が確定し、紛争が生じていた海軍省及び文部省の省卿とともに人事異動が進められた[226]。この過程ではっきりするが、長派はそもそも海軍卿を最も重視しており、農商務卿には固執していない。海軍卿に長派の山田顕義が参議のまま兼任することとのバランスで、一度は農商務卿に黒田系の海軍卿榎本武揚が内定している。だが岩倉・伊藤・井上の協力で進めたこの人事は、海軍卿に対する薩派の反発で失敗してしまう[227]。結局海軍卿には薩派の川村純義が参議のまま復任することとなり、それとのバランスで文部卿河野敏鎌が農商務卿に就任することになった。松方が伊藤に対して「河野は御請は進而可致候得共農商務省御創始之際天下之人心は如何に被思召候や。愚按にも相分兼申候[228]」と述べていることから、この人事の偶然性が如実に窺えるだろう。逆にいえば長派は、緊縮財政推進の一拠点として農商務省をとらえていたから、省卿人事にそれほどこだわる必要はなかったのである。

しかし黒田や五代にとって、緊縮財政の要としての農商務省の創設は、決して好ましいものではなかった。そもそも黒田は、外債論反対論者たる河野の省卿就任を歓迎しなかった[229]。また五代も大隈に対して「農商務省も、弥、御設立相成候由、意外の人名、御推挙には驚入申候[230]」と述べている。現実に農商務省は、設立と同時にかなり意識的に緊縮方針をとったようである。たとえば広瀬宰平は、かつての積極勧業論者河瀬商務局長の所へ赴き、その厳格な緊縮方針をきかされ、次のように愕然として五代に訴えている[231]。

「商務局長河瀬君を相訪申候処、農商務省御設置に附、尤も節倹主義にて、曽て、我商法会議所下賜する金員、停止の御達しに可相成の際と承り、驚駭の余、（中略）大兄より、其節え至急御上申の方、可然と奉存候。」

こうして明治一三年九月以来の大隈・伊藤・井上による緊縮財政は、次第に現実化していった。そして黒田の反対にもかかわらず、財政転換の一環として一四年五月開拓使廃止が決定されることになる(232)。

結

以上に述べたように、明治一三年九月から一四年五月にかけて、積極財政から緊縮財政への転換とそれを実質化する機構改革とが、次々に決定され実施に移されていった。それはまた、大蔵省主導体制から大蔵・内務・工部・農商務四省分立体制への移行でもあった。皮肉にも、大久保の遺産たる殖産興業政策の転換によって、大久保が望んでいた機構形成すなわち各省の自立化による官僚制の形成が進展したのである(233)。

政策転換と機構改革との連動によるこのような大久保没後体制の変容は、さらに政策決定の根幹をなす参議・省卿分離体制そのものに及んでいく。まず第一に参議・省卿分離体制は、その実質的な意義を喪失していくことになる。何故なら財政転換の過程で、財政の主導権はもはや大隈のみの掌握するところではなくなり、伊藤・井上の発言権が確保されたからである。しかも単に実質的意義のみならず、第二に参議・省卿分離体制はその形式的意義をも喪失していく。何故なら一四年四月の農商務省新設に伴う人事異動により、一〇名の参議のうち半数の五名までもがいずれかの部局（省・使・院）長兼任となり、著しい不均衡を生じたからである。

このような状況の進展にともない、また岩倉・伊藤・井上らの意に反して財政論と同時に国会論に結着がつけられなかったことにより、国会論は一たんは財政論と切り離され独立した争点に転じる。そのことは何よりも一三年一二月に提出された伊藤の立憲政体に関する意見書[234]において、まったく財政論への言及がなく、財政論と国会論との内的連関が切断されていることに明らかである。

翻って考えてみると参議・省卿分離体制の下では、財政転換の実現過程すなわち外債論および米納論をめぐる政治過程において、両論対立による閣内分裂の可能性を二度にわたって招いている。にもかかわらず、岩倉・伊藤・井上の政治指導により、その対立は政変にまで発展せずに止まった。無論、現実に利益を抑圧される薩派と、「利ノ為ニ時々説ヲ変ジ、実ニ苦々シキ」[235]と大隈を評した旧侍補・元老院グループとには、強い不満が残ったとはいえ、ともかくそれを爆発させず潜在化するのに成功した。

財政論におけるこのような処理を考えるならば、一四年三月から七月にかけて展開される国会論をめぐる伊藤と大隈との対立[236]も、穏便に処理される可能性が高かったと言わねばならない[237]。独立変数としての国会論をめぐる対立そのものが、大隈追放に連なる政変にむかう可能性は少なかったといえる。むしろ国会論における対立による両者の破局を回避するために、財政論における協調が強く模索された。すなわち伊藤と大隈は協力して一四年七月末には、「公債ヲ新募シ及ヒ銀行ヲ設立セン事ヲ請フノ議」という五千万円公債募集計画を閣議で認めさせるのである。これ自体、前年の五千万円外債論以来の経緯を考えれば、緊縮財政路線とはやや矛盾する混乱した決定であった[238]。しかし問題は、この財政論における伊藤・大隈の協調が再確認されたちょうど一四年七月末、一三年九月以来の財政転換の帰結としての開拓使廃止にともない、周知のごとく黒田が五代らの関西貿易商会に対して、千五百万円を投じた官有物をわずか三九万円・無利息三〇年賦で払い下げる提案をしたことから生じる[239]。

この払下事件はたちまち民間にもれて、世論の政府批判を高揚させる。八月中旬から九月にかけて民間の世論は、第一に払下事件を政府の緊縮財政に反するとしてその矛盾を追求した[240]。次いで第二に緊縮財政をめぐるそのような政府内の不統一を克服するために、立憲政体の確立を希求したのである[241]。つまり民間においては、財政論と国会論とが不可分一体のものとして認識され、それ故にこそ払下反対運動はいよいよ亢進していったのである。

このような財政論と国会論との内的連関の重要性は、一年前の一三年段階において岩倉・伊藤・井上らを中心とする政府指導者に自覚されており、それ故にこそ彼等は財政転換と統治機構改革を推進したのであった。今や一年遅れで、しかも払下事件というまったく予期せぬ形で、両論連関による政治危機が訪れたのである。その際、彼等の疑惑は大隈に集中した[242]。何故なら大隈は、財政論において薩派と決別し長派と結んだ経緯があり、しかも国会論においては長派と対立し民権派に近い構想を提示していたからである。つまり大隈が、大久保没後体制で漸次喪失していった主導的地位を、一方で伊藤との協調の再確認により財政論において、他方で民権派との協調の成立により国会論において、一挙に回復しようと計っているという、いわゆる大隈陰謀説が容易に成立しやすい状況にあったと言わねばならない。かくて伊藤は、国会論における多数派工作を通じて、岩倉・中正党グループ・薩派の支持をとりつけ、[243] また財政論においては、一四年九月の「財政議」における松方の公債反対論を受容する形で、[244] 大隈を孤立化させるのに成功する。そして国会論の確定と財政転換の徹底をめざして、大隈放逐という一四年政変が決行されるのである。言い換えれば大隈放逐は、一面で国会論における伊藤らとの対立を原因としながら、他面で一年前の財政論における諸対立の際、不問に付された大隈への批判が一挙に噴出したものでもあった。

かくて明治一四年政変により、大久保没後体制は名実ともに終わりをつげることになる。

註

（1）日本史籍協会編『大久保利通文書』九（復刻、東京大学出版会、一九六九年）一六九頁。
（2）佐藤誠三郎「大久保利通」（神島二郎編『権力の思想』筑摩書房、一九六五年）四五頁。
（3）同前、五〇頁。
（4）明治一一年五月五日付井上宛伊藤書翰、「井上馨関係文書」（国会図書館憲政資料室所蔵）所収。
（5）佐藤、前掲「大久保利通」三八頁所引。
（6）前掲『大久保利通文書』九、三九～五五頁。
（7）同前。
（8）『明治天皇紀』四（吉川弘文館、一九七〇年）四〇三～四〇四頁。
（9）佐藤、前掲「大久保利通」七六～七七頁所引。
（10）同前。
（11）伊藤博文関係文書研究会編『伊藤博文関係文書』三（塙書房、一九七五年）七七頁。明治一〇年一二月二七日付条公申合、「岩倉具視関係文書」六六（国立公文書館、内閣文庫所蔵）所収。
（12）前掲『明治天皇紀』四、三五七～三五八頁。

(13)　同前、四〇九～四一〇頁。
(14)　明治一一年から一四年にいたる政治史に関して従来の研究業績の綿密な検討の上に立って、最もすぐれた叙述を行ったのは原口清『日本近代国家の形成』（岩波書店、一九六九年）である。原口氏は本書において、この時期のあらゆる争点を列挙し、体制と運動の双方からの考察を試みている。したがって本稿は、原口氏の研究に多くを負っている。ただし原口氏も政府内部の対立を「問題ごとに差違があり、かならずしも単純にわりきれないものがある」と述べながら、それはあくまでも相対的なものにすぎないと強調しており、その意味では従来の研究の傾向を代表していると言える。なお、個々の争点に関する個別研究については、原口氏の著書三二七～三三二頁の注をとりあえず参照されたい。
(15)　岡義達『政治』（岩波新書、一九七一年）第六章。
(16)　本稿のこのような視角設定については、坂野潤治「解説」（『福沢諭吉選集』七、岩波書店、一九八一年）が示唆的である。「解説」における、状況的思考を特徴とする思想家の状況的発言は、彼の認識した総体的な状況構造から理解されねばならぬという坂野氏の主張は、現実の政治指導者の場合により一層強調されねばなるまい。
(17)　条約改正問題（石井孝『明治初期の国際関係』吉川弘文館、一九七七年）、軍制確立問題（梅渓昇『増補版明治前期政治史の研究』未来社、一九七八年）、教育令問題（渡辺昭夫「天皇制国家形成途上における『天皇親政』の思想と運動」『歴史学研究』二五四頁）等は、いずれも無視できぬ重要な問題であるが、本稿では、前述の見地から所与の条件として必要のある限り言及するに止める。
(18)　筆者は、『明治国家形成と地方経営』（東京大学出版会、一九八〇年）［のちに『明治国家をつくる』藤原書店、二〇〇七年所収］において、明治一四年から二三年にいたる政治史を、地方経営をめぐる政策的対立の問題と、中央における統治機構の整備をめぐる対立の問題とのダイナミクスとしてとらえた。本稿の対象とする時期でも、地方経営の問題は重要である。ただしこの時期では政府内部の様々な地方経営構想の展開よりは、地方官や豪農層と大蔵省等との対立競合関係の中に、財源確保をめぐる問題として地方経営の問題が現われてくる。それ故この問題の分析は、民権運動との関連で別稿に譲り、本稿ではこれらの問題を背景として財政論と機構論とに収斂していく争点群を整理するに止めたい。
(19)　明治一一年二月八日付井上宛三条・岩倉書翰、「井上馨関係文書」所収。
(20)　明治一一年四月六日付井上宛伊藤書翰、「井上馨関係文書」所収。
(21)　佐藤、前掲「大久保利通」三九頁所引。

(22)　徳富蘇峰『近世日本国民史・明治三傑』（講談社学術文庫、一九八一年）五五～五六頁。
(23)　明治一一年五月一六日付伊藤宛岩倉書翰、明治一一年五月二〇日付伊藤宛岩倉書翰、『伊藤博文関係文書』三、七八～七九頁。
(24)　日本経営史研究所編『五代友厚伝記資料』一（東洋経済新報社、一九七一年）二九五～二九六頁。
(25)　東京大学史料編纂所編『保古飛呂比』八（東京大学出版会、一九七六年）七九頁。
(26)　同前、八一頁。
(27)　明治一一年五月一九日付伊藤宛岩倉書翰、『伊藤博文関係文書』三、七八頁。
(28)　明治一一年五月二四日付大隈宛岩倉書翰、日本史籍協会編『岩倉具視関係文書』七（復刻、東京大学出版会、一九六九年）九五頁。
(29)　『保古飛呂比』八、八一～八二頁。
(30)　同前、八三頁。
(31)　明治一一年五月一九日付岩倉宛伊藤書翰、春畝公追頌会編『伊藤博文伝』中（復刻、原書房、一九七〇年）一四二～一四三頁。
(32)　明治一一年五月三一日付五代宛松方書翰、『五代友厚伝記資料』一、三〇一頁。
(33)　明治一一年五月二四日付大隈宛岩倉書翰、『岩倉具視関係文書』七、九五～九六頁。
(34)　同前。
(35)　明治一一年五月二九日付伊藤宛岩倉書翰、『伊藤博文関係文書』三、八〇～八一頁。
(36)　『明治天皇紀』四、四四二～四四四頁。井上侯伝記編纂会編『世外井上公伝』三（復刻、厚書房、一九六八年）四～一〇頁。
(37)　明治一一年六月五日付大隈宛五代書翰、日本史籍協会編『大隈重信関係文書』三（復刻、東京大学出版会、一九七〇年）三三八頁。『五代友厚伝記資料』一、三〇二頁。後者では「長人」が「貴人」に、「時の勢ひ」が「彼の勢ひ」になっていたが、文脈上前者のほうを用いた。
(38)　河瀬はがんらいは京都出身。明治六年六月、熊谷県知事、明治七年七月、内務大丞兼内務省勧業寮権頭、明治一〇年一月、内務大書記官・勧商局長。後に一二年一月、大蔵大書記官・商務局長、明治一三年四月～一二月、物産貿易視察のため

欧米出張、明治一四年四月、農商務省商務局長、同年一〇月辞職。
(39) 明治一一年月日不詳大隈宛五代書翰、『五代友厚伝記資料』一、三二一～三二三頁、三七四番。ここでは「勧商局」が「勧農局」になっているが、河瀬との関連から考えて「商」のほうが正しいと思われる。
(40) 同前。
(41) 原口、前掲『日本近代国家の形成』六一～六八頁。
(42) 明治一一年七月二九日付五代宛河瀬書翰、『五代友厚伝記資料』一、三〇九～三一〇頁。
(43) 同前。
(44) この時期の『伊藤博文関係文書』(全九巻、塙書房)から察するに、各地の動静に関する治安情報はよく伊藤の下に集積されている。したがって伊藤は、内務省のもう一つの機能たる治安対策の面では、かなりの指導力を発揮したものと思われる。しかし地方官を通じての地方把握の実態や、伊藤の地方統治構想と財政との関連については、尚後考に待つことにしたい。
(45) 早稲田大学社会科学研究所編『大隈文書』二(一九五九年)、一二三番、一二六八～一二七四頁。
(46) 同前。
(47) 同前。
(48) 同前。
(49) 同前。
(50) 同前、二四番、二七四～二八一頁。
(51) 御厨、前掲『明治国家形成と地方経営』九〇頁。
(52) 明治一一年一一月一五日付伊藤宛岩倉書翰、『伊藤博文関係文書』三、八三頁。
(53) 明治一一年一一月一五日付岩倉宛三条書翰、梅渓、前掲『増補版明治前期政治史の研究』四六四頁所引。
(54) 『五代友厚伝記資料』一、六二頁。
(55) 明治一一年一二月一五日付伊藤宛井上書翰、『伊藤博文関係文書』一(塙書房、一九七三年)一五六頁。
(56) 明治一二年一月二一日付五代宛河瀬書翰、『五代友厚伝記資料』一、三二五頁。
(57) 明治一二年二月一〇日付五代宛河瀬書翰、「五代友厚関係文書」(国会図書館憲政資料室所蔵)所収。

(58) 渡辺昭夫「天皇制国家形成途上における『天皇親政』の思想と運動」(『歴史学研究』二五四号) 二頁。
(59)『明治天皇紀』四、六一八頁、六二六〜六二七頁。
(60) 明治一二年三月三日付井上宛岩倉書翰、「井上馨関係文書」所収。なお、明治一二年三月二日付伊藤宛岩倉書翰、『伊藤博文関係文書』三、八三頁も参照のこと。
(61) 日本史籍協会編『岩倉具視関係文書』一(復刻、東京大学出版会、一九六八年) 四二五〜四三〇頁。
(62) 註(60)に同じ。
(63) 明治一二年三月六日付伊藤宛三条書翰、『伊藤博文関係文書』五(塙書房、一九七七年) 一二七頁、一二六番。「明治一四年」とあるのは年代推定の誤りである。
(64) 渡辺、前掲「天皇制国家形成途上における『天皇親政』の思想と運動」四頁の註(21)を参照のこと。
(65)「大隈重信関係文書」A五〇一(国会図書館憲政資料室所蔵) 所収。
(66) 明治一二年三月七日付佐佐木宛元田書翰、『保古飛呂比』八、二六四頁に、「侍補職制の義は、後日の御集議へ御回しに候へは、迂老の私案は先々差扣へ、大臣家へ呈覧は見合せ申候」とある。
(67) 註(66)に同じ。
(68) 註(63)に同じ。
(69) 註(66)の書翰、二六三頁によれば、「帰途右大臣家へ参り、取次を以て申入、面会は無之候へ共、条公相見へ候て、御集議の次第は逐一承り候との返答に御座候」とある。
(70) 註(63)に同じ。
(71) 明治一二年三月七日付伊藤宛岩倉書翰、『伊藤博文関係文書』三、八四頁。
(72)『明治天皇紀』四、六二七〜六二八頁。
(73) 明治一二年三月日不詳元田宛佐佐木書翰、『保古飛呂比』八、二六八頁。なお、明治一二年三月一二日付佐佐木宛元田書翰、『保古飛呂比』八、二七〇頁も参照のこと。
(74) 渡辺、前掲「天皇制国家形成途上における『天皇親政』の思想と運動」二〜三頁。
(75) 明治一二年四月二五日付三条・岩倉宛黒田書翰、『岩倉具視関係文書』七、一一〇〜一一三頁。
(76) 同前。

(77) 早稲田大学社会科学研究所編『大隈文書』三（一九六〇年）三四〇～三六〇頁。
(78)『明治天皇紀』四、八一一頁。
(79) 早稲田大学社会科学研究所編『大隈文書』二、八八～一〇九頁。
(80) 同前、三八八～三八九頁。
(81)「松方伯財政論策集」（大内兵衛・土屋喬雄編『明治前期財政経済史料集成』一、復刻、原書房、一九七八年）五二二～五三〇頁。
(82) 上山和雄「農商務省の設立とその政策展開」（『社会経済史学』四一巻三号）四九頁所引。
(83) 明治一二年から一三年にかけて財政の悪化が頂点に達する。一三年には、内債二億三千八百万余、外債千百万円余のほか、紙幣の流通高は一億五百余万円になり、米価は明治一〇年の一石五円六一銭が一三年には一石一〇円四七銭となり、金利も高騰した。原口、前掲『日本近代国家の形成』二六四頁、坂野潤治「解説」（『福沢諭吉選集』七、岩波書店、一九八一年）三二六～三二七頁。
(84)『明治天皇記』四、六九一～六九六頁。稲田正次『明治憲法成立史』上、四三四～四三六頁。どちらも「元田永孚文書」から引用しているが、文言が多少異なっており、全体的に前者のほうが後者より表現が穏健になっている。ここでは後者を採った。
(85) 同前。
(86)『明治天皇紀』四、六八八～六九一頁。「岩倉具視関係文書」一（国立公文書館、内閣文庫所蔵）所収。文言が両者で多少異なる部分がある。ここでは後者を一応基礎にして前者と対照した。
(87) 渡辺昭夫「侍補制度と『天皇親政』運動」（『歴史学研究』二五二号）一四頁。
(88) 明治一二年七月二五日付佐佐木宛徳大寺書翰、『保古飛呂比』八、三一六頁。
(89) 渡辺、前掲「侍補制度と『天皇親政』運動」一四頁。他に『保古飛呂比』八、二九一～二九二頁、三〇二頁、三〇五～三〇六頁参照のこと。
(90) 明治一二年九月一日付佐佐木宛土方書翰、『保古飛呂比』八、三四〇頁。
(91) 明治一二年九月二一日付伊藤宛岩倉書翰、『伊藤博文関係文書』三、八八頁。
(92) 註（90）に同じ。

(93) 明治一二年一〇月八日付伊藤宛岩倉書翰、『伊藤博文関係文書』三、八九頁。
(94) 『明治天皇紀』四、七七八〜七八〇頁。
(95) 註（93）に同じ。
(96) 原口、前掲『日本近代国家の形成』二五四〜二五六頁。
(97) 「憲政史編纂会収集文書・岩倉公爵家文書」四八五（国会図書館憲政資料室所蔵）所収。
(98) 同前。
(99) 註（84）に同じ。
(100) 稲田、前掲『明治憲法成立史』上、三四三頁。
(101) 原口、前掲『日本近代国家の形成』一八三〜一九三頁。
(102) 稲田、前掲『明治憲法成立史』上、四二六頁所引。
(103) 『明治天皇紀』四、八三五〜八三六頁。なお、「憲政史編纂会収集文書」の中に、一二年一二月と明記した「右大臣建言」および一二年冬と明記した「三条・岩倉建白」が存在するが、いずれも年代は誤りと思われる。何故なら、前者は一二年三月の「閣議案」と、後者は一二年六月の「秘密上奏」と、ほぼ内容的に一致しており、いずれも一二年一二月にはもはや建言乃至上奏される筈のない意見書だからである。したがって本稿では、これら二つを分析対象としない。『明治天皇紀』四にも、一二年一二月の項でこれら二つの意見書をとり上げていないことを付記しておく。また『明治憲法成立史』上、三四四頁において「右大臣建言」が引用され、一二年末のもののように推定されているが、これは誤りということになろう。
(104) 「三条実美関係文書」（国会図書館憲政資料室所蔵）所収。
(105) 同前。
(106) 明治一二年一二月二八日付黒田宛伊藤書翰、前掲『伊藤博文伝』中、一五九頁。
(107) 同前において、「内閣と諸省分任に相成候方、政府の根本を堅固にして且公平を維持する手段と見込候事」と伊藤は書いている。
(108) 註（101）に同じ。
(109) 『保古飛呂比』九（東京大学出版会、一九七七年）八九頁。また黒田も明治一三年二月一五日付三条・岩倉宛書翰（前掲『伊藤博文伝』中、一六三頁）において、「此節の分離論は一朝に起りし事にても無御座候。既に昨春右府公より内聞仕候哉にも覚居中候」と書いている。

(110) 註(106)に同じ。

(111) 明治一三年一月一九日付伊藤宛井上書翰、『伊藤博文関係文書』一、一五九頁。

(112) 後の外債論、米納論との関連でいうならば、おしなべて積極財政論者がいずれも分離論に消極的である。

(113) 明治一三年一月二〇日付五代宛森山書翰、日本経営史研究所編『五代友厚伝記資料』四(東洋経済新報社、一九七四年)一五八頁。

(114) 明治一三年一月二七日付大隈宛五代書翰、『五代友厚伝記資料』一、三四三頁。

(115) 明治一三年二月一〇日付伊藤・井上宛岩倉書翰、『伊藤博文関係文書』三、九〇頁。

(116) 同前。

(117) その後岩倉の大隈に対する説得は続けられたらしく、明治一三年二月一四日付岩倉宛書翰(「三条実美関係文書」所収)において、井上は「分離一件に付て爾後大隈も如何之説に相成候哉」と尋ねている。

(118) 「憲政史編纂会収集文書・黒田伯爵家文書」および「同上・岩倉公爵家文書」に所収。

(119) 本書六四～六五頁参照。

(120) 明治一三年二月一五日付三条・岩倉宛黒田書翰、前掲『伊藤博文伝』中、一六二頁。

(121) 同前。

(122) 前掲『伊藤博文伝』中、一六四頁。「三条実美関係文書」所収。

(123) 前掲『伊藤博文伝』中、一六五～一六六頁。

(124) 明治一三年二月二六日付伊藤宛岩倉書翰、『伊藤博文関係文書』三、九一頁。

(125) 大木参議の元老院議長兼任、黒田参議の開拓使長官兼任、井上参議の外務卿兼任、山県参議の参謀本部長兼任を例外とする。陸軍卿大山巌、海軍卿榎本武揚、工部卿山尾庸三、文部卿河野敏鎌、大蔵卿佐野常民、内務卿松方正義がいずれも新任である。大隈・伊藤・寺島・西郷・川村・山田の六名は参議専任となった。三月三日新たに太政官に法制・会計・軍事・内務・司法・外務の六部を置き、一〇名の参議で分掌することとなった。前掲『伊藤博文伝』中、一六八～一七一頁参照。

(126) 明治一三年二月二八日付伊藤宛井上書翰、『伊藤博文関係文書』一、一六〇頁。

(127) 『保古飛呂比』九、八九頁。

(128) 同前。
(129) 同前、八七頁。
(130) 上山、前掲「農商務省の設立とその政策展開」四九頁。
(131) 明治一三年二月一四日付大隈宛五代書翰、『五代友厚伝記資料』一、三六六頁、四四六番。「明治一四年」の年代推定は誤りである。伊藤の熱海行は明治一四年初頭だけでなく、明治一三年初頭にもある（前掲『伊藤博文伝』中、一六〇頁）。また書翰中に「真目的は、内閣と諸卿を分離致候見込」とあることからも、明治一三年のほうがよいであろう。
(132) 「大隈重信文書」A五〇五（国会図書館憲政資料室所蔵）所収。
(133) 同前。
(134) 日本史籍協会編『大隈重信関係文書』四（復刻、東京大学出版会、一九七〇年）一一二～一一四頁。なおこの草案と覚しきものが「岩倉具視関係文書」三四（国立公文書館・内閣文庫所蔵）にある。
(135) 『大隈重信関係文書』四、一一五～一四八頁。
(136) 大石嘉一郎「松方財政と自由民権家の財政論」（『商学論集』三〇巻二号）四三一～四三二頁。坂野、前掲「解説」三三七～三二八頁。
(137) 明治一三年五月六日付伊藤宛松方書翰、『伊藤博文関係文書』七（塙書房、一九七九年）八九～九〇頁。
(138) 『明治天皇紀』五、七一～七二頁。
(139) 『大隈重信関係文書』四、一四九頁。
(140) 註（138）に同じ。
(141) 明治一三年五月二一日付三条宛伊藤書翰、「三条実美関係文書」所収。
(142) 『明治天皇紀』五、七三～七四頁。
(143) 「岩倉家蔵書類・明治十三年財政諮問之件」、「岩倉具視関係文書」二八〇（国会図書館憲政資料室所蔵）所収。また、ごく簡略なものとして「参議十名財政義意見聞書大略」、「岩倉具視関係文書」三五（国立公文書館・内閣文庫所蔵）がある。いずれにも井上参議と松方内務卿の意見書だけが存在しない。おそらく井上の場合は、伊藤と同意見ということで別個に提出するのを見合わせたのであろう。
(144) 山田参議の意見書。

(145) 明治一三年五月二九日付伊藤宛岩倉書翰（『伊藤博文関係文書』三、九三頁）に、「松方、榎本、田中等見込は口述に而承り跡より可申入候」と述べられている。
(146) 「松方伯財政論策集」（前掲『明治前期財政経済史料集成』一）五三二頁。
(147) 同前、五三二～五三五頁。
(148) 註（143）に同じ。
(149) 『保古飛呂比』九、一一八～一二四頁。
(150) 明治一三年五月二九日付伊藤宛岩倉書翰、『伊藤博文関係文書』三、九三頁。
(151) 同前。
(152) 明治一三年五月三一日付伊藤宛松方書翰、『伊藤博文関係文書』七、九一頁。
(153) 『明治天皇紀』五、七四～七五頁。
(154) 明治一三年六月一四日付伊藤宛書翰（『伊藤博文関係文書』七、九一頁）において、松方は「昨日大隈氏被参諸事御打合一往相整ひ候趣一先安心仕候」と述べている。
(155) 註（143）に同じ。
(156) 『明治天皇紀』五、一〇七～一〇八頁。
(157) 『保古飛呂比』九、一七〇頁。
(158) 「憲政史編纂会収集文書・岩倉公爵家文書」四八五所収。
(159) 本書七四頁。
(160) 明治一三年六月二五日付伊藤宛岩倉書翰、『伊藤博文関係文書』三、九四頁。原文には「山県建白」とあるが、時期的にみておそらく「山田建白」の誤りであろう。
(161) 「岩倉公旧蹟保存会収集文書」七（国会図書館憲政資料室所蔵）、および「岩倉家蔵書類・明治十三年財政諮問之件」「岩倉具視関係文書」（国会図書館憲政資料室所蔵）に所収。
(162) 「憲政史編纂会収集文書・岩倉公爵家文書」四八五所収。
(163) 明治一三年七月一一日付井上宛岩倉書翰（「井上馨関係文書」所収）に、「先時は御細書且御意見書一通正に落手候」とある。

(164) 明治一三年七月二六日付伊藤宛岩倉書翰、『伊藤博文関係文書』三、九五頁。
(165) 「前田正名関係文書」二八三（国会図書館憲政資料室所蔵）所収。
(166) 註（161）をみよ。
(167) 註（134）をみよ。
(168) 『明治天皇紀』五、一六二〜一六四頁。大石、前掲「松方財政と自由民権家の財政論」三九〇〜三九七頁。坂野、前掲「解説」三三八頁。
(169) 外債論から米納論への経緯は、従来必ずしも各政治指導者の内在的政策意図に即して分析されていない。それ故、財政悪化への対応に専ら権力的動機から集合離散をくり返すように扱われてきた。原口、前掲『日本近代国家の形成』二六四〜二六八頁参照。本稿ではこの過程を、各政治指導者の内在的政策意図に即して整合的に考察するよう試みる。
(170) 『保古飛呂比』九、一八七頁。
(171) 同前、二三八〜二三九頁。
(172) 本書八三頁。
(173) 明治一三年八月五日付五代宛岩倉書翰、『五代友厚伝記資料』一、三四八〜三四九頁。
(174) 同前。
(175) 同前。
(176) 「井上馨関係文書」所収。
(177) 本書八六頁。
(178) 『明治天皇紀』五、一六二〜一六三頁。『保古飛呂比』九、二八九頁。
(179) 註（176）をみよ。
(180) この勧業には、輸出物産の増殖・河渠道路の改良・山林原野の開拓・紡績造船等の諸製造・鉱山開鑿があげられている。
(181) 本書八二頁。
(182) 『明治天皇紀』五、一六四頁。
(183) 明治一三年八月一六日付三条宛井上書翰、「三条実美関係文書」所収。
(184) 「井上馨関係文書」所収。なお抜粋が、『世外井上公伝』中、一五九〜一七三頁に引用されている。

(185) 同前。
(186) 同前。
(187) 同前。
(188) 『保古飛呂比』九、二七八頁。
(189) 明治一三年八月一七日付伊藤宛松方書翰、『伊藤博文関係文書』七、九二頁。
(190) 『明治天皇紀』五、一六四頁の記述では、特に八月一九日に開かれたとは書かれていない。しかし一三年八月一九日付大木宛五代書翰（『五代友厚伝記資料』一、三四九頁）、および明治一三年八月二〇日付五代宛岩倉書翰（同、三五〇頁）によれば、八月一九日の開会を推定してよいと思われる。
(191) 明治一三年八月一九日付大隈宛五代書翰、『大隈重信関係文書』四、一六七頁。なお、『五代友厚伝記資料』一、三一四頁に「明治一一年」とある推定は誤り。
(192) 同前。
(193) 明治一三年八月一九日付大木宛五代書翰、『五代友厚伝記資料』一、三四九頁。
(194) 『明治天皇紀』五、一六四～一六五頁。
(195) 明治一三年八月二三日付五代宛黒田書翰、『五代友厚伝記資料』一、三五〇頁。
(196) 明治一三年八月二二日付三条・有栖川宮宛書翰、「三条実美関係文書」所収。
(197) 同前。
(198) 『明治天皇紀』五、一六五頁。
(199) 註（195）に同じ。
(200) 「三条実美関係文書」所収。
(201) 明治一三年八月二三日付井上宛岩倉書翰、「井上馨関係文書」所収。
(202) 同前。
(203) 『明治天皇紀』五、一六八～一六九頁。
(204) 本書八五頁。
(205) 『保古飛呂比』九、一三六頁。

(206) 同前、一二四～一二五頁、一二三九頁。
(207) 同前、一二五頁。
(208) 稲田、前掲『明治憲法成立史』上、四三七～四三九頁。
(209) 『明治天皇紀』五、一八〇～一八一頁。『保古飛呂比』九、二八九頁。
(210) 早稲田大学社会科学研究所編『大隈文書』三、四五五～四六二頁。
(211) 『保古飛呂比』九、三二一～三二三頁。
(212) 同前。
(213) 同前。
(214) 井黒弥太郎『黒田清隆』（吉川弘文館、一九七七年）一四八頁。
(215) 『明治天皇紀』五、一八二頁。
(216) 明治一三年一〇月一六日付井上宛岩倉書翰、「井上馨関係文書」所収。
(217) 『大隈重信関係文書』四、一八〇～一八三頁。
(218) 同前。
(219) 本書七四頁。
(220) 註（217）をみよ。
(221) 上山、前掲「農商務省の設立とその政策展開」五三～五四頁。
(222) 明治一四年一月八日付大隈宛桜井書翰、『大隈重信関係文書』四、一九九～二〇二頁
(223) 同前
(224) 明治一四年一月二三日付大隈宛佐野書翰、同前、二一一～二一四頁。
(225) 同前。
(226) 『明治天皇紀』五、三二六～三二九頁。
(227) 明治一四年四月四日付井上宛岩倉書翰、「井上馨関係文書」所収を参照のこと。
(228) 明治一四年四月五日付伊藤宛松方書翰、『伊藤博文関係文書』七、九八頁。
(229) 同前において、黒田は松方に対し「農商務省河野之事は極不同意」と語っている。

(230) 明治一四年四月一二日付大隈宛五代書翰、『五代友厚伝記資料』一、三六九頁。
(231) 明治一四年五月五日付五代宛広瀬書翰、同前、三七二頁。
(232) 井黒、前掲『黒田清隆』一四四～一四五頁。
(233) 御厨、前掲『明治国家形成と地方経営』一四～一六頁。
(234) 『明治天皇紀』五、二二七～二三四頁。
(235) 『保古飛呂比』九、三一四頁。
(236) 稲田、前掲『明治憲法成立史』上、四五二～五〇七頁に詳細は譲る。
(237) 原口、前掲『日本近代国家の形成』二七二～二七三頁。
(238) 中村尚美『大隈財政の研究』（校倉書房、一九六八年）一九一～一九六頁、二四五～二五二頁。
(239) 永井秀夫「明治十四年の政変」（堀江英一・遠山茂樹編『自由民権期の研究』一、有斐閣、一九五九年）一八三～一九〇頁。
(240) 同前。
(241) 同前。
(242) 原口、前掲『日本近代国家の形成』二七四～二七五頁。
(243) 稲田、前掲『明治憲法成立史』上、五〇八～五二四頁に詳細は譲る。
(244) 註(238)に同じ。

第2章

地方制度改革と民権運動の展開

この第2章と次の第3章は、ともに坂野潤治先生のお誘いによって、「日本歴史大系」の第二編「明治国家の成立」の二節分として執筆したものである。明治一四年政変前後の歴史をダイナミックに展開して欲しいと言われ、私なりに努力した思い出がある。第1章に再録した「大久保没後体制」で、やや全体の構造を狭めてしまったとの反省もあり、既成の研究を読み込みながら、時代背景まで及んで、私なりに〝ダイナミック〟な歴史叙述を心掛けた。

果たして坂野先生の期待に応えたかどうかはわからないが、執筆後の解放感はあった。「日本歴史大系」に収められたことからもおわかりのように、結構、通史をも取り込む構成を意識している（後年意識することになる「歴史物語」の萌芽を見ることができるだろうか）。

第2章と第3章は一続きのものとして、そして第1章とセットで読んでほしい。

なお、本論文執筆と同じ頃、政治学的な見地、視角からの研究ということで、「国会論と財政論」（坂野潤治・宮地正人編『日本近代史における転換期の研究』山川出版社、一九八五年）を書いている。いわば、第2章と第3章の原型と呼ぶべきものであるため、今回、前田亮介氏と編集部の協力によって、これからお読みいただく二つの論文の各所に吸収合併されていることをお断りしておく。結果、決定版としての装い新たな三〇年ぶりのご披露となる。

1　二つの観点からのアプローチ

西南戦争という最大にして最後の士族反乱が終結した時、大久保利通みずからが語ったように、明治国家は名実ともに「兵馬騒擾」[1]の第一期を終え、「内治ヲ整ヒ民産ヲ殖スル」[2]ためにもっとも重要な維新の第二期[3]の幕開けを迎えた。大久保自身、そのためにすでに次のような政治課題に着手していた。第一は、天皇制を機軸とする国家統治機構全体の改革と整備である。明治一〇（一八七七）年八月西南戦争の動乱の最中に、大久保は侍講元田永孚ら宮中グループによる宮中諸制度改革の進言を受け入れて侍補職を設置し、君徳培養および万機親裁の具体化を模索し始めている。強力な中央集権機構や官僚制の確立と不可分の関係にあるのが、第二の地方制度改革である。大久保体制を支える工部卿伊藤博文は、一一年四月～五月の地方官会議議長を務め、後述する「地方三新法」の制定に大いに尽力していた。それはまさに、当時全国にわたって実施されていた「地租改正」作業の成果に鑑み、またいずれ来るべき「国会」開設を射程距離に収めた改革にほかならない。第三に積極財政を前提とした殖産興業政策の推進こそが、中央集権化と地方制度改革とによって実効あらしめるべき課題であった。一一年三月から四月にかけて大久保は、同じく大久保体制を支える大蔵卿大隈重信とともに、「一般殖産及華士族授産ノ儀」(4)について建議し、殖産興業政策進展のために内国債を起すことを決定し、起業公債一二五〇万円の募集に踏み切ったのである(5)。

このような政治課題の追求が可能となる前提として、中央政府は地租改正反対一揆を地租五厘減という政治的譲歩とインフレによる米価騰貴とによって乗り切り、農民反乱と士族反乱との連動する可能性を奪い、統治主体としての安定性を確保していた(6)。これに対して士族反乱を反政府運動の一方の極とすれば、他方の極たる民権運動も、立志社内の士族反乱への呼応決起を結局抑制することに成功し、非武力闘争として「民権論」を全国的に展開できる地歩を築きあげたのである(7)。すなわち明治一〇年七月~九月の段階で、福島の河野広中、三重の栗原亮一、岡山の竹内正志、福井の杉田定一、福岡の頭山満、大分の永田一二らが高知を訪れ、「民権」シンボルを掲げての運動の拡大再編の方向が定まっていた。そして西南戦争の勝敗の帰趨が明らかになるや、愛国社再興の運動が具体化されてゆく(8)。かくて立志社を中心とする民権運動に呼応する形で、各地の士族結社が運動を開始するのである。さらにこの士族結社の結成に影響を受けつつ、これと並行する形で、豪農結社―在地結社が全国各地に結成されてゆく(9)。

「維新の第二期」の開始という状況認識については、このように官民ともに共通しており、それゆえにこそ共通の認識にもとづいてそれぞれの政治課題が設定されたといってよい。その場合、現実に地方人民に対峙し、政府の政策を具体的に実施する、いわゆる地方経営の任にあたっていたこの時期の「地方官」（各府県知事令）は、形式上はあくまでも「官」でありながら、統治意識としては「官」と「民」との接点たる存在としてみずからを位置づけ、中央政府に対して相対的自立を図ろうとしていた。すなわち彼らは、中央政府の政策の地方におけるたんなる伝達役に止まることを潔しとせず、それをそれぞれの地方の実情にあわせてみずからのイニシアチブにもとづいて具体化してゆくことを、地方経営の要と考えたのである。その際、彼らはいずれもみずからの正統性を「人心」や「民心」に求め、民権運動をはじめとする地方人民の動向に一定程度の共感を寄せつつ、中央政府による「人心」や「民心」を顧みない性急かつ朝令暮改的な政治運営を批判するのであった。このような地方官の自立化傾向は、すでに明治八年の大阪会議前後においてもみられたものである[10]。しかし、大久保の権力基盤は八年当時よりはるかに強化されており、したがって中央政府の政治課題は、地方官や民権派によるさまざまの地方における抵抗を排して進められるはずであった。それらを一挙に困難にし、これまでの権力状況を激変させたのは、明治一一年五月一四日の大久保の暗殺であった。

この予期せぬアクシデントにより、維新の第二期を担うべき統合の要を失った政府は、同年七月には大隈重信大蔵卿（肥前）―伊藤博文内務卿（長州）―井上馨工部卿（長州）の三者を軸とする大久保没後体制を構築する。しかし、大久保没後体制においては、一方で全国的影響力を強めつつあった民権運動との対立関係が激化すると同時に、他方で政府内部のさまざまな対立を顕在化させてゆく。いまアトランダムに争点化した問題を列挙すれば、三新法の制定と府県会の開設、統帥権の独立、元老院の改革、天皇親政運動、参議省卿分離、教育令制定と改正、憲法制定と国会開設、外債論、米納論、積極財政と緊縮財政、条約改正などと、国家形成期にふさわしい重要な論点が目白押しである。

また同時に、これらの争点に対する「地方官」の対応も一様ではありえなかった。結局のところ、大久保没後体制下のこれらの多彩に彩られた争点群は、明治一四年の政変でいちおうの決裁がつけられることになる。それゆえ、大久保没後体制に名実ともに終止符を打った明治一四年の政変の意義を逸することはできない。すなわち、高揚する民権運動に対して一〇年後のプロイセン流国会開設を明示し、積極財政論が多数を占める政府内部を最終的に緊縮財政に転換させるという、国家建設の基本的な方向が決定された点に明治一四年の政変の政治史的意味は存在する。いいかえれば、明治一四年の政変こそが「維新の第二期」の基本路線の帰趨を決めたのである。

無論、大久保没後体制下の諸対立には、人的な権力動機にもとづく対立関係（薩長肥の藩閥相互の対立、宮中グループ・知識官僚の政治的台頭）も色濃く反映しており、明治一四年の政変による大隈重信の追放と黒田清隆の左遷は、それらの複合的な作用の結果にほかならない。しかし、個々の政治家の争点ごとの合従連衡を越えて、実は一見無媒介にみえる各争点は、政策論的には「国会論」と「財政論」とに収斂されてゆく。すなわち、政府内部の政策的対立の高進と民権運動の組織化の進展との相乗効果により、次第に大久保没後体制下における「国会論」と「財政論」の占める領域が拡大し、同時に両論相互の内在的意味連関も深められてゆくのである。かくてこの両論の決定に一度に決着をつけたのが、まさに明治一四年の政変ということになろう。

「明治一四年政変」については、これまで多くの研究が何らかの形で言及してきた。しかし「一四年政変」それ自体を直接対象とした研究は意外に少なく、次の四つがその代表的なものである。

①大久保利謙「明治一四年の政変」（『明治政権の確立過程』御茶の水書房、一九五四年）
②永井秀夫『明治十四年の政変』（『自由民権期の研究』一巻、有斐閣、一九五九年）
③稲田正次『明治憲法成立史』上巻（有斐閣、一九六〇年）
④中村尚美『大隈財政の研究』（校倉書房、一九六八年）

一九五〇年代半ばから六〇年代末までに公刊されたこれらの研究によって、藩閥政府内関係、民権運動内関係、藩閥政府・民権運動間関係など、「一四年政変」にいたるまでの政治状況が実証的にきわめて精緻に明らかにされた。しかしこのような実証的研究の積み重ねが進むにつれて、政変の各側面の理解は深まるものの、逆にそれらの相互関連の解釈や総体としての政変の構造的把握は次第に困難になっていった。すなわち複雑な人間関係を前提に、「国会論」「財政論」「払下問題」など複数のレベルの異なる争点が並置される結果を招き、多元連立方程式の解は求められずじまいになったといってよかろう。端的にいってこれらの代表的研究は、論点を主として「国会論」に絞るものと、「財政論」にも重点を置くものとにその傾向が二分される。前者は①大久保氏から③稲田氏へ、後者は②永井氏から④中村氏へと受け継がれている。

まず大久保利謙氏は一四年政変について、北海道官有物払下事件の顕在化を契機に、明治一四年一〇月一二日の参議大隈重信の免職をはじめとする大隈派の政府からの駆逐と、伊藤博文を中心とする薩長藩閥政府の確立とを指標に定義する。そして「国会論」における伊藤と大隈との対立を主軸に、「払下問題」に関する大隈陰謀説を副軸として考察し、あわせて伊藤における井上毅、大隈における矢野文雄・小野梓という側近官僚相互の対立をも指摘している。さて「国会論」における対立・競合という大久保氏の視点を、さらに詳細に実証的に敷衍したのが稲田正次氏であった。稲田氏は、明治一二年一二月以来の山県・黒田・山田・井上馨・伊藤・大木各参議の憲法建議を詳細に検討した後、「国会論」における伊藤と大隈の対立が井上毅の介入により、岩倉・井上馨・松方らへの多数派工作を通して拡大し政変に連なっていく様を、まさに日を追って逐一叙述している。ここに「国会論」の視点による「一四年政変」の考察は、一つの極点に達したといってよい。

これに対して永井秀夫氏は、あくまでも「国会論」における政府対民権派の対立を背景としながら、新たに「財政論」の視点を導入した。すなわち永井氏は、政府批判の新聞論調の分析を通じて、民権派の国会開設論が明治一三年二月の参議・省卿分離以来の政府内部の不統一や財政政策の不確定という現状批判と結びついていることを明らかにし、「払下問題」を契機としてさらにそれが緊縮財政の不徹底という財政批判と不可分一体になったことを鮮かに描き出している。民権派による「財政論」という永井氏の視点を、政府内部に逆投影し拡大したのは中村尚美氏である。中村氏は大隈財政の研究を通じて、一三年九月以来の伊藤・大隈協調による緊縮財政への転換が、一四年七月にはこれまた両者協調によって再度積極財政へ逆転する可能性を有していたことを指摘した。はたしてそうとするならば、伊藤・大隈はまったく同じ時期に、「国会論」では対立し「財政論」では協調していたことになる。そこで中村氏はこれを整合的に解釈するために、一四年九月の松方による財政批判が「財政論」における伊藤の再転向を促した結果、大隈追放が最終的に決定されたと結論するのである。かくて中村氏の研究によって、「財政論」の視点からの「一四年政変」の考察が一つの極点に達したのである。

「国会論」「財政論」各々の側面からの「一四年政変」についての考察が確定した後は、同時期に複数存在する争点を個々独立に扱い、いわば独立変数の軌跡としてこの政治過程について言及することが多くなった。したがって、「国会論」と「財政論」とに収斂していく争点群の相互関連の把握を意識した研究はあらわれない。それ故、各争点ごとに政府内の指導者達が様々の合従連衡をくり返す様は、およそ一般的な権力動機に還元されるか、あるいは形成期明治国家の体制内の矛盾として片付けられてしまうことになる。

しかし一九七〇年代を通じて、政治指導者についての内在的理解と意見書に対する多面的分析とが、歴史研究において必要不可欠であるとする方法論上の革新が進んだ結果、「一四年政変」の研究も新たな段階を迎えるに至った。すなわち、本来相互に無媒介たりえない同時期に並列される争点相互の有機的な意味連関の把握と、各政治指導者の状況主義的な政策提言におけるライトモチーフの一貫性への着目とが問題にされるのである。そこで「国会論」と「財政論」の相互連関の把握と、両論における各政治指導者の政策的一貫性の解明とに基づく一四年政変論の再構成に寄与するのは、一九八〇年代に入って発表された次の諸研究ということになろう。

⑤小路田泰直「『明治一四年の政変』と関西貿易社」（『日本史研究』二二九号、一九八一年）
⑥御厨貴「大久保没後体制」（『年報・近代日本研究3　幕末・維新の日本』山川出版社、一九八一年）
［本書第I部第1章に所収］
⑦坂野潤治「『富国』論の政治史的考察」
⑧梅村又次「創業期財政政策の発展」

⑨山本有造「大隈財政論の本態と擬態」
⑩猪木武徳「地租米納論と財政整理」
以上⑦～⑩はともに『松方財政と殖産興業政策』（東京大学出版会、一九八三年）
⑪山室信一『法制官僚の時代』（木鐸社、一九八四年）
⑫室山義正『近代日本の軍事と財政』（東京大学出版会、一九八四年）

まず最初に「国会論」と「財政論」との統一的解釈に示唆を与えたのは坂野潤治氏の「解説」（『福沢諭吉選集』七巻、岩波書店、一九八一年）であった。ここで坂野氏は、福沢諭吉の状況的思考を追いながら、明治一四年九月刊行の『時事小言』における増税と国会開設論との内的意味連関に着目し、実は大隈の国会早期開設論が増税を含意したのではないかとの鋭い指摘を行っている。そして続く⑦の研究において、坂野氏はこの推論をさらに一歩進めることになる。すなわち福沢の『時事小言』のうち「国会論」にあたる部分が、明治一四年三月大隈の国会早期開設論提出前後に送付されている事実から、福沢・大隈両者ともに「積極財政推進のための早期国会開設」という政策を意識的に選択したことを強調するのである。

あくまでも大隈・福沢の場合に限定されていた「国会論」と「財政論」との不可分一体性に着目する坂野氏の議論を、明治一一～一四年にわたる政治過程全体に拡大したのが、筆者による⑥の研究であった。とりわけ明治一三年段階において、「財政論」をはじめとする具体的要求に裏打ちされた民権派の「国会論」攻勢を前にして、良きにつけ悪しきにつけ「国会論」と「財政論」との内在的意味連関が、岩倉・伊藤・井上馨・黒田ら政府指導者達にはっきりと認識されていたことを実証している。

この時期には政府・民権派いずれを問わず、争点化された問題の一つ一つについて詳細な内容をもつ政策意見書が、数多く提案されている。そこでそれらに着目することによって、意見書に即した内在的解釈を引き出す研究が続出することになる。まず小路田氏は五代友厚の意見書の分析を通じて、大隈・伊藤が緊縮財政路線への転換を明確にした一三年九月の時点で、直ちに五代らが増税・殖産興業推進・貿易会社設立による直輸出貿易などを骨子とする積極財政論を展開し、薩派と大隈との連携工作が政変直前まで続けられていたことを明らかにし、大隈の積極財政に対する強い志向を強調している。次に猪木武徳氏は、一三年八月の米納論をめぐる政策論争を真正面から分析の対象にすえ、岩倉・五代の「米納論」と井上馨の反論とを詳細に経済学的に検討することにより、各々の側の事実認識と現実感覚とを明らかにした。そこでは、井上馨らの緊縮論と大隈の外債論とを両極端において比較した場合、その中間に位置づけられる米納論もけっして暴論ではなく、インフレ対策として相応の論理を持ち、米価をはじめとする諸物価の低下や経常収支の改善などの政策効果も十分にあったことを指摘している。

さらに梅村又次氏は、明治四～一四年という長いタイムスパンの中で、井上型緊縮財政論と大隈型積極財政論とを対置させる構図を導き出す。そして一三年六月の大隈の外債論の裏に、地租の実質的増収効果がみこまれていたことと、一四年三月の小野梓の「今政十宜」が大隈の積極財政への再転換の契機となったことを明らかにしている。また山本有造氏は、西南戦争後の大隈の財政に関する意見書の分析を通じて、状況に応じた大隈の具体的政策提案は一見矛盾に満ちたものであっても、その本態には実は常に一貫した積極財政志向が貫かれていることを実証した。したがって一三年六月の積極財政志向の外債論の意見書と同時に提出された、工場払下・冗費削減という一見緊縮論的色彩の意見書も、実は二者択一的選択を迫るものではなく、前者の積極論の枠内に充分おさまる提案であったことを指摘する。同様に一四年七月の伊藤・大隈意見書が、一三年九月の緊縮財政への転換を明示した伊藤・大隈意見書の完整という外見にもかかわらず、現実には積極財政志向の外債論の復活だったと結論づけている。

室山義正氏は以上の如き「財政論」分析を集大成しさらに発展させた。室山氏は明治六年以来の大隈積極財政下にあって、様々な争点の対立に際して、勤倹論やインフレ抑制論が声高に叫ばれるにもかかわらず、井上・松方の二人を例外として、政府指導者間に基本的にはいかに積極財政論が根強く存在したかを実証している。すなわち一三年六月の外債論に反対する山田・大木・山県らも基本的には積極財政の維持を主張しており、岩倉らの米納論も客観的にはデフレ効果を持つにもかかわらず、主観的にはまさに積極財政の展開を意図していたことを明らかにする。さらに緊縮財政への転換を明示したといわれる一三年九月の伊藤・大隈意見書においてさえ、大隈は財政資金運用による貿易振興＝正貨獲得と紙幣消却の一時棚上げ、および地方債による地方土木事業の推進をもりこんでおり、ここに依然強固な大隈の積極志向は明白であったと分析している。しかしだからこそ小野の示唆をうけて、一四年七月に大隈は再度積極財政への全面転換をはかろうとしたと続けるのである。

かくて「財政論」の側面からの「一四年政変」の政治過程に関する研究が進む一方、「国会論」の側面からの再検討を進めたのが山室信一氏である。山室氏は明治六～七年以後、イギリス学派およびフランス学派の「国会論」が、政府・民権派の双方にいかに幅広い合意を得ていったかを、嚶鳴社・

共存同衆・交詢社などの結社に集い朝野を自由に行き来する知識官僚の分析を通して明らかにする。だからこそ、福沢・大隈・井上馨に連なるイギリス学の矢野文雄・小野梓・中上川彦次郎への政治的対抗上、八一年六月に岩倉の依頼をうけた井上毅は、まさにネガティブカウンターとしてドイツ学の選択を余儀なくされた経緯を強調するのである。そして「国会論」をめぐる小野梓と井上毅とのヘゲモニー争いが、次第に大隈対伊藤の代理戦争的色彩を強め、本来イギリス学流の「国会論」であった井上馨までをも転向させたこと、さらに「払下事件」処理の攻防にまで及び、払下げを強行させそれに反対する世論の高揚を背景に早期国会開設をかちとる小野の戦略が、払下げを取消し世論を鎮静させて漸進的な国会開設を宣する井上毅の戦略に敗れていく様を叙述している。

本章および次の第3章では、次の二つの観点から、大久保没後体制下の政治過程を明治一四年の政変にいたるまで整理して叙述することにしたい。まず第一に、政治的主体におけるこれまでの「官」と「民」の二分法を排し、双方の接点に存在する「地方官」の独自の政治的役割に着目する。そして、かならずしも中央政府の意向に従わない「地方官」の政治的動向や統治意識を分析することによって、この時期に固有の中央―地方関係の実態を浮びあがらせるべく試みる。[11] 次いで第二に、「国会論」と「財政論」の相互連関の観点から、前述した多様な争点群を時系列的に整序する。さらにそれを前提にして、代表的政治指導者の政策論におけるライトモチーフの一貫性に焦点を定め、あわせて彼らの状況認識と政策選択の検討に及びたい。[12]

2　大久保没後体制の成立

明治一一年五月一四日の大久保利通内務卿の暗殺は政府内外に大きな影響を与えた[13]。翌一五日、間髪を入れず後継内務卿に就任した伊藤博文でさえ、「斯の如き威望の大臣を失ひ候以上は、各地の人情にも大に影響を生じ、万一国家の禍乱是より生じ候様の域に至り候ては、容易ならず[14]」と受けた衝撃の大きさを語っている。もっとも伊藤が、このように大久保没後の政治的困難を認識するのには、十分な根拠があったといってよい。なぜなら伊藤ら大久保没後を支える者は、少なくとも三つの大久保の遺産を担ってゆかねばならなかったからである。その第一は制度的遺産ともいうべき地方制度改革であった。実はまさに伊藤自身がこの改革を審議する地方官会議の議長を務めたにもかかわらず、板垣退助の立志社など民権派の運動の活発化に対する危惧の念から、むしろ伊藤は大久保の構想、とりわけ国会論を視野に収めた府県会開設には消極的であった[15]。したがって「大久保の内務省[16]」を引き継ぐ伊藤にとって、民権運動の展開と府県会の開設というあらたな地方状況を迎えての地方官の統制は、きわめて重大な試練だったといえよう。

しかも内務卿の任務には、地方統治と並んで勧業政策があった。この点に第二の政策的遺産ともいうべき、積極財政を前提とした殖産興業政策がかかわってくる。つまり、明治七年以来、殖産興業政策の推進ということで大隈重信大蔵卿とパートナーシップを組んできた大久保の地位[17]を、伊藤がただちに実質的に引き継ぐのには明らかに無理があった。逆に大久保を失った薩派にとって、内政に対する影響力喪失はどうみても否めない事実であった[18]。その上、伊藤後任の工部卿に井上馨が予定された[19]ことは、薩派にとって由々しき事態となった[20]。なぜなら井上は、明治五年以来一貫して明白な緊縮財政論者だったからである[21]。ここに薩長間の緊張関係が生ぜざるをえない。

第三が人的遺産ともいうべき元田永孚・佐佐木高行ら侍補・宮中グループの君徳培養を目的とする政治運動の活発化である。彼らは大久保の死を奇貨として、彼らの理想とする天皇親政を実現するために、侍補の権限強化を要求し、従来の大臣・参議・省卿による統治体制への介入を図ることになる[22]。その場合これに対する抑制は、大久保ならぬ伊藤のコントロールをはるかに越えるものであった。なぜなら彼らは、大久保に対してこそ宮内卿就任を実現すべく期待をかけえたが、伊藤に対しては明治初年以来常に開化派として批判の対象としてきたからである[23]。

かくて大久保の三つの遺産の中で、当面問題は制度的遺産・政治的遺産には生ぜず、まず伊藤らは人的遺産たる侍補グループとの対決に迫られることとなった。すなわち侍補グループは、第一に侍補の権限強化、第二に井上馨の排斥を要求して大久保没後体制に一定の発言権を確保しようと図った。彼らは、大久保暗殺の際の島田一良の斬奸《ざんかん》状における有司専制批判を正統化の根拠として[24]、「大臣方是レ迄御輔導ノ不行届ナルヲ督責[25]」し、同時に「政務の実際を以て専ら君徳を匡翼《きょうよく》し、大有為の御実志を賛発し、御親政の実を挙け国本を固ふする事[26]」を要求した。これに対しては「侍補迚《とて》も此際不平抱かせ候は不可然[27]」との岩倉具視の判断の下に、内閣側も慎重に対応したものの、最終的には「兼テ御中立之侍補中行政上ノ機密ヲモ預リ聞キ候事ハ、何分不可然[28]」と侍補の閣議参加要求は退け、「内閣は内閣丈けの御輔翼上は申迄も無之、万機の事にては一入御聖意を被為注候様有之度[29]」と、内閣と天皇との関係を事実上密接化する方針が採られることとなった。

そこで侍補グループは、次にやはり島田一良の斬奸状における批判の対象にあった井上馨の起用に反対し、佐佐木高行を工部卿に送り込むべく働きかけている。(30) そして七月には、侍補グループによる井上排斥運動が絶頂に達した。(31) しかし結局、大久保の遺志として井上工部卿の実現を図るという岩倉の決意の下に、三条実美・伊藤・大隈・黒田ら、大臣・参議グループの結束により、侍補グループは押し切られ、七月二一九日、井上馨は参議兼工部卿に就任する。(32) そして、いったん侍補・宮中グループの動きは潜在化するにいたる。

ここに大隈大蔵卿—伊藤内務卿—井上工部卿の三者を中心とする大久保没後体制が成立する。しかしすでに述べたように、この体制では、薩派の影響力の後退は否めなかった。そこで大久保没後体制の成立過程における侍補グループの介入に続いて、今度はいったん成立した大久保没後体制内の主導権をめぐる対立が顕在化してくる。すなわち薩派の政商五代友厚は、大久保内務卿の下で現実に勧業政策にたずさわってきた勧商局長河瀬秀治(33)を直接大隈大蔵卿に結びつけ、伊藤新内務卿の勧業政策に対する影響力の行使を、できるだけ制限しようと図ったのである。内務省勧商局の大蔵省への移管という薩派の工作(34)は、従来からの松方正義大蔵大輔(35)による内務省勧農局長兼任と相まって、明らかに薩派と大隈との連携にもとづく、勧業政策における大蔵省主導体制の実現を目指す試みであった。これに対して河瀬勧商局長は五代に対して、勧業政策の実態について、「当時の事務上に於ても、拙者よりも伊藤氏へ談示候得ば、強て相拒候程の事は有之間敷候(36)」と述べている。したがって勧商局の官制上の移管いかんにかかわらず、この河瀬の言に当時の勧業政策における大隈—伊藤の力関係は明白であった。

かくして勧業政策における主導権を封じられた伊藤内務卿は、明治一一年一一月主導権奪還の方策を講じ、「産業資金貸与法」の立案を河瀬に命じた(37)。これは大隈—河瀬ラインに壟断されつつある勧業政策に対し、立法規制を行うことにより恣意的な資金投与を制し、各府県に対する資金投与の実態を把握することを意図したものであった(38)。しかしこの伊藤の方策は、たちまちその意図を見抜いた河瀬の反撃にあうことになる。すなわち河瀬は、積極財政を基調とする殖産興業政策の推進という大久保の政策的遺産そのものに対しては、真正面から反対できる者がいないという当時の状況を背景として、直接的勧業政策自体を廃止するならいざ知らず、そうではない以上、立法規制による資金貸与の現状の変更はありえないと述べて、伊藤を威嚇したのである(39)。結局伊藤自身、積極主義自体には異論がないために河瀬の主張が通り、勧業政策に関する内務省の主導権確立に失敗してしまった。

それゆえ伊藤は、早くも明治一一年一一月から一二月にかけての陸軍参謀本部創立に伴う人事機構改革の際、大久保没後体制の大幅な改革を考慮するにいたった。そもそも参謀本部独立論は、軍政と軍令の分離を主張するドイツ帰りの桂太郎の建議を背景としながらも(40)、直接には八月二三日に一部の近衛兵が反乱を起したとされる、いわゆる竹橋騒動を契機に急速に具体化したのである(41)(42)。実は伊藤は、竹橋騒動前にすでに山県有朋陸軍卿から、近衛兵内部における西南戦争後の論功行賞に対する不満の声と陸軍改革の必要性とを知らされており(43)、その意味では参謀本部独立にも当初から関与していた。成立当初の大久保没後体制にとって、竹橋騒動に象徴される軍の不統一ないし反乱と、愛国社再興に象徴される民権運動の連動こそが、最大の脅威であった。したがって内務卿たる伊藤は、治安維持という職掌上からも、両者を連動させることなく軍の統一と強化を確保するための制度的保障として、参謀本部独立を積極的に支援したのである。[44]しかも、「此節陸軍ニ而参謀局皇張之議相起、山県西郷熟議之上不日申裁可ヲ乞之運ニ立到[45]」との伊藤の言にあるように、これは薩長協力の下に進められてゆく。結局、一一月中旬には西郷従道陸軍卿―山県参謀本部長という形で、軍における人事機構上の薩長連携体制が、政府内の合意をえられるにいたった。[46]

そこで伊藤は同時に、みずからは専任参議となって調整役に徹し、井上馨を後継内務卿として内務行政に専念させ、その主導権を確立させるという、大久保没後体制の修正を試みる。[47]同じ長派とはいえ、井上の登用は明らかに政策的に異なる路線の選択を含んでいた。まず第一に井上は財政の面で、明治四～六年のいわゆる井上財政以来、一貫して緊縮財政論を堅持していた。[48]したがって薩派―大隈の積極財政に反対の意向を有しており、大久保の政策的遺産に対する修正の余地を生ずる。第二に地方経営の面では、井上は明治六～九年の在野時代ことに明治八年、時の大久保―大隈ラインに対抗して木戸孝允とともに民権派およびそれに近い「地方官」と提携して、立憲制の導入を主張して以来、民権派や「地方官」に親和的であり、同時に国会開設論に対しても積極的であった。[49]それゆえ国会を射程距離に収めた三新法体制に対して、元来消極的な伊藤よりも適合的であり、大久保の制度的遺産に対する積極的対応を生ずる。そもそも井上自身、「地方之景況にて想像すれは県会も如何之結果を来し候哉[50]」と述べて、今後の地方経営のきびしさを十分認識した上で、軍事・警察機構の確立や充実という制度形成面（ハードウェア）の開発にも増して、地方行政や立法措置における制度運営面（ソフトウェア）の開発に並々ならぬ意欲を示し、次のように述べている。[51]

「愈生之見込みにては片手は軍、片手はアドミニストレーション、シビルロー等夫々来春より着手、仮令全成せるも組立候而何かメシュルメントに相成候筋無之而は、只々内閣も方今は川路之する務をするに孜々たるのみ、実に遺憾千万と奉存候。」

しかし井上内務卿の実現に対しては、地方経営の側面ではなく、むしろ積極財政堅持の立場から大蔵省主導体制を守るために、薩派[52]と大隈[53]の双方によりただちに反対意見が表明され、容易に決着がつかなかった。その状況をみきわめた井上は、一二月一五日に伊藤に対して次のように述べている[54]。

「陳過日来之位置転換談議尚熟考候得共、仰之愈高断望之想像脳中に充満し、行わるゝも不行も実に困難を極め、政府之ウイーキポイントを顕す様な事再来候哉も難計候而、先参謀局之決末迄にして此度は差置御互之所は先明春に相成候とも現在に其害は無之様愚考候間、両大臣え迄之事故只今ならは反古にして丙丁に付するも非難事。」

すなわち井上は、侍補グループの排斥運動から日いまだ浅い今日、薩派や大隈の反対を押し切って微妙なバランスの上に成り立っているせっかくの大久保没後体制を弱体化させることをなによりも恐れた。それゆえ今回は参謀本部人事に限ってみずからの内務卿就任を断念し、「誠に以御気の毒に候得共老台丈は当官之処今一ケ年御勉強被下度候[55]」と述べて、向こう一年間伊藤に内務卿に止まるよう要請したのであった。かくて伊藤は、当面内務卿に留任することになる。そしてこれに続いて一二月には、河瀬勧商局長が、現行の勧業政策を全面的に擁護しさらにそのよりいっそうの発展を主張する「勧業論[56]」をあらたに提出し、翌明治一二年一月初頭、ついに勧商局の大蔵省への移管に成功する。つまり大久保没後体制において、大隈および薩派は、伊藤および井上の介入を許さず、大久保の政策的遺産たる積極財政の担い手たり続けたのである。それとともに勧商局は大蔵省への移管に伴って商務局と改名され、そこにイギリスの商務庁（Board of Trade）に相当する貿易を含めた商業全般の管理を任せることが意図されていたのは、注目に値する。なぜなら一二年一月以降、税権回復を旨とした「日米協約」の日米両国における批准が進み、実現すれば関税収入を確保した上で、国内産業の保護と発展を期することが可能だったからである。[57][58]

そもそも、大久保の政策的遺産たる積極財政を前提とした殖産興業政策の展開の外交的表現が、寺島宗則外務卿による税務回復交渉にほかならなかった。寺島による保護関税の創設を目的とする税権回復外交は、明治九年一月からまずアメリカを対象に開始される。これは日本への輸出国たるゆえに税権回復にきびしい態度を示すイギリスを避け、日本からの輸入に重点を置くアメリカに焦点を絞った点に特色がある。そして紆余曲折の結果、大久保没後体制の成立直前の明治一一年七月二五日、協定税率の廃棄および関税自主権を明白に宣言した「日米協約」が調印された。当然のことながらこの協約には、他のすべての締約国との同様の改正が成立してはじめて発効するとの条項があった。[59][60][61][62]

したがって寺島はアメリカに続いて、他のヨーロッパ諸国とも個別交渉方式によって税権を回復すべく試みている。しかし、明治一〇年一〇月から交渉を開始していたイギリスは、「日米協約」を基準とする税権回復交渉にはまったく応ぜず、ドイツと連携しながら一二年一月には関税協定を協議するための列国会議の開催を提案するにいたる。これに対して関税自主権の回復にあくまで固執する寺島は、一方で対英強硬姿勢を貫くとともに、他方で対日通商関係の実績をもたぬロシアや、アメリカと同じく輸入重点のイタリア・フランスとの間に税権回復を承認させるべく個別交渉にはいり、イギ[63][64]

リスの孤立化を図った[65]。だが老練なイギリスは、ヨーロッパ列国を糾合して個別交渉の道を封じることに成功し、結局七月には寺島外交の失敗が明らかとなった[66]。

そこで膠着した条約改正交渉の打開のために、明治一二年九月一〇日寺島は更迭され、後継外務卿に井上馨が起用される。井上は、寺島外交を大転換して、対英融和を図り列国会議方式による、税率の改定や法権の一部回復という漸進主義的な条約改正を目指すことになる[67]。かくて寺島外交の失敗は、たしかに保護貿易化による日本の国内産業の迅速な育成への期待を消失せしめたものの、大久保の政策的遺産たる大隈財政や殖産興業政策に変更や修正を加えるほどの直接的影響はもたらさなかった。むしろこの失敗は、民権運動の「国会論」や井上外交の「欧化主義」に影響を及ぼしてゆく。すなわち民権運動の側は、条約改正の失敗を藩閥専制政府ゆえの失敗と捉え、しかるがゆえに民力を糾合した官民調和の上に立つ強力な立憲政府の樹立が必要であると主張し、いわばこの失敗を国会論の有力な論拠の一つとしたのである[68]。また井上外交は、条約改正促進のための大前提として、社会のあらゆる面での積極的な欧化主義的風潮の醸成を促すことになった[69]。このように運動側・政府側ともに、条約改正それ自体の迅速な達成ではなく、おのおの異なる観点からそれを可能にする基盤や背景的要因の追求を通して、大久保没後体制の変容を迫るにいたったといえよう。

3　地方官と地方制度改革

維新の第二期[70]における地方制度改革（明治一一＝一八七八年七月の三新法の制定など）は、基本的には明治九年二月の日朝修好条規締結以来の東アジアの当面の平和を背景として[71]、大久保利通内務卿の主導の下に進められた地方経営の延長線上にある。すなわち明治八年以来加速化された各府県の地租改正事業[72]と並行する形で、第一に九年四月・八月の二度にわたり府県統廃合（三府五九県から三府三五県）[73]が決行され、内務省による中央集権化が進んだ。第二に同じく九年七月には、「凡そ内治ノ本ハ専ラ地方ニ在リ、地方ノ治挙ラザレバ国ノ隆盛ヲ期スベカラズ」[74]との前提の下に、県官任期例が制定された[75]。これには、地方官の任期の確定（一任一二年）と待遇改善（三年ごとの評定で再任されると大幅加俸）とが定められている。この県官任期例によってはじめて、地方官は任期の長期安定化を制度的に保障されたのである。

かくて地方官の任地固定化は、府県統廃合と相まって、中央政府の政策や意向をこれまでより迅速かつ適確に各地方に反映しやすくなる効果を期待できた。しかし、同時にそれは他方で地方官の自主裁量権の余地を生じさせ、ひいては中央政府からの相対的独立傾向を促すことにもなりかねず、中央政府にとってはいわば諸刃の剣であった。だからこそ大久保は、同じく明治九年の地方官異動において、大阪会議以来著しく民権派寄りの姿勢を明らかにしていた神奈川県令中島信行、兵庫県令神田孝平の二人を更迭したのである[76]。

以上に述べた明治九年の改革は、おりから進行中の地租改正事業に如実に反映されることになった[77]。すなわち地租改正は多くの場合、各地における地方官と地元農民との緊張関係を含んだ共同作業にゆだねられ、いわば官民総がかりの形で地方行政への習熟をもたらす結果を招いた。例えば鍋島幹栃木県令は、地方官・農民双方にとっての学習過程だったことを具体的に次のように述べている[78]。

「又毎組中便宜ノ一村ヲ撰ミ、之ヲ模範村ト定メ、尋常区吏員外更ニ大区ニ大惣代、小区ニ小惣代、毎村ニ担当総代員各々十数名ヲ設置シ（中略）、担当ノ定員ハ常ニ会合一団トナリ、毎模範村ノ実際ニ就キ予メ頒布告示セル方法例則ニ基キ、互ニ所見ヲ述ヘ、毎地ノ優劣ヲ反復討議シ、該村地位ノ等級成ルヲ竢テ之ヲ検査シ、其可ナルモノハ之レヲ可トシ、不可ナルモノハ厳密再調ヲ命シ、全ク検了ノ後始メテ毎組合ニ推及シ云々。」

こうした細かい行政手続きを踏んで現実に地租改正が行われたことは、同県の第二大区第六小区の地主物代坂入源左衛門の日誌「縉紳録」に詳細に記述されている(79)。そして、このような共同作業の中で地元農民が地方行政の事務能力を開発したことの自覚は、当時の地元民の一人たる田中正造らの意見書の中に次のようにはっきりと書かれている(80)。

「自治ノ證跡顕赫ナル者ヲ挙ケン、仍チ地租改正ノ若キ実ニ古今未曾有ノ最大事ニシテ其事務ノ頻繁ナル（中略）、其時ニ方テハ担当ノ官吏ト雖、尚其事務ノ錯殺スルヲ以テ頗ル躊躇渋滞ス（中略）、則チ其成功ヲ見ル能ハスト思考セシニ、豈ニ図ランヤ、実際其事務ヲ取ルニ臨ンテハ意外ノ速功ヲ見タリ。而テ其土地ノ肥瘠ト嚝狭トヲ測量シ、地位ノ等級ヲ比較シ地価ノ高低ヲ討論シ、銖両分寸ノ縮図ヲ調製スル等ニ至リテハ艱ハ則チ艱ナリト雖、是皆臣等平素鋤鍬ヲ執テ南畝ニ封スノ日ニ成リ、未タ嘗テ其適当ヲ誤ラス、尚且自治ノ気象進歩スルコト実ニ驚クベシ。」

しかし、各地方で常に紛糾したのは、せっかく官民共同して作りあげた地租改正基準を無視して、中央政府が一方的により課税率の高い基準を押しつけることにあった(81)。その際、地元農民は無論のこと、地方官もまたしばしば官民の共同作業としての実績を背景に、中央政府に異議申立てを行っている。つまり両者ともに、地租改正を不可避の改革と受け止めながらも、地元の意向を無視した中央政府による強圧的な手段・方法をきびしく批判したのである。結局、中央政府に対する各地方の対応は、次の四つのパターンに整理しうるであろう。

第一は、その批判にもかかわらず地方官・農民ともに最終的に中央の意向を受け入れるものである。例えば前述の鍋島県令は、改租着手以来みずからが地元民とともにたずさわってきた作業内容を回顧し「吏民ノ情状亦察スヘシ」と述べた上、その成果について「先回進呈ノ目的ハ官民ニ適度ト信スル」と断言して、次のように政府を批判する[82]。

「若シ其レ改租成否ノ得失ヲ論スルニ、慣行ノ如何ヲ顧ミス民情ノ甘酸問ハス、着手ノ緩急ヲ量ラス唯々条理ニ抱〔拘〕泥シ論挫議折強テ抑圧ニ類スルカ如キニ至リテハ、縦令新法ノ正確公平ニ帰スルニ得失アルモ、隠然不測ノ患害ヲ醸生シ、十日ノ暖一日ノ寒ニ失シ、吏民ノ勉力総テ水泡ニ属シ復タ収拾スヘカラサルニ至ラン。」

無念の思いの鍋島は、「不測の患害」と農民一揆の可能性を示唆し、政府を威嚇している。他方受入れ側の地元農民坂入源左衛門は、「各管各一等地ヲ進ムルトキハ此上矯正大ニ至難ノ場合ニ至ルベシ」と判断し[83]、次のように事態を嘆じていた[84]。

「嗚呼改租事務ノ困難タル例ルニモノナシ、依テ他ノ人員ハ不知於吾ヤ苛酷ノ収穫ヲ民ニ課シ永ク其租ヲ奉ゼシメントスルヤ、素ヨリ我ガ好ム処ニアラズ、於是身、退クヨリ他ナキモノト覚悟ヲ究メタリ、実ニ憂フベシ〳〵芳賀人民ハ更ナリ、八州ノ人民其此末ヲ如何セン、又政府ノ興廃其是ヲ思フベシ、憂フベシ。」

結局坂入は辞職もままならず、中央政府の命令の下に再度改正事業に従事することになった。おそらく多くの地方は、この第一のパターンを踏襲したに相違ない。これに対して第二は、地方官と地元農民との力関係いかんによってなんらかの取引きを行うものである。それは民会の設置を認めさせた浜松県の例に代表される[85]。いわば税負担と参加との取引きであり、のちの国会開設運動の先駆的形態である。そのことは民権派にも十分自覚されていたとみえ、明治一三年のある「国会開設請願書」では、次のように論じられている[86]。

「曾テ地租改正ノ令ヲ出シテ賦課ヲ均一ニセントスルヤ、民庶ハ其己レニ便且利ナルヲ問ハス先ツ妄測シテ曰ク是レ収斂ヲ厚スルカ為メナリト、物議百出遂ニ或ハ竹槍蓆旗《むしろばた》ノ紛擾ヲ為スニ至ル（中略）要スルニ亦民ニ参政権ヲ与ヘスシテ官民ノ情互ニ離隔スルカ為メナリ。」

つまり、税負担と参加との取引要求は、地租改正時の民会設置からやがて国会開設へと拡大してゆくのである。ところで、地元農民による第一の中央政府批判が地方官批判に重なって官に対する不信が高じ、第二の取引きもままならぬ場合、第三の農民一揆を迎えることになる。明治九年一一月の茨城県の農民一揆や一二月の三重・愛知・岐阜などの農民一揆が、その例である[87]。これに対して中央政府はただちに武力鎮圧を行ったほか、士族反乱との連動を防ぐ意図もあり、一〇年一月に地租五厘減という政治的妥協を講じている。

このような政府による全国一律的な譲歩を引き出すために、第一のパターンのように各地方の個別のケースの批判に止まらず、地方経営全般の視野から中央政府に対する建言を行う地方官も存在する。これが第四のパターンである。例えば籠手《こて》田《だ》安定《やすさだ》滋賀県令は、まず自分の県のケースについて、「其実跡アル収獲〔穫〕ヲ根拠トシ其民力ノ堪フヘキ方法ヲ以テスルニ非サレハ、地券税ノ良法タルモ人民ニ於テハ反テ苛法ニ苦シム根源ト変シ、改正事務局ノ本議ニ全ク相反スルモノトス」ときびしく中央政府の方針を批判する[88]。無論籠手田はたんなる批判に止まらず、米価低落に際して「分通り米納ノ法」[89]を、起りうべき凶作に備えて「凶歳取充ツル法」[90]をそれぞれ提言して、中央政府の地租改正方針に対する具体的修正を迫った。そして前述の地租改正反対一揆の直後、政府による五厘減という譲歩が出される直前に、彼は大久保に対して、「苟モ国家ノ治安ヲ計画スルモノハ必スヤ風土習俗ノ如何ヲ審カニセサル可ラス」との骨子からなる「治国安民ノ建議」を提出し、次のように述べるのである[91]。

「茨城県下暴動ノ根拠及ヒ三重岐阜愛知三県ノ人民カ蜂起スル所ノ縁由ヲ繹スルニ、各大同小異アルモ要スルニ彼ノ二件ニ出テサルモノ無キカ如シ。然リ而シテ安定帰県ノ後尚隣府県及ヒ各地ノ実況ヲ観察スルニ処トシテ咨嗟怨歎ノ声ヲ聞カサルモノナシ（中略）。若シ夫レ風土ノ如何ヲ察セス旧慣ノ拠ル可キヲ採ラス民心ノ向背ヲ顧ミスシテ、俄ニ断然凶歳取充ツルノ法ト金納ノ法トヲ行ハント欲スルトキハ、安定固ク信ス特ニ一二ノ県〻ニ止マラスシテ、諸道府県亦其ノ茨城三重愛知岐阜四県ノ如クナラサルモノ無キヲ保チ難カランヲ。」

さらなる農民反乱の可能性を示唆した籠手田は、それゆえにこそ「民心ヲ収ルノ法他ナシ暫ク民欲ニ従フノミ」と断言し、政府の譲歩を促したのである。無論、籠手田のこの建議が中央政府の政策決定に直接影響を及ぼしたかどうかはわからない。しかし、事実として中央政府は、地租五厘減のほかに、明治一〇年九月には籠手田の建議にみられた「凶歳租税延納規則」を、さらに一一月には同じく「代米納許可」「預米制度」などを具体化し、地租改正に修正を加えている[92]。

かくて中央政府もまた、地租改正を通じて、四つのパターンのいずれの場合にも、地元農民から地方官にいたるまでの政府の地方経営に対する根強い批判が存在することを了解せざるをえなかったのである。そして、その状況をいかに打開するかという政府の側の政治的対応の文脈の中に、三新法をはじめとする明治一一年以降の地方制度改革が位置づけられることになる。

まず政府は地方官に対し、地方経営の実情の報告を命じた。[93] 籠手田滋賀県令は、「施政ノ要ハ風土ニ依リ人情ニ適スルヨリ大ナルハナシ」、「民間古風ヲ尚ヒ新様ヲ嫌フコレ人情ナリ」と述べ、[94] 次のように具体的に区戸長公選論を展開した。[95]

「区戸長ノ性質タルヤ元ヨリ人民中ニ在テ事務ヲ取ルモノナレハ府県ノ属官トハ自ラ異ナルモノナリ。然ルニ官撰法ヲ用ユルトキハ其進退モ亦官ノ全権ノミニ帰シテ毫モ属官ト差異アル事ナシ。（中略）今其性質ヨリテ民撰法ヲ用ユルトキハ一区一村中ノ名望アルモノヲ挙ク。苟モ名望アルモノ此撰ニ当ルトキハ人民ヲ親ミ土地ヲ受スルノ情厚ク施政上ニ裨益アル論ヲ竢サル所ナリ。」

「夫レ施政ノ要ハ旧慣旧習ニ仍リ風土地形ニ因リ人情ニ戻ラスシテ不知不識開明ノ域ニ進歩セシムルニアリ」という議論は、[96] 一人籠手田に限られず、おそらくは多くの地方官にとって共通の認識であった。それゆえにこそ、このような地方官の報告を前提に、大久保利通は明治一一年三月、「地方之体制等改正之儀」を提出したのである。[97] そこではまず第一に、地方区画について大区小区制を改め、郡・町村を定置すべく主張し、次のように理由を述べた。

「地方ノ区画ノ如キハ如何ナル美法良制タルモ、固有ノ慣習ニ依ラスシテ新規ノ事ヲ起ストキハ、其形美ナルモ其実益ナシ。寧ロ多少完全ナラサルモノアルモ固有ノ習慣ニ依ルニ如カス。（中略）

今概シテ欧米ノ制ノミニ倣フトキハ其形美ナルモ其実適セス。宜シク我カ邦古来ノ慣習ト方今人智ノ程度トヲ斟酌シテ、適実ノ制ヲ設クヘキナリ。」

つづいて第二に、地方議会の新設を主張し、次のように訴えた。

「従来地方行事ノ上ニ於テ往々至難ノ事ヲ醸シ、現ニ或ル数府県下ニ於テモ兇徒蜂起シ、其地方ノ安寧ヲ妨害シタルコトアリ。（中略）若シ地方会議ノ法ヲ設立スルトキハ、其地方独立権ノ事ニ於テハ利害得失皆其会議ノ責即チ住民公同ノ責ニシテ、中央政権ニ対シテハ小怨タモ懐クナク、只其監督ノ公力ヲ仰クノミ。然ルトキハ地方ノ安寧ハ勿論、推シテ国ノ安寧上ニ於テモ其効大ナリ。」

かくて大久保の提案は、地方官会議・元老院の審議を経て、明治一一年七月にいわゆる三新法として公布された(98)。この新しい地方制度は、同時に発足する大久保没後体制に、大久保の制度的遺産として残されたのである。「郡区町村編制法(99)」では、大区小区制を廃止し、官選郡長と公選戸長とによる郡・町村を行政単位として復活する。「府県会規則(100)」では、地方税をもって支弁すべき経費の予算およびその徴収方法を議定する権限をもつ府県会を設置し、一定の納税資格を要する議員には、地主・豪農商層が予定された。「地方税規則(101)」では、各種の税を地租五分の一以内、営業税および雑種税、戸数割の三目に分けて徴収する地方税に統合している。さらに、三新法体制の一環として区町村会の設置も認め、これはやがて一三年四月の「区町村会法(102)」として結実してゆく。以上、要するに三新法体制では、行政効率を高めるための郡・町村という行政機構の整備、および地方税徴収システムの制度化と、それに見合う区町村会・府県会などの参加の制度化が実現されたのである。

4　民権派と国会開設運動

明治一〇（一八七七）年六月、民撰議院設立を唱える建白書を提出した土佐の立志社は、西南戦争後全国的運動の中心となった(103)。すなわち一一年四月に立志社は愛国社再興を決定し、その趣意書の中で、各地方の智力・財力ある者の指導によって地方が充実してはじめて全国が富国化するとの認識を示し、運動の全国化を示唆した(104)。そして植木枝盛・栗原亮一・杉田定一らが西日本の各地を遊説し、九月には愛国社再興大会を大阪で開いている(105)。参加規模は八年当時と変わらず、関西近畿地方を主として士族を結集していた。さらに一二年三月には一八県二一社から八十余人が集まり、第二回大会が開かれた(106)。

ところで、士族結社を中心に愛国社への結集が進みつつあるちょうど同じ時期に、これとは直接関係なく、全国に数百社にも及ぶ在地民権結社が誕生し独自の活動を始めていた(107)。すなわち、政府による地租改正や地方制度改革から刺激を受け、これらに拮抗する形で、豪農層を中心とした各地方によってさまざまな階層を糾合した結社の登場である。例えば、もっとも早い時期の河野広中の石陽社・三師社（ともに福島）はじめ、杉田定一の自郷社（福井）、松沢求策の奨匡社（松本）などをあげうる(108)。これら在地民権結社(109)は、最終的には民撰議院＝国会開設を大目標に実に多種多様な活動を展開した。それを機能的に整理すると、政談演説会などの学習組織であり、法律相談・貧民救助などの相互扶助組織であり、殖産興業・地租軽減などの勧業・勧農組織であり、府県会支援・憲法草案起草などの政治組織であり、歌の会や共同体の祭を演出する愉楽享受の組織であり、地域相互の親睦を深める集まりを開く交流懇親の組織である。これらの機能が未分化のまま結成された各地の結社組織が、各地方における地域活性化の核となっていった。

明治一二年一一月に大阪で開かれた愛国社第三回大会[110]には、一九社が参加した。この一年の間に、士族結社が没落し在地結社が優勢となっている。それはこの大会に、三師社・石陽社・自郷社などが新規参加し、地域的には東北・北陸地方に拡大し、在地結社の組織化が進んだことからもわかる。この変化には、明らかに政府の地方制度改革、特に府県会の設置が関係していた。そもそも士族授産や教育事業から出発した多くの士族結社は、西南戦争後の急進的政治化の中で著しく中央指向を強め、府県会を中心とする地方的勢力の形成については、納税資格など客観的条件を欠いたこともあってまったく関心をもたなかった[111]。これに対して在地結社を指導した豪農層は地方制度改革の影響を受け、府県会という参加の制度的枠組みの中で、政治的に活性化していった[112]。

かくて第三回大会では、地方に着実な足場をもって活動を展開している在地結社の伸展を背景として、全国各地から国会開設のための請願運動を起こすことを決定した。あたかもこの決定を反映するかのように、当時いまだ愛国社に参加していない福岡・岡山・千葉・岩手などの各地方の在地結社や士族・農民から、この年次々と元老院や三条実美太政大臣宛に国会開設の建白書が寄せられている[113]。翌明治一三年三月、大阪で開かれた愛国社第四回大会[114]には、愛国社参加の二四社、未参加の三五社を中心に一一四名が集まり、地域的には二府二二県への広がりをみせた。そしてここで、愛国社未参加の結社を含めて、あらたに国会期成同盟を結成し、片岡健吉・河野広中を代表とする「国会を開設するの允可を上願するの書」の提出を決めた。

結局、政府によって受理を拒否されたこの上願書を含めて、明治一三年には全国から実に八五通にも上る国会開設の建白書・請願書が元老院宛に提出されている[115]。そこで、これらの建白書の最大公約数的な主張を、次に整理しておこう[116]。まず第一に国会開設の正統性の根拠としては、慶応四（一八六八）年の五箇条の誓文、つづく明治八年の漸次立憲政体樹立の詔の併記にみられるように、立憲制へ向けての政府、とりわけ天皇みずからの約束を強調する。一例として、茨城県大津淳一郎の建白書を次に掲げたい[117]。

「我々人民ハ進テ以テ参政ノ権理ヲ求メサル可カラス、政府亦退テ以テ参政ノ権理ヲ附与セサル可カラサル也。是則天皇陛下カ明治ノ始ニ五事ヲ誓ハセラレ、同八年聖旨ヲ拡充セラル、所以ノ意ナリ。」

その上で、さらに府県会の開設を評価し、その延長線上に当然に国会開設を求める論法と、他方で明治八年の聖詔から六年も経つのに、政府は無策であるとして非難する論法とに大別される。前者の例は、次の長崎県成瀬千太郎らの建白書にうかがうことができる[118]。

「何故ニ政府ハ国会開設ノ願望ヲシテ今日ニ逡巡依違セラレタル乎（中略）。明治八年四月一四日ノ聖詔アリテ漸次ニ立憲政体ヲ建ツルノ旨趣ヲ示シ、又元老院ヲ置キ大審院ヲ設ケ踵テ地方長官ノ会議ヲモ開キ、然ル後チ其花実ヲ発スル処ハ府県会トナリ町村会トナリテ、寖《や》ヤ其国会ヲ起スノ資力ヲ養成セラレタリシカ斯ニ五六年ノ星霜を閲シ、其実際如何ヲ経験スルニ其弊害ノ鮮クシテ其利益ノ多キハ既ニ業ニ了知セラレタル所ナレハ、国会開設ハ最早ヤ猶予スヘカラサルノ時機ナリト謂フヘシ。」

また後者の例は、次の開拓使本多新の建白書の中にみられる[119]。

「総テ開設党ノ意中大同小異ニシテ政府ニ於テハ国会開設ヲ甚タ忌憚スル者ト視做セル者ノ如シ爰。蓋シ政府ニ於テモ明治元年三月十四日誓文及八年四月十四日該誓旨ヲ拡充セラルル所ノ言、聊カ食マセラル、如キノ挙ナキモ保スヘカラサル所アル。」

無論、天賦人権論など西欧思想にもとづく論理も有効ではあった。しかし、もっぱら元来政府が主張した論理を逆手にとって政府に迫るという方法をとったからこそ、国会開設運動は全国各地に広範に拡大することができたのである。またそれゆえにこそ、国会開設への共感はたんに運動側に止まらず、天皇親政運動を展開する侍補・宮中グループや、嚶鳴社・共存同衆・交詢社などの結社に集い朝野を自由に往来する知識官僚[120]などにも広がり、いわば体制内の人間の心理的動員を可能にしたのであった。侍補グループに近い内閣書記官長中村弘毅が、明治一三年一月段階で、「抑国民議会ハ政府ノ固ヨリ希望セラル、所ニシテ、戊辰ノ御誓文ト八年ノ聖詔トヲ敷衍セバ、取リモ直サズ国会ノ義ニ過ギズ、苟モ国人智識ノ度ニ於テ、議会ヲ開クニ適セリト認定セバ、即時ニ之ヲ許可セラレンコト[121]」と述べたゆえんである。さらに、本来国会開設にきわめて消極的であった右大臣の岩倉具視でさえも、以上に述べた国会開設の正統性に拘束されざるをえなかったことは、一二年一二月の次の言に明白であろう[122]。

「余条公ニ告テ曰ク、明治八年四月十四日立憲政体詔書ノ件ハ其際ヨリ下官終始不同意ナリ。然レトモ既発令アリ。今之ヲ如何トモ致シ難シ。宜シク其緒ヲ継ガザルヲ得ズ。」

国会開設の正統性に加えて、これら建白書の説得力を増すのに有効だったのは、第二に国会開設を必要とする具体的根拠を列挙したことにある。それは、一つには後述するように大隈積極財政の行詰りにみられる財政危機の認識であり、いま一つには前述した寺島税権回復外交の失敗にみられる条約改正困難の認識であった。これらいずれも大久保没後体制の抱える内政・外交上の最大の課題を、民権派は実に的確に把握していた。そのことは、次の広島県長井勝の建白書に明らかである。[123]

「縦ヒ人民進取ノ気力アリト雖モ、国家人民ヲシテ気力ヲ発揚スルノ地位ヲ占有セシメザレバ、人民ハ其至誠至忠ノ精神ヲ発現スル所ノ区域ナク、財政ノ紛拏《ふんだ》ヲ目撃スト雖モ空シク憂慮苦悶ニ迫ルノミ。条約改正ノ決定セザルヲ耳聞スト雖モ空シク切歯扼腕ニ耐ヘザルノミ。（中略）今是ノ陋習ヲ蝉脱シ既行ノ法制ヲ豹変シ国家ノ面顔ヲ一洗スル危急存亡ノ際ニ方リ、人民ヲシテ同シク財政ノ是非ヲ討議シ国是ノ可否ヲ斟酌シ云々。」

したがって、「内ハ財政ノ困難ヲ解除」し、「外ハ条約改正ヲ料理」するという具体的要求に裏打ちされた国会論ゆえに説得性があることを、前述の内閣書記官長中村弘毅は次のように述べている。[124]

「爾来国会ヲ主張スル者、年一年ヨリ多ク、月一日ヨリ増シ、今日ニ至リテハ、此論殆ント全国ヲ風靡スルノ勢アリ、而シテ其目的モ亦大ニ前日ト其趣ヲ改メ、単ニ政府ヲ咎ムルノ陋見ノミニ非ズ、或ハ外邦ノ侮蔑ヲ憤リ、或ハ条約ノ改正ヲ唱へ、或ハ国帑《こくど》ノ空乏ヲ歎シ、或ハ殖産ノ工夫ヲ議シ、頗ル皆国事ヲ以テ自任シ、独リ政府ニノミ倚頼セザルノ気象アリ、（中略）其説ク所既ニ公ニシテ且正ナリ、是ノ如クニシテ議ヲ国会ニ問ハント乞ハバ、政府モ亦鄭重仔細ニ之ガ処分ヲ議セザルヲ得ズ」

かくて民権派の最大公約数的な主張によれば、現行の藩閥政府ではとうてい処理できない難題の解決のために国会を開設して、「官民一致」「上下協和」の政治体制を創り出すことが必要なのであった。次の愛媛県綾野宗蔵らの建白書に、それが鮮やかにうかがえる。(125)

「仰キ願フ我政府ノ今日速ニ国会ノ開設シテ我々人民ニ議政ノ権ヲ与ヘラレ、我々ヲシテ大ニ不羈独立ノ精神ヲ攫揮《かくき》セシメテ、相共ニ国家ノ将ニ危カラントスルヲ匡済セラル、アランコトヲ。斯ノ如クナレハ則チ国権張ル矣国勢振フ矣国体全タシ矣、官民一致皞々《こうこう》如トシテ明治自由ノ天地ニ楽シミ、又タ永ク富強ヲ宇内万国ニ輝々タラシムルヲ得ヘキ而已。」

その際多くの場合、イギリスの君民共治の政治体制がモデルとされている。(126) そしてこの点にもまた、元老院や各省に蟠踞する政府の知識官僚との共鳴の余地が残されていたのである。(127)

かくて明治一二年からことに一三年にかけて国会開設運動は、次章で詳述するように、政府に対して相当な影響を及ぼしながら発展し、一三年一一月の第二回国会期成同盟大会を迎えた。(128) この大会の特色は、第一に運動の主体が士族から豪農商層や県会議員クラスに移り、地域的には関東が中心になりつつあったことである。第二は都市民権派知識人を中心に、具体的な憲法構想を一年後に予定される次期大会までに研究することが決められたことである。第三に愛国社系の有志から、政党―自由党結成の提案がなされ、都市民権派知識人も加わって具体的検討が進められている。ここに国会開設運動は、一つの転機を迎えることになった。そもそも民権派の国会開設運動は、国会開設という大目標が運動側のみならず体制側にまで浸透するにいたる幅広い説得力をもったがために、多種多様な主体を糾合し発展を遂げることができたのである。しかし、いざこの目標たる国会を実体化させるための憲法・政党という手段の段階になると、次第に多種多様な主体相互の思惑の違いや対立が顕在化し、運動の再編が必然化することになる。まず、かならずしも期成同盟の主流ではない福沢諭吉の交詢社による、イギリス流の憲法草案が政府内外に対して影響力を増大させる[129]。そしてそのことが、次章で詳述するように政府内外を通ずる大久保没後体制の再編を促し、明治一四年の政変をひき起す有力な原因の一つとなるのである。次に政党組織論をめぐって、中央指導部先行方式の都市民権派と地方からの積上げ方式の期成同盟系との対立が激化してゆく[130]。その結果、一四年一〇月に結成された自由党は、嚶鳴社など都市民権派を除外し、期成同盟の中でも立志社―土佐派が主導権を握る体制となった[131]。他方、嚶鳴社・東洋議政会・鷗渡会など都市民権派は、一五年四月、明治一四年の政変で追放された大隈重信およびその一派との大同団結に成功し、立憲改進党として自立するのである[132]。

5　「牧民官」の地方経営

大久保没後体制下の地方官には、三新法というあらたな地方制度を実施しながら、おりからの民権派による国会開設運動に対峙してゆく役割が負わされていた。その地方経営の困難さについて、井上毅は次のように語っている[133]。

「此数事件は一新以来地方の適宜に任し来候末此節根から葉迄の改革、地方十年来之大事業なるべし。其一時之さわぎは東京官員之想像力之及ばざる位なるべし。」

だからこそ、中央政府によって同時に計画されていた天皇の地方巡幸について、「地方官は敢而小言は申すまじけれども、実際は泣くほどなるべし」[134]と述べて、井上は同情を示したのである。しかもまた、現実に各地の府県会の開設に伴い、次第に活性化する豪農層を主体とした府県会議員によるいわゆる府県会内部の活動と、同じく彼らによる国会開設運動とが連動して[135]、地方官による地方経営をより困難なものにしていった。

これに対して地方官は、中央集権体制の下で内務省の出先機関として、その制度的保障の強化を期待しつつ地方経営にたずさわることを望んだのでは無論ない。むしろ府県会争議や国会開設運動との緊張関係の中で、従来から抱いてきた「中央」と「地方」の接点に位置する独自の存在としての意識を強め、まさに「牧民官」としての自覚から、地方経営に臨もうとしたといってよい。それでは、彼らが自立の根拠とし、この時期に明確化した「牧民官」意識とは、具体的にどのようなものであっただろうか。

まず第一に「意識」のレベルでは本来「官」ではなく、限りなく「民」に近い存在である。例えば籠手田安定滋賀県令は、「苟モ任ヲ牧民ニ奉シ民ト喜憂ヲ同フスルノ地方官其職ニシテ言ヲ黙々ニ附スルノ今日ニ非ス」[136]とか、あるいは「苟モ任ヲ地方ニ奉シ民と膚ヲ合スルノ其職ニシテ之ヲ黙々ニ附スルニ忍ヒス」[137]との認識の上に立ち、まさに「牧民官」としての正統性に則って、中央政府に対して数々の提言を行っている。逆に内海忠勝長崎県令は、民心を無視して中央政府の意向通りの地方経営を行わざるをえなかった事情を次のように述べる[138]。

「着手之際民情難忍ものも有之候へ共、一時も難捨置事件のみに有之候間、終に処分中は如何程愬声を聞も民情を察せす、人心を酌ます、一時遣り付る之外仕段無之と決心、百事一度に取懸、既に局を結ひたるものも有之、昨今八九歩に至るものも有之候。」

しかるがゆえに、「赴任以来右様之事情にて真に牧民之任を尽し民心を安しめ民と共に楽むの場合に到らす、終始民心に背馳する事のみ処分し民心も亦安からさる事と存候」[139]と内海は述懐し、中央政府に県令辞任を申し出ている。以上のケースには、積極・消極の違いこそあれ、あるべき地方官像としての「牧民官」意識をみてとることができる。

だがこれは、すべての地方官にあてはまるわけではなく、むしろ「官」としての強烈な使命観がまったく逆に作用する場合もある。すなわち、まさに「官」としての自覚から「民」との少々の摩擦や軋轢は覚悟の上で、啓蒙専制的に「民」を導く存在としてみずからを位置づけるケースである。無論この場合にも、「中央」と「地方」との中間に位置する独自の政治的役割を果す存在としての自己認識は、先述の籠手田や内海の場合と同様に十分すぎるくらいあるといわねばならない。したがって、意識の上ではいかに「官」の側に近くとも、中央の出先として中央政府の意向を反映した地方経営を行うというのではまったくない。否それゆえにこそ、たとえ力に訴えたとしても「民」の先頭に立って、その地方独自の近代化を推進してゆくことになるのである。山梨県令藤村紫朗[140]や山形県令三島通庸[141]は、その典型例といえよう。

例えば三島通庸は、明治九（一八七六）年いまだ大久保利通存命中に山形県令として赴任する際に、次のような抱負を語っている[142]。

「これ山形地方のことを篤と考ふるに、運輸の便なく、かつ交際の道絶えたり、故に人民一統世間知らずになり、農業を盛んにして米穀沢山なるも、運送の便悪くは物産に手を降す人も更になし。（中略）因って第一に四方の山阪を開削し便道となす。」

これを聞いた大久保の「その事は善し、然りと雖も之を行うには漸を以てすべし、或は民間に害を生じ、かつ紛議をすることを恐る」[143]との忠告に対して、次のように切り返した三島の言の中に、まさに地方「官」として地元「民」に臨む彼なりの強烈な使命観を如実にうかがうことができる[144]。

「その人民の室中を囲むに屛障を以てし、その中に安臥し、戸外に何物の大なると、なにごとの恐るべきを知らざるに似たり、この陋習を破り民心を醒覚し耳目を一新するに迅速を貴ぶなり、その害と紛議を生ずるは漸急ともに一つなり。」

そして、実は善かれ悪しかれこうした強烈な「牧民官」としての自意識から、第二の「地方分権」の主張が生ずる。前述の籠手田滋賀県令は、すでに三新法制定の段階で、一方で府県庁内部の一元的統制のために、書記官に対する命令権を府県知事令が掌握することを主張するとともに、他方で「元来郡長ノ性質タルヤ官民ノ間ニ立チ上下ノ事ヲ交通スル者ナレハ、即チ地方庁ノ属官トハ其性質大ニ異ナル者ナリ」との理由で、「郡長官民共撰」を唱えている[145]。また同様に、前述の三島山形県令は、県庁新築をはじめとする数々の土木工事に際して、経費調達やデザイン策定などの面で、明らかに内務省の意向を無視し、みずからの主張を貫徹させている[146]。ここには、いずれにせよ地方官による府県の自律的運営の主張がある。したがってこの「地方分権」論は多くの場合、地方官と府県会の双方に権限を与えよという主張に発展してゆく。

ところが府県会争議の続発[147]に対して、中央政府は明治一三年以降、府県会の権限を剥奪し地方官の権限を強化する府県会規則の改正[148]（明治一三年四月の前年度予算執行権や一四年二月の原案執行権）を断行する。しかも、これらの制度改正を保障するものとして、地方官に対する内務卿の指揮命令権が担保されていた。このような中央政府による集権的・画一的な統制強化に対しては、府県会の反発は[149]もとより、「牧民官」としての立場から地方官も批判的であった。「人ニ示スニ法ヲ以テスルハ意ヲ以テスルニ如カス」[150]と千坂高雅石川県令が訴えたゆえんである。より具体的に論点を明確化したのは、野村靖神奈川県令であった。すなわちまず彼は、富国強兵化の欠くべからざる四要素として「軍務・財務・外交・民心」をあげた上で、中央政府が直接担当する「軍務財務外交未タ全キヲ得タリトスル能ハストイヘトモ、秩序方法各其道ニ由ル」といちおうの評価を与えている[151]。しかし、問題は「浮薄紊乱是ニ至リテ極マル」[152]民心にあると野村は指摘し、民心＝地方政務改良の必要を次のように説く[153]。

「想フニ夫レ国権ヲ皇張シ独立帝国ノ栄誉ヲ保タントスルニ、人権ヲ伸暢セザルベカラズ、人権ヲ伸暢スルハ民力ヲ養成スルニアリ、民力ヲ養成スルハ地方人心ヲ収攬スルニアリ、地方人心ヲ収攬セントスレバ、宜ク地方分権ノ制度ヲ立ルニアリ」

では、具体的に地方分権をどのように実現したらよいのか。野村は次のように述べて、地方官の府県会に対する原案執行権を批判した[154]。

「府県会ヲ開設セラル、ヤ蓋シ地方分権ノ主義ニ出テ人民ニ参政権ヲ附与サセレタルモノナルベシ。然ルニ規則第五条ニ拠レバ啻《ただ》ニ分権ノ主義ヲ見出ス能ハザル而已ナラズ、其地方人心ニ背馳スルモノ亦尠シトセズ。如何トナレバ府県会ノ議決ヲ認可スルハ府知事県令ノ職権内ニアリト雖モ、府知事県令若シ之ヲ認可スベカラズト思慮スルトキハ内務卿ニ其事由ヲ具状シテ其指揮ヲ請ワザルヲ不得、其レ然リ、然ラバ則可否ノ権ハ特《ひと》リ内務卿ニ在リテ地方長官ハ之ヲ伝達スルニ過ギスト云フモ蓋シ贅語ニ非ザルベシ。」

野村はこのケースから、さらに「惟フニ現時ノ制度タル、地方重要ノ政権ハ中央政府ニ掌握セラレ、地方百般ノ事務一ツトシテ地方長官ノ独断ヲ以テ為シ得ベキモノ殆ントナキガ如シ」[155]との一般論を導き出す。そして、だからこそ府県会争議が拡大し地方経営が混乱する事態に対して、地方官が適切に処理できない旨を、「故ニ其権微弱ニシテ議会ト対立スルノ勢力ナキノミナラズ、人民ヲ統治スルヤ命令行ハレズ百業起ラズ」[156]と断言する。しかし無論野村は、地方分権を中央政府からの地方官の自立化とのみ捉えていたわけではない。それと対になるべき、府県会の権限強化をも同時に訴えたのである。すでに述べたように、地租改正事業において「官」と「民」は共同作業を経験ずみであった。にもかかわらず、同じく共同作業の場たるべき府県会は、現実には次のような状況を呈していたのである[157]。

「抑府県会規則ノ行ハレシヨリ已ニ三年ヲ過ク、其間経歴スル所ヲ見ルニ大抵議会ノ着目スル所、費額節減ノ点ニ止リ未タ共同衆済ヲ図ルノ地ニ至ラス、（中略）小ヲ論シテ大ヲ問ハス、其甚シキニ至リテハ論説ノ主義ヲ詳カニセス、徒ニ起立ノ多害ニ取リ、以テ其可否ヲ決スルニ至ル、各府県会ノ景状概子《おおむね》此ノ如シ。」

実は地方官と府県会とのこのような対立を緩和するため、明治一三年一一月に府県会に常置委員が設置された[158]。府県会議員から若干名選出される常置委員は、「地方税ヲ以テ支弁スベキ事業ヲ執行スルノ方法順序ニ付、毎ニ府知事県令ノ諮問ヲ受ケ其意見ヲ述べ[159]」る役割を負わされていた。すなわち常置委員の創設により、地租改正の場合と同じく「官」と「民」との共同作業を府県会において再現させる意図を有していたのである。しかし、同時に「太政官布告四十八号」[160]による地方財政への圧迫が加わったため、「官」「民」双方ともこの常置委員制度の効用を認識するにいたらなかった。したがって、むしろ次の野村の言にみられるように、地方官と府県会との対立の解消のために、あらたに府県会規則の構造的欠陥の抜本的修正が提案されることになる[161]。

「府県会ハ地方税ヲ以テ支弁スヘキ経費予算額ノ多少ト徴収方法ノ当否トヲ議決シ得ルモ、其支出目ニ係ル事件ハ唯之ニ論及スルニ止ッテ議決スルノ権ナキモノナリ。然レトモ凡ソ経費ヲ生ズルヤ必先其事件ノ目途已ニ立チ、而シテ后チ之ニ要スル所ノ金額ヲ算出スルモノナルヲ以テ、経費ノ多クハ其事件ノ大小ニ従ヒ、事件ノ伸縮ハ資金ノ増減ニ因ル、故ニ事件ト経費トハ両ナカラ相須テ離ルヘカラサルヤ論ヲ竢タサルナリ」

ここに主張されている予算のみならず事業をもあわせて議する権限を府県会に与えよという府県会の権限拡大の提案は、中央政府にあっても井上毅の支持を受けるにいたった[162]。井上は、次のように的確に事態を把握している[163]。

「我府県ハ仍ホ創造ニ係ルヲ以テ政府未タ之ニ付与スルニ事業ヲ議定スルノ権ヲ以テセズ。特ニ地方費ノ予算ヲ議スルノ狭隘ナル範囲ノ内ニ議権ヲ拘束セリ。是ニ於テ府県会ノ思想ハ予算ノ一偏ニ傾斜シ、其意ニ地方ノ公益ヲ挙行スルハ地方官ノ責ニシテ府県会ノ務トスル所ニ非ズ。（中略）而シテ弊ノ極マル所終ニ地方ノ事業ヲ敵視シテ其予算論定ノ権ニ據テ以テ城壁トシ、地方官ハ此レカ為ニ行政ノ便ヲ制縛セラレ逐年困迫ノ景況ヲ現出スルニ至レリ。」

「牧民官」としての立場から、以上のように「地方分権」を主張していた地方官は、さらに一方で中央政府主導の各種の政策に対して、朝令暮改をきびしく批判し、多くの場合各地方の事情にあわせた漸進主義的な地方経営を行うとともに、他方で「地方」事情の「中央」に対する媒介的な役割意識から、国会開設運動に一定程度の共感を示すことになる。

まず前者から検討しよう。前述の井上毅はすでに明治一一年段階から、「今俄かに中央政府の法律を以て之を廃棄せられれは、明日よりは火の滅へたるが如くなるべし。仮令地方官は為し方なしに断然愛を割くこと難からざるも、人民に対しては朝変暮改一時に面目を失ふべし(164)」と述べて、中央政府の朝令暮改が地方官に与える悪影響について、はっきりと警告していた。にもかかわらず中央政府は、しばしば朝令暮改を重ねた結果、著しく地方官の不信を買うことになった。野村靖神奈川県令は、維新以後の中央政府の政策や立法を振り返り、「或ハ人心ニ背馳スルモノナキヲ保シ難シ(165)」と述べ、次のように実例をあげて政府をきびしく批判する。

「或ハ地租改正法ノ凶歳免租ノ術ナキヨリ姑息ナル延納法ヲ発セラレ未幾ナラスシテ備荒貯蓄法ニ変シ、（中略）或ハ府県会開期ニ先チテ俄ニ規則ヲ改正増補シ紙幣銷却ノ元資ヲ増加セントノ布告アルモ、十四年度の予算表ヲ見レハ未タ世人カ認テ以テ満足スルノ増加ト云フ可カラズ、地租収入規則ヲ更正シテ徴収期限ヲ短縮シ、（中略）昨ハ正租ニ減免ヲ与ヘラル、モ今ハ地方税ノ負担ヲ重クセラレ、或ハ地方税ハ正租五分一以内トシ或ハ三分一以内トセラレ、前者未行レサルニ後者踵ヲ頭〔履〕ス。」

たしかにこの野村の指摘にあるように、明治一三年六月の備荒儲蓄《ちょちく》法の制定に対する各府県会の反発はきわめて大きく(166)、その上に一三年一一月の「太政官布告四十八号」において、緊縮財政への転換のために、地方税負担を地租五分の一以内から三分の一以内に増大し、地方税支弁費目に府県監獄費など三項目を追加し、府県土木費への官費下渡金を一四年度から廃止するという政策変更を行った[167]ので、いやが上にも地方官の危惧の念は高まったのである。特に地租改正事業との関連からいっても、土木費下渡金の廃止は不当であり民心を失うことになると、野村靖や千坂高雅石川県令は警告している[168]。また内海忠勝長崎県令は、「独り地方税の増額に至ては実地の困難謂ふへからさるものあり」、「本県の事情を以て各県の情態を察するに同様の事と思想せられ候間、今更ながら何とか御工夫は有御座間敷哉、只管地方の情状御深察奉仰候[169]」と訴えている。

かくてこのような中央政府による朝令暮改に対応してゆくためには、籠手田安定滋賀県令が次に述べるように、中央政府の命令を時間をかけて漸進主義的に実施してゆくのも、「牧民官」としての一つのやり方であった[170]。

「今之ヲ統馭《とうぎょ》スルニ旧慣ヲ顧ミス人情ヲ問ハス直ニ開明急進ヲ以テスレハ、啻《ただ》民情ニ背馳スルノミナラス反テ土崩瓦解ノ変ヲ起サン、因テ其民情ヲ酌量シ不知不識漸次開進ノ域ニ誘導シ治安ヲ保全スルヲ以テ臣安定施政ノ要点トス。故ヲ以テ県庁及ヒ民間表面ノ事他府県ニ後ル、モノ亦多シ、臣安定其罪逃ル、所ナシ。」

このように地方事情に理解を示す地方官は、おりからの民権派の国会開設運動に対しても、治安維持の立場から民権派の運動方法自体には批判的であったが、人民の政治参加の理念には共感を示したのである。「広ク会議ヲ起シ万機公論ニ決スヘシ」との五箇条の誓文によって、府県会開設を正統化した地方官[171]にとって、それはごく自然の成行きであった。例えば千坂高雅石川県令は、すでに内務大書記官の時代から、「此節三尺の童子も唱る維新之始め五ケ条之御誓文并八年立憲政体御改革之詔書は、官民一同之目的と相成り居り候」と述べて、「立憲政体」の樹立に意欲的であった[172]。したがって明治一三年の国会開設運動の高揚に際しては、「近時人民ノ思想ヲ政事ニ注キ或ハ民権ノ伸暢ヲ名トシ或ハ国会ノ開設ヲ望ミ、（中略）之ヲ要スルニ其主義トスル所固ヨリ憎ムヘキニ非ス」と賛意を表した上で、「若シ制御ノ術ヲ失シテ其行為ノ民心ヲ刺衝シ進テ社会ノ秩序ヲ紊リ、公衆ノ安寧ヲ害スルニ至ラハ終ニ禍ノ底止スル所ヲ知ラサルナリ」と、治安維持の観点からのみ配慮すべき旨を語っている[173]。しかし、だからといって千坂は、民権運動に対する法的統制強化[174]を期待したのではない。そのことは、千坂の次の言から理解できるであろう[175]。

「民心モ亦昔日ノ比ニ非ス、故ニ其痛歎切歯スル所ノ感慨ハ敢テ之ヲ黙々ニ付セス、或ハ之ヲ言論ニ発シ或ハ之ヲ行為ニ発シ匡救ノ策ヲ万一ニ僥倖スレトモ、法制律例ノ周密ナル其言フ所行フ所動モスレハ法例ニ触レ、竟ニ思想ヲ言行ニ顕ハシ感激ヲ漏ラスコトヲ得スシテ幽鬱沈滞、譬ヘハ猶河水ノ塞リ而シテ流レサルモノ、如クナルニ至レリ。」

民心の向上を背景に、彼らの主張の封込めはかえって危険な事態を招くとして、千坂は婉曲ながら民権運動対策としての集会条例の制定や新聞紙条例改正の動きに対して批判的なのである。同様のことを立法権の制度化の必要という観点から具体的に述べたのが、野村靖神奈川県令であった[176]。

「立法ニ至リテハ未タ曾テ其面目ヲ改メス、纔《わず》カニ元老院ノ存スルアルモ微々乎トシテ不振ノ色アリ、是ヲ以テ新聞論説集会演説到ル処トシテ其議アラサルハナク、建白請願陸続トシテ出ツ、是レ固ヨリ怪シムニ足ラサルナリ。」

野村は立法権の充実を図るために、国会開設にいたる段階的な政治参加として、第一に元老院への「政治法律ノ学識アル」人民の起用、[177]第二に会計検査院への各府県会議員からの起用、[178]という具体的構想を明らかにしている。さらに同様のことを、北垣国道《くにみち》京都府知事は明治一四年の開拓使官有物払下事件に際して、中央政府の朝令暮改に対する批判とからめながら集会条例の存否に即して主張する。すなわち北垣は、「仮令事業ノ上ニ於テ利益ヲ見ルニ足ルト云トモ、政治ノ上ニ於テ深ク其得失ヲ考レハ、其失スル所頗ル大ニシテ未タ其得ル所アルヲ見サルナリ」と述べて、官有物払下げに対する世論の非難攻撃を原則的に肯定する。[179]それは一体なにゆえであろうか。

「方今我帝国政治ノ組織日ニ月ニ開進スルノ際ニシテ、其目的ヲ立憲政体ニ立テ其方向ヲ君民共治ニ定メ、之ヲ詔諭ニ示シ之ヲ法律ニ掲ケ、天下輿論ヲシテ駸々《しんしん》之ニ趣カシム、然リ而シテ今開拓使官吏カ願フ所ハ尽ク規律ニ背キ、一小私望ヲ遂ケントスルカ如シ、此事ニシテ政府之カ甘納スレハ是レ世ニ示スニ無私ヲ以テシ、自取ルニ私ヲ以テスルノ陞ニシテ世論何ノ之ヲ容ルヘケンヤ。[180]」

つまり北垣は、立憲政体樹立の観点から、官有物払下げが公的な正統性を賦与された決定とはならぬことを明らかにしたのである。しかるがゆえに北垣は、正統性の裏付けのない官有物払下げ決定による地方経営のむずかしさを十分認識した上で、「一タヒ大政府ノ体面ヲ汚シ、地方人心ノ惑ヒヲ生スレハ、内政整理ノ途之レヨリ壊レン[181]」と断言するのであった。それでも過激化する民権運動に対して、治安維持の立場から現場の地方官はなんらかの現実的対応を迫られている。その際、中央政府の方針に従えば、前年来の法的統制強化の一環たる集会条例の発動を余儀なくされるはずであった。しかるに「東京警視庁ヲ始各府県ニ至ル迄之レヲ不問ニ措クカ如ク」、「輦下《れんか》ヲ始メ各府県ニ於テハ此条例ヲ抛棄シタルカ如キ」状況を呈している。(182) だから、もし北垣のみが集会条例に忠実に取締りを行えば、「到底国道一人世論ノ攻撃ヲ受ケ終ニ管下人民之心ヲ失フニモ可立到乎ト深ク痛心仕候(183)」と述べ、中央政府による事実上の朝令暮改の事態に対して不信の念を募らせた。

しかし実は北垣の真意は、朝令暮改を責めることにあったのではない。その批判を通して北垣は逆に、「徒法ヲ置テ人民ノ惑ヲ醸シ世論ノ謗ヲ招カンヨリハ寧ロ断然之レヲ廃止シ、（中略）全ク寛待ノ御政略ニ一変アラセラレ度(184)」と述べ、「牧民官」の立場から大胆な宥和政策を次のように提案する。(185)

「寧ロ該条例ヲ全廃シ第六条中、人ヲ罪戻ニ教唆誘導スルモノ及ヒ公衆ノ安寧ニ妨害アリト認ムルモノハ行政処分ニ服シ、其他官吏又ハ第七条ニ記載スル所ノ海陸軍人学校教員生徒等ハ臨会入社ヲ許シ、但ニ論壇ニ登リテ満談論議スルノ自由ヲ淂セシメハ、互ニ官旨民情ノアル所ヲ議淂シ、却テ上下離隔ノ弊《へい》ヲ去ルコト庶幾《こいねがう》ナラン乎。」

集会条例の廃止と、「官」「民」双方に対する言論・集会の自由の保障による相互理解の深まりこそが、地方官の地方経営の進展に寄与するという「牧民官」としての確固たる信念を、そこにうかがうことができるだろう。

以上に述べたことから明らかなように、明治一四年の政変にいたる大久保没後体制下の地方官は、「中央」と「地方」を見据えつつ、成否は別にして「牧民官」としての独自の役割意識に根差した地方経営を目指していたといってよい。

註

（1）日本史籍協会編『大久保利通文書』九巻（東京大学出版会、一九六九年復刻）一六八～一六九頁。
（2）同前。
（3）御厨貴『明治国家形成と地方経営』（東京大学出版会、一九八〇年）二頁。［のちに『明治国家をつくる』藤原書店、二〇〇七年所収］
（4）前掲『大久保利通文書』九巻、三九～五五頁。
（5）宮内省臨時帝室編修局編『明治天皇紀』四巻（吉川弘文館、一九七〇年）四〇三～四〇四頁。
（6）原口清『日本近代国家の形成』（岩波書店、一九六八年）二三〇、二六四頁、坂野潤治「『富国』論の政治史的考察」（梅村又次・中村隆英編『松方財政と殖産興業政策』東京大学出版会、一九八三年）四二～四三頁、馬場康雄・坂野潤治「政治変動としての明治維新」（坂野・宮地正人編『日本近代史における転換期の研究』山川出版社、一九八五年）一四～一五頁。
（7）升味準之輔『日本政党史論』一巻（東京大学出版会、一九六五年）二二五～二三二頁。
（8）同前書、一巻、二九〇～二九一頁。
（9）同前書、一巻、二一四頁、色川大吉『自由民権』（岩波新書、一九八一年）一六～一七頁。
（10）坂野潤治「征韓論争後の『内治派』と『外制派』」（『幕末・維新の日本』〔年報・近代日本研究３〕山川出版社、一九八一年）二五三～二五四頁。
（11）筆者は第一の観点から、これまでこの時期に関して述べたことはない。ただし明治一四年の政変後から一七年にいたる時期について、「地方官」と内務省および府県会との関係に即して、次の文献において問題点を指摘している。①前掲『明治国家形成と地方経営』三〇～四〇頁、②「初期官僚制」（『歴史公論』七六号、一九八二年）七一～七二頁、③「新刊紹介――明治十五・十六年地方巡察使復命書」（『史学雑誌』九一編三号、一九八二年）一一〇～一一一頁。それゆえ本稿では、①②③を参考としながらあらたな議論の構築に努めたい。［②は本書第６章一として、③は本書第Ⅱ部の２として収めている］
（12）筆者は、不十分な形ではあるが、すでに第二の観点からこの時期を論じている。①「大久保没後体制――統治機構改革と財政転換」（前掲『幕末・維新の日本』）②「国会論と財政論――一四年政変再考」（『日本近代史における転換期の研究』）。したがって本稿では、①②を土台としつつ新しい知見を加えて、議論を集大成することとしたい。［①は本書第１章として収めている。また②はその一部を本章および第３章に適宜組み込ませている］

(13) 佐藤誠三郎「大久保利通」(『権力の思想』現代日本思想大系、筑摩書房、一九六五年)三九頁。
(14) 前掲『大久保利通文書』九巻、四六六頁。
(15) 坂本一登「華族制度をめぐる伊藤博文と岩倉具視」(『東京都立大学法学会雑誌』二六巻一号、一九八五年)三三九～三四〇頁。
(16) 大久保利通の内務省掌握の実態については、板垣哲夫「大久保内務卿期における内務省官僚」(前掲『幕末・維新の日本』)、大島美津子「大久保支配体制下の府県統治」(『年報政治学一九八四年』岩波書店、一九八五年)参照のこと。
(17) 殖産興業政策に関する大久保と大隈のパートナーシップの実態については、坂野、前掲「征韓論争後の『内治派』と『外征派』」参照。
(18) 伊藤内務卿に続いて、岩倉の斡旋により五月二四日には、薩派の川村純義が参議兼海軍卿、同じく薩派の西郷従道が参議兼文部卿に昇格している。明治一一年五月一六日付伊藤宛岩倉書翰、同一一年五月二〇日付伊藤宛岩倉書翰(伊藤博文関係文書研究会編『伊藤博文関係文書』三巻〈塙書房、一九七五年〉七八～七九頁)。
(19) パリ在留中の松方正義大蔵大輔は、同じく薩派の政商五代友厚に対し、「井印も、いづれ、工部の頭取ニ相違有之間敷候」と述べている(明治一一年五月三一日付五代宛松方書翰、日本経営史研究所編『五代友厚伝記資料』一巻〈東洋経済新報社、一九七一年〉三〇一頁)。
(20) 薩派は井上馨に「清盛入道」というあだ名をつけて嫌っていた(同前書、一巻、六二頁)。
(21) 坂野、前掲「征韓論争後の『内治派』と『外征派』」二五七、二六二頁、梅村又次「創業期財政政策の発展」(前掲『松方財政と殖産興業政策』)五三～五九頁。
(22) 東京大学史料編纂所編『保古飛呂比(佐佐木高行日記)』八巻(東京大学出版会、一九七六年)七七～八六頁、笠原英彦「天皇親政運動と佐々木高行」(『慶応大学大学院法学研究科論文集』昭和五七年度)一一五～一一六頁。
(23) 例えば明治四年の岩倉使節団において、佐佐木は伊藤については「開化家」として批判しながら、大久保に対しては「忠孝ノ精神ヲ有スル者」として、対照的に高い評価を与えている(前掲『保古飛呂比』五巻、一九七四年、二六五、二七一頁)。
(24) 前掲『保古飛呂比』八巻、七九頁。
(25) 同前書、八巻、八一頁。
(26) 明治一一年五月二三日付岩倉具視宛三浦安書翰(前掲『伊藤博文関係文書』七巻〈一九七九年〉二〇七頁)。

(27) 明治一一年五月二四日付大隈宛岩倉書翰（日本史籍協会編『岩倉具視関係文書』七巻〈復刻、東京大学出版会、一九六九年〉九五頁）。
(28) 前掲『保古飛呂比』八巻、八一～八二頁。
(29) 明治一一年五月一九日付岩倉宛伊藤書翰（春畝公追頌会編『伊藤博文伝』中〈復刻、原書房、一九七〇年〉一四二～一四三頁）。
(30) 明治一一年五月二四日付大隈宛岩倉書翰（前掲『岩倉具視関係文書』七巻、九五～九六頁）。侍補グループの反対理由は、第一に尾去沢鉱山事件にみられる汚職事件、第二に先収会社経営にみられる商人的活動、第三に大蔵大輔辞任の際の事後処理の悪さなどである（井上馨侯伝記編纂会編『世外井上公伝』三巻〈復刻、原書房、一九六八年〉六一頁、前掲『保古飛呂比』八巻、一四一～一四二頁）。
(31) 明治一一年五月二九日付伊藤宛岩倉書翰（前掲『伊藤博文関係文書』三巻、八〇～八一頁）。
(32) 前掲『明治天皇紀』四巻、四四二～四四四頁、前掲『世外井上公伝』三巻、四～一〇頁。侍補グループに近い宮島誠一郎は明治一一年八月一三日付の日記に「黒田奮発、此度も井上は衆人厭棄の処、又此得手を出候事」と記している（「宮島誠一郎関係文書」〈善隣書院所蔵〉）。
(33) 河瀬は京都出身。明治六年六月熊谷県知事、七年七月内務大丞兼内務省勧業寮権頭、一〇年一月内務大書記官・勧商局長、のちに一二年一月大蔵大書記官・商務局長、一三年四月～一二月に物産貿易視察のため欧米出張、一四年四月農商務省商務局長、同年一〇月辞職。
(34) 明治一一年（月日不詳）付大隈宛五代書翰（前掲『五代友厚伝記資料』一巻、三七四番、三二一～三二三頁）。ここでは「勧農局」となっているが、河瀬との関連から考えて「勧商局」のほうが正しいと思われる。
(35) なお松方自身は、一貫して薩派の中で緊縮論者であった。原口、前掲『日本近代国家の形成』六四～六五頁、坂野、前掲「征韓論争後の『内治派』と『外征派』」一五七頁。
(36) 明治一一年七月二九日付五代宛河瀬書翰（前掲『五代友厚伝記資料』一巻、三〇九～三一〇頁）。
(37) 早稲田大学社会科学研究所編『大隈文書』二巻（一九五九年）二三番、二六八～二七四頁。
(38) 同前書、二巻によれば、従来の資金貸与が、第一に「一般ノ人民ヨリ之ヲ見レバ其事偏厚偏薄ノ観無キヲ得ザルヲ以テ其公平ヲ失スルノ誹ヲ招ク」ものであるし、第二に「一定ノ例規ナク各自其法ヲ異ニスルヨリ勢ヒ錯殺紛擾ノ弊ヲ保シ難」

いものであるから、立法規制をせんとする趣旨であった。
(39) 前註(37)に同じ。
(40) 大江志乃夫『日本の参謀本部』(中公新書、一九八五年)二八頁、三一〜三二頁。
(41) 「竹橋騒動関係資料」(「三条実美関係文書」二五—八〈国立国会図書館憲政資料室所蔵〉)参照。「宮島誠一郎日記」(善隣書院所蔵)明治一一年八月二五日・三一日、九月四日・五日の条に詳しい。
(42) 梅溪昇「参謀本部独立の決定経緯について」(同『増補版　明治前期政治史の研究』未来社、一九七八年)四四九〜四七三頁は、この問題についての史料紹介的文献として有用である。
(43) 明治一一年(月日不詳)付伊藤宛山県書翰(前掲『伊藤博文関係文書』八巻〈一九八〇〉一一番、九五〜九六頁)。
(44) 梅溪、前掲「参謀本部独立の決定経緯について」四五四〜四五八頁。
(45) 明治一一年十月一二日付井上馨宛伊藤書翰(「井上馨関係文書」〈国立国会図書館憲政資料室所蔵〉)。
(46) 海溪、前掲「参謀本部独立の決定経緯について」四六二〜四六八頁。なお山県参謀本部長の人事に関し、参議を免じる代りに陸軍大将に進級させる西郷の意見と、参議兼勤のままとする大隈の意見とがあり、伊藤の判断により後者に決まったという。この大隈—伊藤の選択は、陸軍省と参謀本部との間の起りうべき将来の機構的対立を抑制かつ調整する制度的保障を、参議を主体とする大久保没後体制内部に求めたものである。
(47) 海溪、前掲「参謀本部独立の決定経緯について」四六二〜四六三頁、四七二頁の注(39)。明治一一年一一月一五日付伊藤宛岩倉書翰(前掲『伊藤博文関係文書』三巻、八三頁)に、「貴卿云々の事は実に不容易御所置に而、今朝来条公にも懇談、事頗る重大何共決談致し難しとの事に候。(中略)然るに若し被行砌井上内務省御請否如何と懸念候。貴卿には無異議事と御考慮に哉」とあり、これに対して海溪、前掲「参謀本部独立の決定経緯について」の四六三頁所引によれば、同日伊藤は「井上ノ内務卿ハ同人充分承諾御請合可申上候」と返事している。
(48) 梅村、前掲「創業期財政政策の発展」五三〜五九頁。
(49) 坂野、前掲「征韓論争後の『内治派』と『外征派』」二五四〜二五八頁。
(50) 明治一一年九月二七日付伊藤宛井上書翰(前掲『伊藤博文関係文書』一巻〈一九七三〉一五五〜一五六頁)。
(51) 同前。
(52) 明治一一年一一月一五日付岩倉宛伊藤書翰(梅溪、前掲「参謀本部独立の決定経緯について」四六二頁所引)に「今一之博文身上之儀西郷ハ少シ不承知ニ御座候」とある。
(53) 明治一一年一一月一五日付岩倉宛三条書翰（梅渓、前掲「参謀本部独立の決定経緯について」四六四頁所引）に「大隈参議入来唯今迄内話仕候、（中略）両氏之転職ハ不可燃議論ニ候」とある。
(54) 明治一一年一二月一五日付伊藤宛井上書翰（前掲『伊藤博文関係文書』一巻、一五六〜一五七頁）。
(55) 同前。
(56) 前掲『大隈文書』二巻、二四番、二七四〜二八一頁。
(57) 明治一二年一月二一日付五代友厚宛河瀬書簡（前掲『五代友厚伝記資料』一巻、三二五頁）に、大隈の考えとして次のように述べられている。
「卿公の御考案にも、今更変転の機に際し、大に商務局の体載〔裁〕を変じ、第一全国の理財に関する物産運転・売買・流通の統計を基とし、所謂、英国の『ボートルフ、トレード』の如き、商業の全体を目的とし、又、全国商業の全体に関する、則、相場取引所の類を管理するの体面を以て其事に従はしむべきの御考案にて、至極商務の体面も相立、又精神も着実に及び可申、欣喜罷在候」。
(58) 石井孝『明治初期の国際関係』（吉川弘文館、一九七七年）一七三頁。
(59) 同前書、一八九頁。
(60) 同前書、一九七頁。
(61) 同前書、一九〇頁。
(62) 同前書、二五一〜二五五頁。
(63) 同前書、三二四頁。
(64) 同前書、二七五〜三一八頁。
(65) 同前書、三二五〜三四二頁。
(66) 同前書、三四二〜三五〇頁。
(67) 同前書、三五一〜三五七頁、前掲『世外井上公伝』三巻、二八〇〜三八五頁。
(68) 原口敬明編『明治十三年全国国会開設元老院建白書集成』（明治史料研究連絡会、一九五六年）参照のこと。
(69) 前掲『世外井上公伝』三巻、七六六〜八〇三頁。

(70) 御厨、前掲『明治国家形成と地方経営』二頁。
(71) 坂野、前掲「征韓論争後の『内治派』と『外征派』」二五九〜二六〇頁。
(72) 原口、前掲『日本近代国家の形成』一九九頁。
(73) 大島、前掲「大久保支配体制下の府県統治」五一〜五四頁。
(74) 同前論文、五四〜五六頁所引。
(75) 同前論文、五四〜五六頁、大島美津子「地方政治」(『日本近代法体制の形成』上、日本評論社、一九八一年)一七二〜一七三頁。
(76) 坂野、前掲「征韓論争後の『内治派』と『外征派』」二五三〜二五四頁。大島、前掲「大久保支配体制下の府県統治」五六〜五七頁。
(77) 原口、前掲『日本近代国家の形成』一九九頁によれば、改租事業の完了した年次は、明治六年一、七年一、八年〇と出足は悪いが、九年一四と飛躍的に増大し、一〇年七、一一年一〇、一二年七、一三年五であり、九〜一一年の三年間に三分の二が完了している。
(78) 「栃木県令鍋島幹殿内務省改正局エ上申書ノ写シ、明治十年九月」(「地租改正日誌――『縉紳録』(抄)」、『真岡市史』四巻〈真岡市、一九八五年〉四〇〇〜四〇二頁所収)。
(79) 同前書、四巻、三五九〜四二二頁、および「解説」二七〜三三頁。
(80) 「田中正造、今泉正路、山口信治上書、十三年十一月十二日付」(「憲政資料編纂収集文書」二三六、国会開設願望意見書集〈国立国会図書館憲政資料室所蔵〉)。
(81) 江村栄一『自由民権革命の研究』(法政大学出版局、一九八四年)二〇頁、原口、前掲『日本近代国家の形成』。
(82) 前註(78)に同じ。
(83) 前掲「地租改正日誌――『縉紳録』(抄)」明治一〇年七月二七日付(前掲『真岡市史』四巻、三九〇頁)。
(84) 同前、明治十年十二月十六日付(同前書、四巻、四〇五頁)。
(85) 原口、前掲『日本近代国家の形成』二〇一、二二七頁。
(86) 島根県士族渡部潤一「国会開設請願書、十三年四月十九日付」(前掲『明治十三年全国国会開設元老院建白書集成』六四〜六七頁)。同様のことは、一三年一月九日付の大分県氏族宮村三多の「国会設立ヲ請フノ儀」(同前、一〜四頁)にもみられる。ここで宮村は地租改正について、「其得失利害ハ姑ク置キ」、「人民ノ危疑怨嗟日ニ甚シク」なった原因を、「唯之ヲ謀ルノ広カラスシテ下民ニ及ハサルノミ」と述べ、それゆえにこうした場合は「必ス人民ニ謀ラサル能ハス」と断言する。そして「人民ニ謀レハ則チ勢必ス政権ヲ割与セサル能ハス」との結論が導かれ、つまり参加の制度化が要請されることになる。

(87) 原口、前掲『日本近代国家の形成』二〇一頁、江村、前掲『自由民権革命の研究』二一〇頁。

(88) 「九年一月付、地租改正ニ付小山正武ニ贈ル書」(『史料県令籠手田安定』Ⅰ〈丸ノ内出版、一九八五年〉八一～八四頁)。なお、この史料集Ⅰ・Ⅱについては、園部良夫「新刊紹介」(『史学雑誌』九四編一一号、一九八五年)一〇六～一〇七頁を参照のこと。

(89) 「九年一月十三日付、分通リ米納ノ建議」(同前書、Ⅰ、八五～八七頁)。

(90) 「九年一月十六日付、凶歳取充ツル法ヲ補フノ建議」(同前書、Ⅰ、一〇〇～一〇一頁)。この中で籠手田は、次のように中央政府が地方経営全般に対する視点をもつことの重要性を強調している。「論者或ハ云ハン地方官ニ於テ最モ注意シ社会其他ノ良法ヲ設ケ凶歳ニ備フルノ術アルベシト。地方庁此注意ナカル可ラサルハ勿論ト雖モ、大政府此大改革ヲ施行スルヤ其弊ヲ未然ニ救フノ法ヲ設ケサル可ラス。決シテ地方庁ノ注意ノミニ付ス可ラス。抑地租改正ハ即今官民ノ間ニ於テ大事件ト謂フ可シ。下官職ヲ地方ニ奉シ民ト膚ヲ合セ親シク視ル所ノ情実言上セサルハ不義ナリ」。

(91) 「十年一月八日付」(同前書、Ⅰ、一一二～一一三頁)。同日の日記に籠手田は、「此日内務卿ニ治国安民ノ議ヲ上申ス」と記している(同前書、Ⅱ、七八三頁)。また引用文中にある「彼ノ二件」とは、籠手田の持論たる「凶歳取充ツル法」と「分通り米能ノ法」とによる地租改正に対する修正要求のことである。

(92) 原口、前掲『日本近代国家の形成』二三〇頁。政府の政策的譲歩に対する各地の地元農民の受け止め方は、かならずしも一律ではない。例えば「地租五厘減」について籠手田は、滋賀県の場合改租後の地方は「雀躍手足ノ舞踏ヲ知ラサルモノアリ」との状況であるが、改租中の地方は「五厘ノ減租モ只其名ノミヲ知リテ其実ヲ知ラス」、したがって「隔靴ノ思ヲナスモノアリ」と述べている(「減租後ノ民情上申書、十年二月十九日付」、前掲『史料県令籠手田安定』Ⅰ、一二〇～一二一頁)。また「代米納許可」について、改租直後の埼玉県では「方今ノ米価管内平均金六円以上ノ高価ニ騰ルヲ以テ、金納ノ農民ニ利アルコト鮮少ナラス」、「其米納ヲナスハ撰米造苞運送等許多ノ労力ヲ費スコトアレハナリ」などと述べて、「未タ壱人ノ米納ヲ出願セシ者アラス」と報告している(明治一一年三月付、「三条実美関係文書」二五―一〈国立国会図書館憲政資料室所蔵〉）。さらにこのような譲歩にもかかわらず、改租中の地方に対する政府による地価基準の一方的決定は、やはり地元農民を次のように失望させている。「此以後ノ矯正ハ大ニ至難タルモノナルベシ、嗚呼、是既ニ天子五厘ノ減租ヲ被仰出、内務省ヨリ米相場五ケ年平均ヲ大ニ低価ニ被達セルノ類、中途ニ滞リテ貫徹セザルヲヤ、実ニ国家ノ一大事、実ニ／〜痛心セザランヤ」（「地租改正日誌――『縉紳録』（抄）」明治一〇年七月二七日付、前掲『真岡市史』四巻、三八九〜三九〇頁）。

(93) 明治一〇年一〇月、まず安場保和愛知県令と籠手田とに命ぜられたという（同前『史料県令籠手田安定』Ⅰ、一五六頁）。

(94) 「維新以降地方実況」明治一〇年一一月二二日付（同前書、Ⅰ、一五六〜一五八頁）。

(95) 「地方実況追加」明治一一年二月一三日付（同前書、Ⅰ、一七〇〜一七四頁）。

(96) 同前。

(97) 亀卦川浩『自治五十年史』（復刻、文生書院、一九七七年）四五〜五一頁。

(98) 原口、前掲『日本近代国家の形成』二三二〜二三四頁、大島、前掲「地方政治」一六九〜一七八頁。

(99) 亀卦川、前掲『自治五十年史』五二〜五三頁。

(100) 同前書、五三〜五八頁。

(101) 同前書、五八〜六〇頁。

(102) 同前書、六〇〜六二頁、大島、前掲「地方政治」一七九〜一八〇頁。

(103) 升味、前掲『日本政党史論』一巻、二三一頁、色川、前掲『自由民権』一四頁。

(104) 升味、前掲『日本政党史論』一巻、二九〇〜二九一頁、原口、前掲『日本近代国家の形成』二四八〜二四九頁。

(105) 升味、前掲『日本政党史論』一巻、二九〇〜二九一頁、色川、前掲『自由民権』一四頁。

(106) 升味、前掲『日本政党史論』一巻、二九一〜二九三頁、原口、前掲『日本近代国家の形成』二五五頁。

(107) 色川、前掲『自由民権』一六〜二八頁、江村、前掲『自由民権革命の研究』六一〜六四頁。

(108) 升味、前掲『日本政党史論』一巻、二五三〜二六七頁、二八五〜二八七頁、二七九〜二八二頁。

(109) 同前書、一巻、二六八〜二七〇頁、色川、前掲『自由民権』二八〜五一頁。

(110) 升味、前掲『日本政党史論』一巻、二九三〜二九四頁、原口、前掲『日本近代国家の形成』二五五〜二五六頁。

(111) 升味、前掲『日本政党史論』一巻、二三六〜二三八頁。

(112) 升味、前掲『日本政党史論』二巻（一九六六）六三～六六頁、原口、前掲『日本近代国家の形成』二五九頁。
(113) 江村、前掲『自由民権革命の研究』七二～七三頁。
(114) 升味、前掲『日本政党史論』一巻、二九四～二九七頁、原口、前掲『日本近代国家の形成』二五六～二五八頁、色川、前掲『自由民権』五九～六〇頁。
(115) 江村、前掲『自由民権革命の研究』九二頁。
(116) 同前書、七四～八九頁、九三～九六頁、前掲『明治十三年全国国会開設元老院建白書集成』参照。
(117) 明治一三年三月二七日付（前掲『明治十三年全国国会開設元老院建白書集成』二八～二九頁）。
(118) 明治一三年三月付（同前書、二四頁）。
(119) 明治一三年二月一二日付（同前書、四二頁）。
(120) 山室信一『法制官僚の時代』（木鐸社、一九八四年）一四九～一四九頁。
(121) 明治一三年一月付、中村弘毅意見書（「三条実美関係文書」四二―四〈国立国会図書館憲政資料室所蔵〉）。
(122) 前掲『岩倉具視関係文書』一巻（一九六七年）九四頁。
(123) 明治一三年二月一五日付（前掲『明治十三年全国国会開設元老院建白書集成』六～七頁）。
(124) 前註(121)に同じ。
(125) 明治一三年三月二日付（前掲『明治十三年全国国会開設元老院建白書集成』九頁）。
(126) 江村、前掲『自由民権革命の研究』九五頁。
(127) 山室、前掲『法制官僚の時代』一七八～二四九頁。
(128) 升味、前掲『日本政党史論』一巻、二九七～三〇〇頁、原口、前掲『日本近代国家の形成』二五四頁、二五八～二五九頁、色川、前掲『自由民権』六〇頁。
(129) 山室、前掲『法制官僚の時代』二五〇～二六〇頁。
(130) 永井秀夫「明治十四年の政変」（堀江英一・遠山茂樹編『自由民権期の研究』一巻、有斐閣、一九五九年）一七三～一七四頁、色川、前掲『自由民権』六三～六四頁。
(131) 升味、前掲『日本政党史論』一巻、三〇一～三〇四頁、色川、前掲『自由民権』六五～六六頁。
(132) 伊藤隆「明治十年代前半に於ける府県会と立憲改進党」（坂根義久編『論集日本歴史10　自由民権』有精堂、一九七三年）

一四〇～一四二頁、色川、前掲『自由民権』六八頁。
(133)　明治一一年六月一七日付尾崎三良宛井上毅書翰（前掲『伊藤博文関係文書』一巻、三一〇頁）。
(134)　同前。
(135)　原口、前掲『日本近代国家の形成』二五九頁、有泉貞夫『明治政治史の基礎過程』（吉川弘文館、一九八〇年）二七～二三三頁。
(136)　明治一三年四月三〇日付三条・松方宛「歩通リ米納ノ法ヲ設ケ常平法ヲ改ムルノ議」（前掲『史料県令籠手田安定』Ⅰ、二六四頁）。
(137)　明治一三年五月付三条・松方宛「紙幣ノ下落ヲ収復スルノ議」（同前書、Ⅰ、二六九～二七〇頁）。
(138)　明治一三年一一月一九日付松方宛内海書翰（前掲『伊藤博文関係文書』三巻〈一九七五年〉一六二頁）。
(139)　同前。
(140)　有泉、前掲『明治政治史の基礎過程』八～一一頁。
(141)　三島通庸の独特の「牧民官」意識については、次の三つの文献を参考にされたい。丸山光太郎『土木県令三島通庸』（栃木県出版文化協会、一九七九年）、井上章一「三島通庸と国家の造形」（飛鳥井雅道編『国民文化の形成』筑摩書房、一九八四年）、芳賀徹「画家と土木県令」（同『絵画の領分』朝日新聞社、一九八四年）。
(142)　丸山、前掲『土木県令三島通庸』六三頁所引。
(143)　同前。
(144)　同前。
(145)　明治一一年五月四日付三条・大久保宛「府県官職制鄙見上申書」（前掲『史料県令籠手田安定』Ⅰ、一七九～一八一頁）。
(146)　井上、前掲「三島通庸と国家の造形」三三一～三三三頁。
(147)　升味、前掲『日本政党史論』二巻、六四～六八頁、有泉、前掲『明治政治史の基礎過程』三五～三六頁。
(148)　亀卦川、前掲『自治五十年史』五五～五七頁、原口、前掲『日本近代国家の形成』二六〇～二六一頁。
(149)　原口、前掲『日本近代国家の形成』二六一頁、有泉、前掲『明治政治史の基礎過程』三六～三七頁。
(150)　明治一三年七月一六日付三条宛千坂高雅建白書（「三条実美関係文書」四五―一七〈国立国会図書館憲政資料室所蔵〉）。
(151)　明治一四年九月二一日付三条宛野村靖建白書（「三条実美関係文書」四三―一六）。

(152) 同前。
(153) 明治一四年付「上三条公書ノ草稿」（「野村靖関係文書」一三―四〈国立国会図書館憲政資料室所蔵〉）。
(154) 同前。
(155) 同前。
(156) 同前。
(157) 前註(151)に同じ。
(158) 大島、前掲「地方政治」一七四〜一七五頁。
(159) 同前。
(160) 原口、前掲『日本近代国家の形成』二六〇〜二六一頁、有泉、前掲『明治政治史の基礎過程』三五〜四四頁。
(161) 明治一四年三条宛野村靖建白書草稿（「野村靖関係文書」一三―二）。
(162) 明治一五年六月九日付伊藤宛井上毅書翰（前掲『伊藤博文関係文書』一巻、三三二頁）。このおり改進党による府県会戦略を察知した井上毅が、防衛上府県会に対する種々の統制強化（「会期を厳にし伸長を許さず」、「建議の制限を明示し大政に及ふ事を許さず」、「各府県相互に通議する事を許さず」など）を考慮しているにもかかわらず、改正案のまず最初に「事業を議する之権を与ふ」ことをあげている点に、この面での府県会規則の構造的欠陥が、いかに強く認識されていたかをうかがうことができる。
(163) 明治一五年「府県会地方税改正意見案」（井上毅伝編纂委員会編『井上毅伝　史料篇』一巻〈国学院大学図書館、一九六六年〉三二三〜三二五頁）。
(164) 明治一一年六月一二日付伊藤宛井上書翰（前掲『伊藤博文関係文書』一巻、三〇八〜三〇九頁）。
(165) 前掲、明治一四年付「上三条公書ノ草稿」。
(166) 原口、前掲『日本近代国家の形成』二六一〜二六三頁、有泉、前掲『明治政治史の基礎過程』四〇〜四一頁。
(167) 有泉、前掲『明治政治史の基礎過程』三五〜四四頁。
(168) 同前書、三八〜三九頁。
(169) 明治一三年十二月八日付伊藤宛内海書翰（前掲『伊藤博文関係文書』三巻、一六三頁）。
(170) 明治一一年「管内実況」（前掲『史料県令籠手田安定』Ⅰ、一九四頁）。

(171) 明治一二年四月二七日付、籠手田「県会開場ノ祝文」（同前書、Ⅰ、一二二九〜一二三〇頁）。
(172) 「宮島誠一郎日記」明治一一年五月二九日条（善隣書院所蔵）。
(173) 明治一三年七月一六日付三条宛千坂高雅建白書（「三条実美関係文書」四五—一七）。
(174) 明治一三年四月集会条例制定、一三年一〇月新聞紙条例改正、一三年一二月集会条例改正などが実現。
(175) 前註(173)に同じ。
(176) 前掲・明治一四年九月二一日付三条宛野村靖建白書。
(177) 前掲・明治一四年付「上三条公書ノ草稿」。
(178) 前註(176)に同じ。
(179) 明治一四年一〇月七日付三条宛北垣国道意見書（「三条実美関係文書」四一—二六）。
(180) 同前。
(181) 同前。
(182) 明治一四年一〇月一二日付三条宛北垣国道書翰（「三条実美関係文書」四一—二八—一）。
(183) 同前。
(184) 同前。
(185) 明治一四年一〇月一二日付三条宛北垣国道「集会条例廃止議」（「三条実美関係文書」四一—二八—二）。

第3章

一四年政変と基本路線の確定

1　天皇親政運動と教育令

大久保没後体制の成立に際して、これに対する介入を試みた元田永孚や佐佐木高行ら侍補・宮中グループ(1)のその後の政治的動向について、ここでは検討を進めたい。すなわち大久保利通の人的遺産たる彼らは、次第に体制内批判派としての地歩を固め、同じく大久保の制度的遺産ともいうべき地方制度をはじめとする国家機構の改革や、政策的遺産と称すべき積極財政を前提とする殖産興業政策に対して、伊藤博文ら大久保没後体制の主流派が無視しえない批判的見解を対置してゆくことになる。まず佐佐木らは、明治一一（一八七八）年秋、天皇の北陸・東海地方巡幸に随行したのち、前述した参謀本部創設を焦点とする大久保没後体制内の人事異動をめぐる動きと軌(2)を一にして、侍補職制改正による侍補職の昇格を執拗に迫り、これに成功する。その結果、侍補を勅任官とし侍講の上位に置く制度改正と、徳大寺実則宮内卿および杉孫七郎宮内大輔を侍補兼任とする人事異動が一二月二四日に決定された(3)。

これに力をえた佐佐木・元田らは、次いで地方人民の窮状に接した天皇の「爾後一層勤倹ノ旨ヲ専務トシ我邦ノ徳義ヲ教育ニ施サンコト(4)」を望んだ内諭を奇貨として、「節倹愛民の聖旨」およびそれに立脚する政治改革の建議書を政府に対して提示し、いわゆる天皇親政運動を進めてゆく(5)。

この具体的内容(6)は、第一に「勤倹之聖旨ヲ奉体スル事」であり、特に「貸金ヲ止メ専ラ地方官ニ委シテ各地ノ物産ヲ興シ需用運輸ノ使ヲ開ク」との言が注目に値する。なぜなら、これは明らかに大隈

—薩派ラインによる各府県への資金投与を前提とする現行の勧業政策に対する批判であり、同時に地方官への権限移譲を意味するものだったからである。このような現行体制に対する批判は、つづく第二の「親裁ノ体制ヲ定メラル、事」および「八年四月十四日ノ聖詔ヲ遵奉シ立憲ノ国是ヲ守リ漸次ノ方法ニ従フ事」の中に、より明快に現れる。明治八年の聖詔から導かれる政治的結論は、まず元老院の権限強化、[7]すなわち検視条例の削除と法律・徴税に関する議決権の付与であり、次いで太政官直轄部局—大臣参議の下部部局の権限強化、すなわち法制局・調査局・内閣書記官の設置であった。政府への批判派の多い元老院がすでに前年七月の国憲第二次草案において、上院たる元老院とともに下院としての民撰議院の設置を明記していることを考えあわせるならば、[8]これはいうまでもなく立法権の強化と行政権の分権化を狙いとしていた。

しかも元田は明治一二年一月、この建議書と踵を接する形で侍補職制に関する「私案」[9]を書きあげ、その中で天皇の前における大臣参議と侍補の対等を保障し、侍補を本官として宮内卿の上位に置くことを主張している。ここに彼らの考える天皇親政の実態が明示されているといってよい。このように、一二年初頭の時点で侍補・宮中グループは、たんなる批判のための批判ではなく、大久保没後体制およびその諸政策に対して、きわめて具体的な修正要求を提示したのである。もっとも戦術上の配慮から、侍補の権限拡大と地位向上とを目指す前述の「私案」については、第二段階での提案とするため、当面は彼らの中だけでの秘密とされた。[10]

そして以上に述べた修正要求と相まって、侍補・宮中グループは人的には大久保没後薩派の精神的支柱と目されていた伊地知正治や、やはり主流派と一線を画し、明治六年の政変以来浪人中の肥前の副島種臣への接近を試み、一二年四月には宮内省御用掛への起用を決定している。[11] さらに海軍卿川村純義の求めに応じて、佐佐木が一一年末に海軍省御用掛に就任するなど、[12] 総じて薩派との関係を強化した。しかし、本来積極財政批判の立場からいえば大隈―薩派ラインにこそ反対すべきであったし、分権化推進の立場からいえば伊藤―井上（馨）の長派ラインを支持すべきであった。[13] つまり政策的対立に着目するならば、積極・消極の両面から長派ラインに接近して当然だったのである。しかるに彼らが現実には薩派に接近したのは、彼らに従来から存在する開化に対する急進―漸進という価値判断によってみた場合、精神論的色彩を色濃く残す薩派が好ましく、伊藤―井上―大隈ら大久保没後体制の主流はすべて嫌悪の対象だったからにほかならない。[14]

侍補・宮中グループにおけるこうした政策と価値判断の交錯した考え方に対して、伊藤は彼らの代弁者的役割をあわせもつ右大臣の岩倉具視[15]と連携しながら、政治的に有効な妥協を試みてゆく。つまり伊藤は、ときに換骨奪胎を講じながら基本的に彼らの政策的提言を受容するものの、しかし彼らの権力的介入を断固排除する方針をとることになる。そこで前述の「節倹愛民の聖旨」と建議書に関しては、次のような措置がとられた。すなわち井上や大隈の協力の下に伊藤は明治一二年三月一〇日に、抽象的な勤倹の聖旨を「御沙汰書」の形で公布し、建議の中では内閣書記官の設置のみを決定した。[16] 無論これに対する侍補・宮中グループの不満と失望は大きく、佐佐木は元田に対して「勤倹の御沙汰書も、何分不十分の様に被存候（中略）兎角内閣諸大臣の精神薄き様に存候、遺憾万々に有之候」と嘆じている。[17]

それゆえ、彼らは直ちに第二段階として用意していた、前述の侍補の権限拡大と地位向上を旨とする元田の「私案」を、三条・岩倉両大臣に限って閲覧に供し巻返しに転じている。[18]同時に元田は佐佐木に対して「今般勤倹被仰出候旨一統へ貫徹仕候に付ては、続て今一つ被仰出有之度義は教学の御趣旨にて、（中略）何卒一統へ被仰出有御座度奉存候」[19]と述べ、のちの「教学大旨」「小学条目二件」に結実する教育に関する具体的提案を準備中たることを明らかにした。[20]かくて彼らは、再度結束を強化しあらたな政治的展望を切り開いてゆくことになる。

その第一段は、元田による明治一二年六月の「政務親裁」についての上奏[21]であった。ここでも戦略的配慮から、侍補の権限強化や地位向上を直接には要求していない。むしろ、前述した各地民権派結社による国会開設運動[22]に対する政府側の適切な対処いかんという彼らの問題意識を反映して、「国会開設」と「憲法制定」という政策的課題の早期実現を要請したのである。無論そこでは、「西洋家流」の憲法論や国会論は排撃され、日本固有の「君主親裁立憲政体」を前提とした上で、いわゆる士族反乱も「国会民権論」も「皆是内閣ノ専制ヲ疑フニ由テ」生じたわけだから、「親裁ノ実ヲ明示スルハ国憲ノ立之ヲ親裁ニ決シ、国会ノ開ク之ヲ宸断ニ発スルニ若クハナシ」と述べて天皇親裁にもとづく分権化を示唆し、次のように今後の見通しを論じている。

「今国会ノ議輿論下ニ鬱興シテ廟議之ヲ難スルト雖トモ、人心ノ赴ク処其勢終ニ開カサルヲ得サルナリ、其迫ラレテ之ヲ開クニ之ニ先キンスルニ若クハナシ（中略）先後ノ機間ニ髪ヲ容レス、唯陛下洞ラカニ察シテ明断スルニ存ルノミ。」

かくて、在野民権派の先手を打って国会を開くという議論が、はじめて天皇に上奏されたのである。しかも実は「国会論」は、伊藤ら政府の主流派内部でいまだ合意の形成はおろか本格的な着手されされていない難問であった。そこで、侍補・宮中グループのこのような挑発的な問題提起に対して、伊藤ら主流派は三条実美・岩倉具視両大臣との緊密な連携の下に、あらためて各省卿以外、すなわち侍補の政策決定への介在の否定と、「国会論」を含めたあらゆる改革方針に関する天皇と大臣参議による決定の正統性の確認を意味する両大臣名による秘密上奏を行ったのである。[23]ここにまたも、侍補による権力的介入の意図は阻止された。

つづく第二段は、七月末から八月にかけての元田による「聖旨」(「教学大旨」と「小学条目二件」[24])の提示である。これは実は、伊藤による「教育令」提示およびその元老院における修正の動きと[25]に、密接不可分の関係を有する。そもそも明治一一年五月文部大輔田中不二麿起草による「日本教育令案」が、専任文部卿の欠如や三新法体制への適合のために、内務卿伊藤の下で大幅に修正されて一二年二月に「教育令」として閣議に提出された。この「教育令」はその後元老院による若干の修正を受け、七月には裁可を待つばかりとなっていたのである。その内容は次のように要約できるだろう。まず第一に「学制」にみられる画一主義・就学強制主義を改め、三新法を前提とする地方行財政システムに適合的な制度を構想した。具体的には、府県会・町村会による教育費の支弁、町村人民の選挙による学務委員の設置、町村あるいは数町村連合による小学校の設置などである。また教育内容・人事などは地方の自由にゆだね、全体として教育の分権化を推進する制度だったといえる。

この「教育令」に対して真正面から異議を唱えたのが、ほかならぬ元田の「聖旨」(「教学大旨」「小学条目二件」)であった。この中で元田は、急進的開化批判の価値判断に立って、維新以来の啓蒙開化的教育を否定し、今後は日本古来の仁義・忠孝の道徳を前提とした上で各種の実用的教育を施すべきことを強調している。これに対して伊藤は九月早々、井上毅の手になる「教育議」[26]を提出し、その中で第一に多少の行過ぎは是正すべきであるが、おおむね維新以来の啓蒙開化的教育は成功であったと評価し、第二に儒教道徳にもとづく教育内容の画一化に反対の姿勢を示したのである。ここに元田ら侍補・宮中グループと伊藤ら主流派との「教育令」をめぐる争点は明らかであった[27]。すなわち後者は、国による規制を制度面（ハードの部分）に限定し内容面（ソフトの部分）の自由を保障すべきことを主張するのに対し、前者は両面、とりわけ内容面の規制を重視すべきことを強調する。しかし内容的にみて、両者の対立は妥協を許さぬものではない。なぜなら「教育議」において伊藤らも、倫理教育の必要性や日本の歴史・文学・慣習の重要性を十分に認め、その意味での合意形成の余地は残してあったからである。

おりから、前述したごとく明治一二年七月には、条約改正の失敗によって寺島宗則外務卿の更迭が焦眉の急の課題となっていた[28]。そこで侍補・宮中グループは、これを権力的介入への好機到来と考え、「聖旨」の実現のために佐佐木を空席の文部卿に推す[29]一方、懸案の侍補の権限拡大と地位向上についても、「近日両大臣へ出会の上、篤と後来の方向を決し（中略）、侍補を廃する歟、置く事にすれば精神の活発なる様仕組を立る歟の、一刀両断法」を求めるべく評議一決したのである[30]。これに対してやはり伊藤は岩倉との連携の下に、事態の打開を図った。すなわち、彼らの推す佐佐木文部卿の出現はあくまで阻止したものの、同じく彼らの政策的提言たる元田の「聖旨」は全面否定することなく、伊藤自身の「教育令」や「教育議」とあわせて、寺島新文部卿のリーダーシップにゆだねる柔軟な姿勢を示している[31]。もっとも九月一〇日文部卿に転じた寺島は、二九日にはなんらの修正を加えることなく「教育令」をそのまま公布するにいたった。[32] それゆえなおも侍補・宮中グループ側は、元田が「教育議付議」[33]において伊藤の「教育議」に対する反対論を展開しているが、大勢はすでに決したといえよう。

かくて伊藤ら主流派には、全か無かの選択をゆだねられた侍補問題に最終的決着をつけることだけが残された。九月二一日伊藤に対して岩倉は、「内閣自今密着御補道之事」および「侍補申立に対し返答之事」について、熟議の上決定したいと伝えた。[34] その結果、侍補・宮中グループの政策的提言たる「内閣密着奉仕」[35]を引換え条件に、一〇月一三日岩倉・伊藤らは、「一刀両断」の措置をもって侍補を廃止してしまった。

以上の経緯によって、大久保の人的遺産たる侍補・宮中グループは侍補制度にもとづく宮中における権力の座を喪失し、以後は元老院をはじめとする政府諸機構内に散在することとなった。しかし、だからといって彼らの影響力は皆無になったわけではない。むしろ政府の基本路線の確定に与えたイデオロギー的な影響力は、決定的ともいうべく意外にも大きかったといわざるをえない。それは一つには、事実としてこれ以後も執拗に彼ら自身の抵抗が繰り返されたことによるであろう。しかしたんにそれに止まらず、彼らがこれまで主張してきたさまざまの政策的提言が、伊藤ら主流派に究極的には受容されていったことによるのである。すなわち、「勤倹論」「国会論」「天皇親裁論」「教育令反対論」は、いずれも伊藤ら主流派に対する批判にほかならなかったが、侍補自身の権力的介入さえ排除すれば、伊藤は常にそれらとの妥協の余地を残していた。無論それは、岩倉・三条との連携を含め、微妙なバランスの上に成立している大久保没後体制の安定に鑑みてのことである。しかるがゆえに、全体の調整を心掛ける伊藤のこうした姿勢が、体制全体に対して侍補・宮中グループの提言にもとづくイデオロギー的な規制をもたらす効果を生むにいたったといえよう。この点は、節を改めて検討することとしたい。

2　参議省卿分離の政治的意味

大久保没後体制の主流派は、旧侍補・宮中グループによる「勤倹論」「国会論」などの問題提起を無視しえなかった。まず「勤倹論」[36]については、おりからのインフレーションの進行を背景に、明治一二（一八七九）年六月、大蔵卿大隈重信でさえ政府宛の意見書[37]の中で、外国人傭・外国品使用・外国派遣の三点における「外国関係ノ用度ヲ節減スル事」を提案せざるをえないような微妙な雰囲気を醸成している。しかも前述のごとく[38]、一二年初頭には、五代友厚が期待し河瀬秀治が推進していた大蔵省商務局の章程改正による勧業政策のいっそうの進展は、結局実現できずじまいであった。このように商務局の局務拡大に失敗した河瀬は、あらためて一二年七月の大隈宛意見書[39]の中で、「政府ハ当サニ民業ヲ保護ス可シ。已ニ之ヲ保護スルヤ則之ヲ勧奨補導シ以テ其隆盛ヲ希図セサル可カラス」と、積極財政にもとづく勧業政策の推進を確認している。しかしその河瀬にしても、「正権二道」に大別した具体的政策の中で、資金投与などの積極政策を「権策」とし、「政府ノ費用ヲ節ス」という冗費削減や、「民産保護ノ法ヲ補足ス」という法的規制を、「正道」として認めざるをえなかった点に、「勤倹論」の効果は明白であったといってよい。そして以上のような漠然たる規制力を発揮しつつあった「勤倹論」に対して、より敏感に反応したのが内務省勧農局長松方正義であった。松方は「勧農要旨[40]」なる独自の意見書の中で、「資金ヲ人民ニ貸与シテ其産業ヲ保護スルノ得失ヲ論ス」との一項をわざわざ設け、「政府其独立ノ方向ヲ示サスシテ反テ之（人民）ニ資金ヲ貸与セハ、人民ハ益政府ノ力ニ倚頼センコトヲ希望スルハ自然ノ勢ナリ」、「政府カ資金ヲ以テ妄リニ少数ノ人民ニ貸与スルノ益ハ此ヨリ生スル所ノ弊害ヲ償フコト能ハサルナリ」と断言して、資金貸与を旨とする従来の勧業政策を明確に否定したのである[41]。

以上に述べた明治一二年を通じての「勤倹論」の政府内への規制力の増大[42]は、「国会論」を唱える民権運動の隆盛と裏腹の関係にあった。すなわち前述のごとく[43]、一二年から翌年にかけて発展する各地の民権運動は、こうした政府の勧業政策に対する批判や財政危機の克服を、国会開設の有力な具体的根拠として掲げていたからである。そしてまさに大久保没後体制は、侍補・宮中グループがかつて指摘した通り、拡大しつつある民権運動の「国会論」自体への積極的対応を喫緊の課題とせねばならなかった。そこで政府は、一二年一二月、おりから山県有朋の意見書提出[44]を契機に、各参議に立憲政体に関する意見書の提出を命じるにいたった[45]。ここに伊藤博文ら主流派は、元来国会開設までを視野に収めていた大久保利通の制度的遺産というべきものを、この時点ではっきりと発展的に継承する決意を固めたのである。

それゆえ、明治国家の将来を左右する基本路線の選択にかかわる重要な争点たる「国会論」の決定にあたり、大久保没後体制を構成する全参議に対して議論への参加が開放されたことの政治的意味は画期的といってよい。「国会論」については、前述のごとく政府内にも賛成者が多いにもかかわらず[46]、明らかに政府の側に立遅れの認識があった。なぜなら、そもそも「国会論」は慶応四年の「五箇条の誓文」で約束され、次いで明治八年の「立憲政体の詔勅」で確認された体制の正統性を構築する論理でありながら、大久保没後、伊藤の消極的態度もあっていまや民権運動の正統性を保障する論理に転じてしまっていたからである。したがって、いま一度政府側にその主導権を奪還するためには、政府内の人的・政策的対立のさらなる拡大の危険性があるにもかかわらず、とりあえずは政府内の全参議に議論への平等参加を呼びかける必要があった。つまり、微妙なバランスの上に成り立っている現在の大久保没後体制の維持よりも、基本路線たる「国会論」の最終的決着を優先させることが当面の課題とされたのである。

かくて「国会論」への対応が、政府当局者にとって焦眉の急たる課題と意識されたからこそ、各参議からの意見書の提出を待つという消極的態度に終始せず、「国会論」を前提とした統治機構の改革、いいかえれば大久保没後体制の改変という積極的態度が示されることになる。明治一二年一二月二八日、伊藤は黒田清隆に対して、「政体制度上の儀に付、前途廟議一定、其方嚮に基き施設の順序等見込可相定事[47]」と書き送り、そのことを示唆した。

現実に伊藤が考えた統治機構改革は、参議省卿分離[48]である。この改革の政治的意味は、第一に「国会論」の正統性の根拠たる明治八年の「詔勅」の書かれざる部分として周知の事実であり、大阪会議では合意に達していた[49]参議省卿分離を現時点で断行することによって、国会開設への政府の確固たる意思を明確にすることにあった。否、国会の具体的内容には踏み込まずに、ともかく国会開設へさらに一歩歩み寄る印象を内外に与えることにあったといってよい。なぜなら、これによって国会開設の大前提として権力の分立、とりわけ行政権の分権化が、制度的に保障されるからである。このことは、旧侍補・宮中グループの佐佐木高行でさえ、「抑モ分離論ハ既ニ論題タル久シ」[50]と述べて認めざるをえなかった。

参議省卿分離の政治的意味の第二は、「国会論」の具体的根拠ともなっている「財政論」を、これまでの大隈—薩派による専管から解放し、「国会論」と同じく大久保没後体制内で自由に各参議が議論を交しうる状態にすることにあった。すなわち、すでにインフレーションの進行による財政の悪化[51]を背景に、一方で、旧侍補・宮中グループの「勤倹論」が政府内に規制力をもち始め、他方で財政批判が民権運動の「国会論」の有力な根拠となっている以上、いくら大久保の政策的遺産とはいえ、もはや財政危機を手をこまねいてみている場合ではなかった。いわば「国会論」とともに「財政論」は、政府全体で議論し取り組むべき課題となりつつあったのである。「小生内務の重任に当り候事政府の得策に非る事」[52]と述べて内務卿辞任の意向を明らかにしていた伊藤は、おそらく大隈にも大蔵卿を辞任させ、ともに専任参議として難題の解決にあたることを考慮したに相違ない。

こうした政治的思惑を秘めた参議省卿分離は、しかし現実にはなかなか困難をきわめた。明治一三年一月一九日、井上馨は伊藤に対して次のように情勢を知らせ、「分離も六つケ敷」と述べている。[53]

「又福岡県、備前、土佐其他中国、九州方々より国会建議持出し中には激なる論も有之由、内閣も迚も此儘に而維持は無覚束、過日岩公と一夜相談し候処分離論も寺島（宗則）、大木（喬任）、山田（顕義）等不同意多く、黒田（清隆）は寺島と相談し候処、従来参議と各省長官と之間に不和を起し候実際も有之事故不面白と之説に服し云々。」

黒田をはじめ各参議は、伊藤・井上による参議省卿分離の真意を計りかねて一様に消極的であった(54)。しかも政府内で事態が膠着している間に、この改革論はいち早く外部に漏れ、薩派の政商五代友厚には「井上大蔵卿」との噂が伝わっている(55)。大隈―薩派ラインによって、あくまで大久保の政策的遺産たる積極財政の堅持を目論む薩派にとって、緊縮財政論者たる井上馨大蔵卿の出現はもっとも望ましからざる事態であった。そこで分離改革を大隈―薩派ラインへの長派の介入という権力的視点から捉えた五代は、一月二七日大隈に対して、「東京は、政躰上の御変革有之との説粉〔紛〕々にて、其内には、注意可致策略も有之候やと被存候間、随分、御注意奉仰候」と注意を促している(56)。そのためもあろうか。大隈は二月一〇日、岩倉に対していちおう分離不可の意を表明したのである(57)。さらに薩派の黒田は、「国会論」における参議の意見表明をまさにこの時期に重ねて行うことにより、長派に対する政治的に有効な反撃を開始した。すなわち黒田は、二月一二日山県有朋に続き、立憲政体に関する意見書を(58)「国会開設ヲ尚早トスル意見案」と明記して提出し、その中で「国会論」よりも「財政論」を優先させるべきことを説いたのである。それによれば、黒田は「夫レ国益ヲ図ルハ物産ヲ起スニ在リ、物産ヲ起スハ農工商売ノ業ヲ勧誘スルニ在リ」と述べて、専任の省の独立という機構改革により殖産興業政策を充実させ、同時に紙幣増発・公債発行による積極財政の堅持を訴えている。そしてこの「積極財政論」を前提にするからこそ、「全国ノ人民鼓舞抃躍《こぶべんやく》競テ産業ニ就クトキハ、無頼不平ノ徒無用ノ弁ヲ費シテ不急ノ務ニ従フ者漸ク其勢力ヲ減殺シ実用ノ人材始テ世ニ出ツルニ至ラン」との見通し、すなわち、民権派の「国会論」の根拠たる財政批判の基盤そのものの喪失による「国会尚早論」の結論が導かれることになる(59)。かくて黒田は巧妙にも、「国会論」における各参議の意見表明の自由

を利用して、従来からの「積極財政論」のより精緻な展開によって「国会論」そのものを封じ込める挙に出たのであった。(60)

このように「国会論」と「財政論」との内在的意味連関をみごとに示した黒田の意見に対して、「財政論」において同一見解を有する大隈重信は、当時「国会論」についてはなんらの構想も展望ももちあわせていなかった。しかるがゆえに薩長対立の狭間にあって、大隈は最終的な態度を決しかねていた。(61) 大隈の優柔不断の様子は、次の二月一六日付岩倉宛伊藤書翰に如実に浮彫りにされている。(62)

「今朝大隈来訪、反覆談話を遂申候末明後日まで尚可致熟考との事に御座候。矢張以前之話と同様にて此儘にても充分の目的有之と申意にも無之、夫ならばと申て改革論にも屹度踏込みも無之候。」

しかし、結局岩倉具視や伊藤の説得が実り、一六日に大隈は、大蔵卿に緊縮論の井上馨ではなく大隈自身の推挙による佐野常民を据えることで分離改革に同意した。(63) その結果薩派もまた、開拓長官を参議の黒田兼任として分離の例外とすることによって、積極財政継続の形式的保障を取りつけた上で、参議省卿分離に同意したのであった。(64) もっとも二月二八日に断行された参議省卿分離においては、会計部分掌参議に大隈とともに伊藤が任ぜられ、また内務部分掌参議に黒田・西郷従道とともに、これまた伊藤が任ぜられたことによって、薩派―大隈による財政専管もまた打破されたのであった。さらに三人の省卿兼任参議の例外を許したことを含めて、分離改革の現実は妥協の産物といえる。(65)

そのことを鋭く看破したのは、旧侍補・宮中グループであった。例えば、あらたに元老院副議長に任ぜられた佐佐木高行は、「内閣ノ集権ヲ分離スルノ精神ニ起ツテ一層集権ニ帰セリ」と述べ、「参議十人ニシテ三名ハ諸卿長官ヲ兼務シ、又、参議ハ諸省ノ事務ヲ分課シテ総裁ス、今日ノ諸省卿ハ前日ノ大輔ト同ジ」と、分離の現実の形態を批判している[66]。しかし松方正義の内務卿への昇格[67]を含め、だからこそ「国会論」に続いて「財政論」についても、政府内での議論の自由への道が開かれたといえよう。

もっとも佐佐木の批判はこの点に止まらず、彼らが懸案としていた元老院改革が当面阻止されたことへも向けられている[68]。

「今般元老院ノ改革ハ、自然内閣ノ改革ヨリ及ブ所ナレ共、河野（敏鎌）文部卿ニ、柳原（前光）全権公使ニ被任タル、畢竟元老院ニテ、民権論ノ起ランヲ予防ノ政略ニ出デタルベシ、併シ乍ラ、一二人転任スルモ、今日ノ如キ内閣集権ニテハ、同院モ必ズ抵抗力ヲ起スベシ[69]。」

実はこの分離改革に伴う元老院副議長河野敏鎌の文部卿転任は、たんに元老院改革の問題のみならず、教育令改正の問題と密接不可分の関係にあった。そもそも明治一二年九月実施の教育令は、就学率の低下や公立学校設置の中止、教則不備の私立学校の増加をもたらし、各地地方官の憂慮の種となっていた。そのため一三年二月五日から開かれた地方官会議においては、教育令改正の要求が全国の地方官から噴出したのである[70]。例えば滋賀県令籠手田安定は、三月三日、あらためて次のような意見書[71]を提出している。

「昨十二年教育令ヲ頒布セラレ爾来熟々此ノ令ヲ按スルニ暗ニ自由教育ノ主義ニ出ツルモノノ如シ、如何トナレハ教則ハ人民ノ望ム所ニ任セ官ニ於テハ之ニ干渉ス可ラサルモノアルニ似タリ、若シ果シテ人民ノ望ム所ニ任ストキハ其教則区々ニシテ或ハ高尚ニ渉リ迂遠ニ馳スルモノアリ、或ハ宗教ニ混同スルモノアリ、其結果如何ソヤ。」

漸進主義を旨とする籠手田には、教育令は英米など文明の先進国にみあう急進的な政策との判断があった。それゆえに、次のように民情にかなう教育令改正を願うのである(72)。

「伏シテ願クハ我政府保護教育ヲ主義トシ、現今人智ノ進度ヲ量リ旧学制ト教育令トヲ参酌シ適当ノ模範教則ヲ布キ、該教則中ニ於テ風土人情ニ依リ其規則ヲ酌量編制スルコトヲ許シ、修身学ハ専ラ孝悌忠信ノ教ヲ主トシ全国ニ浹洽《しょうこう》スル様施設アラン事ヲ。」

地方官による地方行政の現場からの教育令改正要求は、前年侍補・宮中グループの反対を押し切って教育令を制定した伊藤ら政府主流派に対しても、無視しえぬ重みをもった。しかも地方官の改正要求を奇貨として、おりからの分離改革と関連させて、旧侍補・宮中グループは前年と同様またも佐佐木文部卿の実現に動いたのである(73)。そこで伊藤は、地方官および旧侍補・宮中グループの教育令改正要求を受容してこの問題の争点化を防ぐ一方、佐佐木文部卿の就任など彼らの権力的介入は徹底的に排除するという、前年来の方針を踏襲することで、事態の乗切りに成功する。すなわち、河野元老院副議長の文部卿への起用および佐佐木の元老院副議長への起用によって、元老院改革および教育令改正の双方における旧侍補・宮中グループの主導権掌握を断ったのである。

しかし同時に、河野の文部卿就任の翌三月八日、文部省は各府県に教育の実態調査を命じ、いち早く教育令改正への準備に着手した。そして六月から七月にかけての河野自身の地方教育事情の視察を経て、八月から教育令改正の作業が始まり、一二月二八日「改正教育令」が公布されるにいたる(74)。この「改正教育令」の特色は、一言にしていえば地方官の要求を反映して彼ら自身の統制を強化した点にある。具体的には、教則編成権の文部卿—地方官による掌握、就学義務の強化、学校設置・教員人事における地方官の指示・任免権の確定などであった[75]。

かくて参議省卿分離は、明治一三年前半の政治状況を次のように決定づけたといってよい。まず大久保の人的遺産たる旧侍補・宮中グループは、相変らず人事面では徹頭徹尾排除されつつも、「勤倹論」「国会論」に加えて今度は「教育令反対論」においても、初志を貫徹する形となった。つまり彼らのイデオロギー的規制力は、着実に一定の政治的効果をもたらしたのである。次いで大久保の制度的遺産の系譜を引く「国会論」、さらに大久保の政策的遺産そのものといってよい「財政論」、この双方ともに民権運動への対抗上、大久保没後体制において早急に確定すべき基本課題として認知された。そしてまさにそれらの難題の解決のために、一方で「国会論」においては、各参議への意見書の提出命令、地方で「財政論」においては、複数参議による財政関連事項の共同管理、という手段が大久保没後体制の内部で採用されたといえよう。

3　外債論と米納論

明治一三（一八八〇）年五月、会計部分掌参議大隈重信は財政に関する二つの意見書を提出する。第一の「経済政策ノ変更ニ就テ」と題する意見書[76]において、大隈は皇室財産設定、一部官営事業の払下げ、文部省による諸学校の統轄と小学校への補助金の打切り、内務省の組織再編などの具体的論点を通して、行財政整理と勧業抑制の意図を明らかにする。この点に関しては、前述の「勤倹論」的規制力の影響[77]が明白であった。しかし無論大隈は、積極財政と殖産興業政策そのものの転換を図ったわけではない。その証拠に第二の「通貨ノ制度ヲ改メン事ヲ請フノ議[78]」において、大隈は五〇〇〇万円外債募集による不換紙幣の即時全額消却とともに、一挙に正貨流通制度の実現を図り、もって従来からの積極財政にもとづく殖産興業政策を維持・発展させる意図を明確にしたのである。[79]勤倹論への配慮を怠ることなく、しかも外債募集というドラスティックな方法による財政危機の克服を明示した点に、分離改革後もなお財政に関する主導権の維持を試みる大隈の執念をうかがうことができる。

かくて大隈は、「一部官営工場の払下」げ方針にみられるごとく、「勧農要旨」以来の松方正義の批判[80]に対する譲歩姿勢を示したにもかかわらず、まさにその松方が「唯々外債之点に至り成程是は疑点有之秘事とは申事なり[81]」と述べて、外債論について一番最初に疑問を表明したのであった。それゆえか、大隈の予想に反して、五月一四日の閣議は外債論をめぐって紛糾し、ついに結論をえるにいたらなかった。[82]伊藤は、その閣議の模様を次のように活写している。[83]

「博文は過日御評議之節如申上候、到底外債には極々之異論に御坐候故、政府を挙ての御決定に有之候共、乍恐服従難仕心事は詳細岩公へ申上置候。乍去黒田西郷河村抔[川]は同論之趣に付、此上異説を主張候ては目下不容易御困難を惹起可申に付黙過之外無之。」

結局まったく異例のことながら、各参議および各省卿に対して、外債論の是非についての意見書の提出が命ぜられるにいたった。[84]すでに基本課題の一つたる「国会論」において、各参議に対して意見書の提出が命ぜられてはいたものの[85]、こうしたやり方は従来の政策決定の際にはほとんどみられなかったものである。すなわち大久保の政策的遺産たる「財政論」に関しては、それを継承するにせよ変更するにせよ、ともかく大久保時代とは異なった新しい手段や方法の採用にあたって、参議・省卿全員の合意を調達する必要があった。いいかえれば新しい「財政論」の正統化のために、参議・省卿全員の支持が不可欠とされた。さらに財政批判を強める民権運動への対抗上も、「財政論」に関する政府の見解は統一されていなければならなかったのである。かくて五月下旬から六月初旬にかけて、各参議・省卿の意見書が提出されていった(86)。そこには、外債論に対する賛否と積極財政に対する賛否とが、微妙な形で交錯することになる(87)。

外債論に賛成したのは、大隈重信参議を含め前述の伊藤書翰にある黒田清隆・西郷従道・川村純義の薩派系三参議、山田顕義参議(88)（長）、榎本武揚海軍卿（旧幕）、大山巌陸軍卿（薩）、田中不二麿司法卿（尾）の八名であった。これに対して外債論に反対したのは、伊藤博文・井上馨・山県有朋の長派系三参議、大木喬任参議（肥）、松方正義内務卿（薩）、佐野常民大蔵卿（肥）、河野敏鎌文部卿（土）、山尾庸三工部卿（長）の八名である。さらに寺島宗則参議（薩）は、「定論未之ナシ」と述べ、いわば白票を投じている(89)。

つまり、閣内はまさに真二つに割れた。意見分布をさらに詳細に検討すると、松方を除く薩派全員が大隈に賛成した点は注目に値する。特に薩派系三参議は、いわゆる勤倹論に明確に反対しており、それゆえに積極財政の維持・発展を保障する外債論に賛成なのであった。いいかえれば、彼らの関心は外債そのものの是非にはなく、前述した明治一三年二月の分離改革の際の薩長の政治的攻防の延長線上における議論としてこの議論を捉え、しかるがゆえに殖産興業政策発展の手段としての見地から外債論を受容したのである(90)。

実は外債論反対派の中でも、積極財政そのものへの反対はきわめて少なかった。ありていにいえば、従来からの緊縮財政論者たる井上と松方を除けば、その他は意識するとしないとにかかわらず多かれ少なかれ積極財政論の範疇に入っている。(91) なかでも大木は、外債に代る積極財政の手段として「一時米納ノ法」を提示し、山県は、外債ではなく経費節減にもとづく産業育成を訴えた。同じく外債論反対派といっても、伊藤や佐野は、民権派が争点化している「国会論」との関連で「外債論」を捉え、その観点から政治的妥協として一〇〇〇万円ないし一五〇〇万円程度の減額外債論を主張している。例えば伊藤は、次のように述べる。

「五千万円ノ巨額ヲ外債スルハ甚危殆ナリトス。方今国会論起ルモ只政府上経済ノ事等ヲ専ラ指シテ云ナリ。此上外債ヲナサハ三千万人ノ人心ヲ統御スル尤苦神ノ至ナリ。諸官省冗費ヲ充分ニ減省シテ可ナラン。」

また佐野も同様に、「国会ノ設立ヲ主張シ嘖《さけぶ》ニ止マサルノ今日ニ在テハ奇貨口実トシテ為メニ非常ノ変動ヲ醸成スルモ測ルヘカラス」と述べている。つまり彼らは外債論についても、国会開設を唱える民権運動の「国会論」への政治的対応という見地から是非を判断し、しかるのち、「不得止場合ナレハ一千万円ハ外債スルモ差支ナカラン、之五分之一ナレハナリ」との伊藤の言にみられるように、五分の一減額外債論を主張したのである。

それでは、このように圧倒的に積極財政肯定のムードが強い中で、緊縮財政派たる井上と松方は、どのように外債反対の論陣を張ったのであろうか。二人とも積極財政の基調に鑑みて、言動はきわめて慎重であった。(92) まず井上は積極的に仕掛ける時機ではないと判断したためか、参議省卿中ただ一人意見書をついに提出することなく、まさに無言のうちに外債論への反対の態度を示した。次いで松方は、やはり薩派でただ一人反対論者だったため、当初は口頭報告ですませ[93]、六月に入ってから文書を提出している[94]。そこで松方は真正面から、「此議断然今日ニ決行ス可カラサルモノナリ」と外債論を否定したものの、積極財政の賛否については結論を曖昧にせざるをえなかった。そのことは、彼が各論として展開した「財政管窺概略[95]」における一八項目に及ぶ具体的提案の中で、「現今ノ紙幣ヲ変シテ正貨兌換ノ紙幣トナスヲ目途トシテ漸次減却シ尽スノ法」を採用すべしと述べて、のちの松方財政の特色となる紙幣整理と積極的殖産興業政策からの転換を軸とする消極的＝縮小均衡型財政論[96]の片鱗をみせながらも、全体としては「農工商ヲ勧奨シテ物産ヲ増殖スル事」という積極論を、「民業ニ関スル事業ハ断然民有ニ帰セシム可キ事」という緊縮論に、あえて対置させたことに明らかである。

かくて外債論における対立をいま一度整理し直せば、次のようになろう。すなわち多数派たる積極財政派の中が、五〇〇〇万円外債派、五分の一減額外債派、外債反対派の三つに分かれ、少数派たる緊縮財政派は、緊縮論を表面化させることなく方法としての外債反対にのみ徹したのである。したがって大隈が、積極財政維持の唯一の手段としての外債募集[97]について、償還方法を含めて反対派の疑問に的確に応答するなど、全力を尽して説得にあたれば、積極財政派はみな外債論支持に回る可能性は十分にあった。事実、三条実美・岩倉具視らは賛否両論の意見書に接したあげく、五月二九日岩倉は伊藤に対して、「財政事件諸省卿御返答昨日に而各相済候」と述べ、その結果を「種々意見候得共、三条には佐野考を可然被申居候」と伝えている[98]。つまり大臣グループの結論は、減額外債論という政治的妥協案に落ちつきそうにみえたのであった。

　しかし結局、六月三日、外債は不可とし勤倹主義にもとづく財政改革を行うとの勅論が下され、会計部分掌の大隈・寺島・伊藤三参議および佐野大蔵卿に対して、具体的な財政整理計画の作成が命じられた(99)。では、なにゆえ外債論は不可とされたのであろうか。まず、佐佐木高行・元田永孚・土方久元ら旧侍補・宮中グループにみられた「若シ其議相行ハレ候時ハ、皇国モ最早明治十三年ニテ滅国ト云フモ過言ナラズ」との認識(100)を、ついにくつがえすことができなかったことに起因する。それは同じく反対派の河野敏鎌による「夫ノエジプトノ如キトルキー《（トルコ）》ノ如キ其初メテ外債ヲ起スニ方リテ、焉ンゾ其失敗此ニ至ルコトヲ知ランヤ」との認識(101)が、そのまま勤倹の勅論に反映されている点(102)に明らかである。次に、こうした外債亡国論の根強さに比較すれば、外債論賛成派の認識は「万止ヲ不得ノ場合アレハ外債ヲ起スモ必不可トモセス」、「外債ヲナスモ弁償ノ目的確乎シ相立ナラハ不可トモ不存」との表現(103)からわかるように、積極財政さえ維持されるならば、かならずしも手段としての外債論に固執するものではなかった(104)。したがって大隈の外債論は、ついに積極財政派をまとめきることができず、一敗地にまみれたのである。

　その後六月一三日、会計部分掌参議は共同で、各省使定額金合計三〇〇万円の節減を基礎に紙幣処分＝財政整理を断行するとの方針を決定した(105)。だが現実にどの省が減額に応じるかで各省卿とも譲らず、結局定額金節減計画は完全に暗礁に乗りあげてしまった。特に黒田を中心とする薩派系は、前述の外債論の意見書において、「方今之際定額ヲ減シ官員ヲ減スル等ハ不可然(106)」と述べており、節減反対の先頭に立っていたに相違ない。そこで六月二九日、とりあえずこの節減の具体的計画は棚上げし、天皇還幸後の閣議で、あらためて財政整理の方法を決することになった(107)。つまり外債論・勤倹論ともに政府決定とならず、「一寸先ハ暗ノ夜ト申ス有様[108]」になってしまったのである。

このような手詰り状態が続く中で、長派の山田顕義・井上馨両参議が六月から七月にかけて相次いで立憲政体に関する意見書を提出している[109]。二人の意見書の特色は、国会論と財政論とが内的連関を有するものとして、ともに議論されたことにある。すでに右大臣の岩倉が外債論否決の際に、やはり両論の内的連関の重要性を強く意識し、数ヵ条に及ぶ「勤倹及輸出入平均見込等之廉[110]」を掲げたのち、「前件治定之上漸次国会設立之目的ヲ以テ其方法着手ノ順序取調同時発表之事」と明記している。すなわち、どのような方針をとるにせよ、まず財政論次いで国会論の順に踵を接して両論を確定することが、民権運動にもっとも効果的に対応し政府の威信を回復しうる唯一の手段たることが、政府内に浸透しつつあるのであった。したがって山田は、漸進的な立憲制の導入を考慮した「国体ヲ議定スヘキ事」という国会論と、「財政目的ノ事」という財政論とをいちおう並列させた上で、「万機ノ事挙テ皆財政ノ得失ニ関ス」と述べて積極財政論の優先的決定を促している。

これに対して井上は、まず現今の財政論における政府の政策上の動揺を意識し、「我政府常ニ内情ニ区々タルヨリ其政策ノ據ル所未タ之ヲ一定スルニ暇アラス」と述べて、大久保没後体制内の少数派たる立場から、「其施為スル所朝転夕移シテ方向ノ常ナキ」現在の政府に対する仮借ない批判を明らかにする[111]。それゆえに井上は維新以来の殖産興業政策の失敗を認め、財政悪化と国会開設との密接な関係を次のように説いた。

「維新以来我政府巨万ノ資金ヲ費消シ以テ斯民ヲ利導セルモ純美ノ教化未タ起ラス天富ノ殖産未タ充分ニ発セス、輸入ハ常ニ輸出ニ超過シテ金貨日ニ隠レ楮幣《ちょへい》月ニ低ク、加之国会論者四方ニ蜂起シテ務テ政府ノ失策ヲ咎メ遂ニ国会ノ設立ヲ逼迫スルモノ、其踵ヲ太政官門ニ絶タサルニ至レリ。」

以上の認識に立つからこそ、井上は「輿論ノ帰向スル所ニ従テ国会ヲ開設シ、以テ政府ノ組織ヲ一変シ、以テ其據ル所ヲ確立スル」ことを訴え、積極財政からの転換を示唆した。つまり国会開設を前提として政府組織を再編し、財政論をはじめとする政策のあらたな統一を図る必要性を、井上は説いたのである。いいかえれば外債論や勤倹論にみられるような財政論議における四分五裂の状態がいつまでも続き、国会開設後も「若シ隠然内ニ據ル所アリテ、前後我主義ヲ一ニスルニ非レハ、毎ニ衆論ニ揺カサレ、一モ我目的ヲ達スル能ハサル」事態を、井上はもっとも恐れていた。しかも井上は、国会開設の延長線上に、「将来為政者ノ更迭アルニ臨ミ、英米両政党ノ両々相率ヒテ、一進一退主客平穏ニ相代ルカ如ナル」政党内閣の実現を考慮していたから、なおさら財政論などの政策の統一が焦眉の急とされたのであった。このように井上は、民権派の政府批判に親近性を示しながら[112]、財政転換を促し国会の早期開設を主張したのである。したがって井上は、この時点で懸案の基本課題に対し、緊縮財政論―早期国会開設論という選択を明示し、すでに二月段階で明確になっていた黒田の積極財政論―国会開設尚早論の選択[113]とは対照的な立場をはっきりさせたといえよう。

しかし、当面井上の選択に賛同する者はなく、だからといって積極財政維持の手段として政府内の合意を達成できる有力な代案も妥協案も提出されず、八月半ばに予定された御前会議を前に、財政整理をめぐる政府内の対立は一種の膠着状態に陥った。そうした状態を打破し、急速に政府内を席巻したのが米納論であった[114]。そもそも地租米納論は、外債論の際に大木が積極財政維持の代替案として提唱したのを嚆矢とする。[115] そしてこれを受けて薩派の政商五代友厚が、八月に入って岩倉に入説して以後加速度的に政府内に支持を拡大してゆく。[116]

かくて米納論は直接の会計担当者ではない右大臣の岩倉が主唱者となったために、これまた従来とは異なる政策決定の様式を踏むことになる。すなわち、賛否真二つに割れた外債論の時の経験に鑑みたからであろうか、今回は政府が特に各参議省卿に正式に諮問する形をとらなかった。しかしそれでも、五代が岩倉・大木・黒田・大隈らの間を周旋している間に、事実上各人の米納論への賛否いかんは、明らかになったのである。[117]

すなわち積極財政派のうち、外債論賛成派は大隈一人を例外として、黒田・西郷・川村の薩派系三参議、山田参議、大山・榎本・田中の各卿すべてが米納論賛成派に回った。最初の提案者たる大木は無論のこと、主唱者の岩倉・そして前回中立の寺島が賛成派に加わっている。同じく積極財政派の中でも、外債論反対派の伊藤・山県両参議、佐野・山尾両卿がやはり米納論反対に連なり、これに大隈があらたに加わる。そして緊縮財政派の井上・松方が今回もまた反対派になっている。ここで注目に値するのは岩倉・大隈・井上の三者の言動であろう。

まず岩倉が米納論の急先鋒となった結果、外債論の時と比較するならば、積極財政派をはるかに効果的に糾合できる環境を形成したことである。にもかかわらず、今回は肝心かなめの大隈が薩派との長年にわたる提携関係を打ち切ってまで断固たる反対派に回ってしまい、数の上ではともかく、議論の筋において米納反対派の勢いが増すことになった。そしてまさに前回は沈黙に終った井上が、七月の立憲政体に関する意見書における選択（緊縮財政論―早期国会開設論）を背景に、たんに米納反対に止まらず、将来にわたる大隈とのあらたな提携を十分に考慮した代替案を提示するにいたったことである。以下に順次それを説明してゆきたい。

岩倉は六月の勤倹論以来常に積極財政派として、紙幣整理による士族保護とともに、各地方における起業資金の募集にもとづく士族授産による商工業の発展を考慮していた[118]。したがって岩倉が五代の入説を受けて御前会議を前に八月に提出した「財政ニ関スル意見書」[119]では、この士族授産型商工発展論にまさに米納論が結びつくことになった。つまり、前者による輸出振興と後者による米価抑制・輸入削減とが同時に進行し、インフレ克服が可能となるべく説明されたのである[120]。そこでは米納論は、政府に米価調節権を奪回し農民の余剰所得を吸収して輸入過剰を削減し、政府財政を建て直す意図をもって主張された。総じて岩倉の意見書は、主観的には積極政策として打ち出され、農民の利益を抑圧し士族の利益を優先させる点に特色があった[121]。この点にこそ、松方を除く薩派全員の支持を調達できる素地があったといえよう。

さらに岩倉自身が五代に対して、「此旨趣（米納論）定て（大隈）前大蔵卿にも同意ありし事と推察、御談話如何ありしや」[122]と述べていることから明らかなように、大隈の反対を岩倉はまったく予期していなかった。しかし八月一六日の閣議において、米納論をめぐる議論は大隈が反対に回った結果、平行線をたどり収拾にいたらなかった[123]。閣議ののち、同じく反対論の井上は三条に対して「今夕陳述仕候精神之外に見込も考も無之」と断言した上で、「大隈参議も同意」とのだめ押しの一言を述べたのであった[124]。そしてまさに大隈との同一歩調をとれたからこそ、外債論の時とは打って変って、井上はみずから米納論に対する反論と対案の提示を行うにいたるのである[125]。つまり井上は、薩派や侍補・宮中グループから異常なまでに嫌悪と警戒の対象とされてきたため、明治六年以来内務や大蔵という内政運営上の枢要ポストに就くことができなかった(126)。そこで米納反対論における大隈との一致を奇貨として、井上は財政に対する影響力行使を可能にするため、戦略的に意見書の提示に踏み切ったといえよう。

井上はまず前文にて「会議ニ先チ右府岩倉公ノ建議書ヲ下付セラレタルモノアレバ、馨ハ、則参議大隈君ノ説ニ同意」と述べて、ここでもやはり大隈の反対論と軌を一にする点を強調することから始める。そして井上は、そもそも米納論の背景にある米価騰貴および農民奢侈との認識を、行過ぎとして批判し、「今日ノ米価ノ如キ、未ダ其騰貴ニ足ラザルナリ」と述べ、「今日農家ノ状況ヲ指シテ奢侈ト謂ハズ、寧ロ生活ノ度上進セシ現象」と表現している(127)。しかるがゆえに井上は、「農夫僥倖ノ富ヲ削減シテ士商ノ不幸ニ填充シ、又ハ米穀ヲ糶糴《ちょうてき》シテ其価ヲ平均セント欲スルガ如キ、皮相ノ見」に立った米納論には、「其十分ノ一半ヲ以テスルト其金額ヲ以テスルヲ問ハズ」断固反対の姿勢を明確にした。井上のこうした農民重視的視点に立つ米納反対論は、すでに七月の立憲政体に関する意見書において明らかであったように、当然のことながら国会論との内的連関を考慮に入れている。

「爾米僅ニ四五年ノ間ニシテ其智識大ニ進ミ今ヤ山村僻邑ト雖モ国会論ヲ喋々スルニ至レリ。（中略）乃米納ノ命アラン乎彼等必ズ相集テ曰ン五年ハ改租セズトノ口吻未ダ乾カザルニ又候《ぞろ》米納ノ命アリ我政府ノ頼甲斐ナキ何ゾ此極ニ至ルト。従是政府ノ信威索然地ヲ払テ去ルベシ。」

これは、かつて外債論を伊藤や佐野が国会論との関連において危惧したのと同様の論理である。こうして徹頭徹尾米納論を否定した井上は、「漸次ト耐思トヲ以テ克チ敢テ速効ヲ期セザレバ必ズ其目的ヲ達スルヲ得ベシ」と述べて、一方で海外荷為替の運用により正貨の蓄積を図りながら、他方では漸次紙幣を消却してゆくという、あたかも外債論の際の松方の対案を踏襲するかのごとき方法を提示し、[128] そのための具体的財源を次のように列挙した。

「官省ノ事業ヲ減廃シテ、其定額ヨリ弐百万円ヲ減ジ、且地方税則ヲ改メテ弐百万円ヲ残シ、又タ間税（酒・煙草等）ヲ増賦シテ四百万円ヲ改メ、又予算等中ノ減債紙幣弐百万円ヲ活用スレバ、乃壱千万円ノ余剰ヲ護（獲）ル計算タリ。」

しかし、こうして生じる一〇〇〇万円の余剰の運用方法について、井上はきわめて慎重であった。すなわち井上は余剰の運用方法において、大隈と真正面から衝突することを避け、なお大隈とのせっかくの提携関係を維持するために、一つの工夫をこらすことになる。大量の通貨縮小とデフレを嫌う大隈の支持をつなぎとめるために、一〇〇〇万円の余剰を即座に紙幣整理に充当するとは書かずに、あたかも直《じき》貿易による正貨獲得に振り向けうるとする「両義」的解釈の可能な提案をしたのである。[129] そのなによりの証拠が、「進テ他ノ方法ヲ実行シテ益貿易ヲ盛ニシ、以テ正貨ヲ獲ルノ道ヲ開クニハ、必ズ参議大隈ノ説ノ如ク、先ヅ毎年紙幣壱千万円ヲ我歳入ヨリ抜キ、以テ之ニ充ツベシ」との井上の文章にほかならない。

かくてこの井上の意見書の提示により、大隈と井上とは、いずれもしこの対案が採用されれば、一〇〇〇万円余剰の運用方法をめぐって、対立を避けええぬ余地を残したにもかかわらず、その「両義性」ゆえに、表面的には両者不可分一体となって米納論に反対し、一致協力して対案を提出したとみられるにいたった。

それゆえに、八月一九日の米納論についての再度の御前会議[130]を前に、今回は五代の提案を受け入れることなく意外にも反対論に回った大隈に対し、薩派の政商五代は次のように最後の説得を試みている[131]。

「昨日は（井上）清盛入道罷出候由。如何の論有之候や、不相訳候得共、又外国債云々の如き、反復表裏相成候ては、終に閣下独立の姿に相成候儀は、乍陰痛心仕候。」

大久保の政策的遺産たる積極財政および殖産興業政策を継承して、これまで二年半もの長い間提携関係にあった薩派との縁を切り、いまさら長派と結んでみてもなんら益はなく、むしろ外債論の時のように結局大隈は孤立する事態に陥ると五代は警告した。さらに五代は、「伊藤にも、今日は、粗、不得止、米納にても相用候外無之〔と〕、心中決定罷在候模様と相聞候[132]」との伝聞情報をつけ加え、とにかく大隈の翻意を促している。しかし、ついに大隈は米納論反対の態度を変えることはなかった。いったいそれはなにゆえであろうか。

大隈が薩派との対立という政治的代償を払ってまでも、米納論にあくまで反対したのには、それなりの政策的理由があったからであろう。彼自身の手になるものは残っていないが、これまでの経緯からみて、次のような推論は許されるに相違ない。第一に、米納への復帰は、近代財政への明白な逆行であり、地租改正を推進してきた立場からはとうてい容認しえなかったであろう[133]。それに付随して、高い徴税コストの問題もあったかもしれない。第二に、井上の意見書にすでに明記してあったことの繰返しになるが、士族優先・農民負担増による財政危機克服に対する反発である[134]。大隈が明治八年以来一貫して農民重視の積極政策を主張していたという事実を、忘れてはなるまい[135]。第三に大隈は、米納論が客観的にもたらすデフレ効果に対して、疑念を有していたのではあるまいか。経済の縮小は大隈がなによりも嫌う事態であったから、これは当然といえよう[136]。またそれゆえにこそ、前述の井上の対案中の一〇〇〇万円余剰の運用方法において、積極的な手段の採用ということで妥協が図られたに相違あるまい。

さて、大隈―薩派ラインの動揺や大隈―井上の提携など、流動化し始めた大久保没後体制の下で、米納論の可否決定を含めて、財政論がどのような決着をみるのか、それと国会論がどのように交錯するのかは、節をあらたにして述べることにしよう。

4　財政整理と熱海会議

米納論をめぐる対立に決着がつき、伊藤博文・井上馨・大隈重信の三者協力による財政整理が開始され、やがて国会論と財政論という基本課題の決定を目指して、伊藤・井上・大隈・黒田清隆の四巨頭が熱海会議に集うまでの、明治一三（一八八〇）年八月から翌一四年一月までの政治過程をここでは考察の対象とする。

明治一三年八月一九日の閣議においても、懸案の米納論の可否の採決にはいたらず[137]、二一日にあらためて大隈に対して財政調査の命が下った[138]。これは実は、事前に五代友厚が描いた次に述べる筋書通りの進行であった[139]。

「猶、得と勘考仕候処、彼反対論者の為に、本日再び御議を被開、米納云々は暫く置、目下危急の財政を挽回せんには、如何の方法を設、如何の方策を可行や否を、討問質議相成候外無之と存候、昨夕も岩公へ精々御注意申上置候得共、若、本日其順序を失候時は、再、不可期の時と痛心仕候。」

会計部分掌参議たる伊藤と大隈との同一歩調に加えて、井上の意見書にみられる井上と大隈との提携という事態に、薩派は非常な危機感を覚えていた。それはフォーマルにもインフォーマルにも、大隈が長派と結びつく可能性をなしとしなかったからである。したがって五代は、米納論の採決の強行によって、薩派と大隈との関係が決定的になることだけは避けたかったに相違ない。

だが天皇の命を受けた大隈が、伊藤と共同して財政調査の任にあたることを望んだため(140)、財政の主導権をめぐる薩長関係は、ここに逆転することになった。したがって五代の努力にもかかわらず、薩派は大隈に対して決定的に不信感を抱くにいたった。米納論こそ積極財政維持の最後の手段と考える黒田は、八月二二日付三条・有栖川宮両大臣宛書翰において、大隈に財政調査をゆだねることの不利益を次のように訴えている(141)。

「就テハ右財政上ノ調書大隈参議へ被命候処同人ハ固ヨリ米納ヲ不可トスル説ナレハ、今前ニ切陳スル所ニ向テハ反対ノ論ナルニ付万一右ノ説行ハレ候様相成ルトキハ前途ノ形勢如何可相成歟ト甚痛心仕候。」

そして黒田は、はじめて公然たる大隈批判を行うのである(142)。

「同人ニ於テハ数年大蔵省ノ重任ニ当リ財政ニ諳〔ママ〕練仕居候儀ニハ候。併是迄同省ニ於テ目的ヲ定メ候事業ハ果シテ一ニ誤ル所ナカリシヤ否ハ明言難致、即チ此節ノ議論ニ於テモ其意見ヲ以テ取調候処必ス万全ノ説トハ被申間敷、因テ右調書ノ義ハ米納主義ノ論者ヘモ十分其見込ヲ申出サセ御参考ニ供セラレ度。」

大久保没後体制における大隈―薩派の提携以来、侍補の「勤倹論」や長派の「分離論」の際にも大隈を擁護し、「外債論」においては積極的に大隈を支持し、ともかく一貫して大隈財政を支えてきた薩派にとって、その大隈がこともあろうに井上と意見を同じくした上、伊藤との共同調査を希望したことは、許すべからざる背信行為だったに相違ない。かくて大隈との決別を明確にする黒田の働きかけにより、大隈・伊藤とは別個に黒田・大木喬任に対しても財政調査が命じられる。(143) 後者が縷々米納論を再説したことはいうまでもない。(144)

閣内分裂の状況の中にあって、伊藤は事の重大さに鑑みて大隈の要請を即座には受けなかった。(145) そして井上を背後の参謀としながら、舞台裏での折衝を続けている。その結果、今回は強硬な米納論者であった岩倉具視が、八月二十三日井上に対して「自今内閣一丸目途に付ては尤大事と奉存候」と述べ、閣内融和の観点から米納論断念を示唆し、あわせて、「大隈えは伊藤より咄し置呉候得ば可然か、是も御談申し被下度存候」と述べ、大隈・伊藤・井上の財政方針に従うことを表明するにいたった。(146)

そこで九月一七日、「其米納ノ議アル、時ヲ救ノ策ニ出ルト雖之ヲ今日ニ行フ頗不穏ヲ覚ユ」との理由により、名を薩派に実を反対派に与える形で米納論は正式に不可と決定した。(147) 同時に、共同で財政調査を命ぜられた大隈・伊藤は相互協力の上、(148) 前述した八月の井上の意見書にきわめて近い内容をもつ「財政更革ノ議」(149) を提出している。具体的提案は、次の四点からなっていた。第一は「税法改正ノ事」であり、酒税増税と煙草課税とにより四〇〇万円を、第二は「府県ノ理財法ヲ改正スル事」であり、地方税増徴と土木費・堤防費および監獄費に対する国庫補助停止とにより二〇〇万円を、第三に「正貨ノ収支ヲ均フスル事」で一六〇万円を、第四に「各庁経費減少ノ事」で一五〇万円を、合計で約九〇〇万円の余剰を捻出する計画である。さらに経費節減の方針の中には、局課分合廃置や不急重複事業の停止とともに、官営工場の払下げが含まれていた。

このような緊縮財政への転換を意図した財政調査は、大隈・伊藤・井上三者の協調の下に作成された。その模様を吉井友実は、「是レ迄財政ノ事ニテハ、伊藤ハ大隈ト相解ケ、相談モナク、大隈モ大ニ困却ノ処、今度伊藤ハ公平心ヲ以テ大隈ヲ助ケ、共ニ財政ノ事ヲ熟議セリトゾ」と述べ、佐佐木高行は「近日迄井上・大隈モ呉越ノ景況ナリシニ、両三日前ヨリ大ニ相和シ、又々水魚ノ交ト成レリ」と語っている。(150) しかしはたして大隈と長派は、本当に緊縮財政への転換で一致したのであろうか。端的にいえば、大隈は積極政策を少しも断念してはいなかったのである。実はそのことは、八月の井上の意見書においてすでにみられたように、(151) ここでも大隈と長派との間に、次のように「両義」的解釈を可能とする文面が挿入されていた点に明らかである。(152) すなわち「財政更革ノ議」では、解決すべき当面の問題を「歳入上ニ若干ノ余裕ヲ生セシムル」面と、「紙幣銷却ノ方法ヲ改正スル」面とに二分し、「其第一途ト第二途トハ自ラ別議ニ渉ルヲ以テ、先ツ爰ニ第一途ニ付四ヶ条ノ方案ヲ具陳シ、第二途ハ第一途決定ノ後更ニ其方案ヲ上陳セント欲ス」と述べ、やはり現時点での余剰の運用方法についての決定を避けている。

「一タヒ歳入上ニ若干ノ余裕ヲ得ハ、之ヲ以テ或ハ紙幣銷却ノ資ニ増加スルモ、或ハ外国荷為替其他ノ方法ニ因テ正貨ヲ購入シテ紙幣ノ準備ヲ増加スルモ、固ヨリ爾後廟議ノ選択スル所ニ依テ容易ニ経済ノ措置ヲ施為スルヲ得。」

余剰の運用方法として、なお貿易振興（直輸出）による正貨獲得を示唆している点にこそ、デフレと通貨収縮を嫌う大隈の真骨頂が現れているといえよう。さらにこれに加えて、地方への国庫補助停止の代償として、「地方債」による地方公共事業の推進を奨励している。[153]以上の検討から明らかなように、大隈の積極政策の信念は少しも揺らぐことなく、いわば「一歩後退、二歩前進」を目論んで、一〇〇〇万円近くの余剰捻出の一点についてのみ、長派の意見に賛成したにすぎないのであった。

では、このような形による大隈と長派との財政上の妥協の成立に対して、薩派はいかに対応したであろうか。実は積極財政維持でまとまっていた薩派も、ここにいたって硬軟二派に分れ、勤倹論反対の立場からあくまで余剰捻出それ自体に抵抗するグループと、余剰捻出を前提に運用方法としての直輸出の現実化を考慮するグループとに大別されることになった。前者は、大隈に対する不信感と反発とを強めた黒田清隆・川村純義ら参議クラスであり、[154]後者は、大隈との政治的妥協をあきらめぬ五代や前田正名らである。

以上からわかるように、余剰捻出のための緊縮財政方針は閣議において直ちに了承されたわけではない。黒田は開拓使定額金三〇万円の減額に反対し、川村も海軍定額金の減額率に異議を唱えたため、[155]薩派―緊縮反対派の不満をできる限り回避しながら、余剰捻出を現実化してゆく方法がとられた。[156]最初に合意をみたのは、酒造税制定による酒税増税であり、九月二七日にはやくも公布されている。次に決定されたのは一一月五日の地方税規則の改定であり、「太政官布告第四十八号」により、地方税負担を地租五分の一以内から三分の一以内に拡大し、地方税支弁費目に府県監獄費など三項目を追加し、府県土木費への国庫補助を廃止した[157]。さらに同じ日「工場払下概則」が具体的に定められ、関係官庁たる内務・工部・大蔵・開拓の四部門に通達された[158]。

このような一連の財政整理方針の確定に伴い、明治一三年一一月、大隈と伊藤はあらためて両名建議の形で、農商務省設立の建議書を提出している[159]。

「既ニ地方ノ政務改良ノ事ハ載テ第四十八号ノ公布ニ明カナリ。中央政府ノ改良モ彼ノ工場払下ノ令達ノ如キ其一端ヲ発スト雖モ未タ政務改良ノ基礎タル各省管掌事務ノ分合ヲ画定スルニ至ラス。事務節略ノ令達アリト雖モ是レ各省使ニ向テ為シタル令達ナルヲ以テ其効力各省限リニ止リテ彼此相通シテ行政ノ全局ニ及ホスヲ得ス。」

大隈・伊藤に共通の見通しが、ここに明らかである。つまり今回の財政整理は、たんなる狭義の財政改革＝余剰捻出に止まらず、それを通じて「百般ノ政務ヲ一層改良」することを意図していた。つまり開拓使を含めて行政整理を断行し、憲法と国会とに備えた統治機構改革の実施を展望していたのである。いまだ立憲政体に関する意見書を提出していない大隈・伊藤の二人にとって、「財政論」の確定の上に「国会論」を射程距離に入れた議論を展開するのは、ごく自然のなりゆきといえよう。そして行政整理の具体論としては、農商務省の新設が提案されることになる[160]。無論これは、かつて黒田が建議した積極的殖産興業政策推進のかなめとしての農商務省を想定してはおらず、緊縮財政に伴う勧業政策の転換の促進が意図されていた。

「勧農勧商ノ実況タル抑モ農商事務局第一ノ要務タル農商管理ノ事務即チ博ク奨励保護ニ関スル法制ヲ案シ一定ノ規則ニ拠リテ公平不偏洽ネク農商ヲ誘導スルノ事ハ却テ第二トナリ、稍《やや》奨励保護ノ区域ヲ踰越シテ自ラ事業ヲ興起シ若クハ資金ヲ貸与云々（中略）宜ク此主義ヲ顚倒一変シテ農商管理ノ事務ヲ主ト為スヘキナリ。」

ここには「勧農要旨」以来の松方の主張[161]が、完全に政府の機軸として取り入れられているといってよい。

かくて財政整理の方針が一段落したのち、大隈・伊藤・井上の三者は「国会論」においても提携関係を結ぶこととなった[162]。この事情を明らかにするのは福沢諭吉である[163]。すなわち福沢は、明治一三年一二月に大隈・井上・伊藤の三者から直接政府機関紙発行の件を要請され、翌一四年一月、井上からさらに「国会は断然開かざる可らず」との政府の方針を聞かされている。そして福沢は、まさに井上の言として次のように伝えるのであった。

「此度我輩（井上）に於て国会開設と意を決したる上は毫も一身の地位を愛惜するの念あるなし。仮令ひ如何なる政党が進出るも、民心の多数を得たる者へは最も尋常に政府を譲渡さんと覚悟を定めたり。（中略）今の政府の内情を見よ、事を企て事を行ふ者は我輩三名（大伊井を云ふ）にして、鹿児島参議の如きは傍観者に異ならず、唯の傍観者なれば亦可なりと雖ども、自家の利害に関する事に至ては則ち踏止まりて屹然動かず、其勢力決して軽小ならず、以て施政の遅滞を致す枚挙に遑あらず、国会開設論などは容易に合点す可きに非ず。」

あたかも大隈・伊藤・井上の三者が、薩派を異端視扱いしながら、イギリス流の政党政治を展望した早期国会開設で合意に達したかにみえるが、はたしてそうであろうか。実はほぼ同時期の明治一三年一二月一四日に伊藤が提出した立憲政体に関する意見書[164]では、そうしたことにはまったく触れられず、具体的提案としては「元老院ヲ更張シ元老議官ヲ華士族ニ撰フヲ請フ事」、「公撰検査官ヲ設クルヲ請フ事」、「聖裁ヨリ断シテ天下ノ方向ヲ定ムルヲ請フ事」の三点がみられるだけである。井上毅が起草に加わっている伊藤のこの意見書は、明らかに七月の井上馨の意見書(165)とは異なる内容であった。また同じく一二月末の元老院の国憲第三次草案の上奏問題(166)に関しても、伊藤は「各国之憲法ヲ取集焼直シ候迄ニ而我国体人情等ニハ聊《いささか》モ致注意候モノトハ不被察、必竟欧洲之制度模擬スルニ熱中シ将来之治安利害如何ト顧候モノニ無之様奉存候(167)」との理由から、きわめて否定的であった。つまりこの時期の伊藤は、政党政治に道を開く国会開設に同意したとはとうてい考えられないのである(168)。しからば、この事情をどう解釈すればよいであろうか。これに関しては、既述した財政論における三者の合意のあり方(169)が示唆的である。すなわち財政論の場合も三者はすべての点で合意に達したのではなく、余剰捻出のための財政整理における合意に止め、その運用方法は未定にしたことによって妥協が成立したのであった。したがって財政論における妥協のアナロジーからすれば、国会開設尚早論に固執する薩派への対抗上、早期国会開設論での合意に止まり、その具体論にまでは踏み込んでいなかったと察せられる。

　しかし、ともかく財政論のみならず国会論でもある程度の三者の合意が成立したことを背景に、明治一四年一月半ば熱海において、大隈・伊藤・井上の三者に薩派の黒田を加えた四者の会議が開かれることになった。このようなインフォーマルな形の会議が開かれるにいたった背景には、明らかに前年の外債論・米納論の際の二度にわたる閣内分裂の経験があるであろう。つまり、フォーマルな形の会議における抜き差しならぬ対立状況の出現と決定的離反という事態を避けるために、熱海会議は用意されたといってよい。熱海会議の直前、井上は福沢に対して、「経済の一点に付ては余は多年大隈と主義を殊〔異〕にせり、依て過日両人差向に語て此一点は雙方の向ふ所を別にするものと覚悟を定め、強ひて相投ずるを勉めずして、他は都て同説同意、終始易変なかる可しとまで特に約束したる程の事(170)」との注目すべき発言を行っている。つまり井上と大隈とは、一方で国会論では政党政治と立憲政治という具体論にいたるまでの合意に達したものの、他方で財政論では既述した余剰の運用方法にみられるように、徹底緊縮か積極志向かで潜在的対立を残していることを、相互に確認したのである。熱海会議直前の段階で明らかになったこの二人の両論における一致と差異とが、やがて明治一四年の政変を生み出す一つの契機となる。

明治一四年一月半ばから二月初めまで断続的に開かれた熱海会議では、財政論と国会論という基本課題についての話合いが行われた。しかも参加者は前述の四人に止まらず、大隈派の矢野文雄（龍渓）や薩派の西郷従道・五代友厚・前田正名らが次々と参集した。そして結局のところ、熱海会議は伊藤・井上ら長派の思惑通りには運ばず、なんらの合意にも達することができなかったのである。ありていにいって、熱海会議は長派の失敗であった。まず国会論において伊藤・井上・大隈三者は、「某参議の如き国会は百年の後と云ひ、又一参議は三十年の後と云ふが如き、誠に言語に絶へたる(171)」薩派から、漸進的国会開設程度の言質すら取りつけられなかったのである。

次いで財政論においては、むしろ逆に薩派の積極論に逆襲されるにいたっている。そもそも余剰捻出のための財政整理さえ認めない黒田・西郷に加えて、余剰の運用方法において積極政策の維持を目指す五代・前田は、果敢に直輸出論を展開したのである。実は五代・前田ともに、「財政更革ノ議」

にみられる余剰の運用方法における大隈の直輸出志向を受ける形で、前年一〇月以来、直輸出の具体的計画を着々と準備していた[172]。ここでは、五代について一言しておこう[173]。明治一三年一一月、五代は佐野常民大蔵卿宛に「財政救治意見書[174]」を提出し、紙幣整理論を明確に否定したのち、「今政府が断行スベキ所ノ要領ヲ概言セバ、輸入ニ仰グベキ物品ヲ内地ニ於テ製造シ、務メテ輸入ニ頼ラザルノ目的ヲ主トシ、輸出品ヲ増進セシメ、以テ其権衡ヲ謀リ、猶輸出ノ輸入ニ超過シ、金銀実貨ヲ国内ニ収復スルノ方法ヲ将来ニ期セザルベカラザルナリ」との方針を明らかにし、余剰資金を直輸出拡大にあて、殖産興業政策推進のかなめとしての中央銀行の設立を説いている[175]。これに対して一〇月から一一月にかけて大隈―佐野も、直輸出の中心となるべき貿易会社の創設を五代に勧めており[176]、これを契機にのちの関西貿易会社設立へ向けての動きが開始された[177]。つまり余剰資金の運用をめぐって、はやくも大隈と薩派の五代は米納論における対立でいったん断たれた関係を修復しつつあったことがわかる。

したがって五代や前田の直輸出論は、米納論における敗北を挽回するため、半ば大隈との協調の回復を暗黙の前提にして熱海会議にもち出されたといってよい。しかもこの時点でも、なお大隈との間に財政論における究極の対立が残されていることは、前述のように井上も容認していた。それゆえにこそ、逆に薩派でただ一人一貫して緊縮論だった松方は、財政論の決着いかんを心配して、熱海在留の伊藤に対して次のような書翰を送ったのであった[178]。

「〇五代も西郷も其地え罷出候由、賑々敷御事と御察申上候。〇経済論も此節御取究被成度、名家之人数御会同相成候間、定而善き御見据も有之候事と存申候。何分今般に而は迚も六ケ敷事に被存申候。」

かくて財政論における五代・前田の意外な攻勢という状況の中で、大隈は再度財政に関する主導権回復のための道を歩み出すことになる。まず大隈は、五代・前田の直輸出論には賛成せずに、余剰の運用方法についてのフリーハンドを保ち続け、公然と薩派との関係を回復する印象を与えることを避けた。しかしこうした薩派の攻勢を背景に、先に伊藤との共同建議でいったんは決めた、勧業政策の転換を象徴する農商務省の新設に対し巻返しを始めている。実はすでに大隈に対しては、桜井勉が農商務省分掌参議に井上馨、農商務卿に松方正義という緊縮派が就任する可能性を論じ、[179]「農商務部一タヒ立ツ会計部大蔵省ハ一出納局タルニ過キス閣下数年ノ経綸漸次瓦解セン」との警告を発し、「閣下自ラ農商務部ノ長官ヲ兼子玉《かねたま》ハンコトヲ」請うており、[180]佐野大蔵卿もまた「其長官ヲ御撰定之儀一大難事と推考仕」、場合によっては農商務省の創設をみあわせるよう勧めていた。[181]ひとたび緊縮派の主導権の下に緊縮論実施の組織として農商務省が創設されてしまうと、積極論による巻返しが困難となるのは当然であった。そこで大隈は、熱海会議を好機として伊藤に対して農商務省の組織と人事の双方について、再検討を促したのではあるまいか。以上の大隈の言動について、森山茂は次のように伝えている。[182]

「大隈氏甚ダ不評判也、農商務省モ大隈初メ同意ノ処、反覆セリ迚、伊藤モ不平ノ由、何歟伊藤大隈ト異論アリタル模様、五代、宿所ニテ歎息シテ曰ク、今日ノ役人皆私ナリ、大隈抔ノ私、尤モ甚シト、前田正名モ甚ダ不平ニテ、大隈ノ望ヲ失ヒタル景況、五代ト前田ハ、専ラ外国直交易ノ為ノ事ニテ、大隈、伊藤へ申込為ニ出向タルニ、大隈ノ十方モナキ論説ヨリ、何事モ成ラズ。」

かくて、大隈との提携を前提に長派が率先して開いた熱海会議は、国会論・財政論のいずれにおいても薩派の説得にいたらず、政治的には明らかに失敗に終ったのである。

5　国会論と財政論

熱海会議の終了後、焦点の国会論と財政論とをめぐって、大隈重信が両者の関連を強く意識し、長派の井上馨とも薩派の黒田清隆とも異なる第三の選択を考慮して、その実現による政府全体の主導権の回復・強化を狙って動き始めたが、このことが、結果としては明治一四年の政変を招くことになった。ここでは国会論と財政論における大隈の政策の明確化が、彼自身の期待した大隈を中心とする形の政府の一体化ではなく、逆に大隈を排除する形の政府の一体化をもたらすにいたった過程を検討し、大久保没後体制の終焉を意味づけることにしたい。

まず明治一四（一八八一）年二月に熱海会議から帰京した大隈に会見した福沢諭吉は、既述した会議直前の井上との間の議論[183]の確認を求めている[184]。そして、イギリス型立憲政治を目指す早期国会開設論における合意を確かめた上で、福沢は、三月一〇日におりから執筆中の『時事小言』（明治一四年七月脱稿）の「国会論」に相当する部分を大隈に送付した[185]。『時事小言』にみられる福沢の議論の要点は、国会開設による参加の制度化を代償に、地価修正による地租増徴を農民に受容させることにあった[186]。

「元来、国事多端と云ふ其国事は、日本国の事にして、日本国民にて之を負担すること当然の義務なれば、其多端の為に資財を要することあれば、其時に当て直に之を徴収す可き筈なり。我輩は最も此説を賛成するものなれども、如何せん、当時当局者の所見もあり、又公然たる国会なるものなくして、之を人民に謀るの道を得ず。（中略）兎に角に今の紙幣なり又国債なり、悉皆、人民の負担にして、之を償却するも人民当務の職分なれば、不平を訴ふ可きものにあらず。況や国会を開くの後に於てをや。[187]」

また「節倹の説、固より用ゆ可らず[188]」と勤倹論を退けた福沢は、内外債を募ってでも[189]積極政策を維持・発展させるべきことを説いた。

「唯今後の要は、全国資力の源を深くして、此熱心に附するに実物を以てせんが為に殖産の道を開くの一法あるのみ。商売益便利にす可し、工業益盛にす可し[190]。」

かくて福沢は、イギリス型政党政治をモデルとした国会開設論と、殖産興業政策の展開を可能とする積極財政論との内在的意味連関を強く訴えたのであった。おそらくはこうした福沢の働きかけなどが一つの契機となって、大隈は国会論と財政論との双方について、具体的な考えを明らかにすることになる。

まずは国会論である。三月には、有力参議の中ではただ一人残っていた[191]大隈の立憲政体に関する意見書が、福沢門下で当時大隈幕下にあった矢野文雄の手によって完成した[192]。この意見書の特徴は、憲法制定と国会開設の時期および依拠すべきモデルについて明確に記した点にある[193]。すなわち、政党政治を射程距離に入れた場合、「議院開立ノ布告ハ太《はなは》タ速カナランコトヲ要ス」るから、「本年ヲ以テ憲法ヲ制定セラレ、十五年首《はじめ》若クハ本年末ニ於テ之ヲ公布シ、十五年末ニ議員ヲ召集シ十六年首ヲ以テ始メテ開立ノ期ト定メラレンコトヲ冀望《きぼう》」したのである[194]。次に統治形態としては、イギリス型の議院内閣制をモデルとすべき旨強調している[195]。この点は、同じく矢野や井上幕下の中上川彦次郎らが参画し、翌四月末に公表された福沢の交詢社の「私擬憲法案」に酷似していた[196]。またこの意見書は全体として、熱海会議前後からの井上・福沢・大隈三者の大枠における合意を前提にしてはいるものの、二年後国会開設とイギリス型議院内閣制の導入との二点の明記において際立っており、その意味で井上やまして伊藤などこれまでの参議たちの意見書と比較した場合、はるかに急進的な印象を与えるものであった。したがって大隈にしてもこの意見書の提出には、当然慎重を期することになった。なぜなら、この時点で薩派はなお国会尚早論に固執していたので、これを大隈が提出すれば、前年の米納論以来の財政論における薩派との対立に、さらに火に油を注ぐ結果となることは明白だったからである。薩派との全面的な対決にいたる事態だけは、いくら大隈としても避けたかったに相違ない。だからこそ大隈は、三月に入ってからの有栖川宮熾仁左大臣による意見書提出の督促に対して、まずは口頭報告を申し出、それが却下されるや次いで左大臣限りの書面提出という、いわゆる「密奏」という手段にゆだねざるをえなかったのである[197]。

同時に大隈は、国会論と内在的意見連関の深い財政論における主導権の回復を着々と進めていた。そこで次に財政論の検討に移りたい。大隈は三月から四月にかけて、一方で小野梓の提言を通じて、政府内に潜在的に根強くある積極財政派の支持を動員できる五〇〇〇万円内外債論を打ち出し、他方で五代との接触も継続し、関西貿易会社の設立に関与している。

小野は三月一八日、大隈の下に「今政十宜」なる意見書を提出した[198]。二日後の二〇日にこの件で大隈と会見した小野は、その模様を日記に次のように書いている[199]。

「午後大隈参議ヲ訪フ、対座シテ今政十宜ニ就キ大ニ時事ヲ論ス。参議胸襟ヲ啓キ、詳シク時勢之在ル所ヲ示シ、細大明言シ、併而前途之事ヲ議ス。余ハ亦切ニ施政之方嚮ノ定マラザル之非ヲ痛論ス。参議大ニ之ヲ可トス。」

小野は「今政十宜」(200)の中で、五代ら薩派の一部が主張する直輸出論と井上・松方正義らの紙幣消却論にともに反対し、外債募集と一〇〇〇万円余剰の積極政策への充当とを主張する。(201)すなわち小野によれば、「外債を起すは多少の非難なきを得ずと雖ども、之を以て紙幣価格の浮沈によって財産所有の安固を妨碍するの不利に比すれば其害寧ろ少小にして、今これを顧みるに暇あらざるの情ある也。是れ外債の募集を断行すべき所以にして、姑見の僻見に拘すべからざる者也」であり、「年々節約して得る所の一千万円は之を鉄路等の創築に充て、一は以て国内の生産力を誘導し、一は以て市場流通の途を平易ならしむべき也」であった。また同時に「開拓使を置て以来既に十余年を過ぎ、其全権を使の長官に委してより又将さに十年を経んとす。惟ふに、其間何等の事業を実際に成就するを得し乎。吾人共に之を聴んと欲して未だ聞くを得ざる所也」と述べて、(202)開拓使の廃止を促したことは注目に値する。

かくて大隈は、小野の「今政十宜」を基礎にして、積極財政への再逆転を意図する「公債ヲ新募シ及ヒ銀行ヲ設立セン事ヲ請フノ議」(203)を四月頃に作成することになる。(204)そして今あえて結論を先取りしていうならば、この意見書はやがて六月に入ってから、外債の利を認めた伊藤の賛成をえることに成功し、(205)明治一四年度予算執行を直前に控えた七月末の閣議に大隈・伊藤両者連名で提出され、八月一日に可決されるにいたった。(206)つまり大隈は、前年六月の外債論における敗北や九月の緊縮財政への転換を通じて、次第に長派に奪われつつあった財政に対する主導権をここに回復し、積極財政への再転換に成功するかにみえたのである[207]。では、なにゆえ財政に対する大隈の主導権回復が、この時点で一挙に可能になったのであろうか。意見書の内容とそれが置かれた状況との双方から考察しておきたい。

まず意見書は、第一に内外債五〇〇〇万円の募集による迅速な紙幣整理を実現し、第二に「一大正金銀行」の設立と兌換券発行による金融制度の整備を実現することを説く[208]。さらに第三に、一〇〇〇万円余剰の積極政策への充当が暗黙のうちに了承されていたものと察せられる[209]。本質的には前年五月の五〇〇〇万円外債論と同じ今回の提案に対して[210]、伊藤を皮切りに続々と政府内の積極財政派の支持を動員できたのは、内容面での工夫をこらしていたからである。つまり、「外債」という表現を一度も用いることなく内外債論を暗示させることにより、「外債」に対する本能的な反発を弱め、かつ公募の段階から厳格な規制を行うことを謳い、償還期間を四〇～五〇年と長期化した上、元本償還高を低く抑えるなど、外債への懐疑に対して説得力ある内容にしたせいである[211]。しかも外債論と積極政策がセットになれば、松方を除く薩派が無条件で賛成するのは、火をみるよりも明らかであった。

次に意見書をめぐる政治状況である。主導権を握りつつあった緊縮財政論の井上や松方は、いったいどのように対応したのであろうか。実は井上・松方はともに、三月から四月にかけて生じた海軍・文部両省内の内紛問題と、農商務省の新設問題との省卿人事を軸としての交錯という事態に[212]、密接にかかわっている。すなわち海軍内では、榎本武揚海軍卿にあきたらぬ薩派が海軍参謀本部を創設して川村純義を迎える運動を起して、榎本と対立する事態に陥った。そこで一度は、海軍卿に長派の山田顕義を参議のまま兼任させ、榎本は親設の農商務卿に転任させることが内定した。だが岩倉具視・伊藤・井上の協力で進めたこの人事は、海軍卿に対する薩派の反対で失敗してしまう[213]。おりから文部省では教育政策をめぐって、九鬼隆一文部少輔以下と、儒教主義を軽視し嚶鳴社社員を重用する河野敏鎌文部卿との対立が明確化していた[214]。結局、海軍卿には薩派の川村が参議のまま復任することになり、それとのバランスで文部卿河野が農商務卿に就任することになった。

そして実は井上は、この省卿人事問題の解決に忙殺された結果、三月下旬から五月中旬までと六月上旬以降、病気療養のため東京を離れ、しばらく政務から遠ざかるにいたった[215]。五月半ば、一時帰京中の井上から今後の静養の件について相談された岩倉は、伊藤に次のように述べている[216]。

「昨日内話井上ケイ《（兄）》是より進退之都合可然大隈御相談有之度候。条公には両職共に其儘百日計《ばかり》隔絶之土地に而保養候はゝ、請合本快と見込也。只其間如何様之名称に而も伊藤代り心配候事出来ならば重畳との事に候。」

かくて三月以降八月末にいたる肝心な期間における井上の戦線離脱が、大隈の五〇〇〇万円内外債論の閣議通過を利したことはいうまでもあるまい。また農商務省の新設と河野農商務卿の就任に対しては、大隈による松方の影響力排除という見方も有力になっていた。薩派に近い宮島誠一郎は、四月二三日の日記に次のように記している[217]。

「河野の農商務卿に転任せんは此又少し奇なり、此新省は内務あれは更に設立せさるも可なり、松方の権力を大割して河野を封する是れ誰の技なるや、品川は副官なれば、長州人の手際とも不見、是は大隈等の肥前人の岩倉と謀りて、土佐人を籠絡するなり。」

松方自身も、この人事を心配して伊藤に対して、「河野は御請は進而可致候得共農商務省御創始之際天下之人心は如何に被思召候や。愚案にも相分兼申候」[218]と述べたほどであった。そして松方の影響力排除ということを、大隈は事実として貫徹できたのである。

以上から明らかなように、大隈は緊縮派の井上と松方を排除して、積極財政論への再転換の決定にもち込んだのである。したがってこの過程で、薩派との協調の回復は十分可能なはずであった。ただし注意すべきは、大隈は他方で薩派の中でも五代友厚・前田正名ら直輸出論グループとの提携も続け、関係貿易会社設立に関与していたことである[219]。だが、五〇〇〇万円内外債論の巻返しによって、当面直輸出論は中止となったため、五月に設立された関西貿易会社は北海道開拓使関係事業との関連を強めてゆくことになる[220]。結局、七月三〇日天皇行幸開始直後の閣議において、黒田清隆らの要請による北海道官有物の無利子三〇年賦三八万円での関西貿易会社に対する払下げが可決された[221]。この問題において大隈が払下げ決定に実際に反対したか否かは、ここではそれほど重要な問題ではない[222]。ともかく、大隈主導の下に積極財政への再転換がなされたのに続き、開拓使の薩派による民営化の保障がとりつけられたので、薩派としては満足のゆく成果をえられたことが重要であった。

実は財政論における大隈によるこのような逆転の過程に、まさに併行する形で、国会論においては岩倉―井上毅の二者によって、伊藤―井上馨を巻き込む形で、大隈に代表されるイギリスモデルを逆転させる過程が進行していた。五月中旬大木喬任参議から立憲政体に関する意見書が提出され、各参議の意見書が出揃ったので、下旬には三条実美・有栖川宮・岩倉三大臣による国会論に関する協議が行われている[223]。そして遅くともこの頃までに、先に有栖川宮左大臣限りとされた大隈の意見書も、三条・岩倉両大臣に内示された[224]。岩倉は、二年後国会開設とイギリス型政党政治の導入とを明記した大隈の意見書の急進性に驚き、六月に入ると井上毅にこれをみせて意見を聴取し、かつ井上毅にさまざまの調査を依頼するにいたった。[225] かくて井上毅は、法律顧問ヘルマン・ロエスレル（Karl Friedrich Hermann Roesler）からの教示を受け、イギリス型立憲政治を批判し、これにプロイセン型立憲政治を対置することを決意する。[226] そして岩倉宛意見書（意見第三）の未定稿においては、大隈意見書と福沢の交詢社草案との類似性を指摘し、あわせてイギリスモデルの政府内への浸透に危機感を表明している。[227] 結局七月六日、三条・有栖川宮両大臣宛に提出された井上毅の手になる岩倉の「大綱領」では、憲法起草の標準が大旨次のように定められた。[228] 第一に欽定憲法たること、第二に広範な天皇大権を規定すること、第三に大臣の天皇に対する単独責任制を規定すること、第四に予算の前年度執行権を規定することなど、いずれもプロイセンモデルの採用を示唆している。このように岩倉は井上毅との連携を強めながら、さらに憲法作成の担当者も大隈ではなく伊藤を推す決意を固めていた。それは六月二一日付三条・有栖川宮両大臣宛書翰で、岩倉が「此決局一局ヲ被立ト其御人選との二つより外無之と存候。大隈建言も断然に候得共実ニ可恐廉も可有之と存候条、万端極内伊藤江御内談之上局也名称也御取極可然哉、尚御賢考願候」と書いているのに明らかである。[229]

ところで伊藤は、六月二七日はじめて大隈の意見書に接した。[230] しかしイギリスモデルという観点からみれば、井上馨の議論と同工異曲ともいうべき大隈の議論に対して、当初伊藤は格別の感慨を現さなかった。しかし、その後井上毅の執拗なまでの入説を受けた結果、七月に入って伊藤は態度を急変させる。[231] すなわち七月二日、伊藤は次のように述べてジェスチェアとしてもかなり強硬に辞意を表明するまでにいたるのである。[232]

「大隈此節之建白を熟覧仕候処、実ニ意外之急進論に而とても魯鈍之博文輩驥尾ニ随従候事は出来不申、且亦現今将来之大勢を観察仕候主眼も甚相違仕候。」

この後も伊藤は、大隈意見書の内容の急進性と「密奏」手続きの二点に関して強く批判している。しかし七月四日には、この件に関する伊藤と大隈とのいちおうの和解が成立した。[233] 伊藤自身財政論においては、まさに大隈の五〇〇〇万円内外債論の共同提案者となっており、したがって国会論においてプロイセンモデルに傾きながらも、なお大隈と決定的に対立するつもりはなかったからである。[234] だから井上毅がさらにたたみかけるように、プロイセンモデルによる憲法の早期決定を説いたのに対し、伊藤は七月十二日付書翰で次のように述べて、国会論の決定を天皇行幸後の将来の閣議における討論にゆだねることを確言したに相違ない。[235]

「唯遅速之事ニ至テ除〻諸公と熟議廟算を定メサルヲ不得事に御座候。（中略）台閣衆論之所帰如何有之候歟、其帰否に依り成否は相定り可申、今日北地御巡幸に際し又大臣之内不在等に而急に事を纏め候事は到底出来申間布、いづれにしても時日を要することは不得止。」

しかし井上毅は、こうした伊藤の妥協的態度にあきたらず、敵の敵は味方とする戦略を採り、財政論において一貫して緊縮論を貫いているがために大隈から排除されていた、静養中の井上馨と薩派の松方の二人に接近を試み、国会論における大隈孤立化の多数派工作を開始したのである。[236] 井上毅はまず七月二二日、宮島で静養中の井上馨を訪れ、自説を開陳した。その結果井上馨も態度を豹変させ、七月二七日付書翰[237]で伊藤に対して、「最早今日如期形勢に差迫りたれは、不得止場合故早く独乙の憲法に習ひ其法制を細密にし、（中略）左すれは老兄事は法制部を全任し其事を担荷被成候方当今策の得たる者と奉存候」と述べるにいたった。それに加えて、これまで大隈と同様イギリスモデルの国会論を唱えていた井上馨は、次のようにそれとの絶縁およびプロイセンモデルへの転向を伊藤に対して明らかに宣言したのであった。

「此は是細事実に英政体は其名はコンスチチユーシヨナールモナキーなれとも、其実は米国之脇〔協〕和政体よりも甚く英国に適当して他に学ふ可らさる習慣法之然らしむる処なり。実に方今之洋学者英仏之学を修業する者多く、故に英制の最良なるを知るも他に移す可らさるの理由に暗し。福沢等も亦然り。故に早く独乙法に習ひ以て吾憲法を定むるは方今不可失好機会と愚考せり。」

このようなみごとなまでの井上馨のプロイセンモデルへの転向が、伊藤に影響を与えないはずはなかった。伊藤のほうが、井上よりはるかにイギリスモデルに距離をおいていたからである。次いで井上毅は、松方に対して黒田清隆・西郷従道ら薩派への工作を依頼し、八月初めには伊藤を憲法担当者とする合意をえるのに成功した(238)。かくて大隈排除という形での国会論における逆転工作が、着々と進みつつあったのである。

明治一四年七月末から八月初めにかけて、時あたかも天皇行幸出発の前後に、財政論と国会論とをめぐる政府内の状況は政治力学的には、一つの均衡点に達したといってよい。一方で、財政論では大隈主導の形で、緊縮財政論から積極財政論への再転換が多数の支持の下に正式に決定し、他方で、国会論では伊藤主導のプロイセンモデルへの逆転が、多数派工作の下に進行していた。また同時に、黒田主導の北海道官有物払下げもいちおう多数の支持をえて決定された。したがってこのままゆけば、大久保没後体制の大隈・伊藤・黒田という三有力者は、それぞれ所をえることになったはずである(239)。

しかし、このような均衡を決定的に打破したのは、まさに同じく七月末から開始された民間ジャーナリズムによる北海道官有物払下げ批判のキャンペーンにほかならなかった。

七月末、『東京横浜毎日新聞』および『郵便報知新聞』によって口火を切られたこのキャンペーンは、当初は関西貿易会社と開拓使経営との二点に対象を絞っていた[240]。ところが八月半ばに、『朝野新聞』『東京日日新聞』によってこの批判が国会開設要求と結びつけられるや、世論は俄然沸騰することになった[241]。そして八月末から九月初めにかけて、政府批判・財政批判へとそのキャンペーンの射程距離は拡大してゆく。さらにその過程で、とりわけ反動かつ専横のイメージから、批判は薩派に集中することになる[242]。つまり、払下げの強行や国会開設反対は無論のこと、緊縮財政の不徹底にいたるまで、政府批判のすべての論点が薩派攻撃に用いられた[243]。逆にその反射として、大隈は例えば払下げ反対論者として報道され、高く評価されている[244]。

こうした世論の動向の中にあって、政府内には大隈陰謀論[245]が容易に成立しやすい状況となった。なぜなら、第一に、緊縮財政の不徹底と積極財政への再転換にみられる財政不統一の責は、本来薩派ではなく大隈が負うべきものである。しかし世論は大隈を攻撃していない。第二に、払下げ反対に端を発し国会開設の要求にいたる世論の流れは、まさに大隈の意見書と親和的である。しかも実際に小野梓らは政党組織化工作を始めている[246]。かくて世論が薩派を集中攻撃すればするほど、政府内では大隈陰謀論が高まり、したがって大隈追放の動きへと結びついていった[247]。

結局、大隈追放とプロイセンモデルの採用という二点で政府内にほぼ合意が形成されるのは、八月末から九月初めにかけてのことである[248]。この舞台回しの役を務めたのは、八月三一日に実に半年ぶりに静養から戻った井上馨であった。その模様を三条は次のように伝えている。[249]
「既に頃日井上参議帰京、（中略）爾後伊藤井上山県山田西郷等内談之処も粗《ほぼ》井上参議意見に同論、還幸後神速に施行相成度申居此節は孰れも必死尽力進退を決候内意に有之候。実に還幸之後は一大変動を生し候に相違無之と相察申候。（中略）大隈氏建言已来専ら福沢党之気脈内部に浸入之事に至ては一同憤激之模様に有之候間、此般は到底大隈氏と一和は難整、必内閣破裂之場合に切迫致候事と存候。」
この後約一カ月を要して、大隈追放で岩倉を、[250]官有物払下げ中止で黒田を、[251]それぞれ説得したことによって、政変の準備はすべて整ったといってよい。なお九月に入ると佐佐木高行ら旧侍補・宮中グループは、反大隈・反薩長の立場から、金子堅太郎・島田三郎・三好退蔵ら少壮知識官僚グループと連携して、キャスチングボートを握るべく「中正党」を結成するにいたった。[252]この「中正党」も、最終的には伊藤らと取引きをして反大隈に傾斜してゆくのである。[253]
このようなプロイセン流国会論への一種のなだれ現象が生じたのと同じ頃、緊縮論の松方は再度積極財政論から緊縮財政論への巻返しを開始する。[254]九月六日「財政議」を提出した松方は、七月の積極財政への逆転をきびしく批判し、前年九月の緊縮路線を再確立し、財政余剰による紙幣消却を進め、中央銀行設立による近代的通貨制度を確立することを主張している。[255]同時に前述した明治一三年六月の「財政管窺概略」[256]以来の外債反対論を繰り返したのである。[257]実は沸騰する民間ジャーナリズムにおいても、外債論に象徴される緊縮財政の不徹底が非難・攻撃されており、[258]その上前述の「中正党」による大隈批判・薩派批判[259]をもあわせて考えるならば、この時点において、はじめて朝野を通じて緊縮財政論に幅広い合意がえられる状況が生れたといえよう。その意味で松方の提案は、時宜をえたものであった。そして伊藤が松方の意見を受容したことによって、事態は緊縮財政再確定の方向へ向かったのである。[260]

明治一四年一〇月一一日の天皇還幸後の御前会議において、参議大隈重信の免官と北海道官有物払下げの中止が決定し、翌一二日には一〇年後の国会開設の勅諭が公表された。[261] 次いで一〇月二一日には松方正義が大蔵卿に就任し、緊縮財政を開始する。[262] ここに明治一四年の政変により、明治国家の基本路線たる「国会論」と「財政論」とが確定した。

かくて「国会論」に続く「財政論」の逆転により、大隈はたとえ追放されなくとも政治的影響力の著しい低下は免れえなかった。その意味では、劇的な政変によってイギリス流国会早期開設論および積極財政論に殉じ、あらためて民権運動の側に立つことにより新たな政治的影響力を持ちえただけ、大隈のほうが、積極財政論に固執し続けたために政府内で左遷された黒田より幸運だったといえるかもしれない。そしてまた伊藤は、「国会論」「財政論」ともに曖昧のまま状況主義的に調整役として事態に対応したからこそ、政変後の政府におけるトップリーダーとして活躍できたのであろう。

ところで「国会論」と「財政論」とについて、代表的政治指導者の選択を整理すると、次のようになろう。まず国会尚早論―積極財政論の黒田清隆、次いで早期国会開設論（イギリスモデル）―緊縮財政論の井上馨、さらに急進的国会開設論（イギリスモデル）―積極財政論の大隈重信の三類型である。この中にあって緊縮論の松方を除く薩派が黒田とほぼ同じ類型に入るほかは、おおむね他の政治家は、国会論では漸進的開設志向、財政論では積極志向が強かった。伊藤博文はその好例であり、井上馨ほど国会開設論は明確でなく、財政論ではどちらかといえば積極志向である。

「六年政変」以来のこうした政府内部の状況を激変させたものとして、「一四年政変」のもつ政治史的意味は決して小さくない。まず第一に「国会論」において、アモルフな斬新的開設志向に対して、イギリスモデルではなくプロイセンモデルを明確に措定したことである。次いで第二に「財政論」において、積極財政志向に対して、緊縮財政論を確定したことである。つまり明治国家が国家形成の開始される「建設の時代」のごく初期において、自由民権運動への政治的対応を通して、「国会論」「財政論」の双方ともに、これまで決して政府内の主流ではなかった考え方に明確に統一確定された点に、その意味を見出すことができるだろう。政府による自己変革ともいうべき新たな選択は、明らかにこれまでの流れを変えたからである。

6　明治立憲制への展望

「国会論」と「財政論」の確定による国家形成の基本路線の設定は、政府および民権派の双方に強く意識された。そして双方とも、直ちに基本路線として設定された一〇年後国会開設という国家目標へむけての競争を開始する。したがってここでは「一四年政変」以後、明治立憲制の成立に至る過程を、この視点からごく簡単に素描し、「一四年政変」の意義を確認することとしたい。

まず政府の側から考察しよう。一〇年後国会開設のためには、恒久的な統治機構を準備し地方経営上の諸問題を解決する必要があった。しかし、そこでまずネックになるのは、新任の松方大蔵卿による緊縮財政の開始である。あたかも明治一四（一八八一）年一一月、政変直後の時点において、内務省が早速地方土木費国庫補助の復活制度化を求めているのは象徴的であった。すなわちこれを嚆矢として、地方経営・殖産興業という明治国家の近代化促進の上で相互に関係する政策に携わる内務・工部・農商務三省の対立が、大蔵省をもまじえて多次的に拡大していくことになる[263]。また明治一五年七月の壬午事変を契機として軍部からは海軍軍拡の要求が出され、大蔵省はその対策に苦慮することになる[264]。

しかしこのような各省の積極志向に対して、松方はあくまでも緊縮財政の根幹を守り、それを大蔵省の体質としていく。まず後者の軍拡要求に対しては、間接税増税＝軍備部方式で対応し、軍拡費用を増税額の範囲内に止める制度的保障を確保した。前者の地方経営をめぐる対立競合関係の進展に対しても、大蔵省はおおむね緊縮財政を貫徹しえた。ただしこの場合は、単にそれのみならず各省が予算獲得のために大蔵省をはじめとする他省を説得し自省の優位を確立する必要から、ソフィストケートされた政策体系を提示した結果、次第に相互の領域侵犯を生じ、官僚制機構自体の再編成へとむかっていく。

まず長派（山県内務卿）主導の内務省は、利益供与による安定した地方経営の実現のために、土木費国庫補助の制度化をめざし、府県会コントロールの意図を秘めた国費―地方費一体の有機的配分制を考案し、工部省解体を主張する。これに対して大蔵省は松方の指導の下に基本的には緊縮政策を堅持し、しかも内務省の土木予算増額要求を拒みきれなくなると、興業銀行を創設して、これに地方への資本投下の役割を代替させるべく意図した。ところが同じく薩派（西郷従道農商務卿、前田正名大書記官）主導の農商務省は、土木事業よりもまず輸出産業への優先的投資をはかる興業銀行の創設を志向し、大蔵省と対立する。さらに中正党（佐佐木高行工部卿）主導の工部省は、土木事業を地方的利害を考慮することなく、全国的視野から一貫した運輸体系の中に組みこみ、積極的な施工を進めることを意図して、内務省に土木局の移管を要求する。このため明治一七年末から一八年初めにかけて、明治国家の官僚機構は一種の機能不全をおこすのである。そしてこの機能不全解決への模索が、やがて上部意思決定機構から下部執行機関に至る行政機構の大改革を促進し、明治一八年一二月の内閣制度の創設をみることになる。

次に民権派の動向に移ろう。政変直後の明治一四年一〇月に板垣を中心とする自由党、一五年五月に政府から駆逐された大隈を中心に改進党が、各々結成される。当時の府県会は緊縮財政に反発しており、これに同調する地方官も多かったから、府県会争議に対する地方官の統制が弱まると同時に、地方官に対する内務省自体の統制も弱まっていた。さらに一五年後半には不況下にもかかわらず、軍拡のための増税が不可避とされ、政府は民権運動対策に一層苦慮することとなった。政府は当初、地方動向に鑑みて統制強化と共に、緊縮財政の禁を破っても、国庫補助の増大による利益供与を考慮に入れるほど、事態を恐れていたのである。

しかし民権派は、こうした好機を生かすことに結局失敗する。まず自由党は、明治一五年六月の集会条例改正により、得意とする自由党地域組織間の連絡や共同行動が困難となった上、一一月には板垣・後藤が洋行してしまい、運動の進展が止まってしまった。これに対して府県会活動に重点を置く改進党も、一二月の府県会への法的規制による統制の強化によって圧迫を受け、翌一六年二月の府県会議員連合通信会の禁止によって活動が低下する。当初における政府側のもたつきにもかかわらず、民権運動側は、自由・改進両党の対立もあり、ほぼ一年で政治的影響力を喪失する。

かくて明治一七年に入って、政府の側で地方経営をめぐる対立競合関係が激化する時期に、民権運動もまたこれまでの全国的政治運動とは異なる形の展開をみせることになる。すなわち、それは一七年五月の群馬事件から一一月の秩父事件に至るまでの一連のいわゆる激化事件の勃発であった。しかしこの激化事件を契機として、民権運動の主体たる自由党は解党に追いこまれ、改進党もまた事実上活動を停止する。

結局官僚制の機能不全と民権運動の逼塞という状況の中から、政府は単にプロイセン流制度の機械的導入ということではなく、まさに前述のような内発的動機によって、一八年一二月内閣制度の創設に成功するのである。以上から、「一四年政変」で決定した「国会論」と「財政論」の流れが、形成期の明治立憲制を規定する不可逆的な要因として作用していることが理解される。そしてまさに国会開設の具体的前提として内閣制度の創設が意識されたからこそ、一九年以後今度は国会への参加をめぐる運動が活性化し、政治状況は再度流動化し始めることになる。さらにまた財政の緊縮志向の政府内への定着故に、限られた財源の配分をめぐる各政治主体間の新たな競争が生じるのである。しかしもはやこれらの考察のためには、自明の前提と化した「国会論」と「財政論」という視点は有効性を失っている。したがってここに明治国家は、「国会論」と「財政論」とは異なる分析軸を必要とする段階を迎えるに至ったといえよう。

註

(1) 本書の第2章、一三三頁参照。
(2) 本書の第2章、一三五〜一三七頁参照。
(3) 笠原英彦「天皇親政運動と佐々木高行」(『慶応大学大学院法学研究科論文集』昭和五十七年度) 一一七頁。
(4) 元田永孚「古稀之記」(稲田正次『教育勅語成立過程の研究』講談社、一九七一年三四頁所引)。
(5) 渡辺昭夫「天皇制国家形成途上における『天皇親政』の思想と運動」(『歴史学研究』二五四号、一九六一年) 二頁。
(6) 「大隈重信関係文書」A五〇一 (国立国会図書館憲政資料室所蔵) 所収。また渡辺、同前論文中の四頁の注 (21) を参照のこと。
(7) 明治八年から一六年頃まで断続的に続く元老院の権限強化問題については、稲田正次『明治憲法成立史』上 (有斐閣、一九六〇年) 三三七〜三五一頁、および坂本一登「華族制度をめぐる伊藤博文と岩倉具視」(『東京都立大学法学会雑誌』二六巻一号、一九八五年) 三五一〜三六三頁参照。
(8) 稲田、前掲『明治憲法成立史』上、三〇七〜三一九頁。
(9) 稲田、前掲『教育勅語成立過程の研究』三五〜三七頁所引。
(10) 同前書、三八頁。
(11) 笠原、前掲「天皇親政運動と佐々木高行」一二〇頁。なお伊地知については、明治一一年六月九日付伊藤博文宛西村捨三書翰に、「伊地知義たとひ願通免官相成候とも爾後薩地士族之方向は必竟同人之薫陶次第にて、往には天下に影響する事件も可有之哉と被存候」(伊藤博文関係文書研究会編『伊藤博文関係文書』六巻、塙書房、一九七八年、三三二頁) と述べられている。さらに副島については、一二年七月一九日付下津休也宛元田永孚書翰に、「副島事を吉井より承はり、実は昨冬迂生より奉願候処、幸廟堂にも其議起り、遂に只今の場へ出頭致候。学問の儀は実に孔子を信じ、其申上候に斯道を以て平天下に至るの見識は、小楠先生の道話を聞し以来始めての議論歟と思候様に有之候」(沼田哲・元田竹彦編『元田永孚関係文書』山川出版社、一九八五年、一五〇〜一五一頁) と述べられている。また両者の登用のプロセスについては、「宮島誠一郎日記」(善隣書院所蔵) の一二年一月から四月の記述に詳しい。例えば、二月一八日の日記には、「副島、伊地知御任用云々建白書を岩倉公に呈す」とある。
(12) 笠原、前掲「天皇親政運動と佐々木高行」一二〇頁。

(13) 本書の第2章、一三四～一三七頁参照。
(14) 例えば元田永孚は明治一二年七月一九日に、「君側には佐々木なり吉井なり、実に同心の朋友にて力を得候得ば、内閣中只々智能才力、殊に維新以来の慣習文明流に運来候末にて、大久保の跡を継て国家相当の人物を欠き、両大臣にも将来の心配之のみと察入候」(前掲『元田永孚関係文書』一五一頁)と記している。ここに伊藤―井上―大隈ら「開化者流」(同前、一四九頁)への低い評価は明らかである。
(15) 元田・佐佐木らは、常に岩倉右大臣を通して自分たちの要求を伝え、岩倉は時にそれに近い立場をとりながら伊藤との交渉に臨んでいる。佐藤誠三郎「調停者としての岩倉」(『幕末・維新の日本』〔年報・近代日本研究3〕山川出版社、一九八一年)一八九頁、東京大学史料編纂所編『保古飛呂比(佐佐木高行日記)』八巻(東京大学出版会、一九七六年)参照のこと。
(16) 侍補の提言に近い立場をとっていた岩倉は、伊藤―井上―大隈の反対にあって進退きわまった。その様子を三条実美が、三月六日付書翰で伊藤に次のように伝えている。「昨日評議之一件岩倉右大臣少々不平之形況に付甚苦慮致候に付今日行向面談候処、実は該事件は同卿頗熱心にて、頃日来大隈、足下、井上等へも被遂内説候末故、昨日は異議も有之間敷と被存候処、種々議論も有之、旨趣も貫徹不致段甚遺憾之由」。そこで岩倉は「該事件に付内閣紛紜の情態他に漏泄致候而は意外之物議も相生し候而は甚不可然に付何とか速に決定有之度、夫迄は自身出勤も不致との」態度をとり、事態の収拾を伊藤に一任したのである。以上、いずれも明治一二年三月六日付伊藤宛三条書翰(前掲『伊藤博文関係文書』五巻〈一九七七〉一二六番、一二七頁)。「明治十四年」とあるのは年代推定の誤りである。なお、宮内省臨時帝室編修局編『明治天皇紀』四巻(吉川弘文館、一九七〇年)六二七～六二八頁参照。
(17) 明治一二年三月付元田宛佐佐木書翰(前掲『保古飛呂比』八巻、二六八頁)。
(18) 稲田、前掲『教育勅語成立過程の研究』三八頁。
(19) 明治一二年三月二二日付佐佐木宛元田書翰(前掲『保古飛呂比』八巻、二七〇～二七二頁)。
(20) 稲田、前掲『教育勅語成立過程の研究』三四～三五頁。
(21) 以下、稲田、前掲『明治憲法成立史』上、四三四～四三六頁。
(22) 本書の第2章、一四七～一四八頁参照。
(23) 「岩倉具視関係文書」一(国立公文書館・内閣文庫所蔵)。

(24)　稲田、前掲『教育勅語成立過程の研究』四三～四四頁。
(25)　原口清『日本近代国家の形成』（岩波書店、一九六八年）一三八頁、山中永之佑「教育制度」（福島正夫編『日本近代法体制の形成』上、日本評論社、一九八一年）三六四～三六六頁、稲田、前掲『教育勅語成立過程の研究』四一～四二頁。
(26)　稲田、前掲『教育勅語成立過程の研究』四五～四八頁、原口、前掲『日本近代国家の形成』二三八～二三九頁。
(27)　原口、前掲『日本近代国家の形成』二三九頁。
(28)　本書の第2章、一三八～一三九頁参照。
(29)　稲田、前掲『教育勅語成立過程の研究』四五頁。
(30)　明治一二年九月一日付佐佐木宛土方書翰（前掲『保古飛呂比』八巻、三四〇頁）。
(31)　稲田、前掲『教育勅語成立過程の研究』四五頁、四八～四九頁。
(32)　同前書、四九頁。
(33)　同前書、四九～五二頁。
(34)　明治一二年九月二一日付伊藤宛岩倉書翰（前掲『伊藤博文関係文書』三巻〈一九七五年〉八八頁）。
(35)　明治一二年一〇月八日付伊藤宛岩倉書翰（前掲『伊藤博文関係文書』三巻、八九頁）。大臣は一名毎日出仕、参議は一名定日出仕と決められた（前掲『明治天皇紀』四巻、七七八～七八〇頁）。
(36)　渡辺、前掲「天皇制国家形成途上における『天皇親政』の思想と運動」二一～三頁。
(37)　明治一二年六月二七日付「財政四件ヲ挙行セン事ヲ請フノ議」（早稲田大学社会科学研究所編『大隈文書』三巻〈一九六〇年〉三四〇～三六〇頁）。財政四件の第一は「地租再査ノ事」、第二は「儲蓄備荒ノ事」、第三は「紙幣支消ノ額ヲ増シテ之ヲ截断ニ付スル事」、そして第四が本文引用箇所にあたる（山本有造「大隈財政論の本態と擬態」梅村又次・中村隆英編『松方財政と殖産興業政策』東京大学出版会、一九八三年、八七～九〇頁）。
(38)　本書の第2章、一三七頁参照。
(39)　明治一二年七月五日付「財政之儀ニ付建言」（前掲『大隈文書』一巻〈一九五九年〉八八～一〇九頁）。
(40)　「松方伯財政論策集」（大内兵衛・土屋喬雄編『明治前期財政経済史料集成』一巻、復刻、原書房、一九七九年、五二二～五三〇頁）。
(41)　松方はさらに「政府以テ各般ノ民業ニ着手シ事ヲ好ミ功ヲ貪ホル如キハ、反テ人民自為独立ノ気勢ヲ挫折シ、大ニ国内ノ生殖力ヲシテ減退セシメ、其弊害タル得テ測ルヘカラサラントス」と述べて、民間経済の活性化を訴え、また官営諸場についても「此種ハ固ヨリ一時ノ仮設ニシテ到底政府ノ永ク関与スヘキモノニアラス」と語り、一一月には従来勧農局の「主務」であった官営諸場を「臨時事業」に繰り入れている。室山義正『近代日本の軍事と財政』（東京大学出版会、一九八四年）三〇～三一頁、上山和雄「農商務省の設立とその政策展開」（『社会経済史学』四一巻三号）四九頁参照。

(42)　薩派の黒田清隆は、「勤倹論」のイデオロギー的規制に激しい反発をみせた。すなわち開拓使事業を統轄する黒田は、明治一二年四月二五日付三条・岩倉宛書翰（日本史籍協会編『岩倉具視関係文書』七巻、東京大学出版会、再刊、一九八三年、一一〇～一一三頁）の中で、「昨年大久保参議兇変に遭ひし以来政府従前の方嚮を易へす稍持重動かさりしも、未た一周年ならさるに又改革の説興り前日議案を下示せられしにより鄙見の存る所黙止するに忍ひす」と宣言し、大久保の政策的遺産たる積極財政論を断固として守る意見を表明したのである。

(43)　本書の第2章、一五〇～一五一頁参照。

(44)　「憲政史編纂会収集文書・岩倉公爵家文書」四八五（国立国会図書館憲政資料室所蔵）。山県はこの意見書の中で、民衆の支持を調達するために、「政事ノ機軸」を確定して「国憲」を制定し、しかも「行政権ヲシテ他ノ二権ヲ掣肘スルコトナカラシメ」るよう提案している。ここにみられる権力の分立という考え方は、旧侍補・宮中グループのそれにきわめて近い。

(45)　前掲『明治天皇紀』四巻、八三五～八三六頁。

(46)　本書の第2章、一五〇頁参照。

(47)　明治一二年一二月二八日付黒田宛伊藤書翰（春畝公追頌会編『伊藤博文伝』中〈原書房、一九七〇年復刊〉一五九頁）。

(48)　同前書、中において、「内閣と諸省分任に相成候方、政府の根本を堅固にして且公平を維持する手段と見込候」と伊藤は書いている。

(49)　原口、前掲『日本近代国家の形成』一八三～一九三頁。

(50)　前掲『保古飛呂比』九巻（一九七七年）八九頁。

(51)　明治一二年から一三年にかけて財政の悪化が頂点に達する。一三年には、内債二億三八〇〇万円余、外債一一〇〇万円余のほか、紙幣の流通高は一億五〇〇万円余となり、米価は明治一〇年の一石五円六一銭が一三年には一石一〇円四七銭となり、金利も高騰した（原口、前掲『日本近代国家の形成』二六四頁、中村隆英「明治維新期財政金融政策展望」梅村他編、前掲『松方財政と殖産興業政策』二七頁、三一～三二頁）。

(52) 前註(47)に同じ。
(53) 明治一三年一月一九日付伊藤宛井上書翰(前掲『伊藤博文関係文書』一巻〈一九七三年〉一五九頁)。
(54) のちの外債論・米納論との関連でいうならば、おしなべて積極財政論者がいずれも分離改革に消極的である。
(55) 明治一三年一月二〇日付五代宛森山書翰(日本経営史研究所編『五代友厚伝記資料』四巻〈東洋経済新報社、一九七四年〉一五八頁)。
(56) 明治一三年一月二七日付大隈宛五代書翰(同前書、一巻〈一九七一年〉三四三頁)。
(57) 明治一三年二月一〇日付伊藤・井上馨宛岩倉書翰(前掲『伊藤博文関係文書』三巻、九〇頁)には、「今朝大隈え両人同席段々及内談に候処、種々見込も承候得共不可然との事にて頗る六ケ敷被存候」とある。
(58) 「憲政史編纂会収集文書・黒田伯爵家文書」(国立国会図書館憲政資料室所蔵)および前掲「同前・岩倉公爵家文書」に所収。
(59) インフレに苦しむ士族民権論者に、積極的な殖産興業政策によって雇用の機会を与えれば、国会論などに現を抜かすことはなくなるというのが黒田の判断であった(室山、前掲『近代日本の軍事と財政』二七〜二八頁)。
(60) 黒田は徹頭徹尾大隈擁護の立場から、明治一三年二月一五日付三条・岩倉宛書翰(前掲『伊藤博文伝』中、一六二頁)において、「〇〇〔大隈〕進退に関し云々猶退て勘考仕候に、大蔵省の改革自由に行はれざるより、伊藤、井上等如此策略を廻し、遂に分離に出でしならんと疑図を抱き、此事に及候哉と推察仕候」との懸念を表明している。
(61) 岩倉らの大隈に対する説得工作はその後もずっと続けられたらしく、明治一三年二月一四日付岩倉宛書翰(「三条実美関係文書」〈国立国会図書館憲政資料室所蔵〉所収)において、井上馨は「分離一件に付て爾後大隈も如何之説に相成候哉」と尋ねている。
(62) 前掲『伊藤博文伝』中、一六四頁。前掲「三条実美関係文書」所収。
(63) 同前書、中、一六五〜一六六頁。
(64) 明治一三年二月二六日付伊藤宛岩倉書翰(前掲『伊藤博文関係文書』三巻、九一頁)に、「別事にも無之、黒多〔田〕内談次第あり」、「明日之評議行違出来候而は遺憾之極也。殊に人撰に而崩れ可申哉之懸念也。実困却候条今一段此上之尽力之祈」とあり、翌二七日付伊藤宛岩倉書翰(同前)に、「昨日は段々御苦労に而今度御改正粗見込相立重畳此事に候」とある。つまり、二六日から二七日にかけての伊藤の必死の説得工作によって、薩派も了承するにいたったのである。それゆえに分離改革が断行された翌二八日、井上馨は伊藤に対して「連日之舌戦定て御疲労奉察候」と述べ、その奮闘を称えたのであった（前掲『伊藤博文関係文書』一巻、一六〇頁）。

(65) 黒田参議の開拓長官兼任、井上参議の外務卿兼任、山県参議の参謀本部長兼任は従来と変らず、あらたに大木喬任参議が元老院議長を兼任し、以上四人を分離改革の例外とする。陸軍卿大山巌、海軍卿榎本武揚、工部卿山尾庸三、文部卿河野敏鎌、大蔵卿佐野常民、内務卿松方正義がいずれも新任である。大隈・伊藤・寺島宗則・西郷・川村・山田顕義の六名は参議専任となった。三月三日あらたに太政官に法制・会計・軍事・内務・司法・外務の六部を置き、一〇名の参議が複数で各部を共同管理する体制となった（前掲『伊藤博文伝』中、一六八～一七一頁参照）。

(66) 前掲『保古飛呂比』九巻、八九頁。

(67) すでに明治一二年の「勧農要旨」以来、大隈―薩派ラインによる勧業政策への批判を強めていた松方は、一三年二月に「勧農局処務条例」を制定し、間接的勧業政策を「主務」とし、直接的勧業政策を「臨時業務」とすることを明確にした（上山、前掲「農商務省の設立とその政策展開」四九頁参照）。薩派出身でしかもこれまで大隈の下で大蔵大輔を務めていた松方のこうした批判的態度は、当然に問題視された。しかし五代は大隈に対して、「松方にも種々議論有之候由。併、閣下に対し、決て不満足は無之趣、其辺は御安心被下度候」、「仍之、黒田と内実相結居候趣に相聞候」と述べて、松方と大隈―薩派ラインとの修復を図っている（明治一三年二月一四日付大隈宛五代書翰〈前掲『五代友厚伝記資料』一巻、四四六番、三六六頁〉）。なお「明治十四年」の年代推定は誤りである。

(68) 前掲『保古飛呂比』九巻、八七頁。

(69) 稲田、前掲『明治憲法成立史』上、三四三頁。

(70) 山中、前掲「教育制度」三七六頁。

(71) 「教育令ニ付意見書」（『史料県令籠手田安定』Ⅰ〈丸ノ内出版、一九八五年〉二五八～二五九頁）。

(72) 同前。

(73) 稲田、前掲『教育勅語成立過程の研究』五五～五七頁。

(74) 山中、前掲「教育制度」三七七～三七九頁。

(75) 原口、前掲『日本近代国家の形成』二三九～三四〇頁、前掲・山中「教育制度」三八〇～三八一頁。

(76) 日本史籍協会編『大隈重信関係文書』四巻（東京大学出版会、一九七〇年復刻）一一二～一二四頁。

(77) 本章第2節、一八五～一八六頁参照。
(78) 前掲『大隈重信関係文書』四巻、一二五～一四八頁。
(79) 山本、前掲「大隈財政論の本態と擬態」九六頁、室山、前掲『近代日本の軍事と財政』二一一～二一四頁。
(80) 本章第2節、一八六頁参照。
(81) 明治一三年五月六日付伊藤宛松方書翰（前掲『伊藤博文関係文書』七巻〈一九七九年〉八九～九〇頁）。
(82) 前掲『明治天皇紀』五巻〈一九七一年〉七一～七二頁。
(83) 明治一三年五月二一日付三条宛伊藤書翰（前掲「三条実美関係文書」所収）。
(84) 前註（82）に同じ。
(85) 本章第2節、一八六頁参照。
(86) 本書の第2章、一五〇～一五一頁参照。
(87) 前掲『明治天皇紀』五巻、七三～七四頁。
(88) 「岩倉家蔵書類・明治十三年財政諮問之件」（「岩倉具視関係文書」二八〇〈国立国会図書館憲政資料室所蔵〉所収）。以下の引用も同じ。またごく簡略なものとして「参議十名財政義意見聞書大略」（「岩倉具視関係文書」三五〈国立公文書館・内閣文庫所蔵〉）がある。
(89) 山田については反対論に入れる見解が有力（室山、前掲『近代日本の軍事と財政』二八～二九頁）であるが、本稿では、「万止ヲ不得ノ場合アレハ外債ヲ起スモ必不可トモセス」との山田の意見表明を、他の賛成論者の意見表明「外債ヲナスモ弁償ノ目的確乎ト相立ナラハ不可トモ不存」（川村参議）と比較して、格別反対論に入れる必然性はないと判断した。
(90) 本章第2節、一八九～一九〇頁参照。
(91) 室山、前掲『近代日本の軍事と財政』二八～二九頁、三二頁参照。
(92) 前註（88）で示した岩倉の書類の中に、井上と松方の意見書が存在しないのは、まことに象徴的である。
(93) 明治一三年五月二九日付伊藤宛岩倉書翰（前掲『伊藤博文関係文書』三巻、九三頁）に、「松方、榎本、田中等見込は口述に而承り跡より可申入候」と述べられている。
(94) 前掲「松方伯財政論策集」五三二頁。
(95) 同前書、五三二～五三五頁。

(96) 室山、前掲『近代日本の軍事と財政』二九〜三二頁。
(97) 同前書、二八頁。
(98) 明治一三年五月二九日付伊藤宛岩倉書翰（前掲『伊藤博文関係文書』三巻、九三頁）。
(99) 前掲『明治天皇紀』五巻、七四〜七五頁。
(100) 前掲『保古飛呂比』九巻、一一八頁。
(101) 前註（88）に同じ。
(102) 勅諭には、「外債ノ最モ今日ニ不可ナルヲ知ル、昨年グラントヨリ此外国債ノ利害ニ於テハ尽言スル所アリ、其言猶耳ニ在リ」と書かれている（前掲『明治天皇紀』五巻、七五頁）。
(103) 前註（88）に同じ。前者は山田参議、後者は川村参議の言である。なお前註（89）参照。
(104) 黒田・西郷は「猶財政ニ精シキ人ヲ以テ詳議アリタシ」と付記し、山田も「経済不工者ナレハ大ニ苦シムナリ」と付記していることからわかるように、外債賛成派は究極のところで、逃げを打っている。
(105) 前掲『明治天皇紀』五巻、七五頁、一六九〜一七〇頁。各省使定額金三〇〇万円減額に、減債方案による二〇〇万円を加え、合計五〇〇万円で紙幣整理を行うという計画である。
(106) 前註（88）に同じ。
(107) 前掲『明治天皇紀』五巻、一〇七〜一〇八頁。
(108) 前掲『保古飛呂比』九巻、一七〇頁。
(109) 前掲「憲政史編纂会収集文書・岩倉公爵家文書」四八五所収。
(110) 「岩倉公旧蹟保存会収集文書」七（国立国会図書館憲政資料室所蔵）、および前掲「岩倉家蔵書類・明治十三年財政諮問之件」。
(111) 井上は次のように述べて、大久保の制度的遺産ともいうべき地方制度改革と参加の制度化を行ったにもかかわらず、民権派の政府批判が絶えぬことを指摘する。「今帝即位ノ初ニ方テ五事ヲ神明ニ誓ハセラレ、又明治八年漸次立憲政体ヲ設ルノ聖詔ヲ垂レ、従テ府県会ヲ開キ、民ニ其地方ノ政務ニ参議スルノ権利ヲ附与セラレシニモ拘ラズ、巷ニ説キ街ニ議シテ、政府ヲ怨望スル者天下到処トシテ之アラザルハナシ」。
　そしてその理由を、「我施為ノ能ク地歩ヲ占メズ、軽々与フニ失セシヨリ、元来人心ヲ収攬スベキ政略モ、啻ニ水泡ニ属セシノミナラズ、却テ之ガ弊害ヲ招クニ至レリ」と述べて、井上は政府の政策の不当性に求めている。ここに大隈―薩派の積極財政―殖産興業政策に対する批判が込められていることは、いうまでもなかろう。

(112)　井上は、国会開設を期して民権運動を展開している人民の「智識」が、明治六～七年の段階から着実に進歩していることを次のように察知している。「顧フニ、明治六七年ノ交ニ際シ、始テ民選議院論ノ起レルヤ、当時少ク識見アル者ハ、皆其大早計ヲ嗤笑セザル者ナカリシモ、世人ノ智識頓ニ一進シ、人民ノ幼稚ナル国会猶早キヲ怨ム抔トハ、却テ迂論タルニ至リ、今日ノ人民概ニ六七年ノ人民ニ非レバ、則チ其輿論ノ帰向スル所、最早妄ニ威権ヲ負テ、以テ之ニ逆フ可ラザルナリ」。

こうした一連の井上の民権派および国会開設論に対する親近性は、実は在野時代の明治八年に、時の大久保―大隈ラインに対抗して木戸孝允とともに民権派と提携し、立憲制の導入を主張して以来のことであるといってよい（坂野潤治「征韓論争後の『内治派』と『外征派』」前掲『幕末・維新の日本』二五四～二五八頁）。

(113)　本章第2節、一八九頁参照。

(114)　前掲『明治天皇紀』五巻、一六二～一六四頁。

(115)　大木は外債論の際に、「今日経済予算ノ不足ヲ補フニハ一時米納ノ法ヲ設ケテ可ナラン、之レ本官熱心望ム所ナリ」と米納論を提唱している。前註（88）の資料参照。

(116)　大木の言によると、「其後岩公一人ニテ被申候ハ、過日足下申述ラレタル如ク、金納ノ処ヨリ今日ノ困難ヲ来シタル事ヲ、此頃篤ト了解セリ」と述べ、「或商人モ足下同様ノ説ナリ」と付加している。岩倉のいう「或商人」こそ、五代友厚にほかならない。そして大木は「岩公ハ最早米納論ニ荷担セルト思フ」と断言している（前掲『保古飛呂比』九巻、二三八～二三九頁）。さらに岩倉は八月五日付五代宛書翰において、「過日は早速来訪忝存候。其節、米納意見書、感銘此事候。此議は、元来熱心申立、是非貫徹有之度義ニ付、実ニ意見符合」と、米納論への積極的姿勢をみせたのである（前掲『五代友厚伝記資料』一巻、三四八～三四九頁）。

(117)　室山、前掲『近代日本の軍事と財政』三三五頁。

(118)　岩倉は六月作成の「勤倹及輸出入平均見込等之廉」（前註（110）に同じ）においても、七月作成の「財政ノ儀ニ付愚考」（「前田正名関係文書」二八三〈国立国会図書館憲政資料室所蔵〉）においても、一貫して士族授産を主体とする積極的な産業・土木などの育成を訴えている。

(119)　「井上馨関係文書」（国立国会図書館憲政資料室所蔵）所収。米納論の部分を除く具体的諸提案は、前註（118）の七月の岩倉「愚考」とほぼ大同小異であるといってよい。
(120) 室山、前掲『近代日本の軍事と財政』三六～三七頁、三九頁。
(121) 同前書、三九～四〇頁。
(122) 明治一三年八月五日付五代宛岩倉書翰（前掲『五代友厚伝記資料』一巻、三四八～三四九頁）。
(123) 前掲『明治天皇紀』五巻、一六四頁。
(124) 明治一三年八月一六日付三条宛井上書翰（前掲「三条実美関係文書」所収）。
(125) 前掲「井上馨関係文書」所収。なお抜粋が井上馨侯伝記編纂会編『世外井上公伝』中（復刻、原書房、一九六八年）一五九～一七三頁に引用されている。
(126) 本書の第2章、一三四・一三七頁、および本章第2節、一八七頁参照。明治一三年八月四日の段階でも、なお佐佐木は井上を次のように評している（前掲『保古飛呂比』九巻、一三七頁）。
「今日会計ヲシテ井上馨ニ掌ラシムルトノ説アレ共、大ニ不可ナリ、如何トナレバ、理財ニ長ジタルベケレ共、天下ノ人心ニ離レ候事故、万一会計ヲ掌ル時ハ、一般ニ不折合ト存候」。
(127) 室山、前掲『近代日本の軍事と財政』四一頁。
(128) 同前書、四二頁。
(129) 同前書、四二頁、小風、前掲「大隈財政末期における財政論議の展開」一二一～一六頁。いずれも井上提案の「両義性」に着目しながら、前者は緊縮志向を、後者は積極志向を、それぞれ井上の真意と忖度している。しかし、本稿でこれまで述べてきた緊縮派としての井上の位置づけからいって、井上の真意はやはり緊縮論にあるとみるべきであろう。したがって積極論を前面に出しているのは、本論で明らかにしたように、大隈との妥協のために相違ない。
(130) 前掲『明治天皇紀』五巻、一六四頁の記述では、特に八月一九日に開かれたとは書かれていない。しかし明治一三年八月一九日付大木宛五代書翰（前掲『五代友厚伝記資料』一巻、三四九頁）および一三年八月二〇日付五代宛岩倉書翰（同前、三五〇頁）によれば、八月一九日の開会を推定してよいと思われる。
(131) 明治一三年八月一九日付大隈宛五代書翰（前掲『大隈重信関係文書』四巻、一六七頁）。
(132) 同前。
(133) 猪木、前掲「地租米納論と財政整理」一二四頁。

（134）室山、前掲『近代日本の軍事と財政』四二～四三頁。
（135）同前書、一七～二〇頁。
（136）同前書、四三頁。
（137）明治一三年八月一九日付大木宛五代書翰（前掲『五代友厚伝記資料』一巻、三四九頁）および一三年八月二〇日付五代宛岩倉書翰（同前、三五〇頁）。
（138）前掲『明治天皇紀』五巻、一六四頁。
（139）明治一三年八月一九日付大木宛五代書翰（前掲『五代友厚伝記資料』一巻、三四九頁）。
（140）前掲『明治天皇紀』五巻、一六四頁。
（141）明治一三年八月二二日付三条・有栖川宮宛黒田書翰（前掲「三条実美関係文書」所収）。
（142）同前。
（143）明治一三年八月二三日付五代宛黒田書翰（前掲『五代友厚伝記資料』一巻、三五〇頁）によれば、「過日来の一条、岩印・三印へ云々、切論致し、夫より引続、昨夜徹しに今晩、太政大臣殿・有栖川左大臣宮殿下へ、猶、骨掛、念を押し、書面にて差出」すような、強《こわ》談判を行ったらしい（前掲『明治天皇紀』五巻、一六五頁）。
（144）黒田は五代に対して、「必ず方法調査は、老兄へ依頼せずんば決して不相済」とその具体案作成を依頼し（前註（143）に同じ）、八月三〇日に五代の筆になる黒田の意見書（前掲「三条実美関係文書」所収）が提出されることになる。ここでは、米納実施による「農民竹槍ノ変」の可能性という反対論に対して、現状のままにした場合の「士商工ノ騒擾」の可能性を対置させている。
（145）前掲『明治天皇紀』五巻、一六四～一六五頁。
（146）明治一三年八月二三日付井上宛岩倉書翰（前掲「井上馨関係文書」所収）。なお旧侍補・元老院グループは、勤倹論の立場から外債は無論のこと米納にも反対であった（前掲『保古飛呂比』九巻、一三四～一三六頁）。
（147）前掲『明治天皇紀』五巻、一八〇～一八一頁、前掲『保古飛呂比』九巻、二八九頁。
（148）前掲『伊藤博文伝』中、一八一頁。
（149）前掲『大隈文書』三巻、四五五～四六二頁。
（150）前掲『保古飛呂比』九巻、三一二～三一三頁。

(151) 本章第3節、二〇三〜二〇四頁。
(152) 室山、前掲『近代日本の軍事と財政』四三〜四四頁、小風、前掲「大隈財政末期における財政論議の展開」一一頁。
(153) 室山、前掲『近代日本の軍事と財政』四四頁。
(154) 特に黒田の場合、余剰捻出のための緊縮財政方針が徹底されれば、当然彼の主管たる「開拓使」が整理の対象とされるのは必至であった。おりから開拓使一〇年計画の満了期が翌明治一四年に迫っており、その意味でも官業整理の対象とされて不思議ではなかったのである（井黒弥太郎『黒田清隆』〈吉川弘文館、一九七七年〉一四八頁）。しかるがゆえに黒田は、緊縮それ自体に絶対反対との硬直した態度を崩さず、佐佐木の言によれば、「井上ト大隈ノ相和シタルヨリ、黒田ハ不平ヲ起シ、又々辞表差出シタリ」との景況にいたったのである（前掲『保古飛呂比』九巻、三一二〜三一三頁）。
(155) 前掲『明治天皇紀』五巻、一八二頁。
(156) 同前書、五巻、一七七〜一七八頁。
(157) 同前書、五巻、一九五頁。
(158) 黒田主管の開拓使を払下げの対象に組み込むため、井上馨が折衝にあたったらしい。その事情を岩倉が次のように述べている（明治一三年一〇月一六日付井上宛岩倉書翰〈前掲「井上馨関係文書」所収〉）。「黒田一件好都合に運候事全く御尽力により候事、此上不失機却々開拓使云々会計部調書面被改義、乍御苦労大隈伊藤寺嶋等と御相談有之度候」。
(159) 前掲『大隈重信関係文書』四巻、一八〇〜一八三頁。
(160) 本章第2節、一八九頁参照。
(161) 本章第2節、一八六頁参照。
(162) 大久保利謙「明治一四年の政変」（明治史料研究連絡会編『明治政権の確立過程』お茶の水書房、一九五四年）五二〜五五頁。
(163) 前掲『福沢諭吉選集』五巻（一九八一年）の「解説」（鳥海靖執筆）三三四〜三三五頁。以下引用は、明治一四年の政変直後の一〇月一四日付井上馨・伊藤博文宛福沢書翰（慶応義塾編『福沢諭吉全集』一七巻〈岩波書店、一九六一年〉四七一〜四八〇頁）による。
(164) 前掲『明治天皇紀』五巻、二二七〜二三四頁、稲田、前掲『明治憲法成立史』上、四二九〜四三一頁。
(165) 本章第3節、一九九〜二〇〇頁参照。

(166) 前掲『明治天皇紀』五巻、二四五～二四八頁、稲田、前掲『明治憲法成立史』上、三三三～三三七頁。
(167) 明治一三年一二月二一日付岩倉宛伊藤書翰（稲田、前掲『明治憲法成立史』上、三三五頁所引）。
(168) 福沢もまた前註（163）の書翰において、「又伊藤君が拙宅へ来訪のときに、国会開設の前に元老院を改革して士族を云々するの言あり」（前掲『福沢諭吉全集』一七巻、四七七頁）と、具体論における相違点について言及している。
(169) 本章本節、二〇九～二一一頁参照。
(170) 明治一四年一〇月一四日付井上馨・伊藤博文宛福沢諭吉書翰（前掲『福沢諭吉全集』一七巻、四七五頁）。
(171) 同前書翰（同前書、一七巻、四七三頁）。井上はまた熱海会議開始前からの薩派に対する説得工作について、「此節は鹿児島連の説論に忙はしく、既に大晦日の某日にも余は殆ど終日川村の宅に行て説法さ、政治家も亦多忙なる哉」と、福沢に語ったという（同前、四七五頁）。
(172) 小路田、前掲「『明治十四年の政変』と関西貿易社」三〇～三一頁、三七～三九頁、小風、前掲「大隈財政末期における財政論議の展開」一七～二一頁。
(173) 他方の前田正名は明治一三年一〇月から地方巡回に出たのち、一二月には「直接貿易確定ニ関スル三大綱領」を提出している。前田の計画では、余剰資金を基礎に横浜正金銀行―直輸出商社―直接生産者を三位一体化して、直輸出を拡大することにしていた（小風、前掲「大隈財政末期における財政論議の展開」一七頁、一九～二一頁）。
(174) 前掲『五代友厚伝記資料』二巻（一九七二年）三三二～三三九頁。
(175) 小風、前掲「大隈財政末期における財政論議の展開」一八～一九頁。
(176) 明治一三年一〇月二八日付五代宛佐野書翰に、「然ば、兼テ御熟知にも有之候、海外輸出奨励の方法、最早整頓の場合に立至、先に実施の際にも相運、旁好都合の事共に御座候。就ては、御地於ても、一二の貿易会社設立相成、右様の商業に従事候は、必用〔ママ〕の義と被考候。」とある（前掲『五代友厚伝記資料』一巻、三五五頁）。
(177) 明治一三年一一月五日付大隈宛五代書翰には、「貿易会社設立云々の儀、去月二八日佐野卿より内諭の書相達候付、一昨三日、金権名望を有する弐拾名を撰挙、一会を開き及示談候処、何れも同意、早速盟約出来申候云々」とある（前掲『五代友厚伝記資料』二巻、三五六頁）。
(178) 明治一四年一月二〇日付伊藤宛松方書翰（前掲『伊藤博文関係文書』七巻、九六頁）。
(179) 上山、前掲「農商務省の設立とその政策展開」五三～五四頁。

(180) 明治一四年一月八日付大隈宛桜井書翰（前掲『大隈重信関係文書』四巻、一九九〜二〇二頁）。
(181) 明治一四年一月二三日付大隈宛佐野書翰（同前書、四巻、二一一〜二一四頁）。
(182) 前掲『保古飛呂比』一〇巻（一九七八年）九三〜九四頁。
(183) 本章第4節、二一三〜二一四頁参照。
(184) 明治一四年一〇月一四日付井上馨・伊藤宛福沢書翰（前掲『福沢諭吉全集』一七巻、四七五頁）に、「二月何日、大隈君熱海より帰京の後、君の宅を訪ふて様々内情を叩きしに、其説都て井上君の所言に異ならず、談話懇々長しと雖ども正しく符節を合するが如くなれば爰に略す」とある。
(185) 明治一四年三月一〇日付大隈宛福沢書翰（同前書、一七巻、四四二頁）に、「別紙四通は兼て認置候小生の国会論中の一段に御座候。御一覧相願度。大抵御考と齟齬いたし候事は有之間敷哉に存候」とある（島海、前掲「解説」〈『福沢諭吉選集』五巻〉三三八頁、坂野、前掲「『富国』論の政治史的考察」四七頁）。
(186) 坂野、前掲「『富国』論の政治史的考察」四七〜四九頁。
(187) 前掲『福沢諭吉選集』五巻、二六八頁。
(188) 同前書、五巻、二六六頁。
(189) 同前書、五巻、一八六頁。
(190) 同前書、五巻、二七二頁。
(191) 明治一四年三月二七日付伊藤宛岩倉書翰（前掲『伊藤博文関係文書』三巻、九七頁）に、「政体上云々件も旧冬以来其儘空敷打過不都合之事に候。（中略）何分此儘に而は不相済、今日か明朝は大隈え催足〔促〕之心得に候。三条にも頻に被差急候」とある。
(192) 大久保、前掲「明治一四年の政変」一一三〜一一五頁、稲田、前掲『明治憲法成立史』上、四六二〜四六三頁。
(193) 大久保、前掲「明治一四年の政変」一一一〜一一三頁。
(194) 稲田、前掲『明治憲法成立史』上、四五八〜四五九頁。
(195) 同前書、上、四五九〜四六一頁。
(196) 同前書、上、三八二〜三九〇頁、四六三〜四六四頁。
(197) 大久保、前掲「明治一四年の政変」五六〜五七頁、稲田、前掲『明治憲法成立史』上、四五五〜四五八頁。

(198) 大久保、前掲「明治一四年の政変」一一六頁。
(199) 「留客斎日記」(早稲田大学大学史編集所編『小野梓全集』五巻〈早稲田大学出版部、一九八二年〉三五一頁)。
(200) 同前書、三巻(一九八〇)一一一～一二一頁。
(201) 室山、前掲『近代日本の軍事と財政』四七～四八頁。小風、前掲「大隈財政末期における財政論議の展開」二四頁。
(202) 前註(200)に同じ。
(203) 前掲『大隈文書』三巻、四七二～四七四頁、前掲『大隈重信関係文書』四巻、四七五～四八二頁。
(204) 中村、前掲『大隈財政の研究』二四五～二四六頁、小風、前掲「大隈財政末期における財政論議の展開」二三頁。
(205) 中村、同前書、二四六～二四七頁、小風、同前論文、二七頁。明治一四年六月一日付伊藤宛大隈書翰(前掲『伊藤博文関係文書』一巻、四八～四九頁)によれば、青木周蔵は次のように述べて、外債論に踏み切るよう伊藤に勧めている。
「併し財政に至而は、其困難愈甚敷御都合には無之候哉。昨年接高論候通、軽忽起外債候義は不可然候得共、細に人民之租税力を計算し照に輙之に準拠して万機処裁相成候は丶、現今我低価紙幣之 value を挽回する為め『really and exclusively for it』、一時外債御募被成候而も不都合無之わけには無御坐候や。(中略)目下財政之要は単に節減之一事に止らず、到底今往人民之租税力を予算し、且所謂全国経済的諸般之法律并組織等考索相調候わ丶、急に外債を募集し、我下低『バリュー』を挽回する事、実に焦眉之急務に而は無御坐候哉」。
(206) 中村、前掲『大隈財政の研究』一九四頁、二四五～二四六頁、室山、前掲『近代日本の軍事と財政』四八頁、五一頁、小風、前掲「大隈財政末期における財政論議の展開」二七頁。
(207) 小風、同前論文、二七～二八頁。積極財政路線での調査が、八月以降始められることになったのである。
(208) 小風、同前論文、二三頁。
(209) 室山、前掲『近代日本の軍事と財政』四八頁、小風、同前論文、二四頁。
(210) 室山、同前書、五〇頁。
(211) 同前書、四九～五〇頁。
(212) 前掲『明治天皇紀』五巻、三〇〇～三〇三頁、三一六～三一九頁、三二一頁。
(213) 明治一四年四月四日付井上宛岩倉書翰(前掲「井上馨関係文書」所収)参照。
(214) 稲田、前掲『教育勅語成立過程の研究』六二～六五頁。

(215)　前掲『世外井上公伝』三巻（一九六八年復刻）二一二～二一六頁。
(216)　明治一四年五月一七日付伊藤宛岩倉書翰（前掲『伊藤博文関係文書』三巻、九七～九八頁）。
(217)　「明治辛巳日記栗香　夏号」（前掲「宮島誠一郎関係文書」所収）。
(218)　明治一四年四月五日付伊藤宛松方書翰（前掲『伊藤博文関係文書』七巻、九八頁）。
(219)　小路田、前掲「『明治一四年の政変』と関西貿易社」四四～四六頁。
(220)　小風、前掲「大隈財政末期における財成論議の展開」二六頁。おりから五月には、黒田の反対にもかかわらず、開拓使の廃止が決定された（井黒、前掲『黒田清隆』一四四～一四五頁）。
(221)　先の五〇〇〇万円内外債論と官有物払下げとは、ともに八月一日に関係者への指令が発せられている。
(222)　前掲『明治天皇紀』五巻、四二一頁、および大久保、前掲「明治一四年の政変」九五頁は、いずれも大隈の反対を明記している。しかし、小路田、前掲「『明治一四年の政変』と関西貿易社」四六～四八頁が説くように、五代はこの時期以降も一貫して大隈を関西貿易会社の保護者と考えていたようであり、少なくとも大隈を払下げ反対論者とはみていない。
(223)　稲田、前掲『明治憲法成立史』上、四六五頁。
(224)　同前書、上、四六六頁。
(225)　同前書、上、四六七頁。
(226)　井上毅は岩倉の命に応じ、六月上旬から一六日頃までに、憲法綱領、意見第一、意見第二、意見第三、欽定憲法考、各国執政責任考などを、矢継ぎ早に提出した（同前書、上、四六七～四八四頁）。
(227)　同前書、上、四七八～四七九頁、山室信一『法制官僚の時代』（木鐸社、一九八四年）二六二頁。
(228)　大久保、前掲「明治一四年の政変」八五～八六頁、稲田、前掲『明治憲法成立史』上、四八七～四九一頁。
(229)　稲田・同前書、上、四九一～四九三頁。
(230)　同前書、上、四九一頁。
(231)　山室、前掲『法制官僚の時代』二六〇～二六一頁。
(232)　稲田、前掲『明治憲法成立史』上、四九六～四九七頁。
(233)　同前書、上、四九八～五〇〇頁。岩倉が大隈に事情を説明したのち、大隈が伊藤を訪れ弁明をしたことになっている。
(234)　事態は大隈にとっても同様であった。さらに大隈にしてみれば、内容的にいってイギリスモデルと異なる国会論については、およそ考えが浮ばず、程度の差こそあれ、最終的にはイギリスモデルに落ち着くと思っていたのではあるまいか。この時期、例の小野梓が頻繁に大隈と接触していることから、そのことは察せられよう（大久保、前掲「明治一四年の政変」一一九～一二一頁）。

(235) 稲田、前掲『明治憲法成立史』上、五〇一～五〇二頁、山室、前掲『法制官僚の時代』二六五～二六六頁。
(236) 稲田、同前書、上、五〇三～五〇五頁、山室、同前書、二六六～二六七頁。
(237) 前掲『伊藤博文関係文書』一巻、一六四～一六五頁。
(238) 稲田、前掲『明治憲法成立史』上、五〇六～五〇七頁、山室、前掲『法制官僚の時代』二六七～二六八頁。
(239) 有力者の中では、井上馨がもっともダメージを受けたであろう。そもそも井上にしてみれば、前年九月以来の協調関係を一方的に大隈によって破棄されたと思ったとしても無理はない。なぜなら、イギリスモデルの国会論では大隈に先を越され、緊縮財政論は大隈によってみごとに逆転されたからである。それゆえ井上が大隈について「彼之先生は人望を得るを主とし今日に至るまで其定説なきは御承知の事と愚考せり」（前註（237）の書翰）と述べた上、プロイセンモデルへの転向を図ったことの背景には、井上の政治的選択が大隈の行為によって、まったく無に帰することへの焦慮感があったに相違ない。
(240) 永井秀夫「明治十四年の政変」（堀江英一・遠山茂樹編『自由民権期の研究』有斐閣、一九五九年）一八二～一八四頁。
(241) 永井、同前論文、一八五頁。このキャンペーンは、大久保没後体制の下において発展しつつあった民権派の国会開設運動と、共鳴しあうことになったのである（本書の第2章第4節、一五二～一五三頁参照）。
(242) 大久保、前掲「明治一四年の政変」九五～九六頁、永井、同前論文、一八六頁。
(243) 永井、同前論文、一八七～一九〇頁。
(244) 稲田、前掲『明治憲法成立史』上、五〇九頁。
(245) 大久保、前掲「明治一四年の政変」九七頁。
(246) 同前論文、一二〇頁。
(247) 同前論文、九八～九九頁、一〇三～一〇四頁、稲田、前掲『明治憲法成立史』上、五一〇～五一一頁。
(248) 大久保、同前論文、一二九～一三一頁、稲田、同前書、上、五一二頁。
(249) 明治一四年九月六日付岩倉宛三条書翰（前掲『大隈重信関係文書』四巻、三七四頁）。
(250) 稲田、前掲『明治憲法成立史』上、五一二～五一四頁、五一九～五二〇頁。

(251) 同前書、上、五一八～五二〇頁、山室、前掲『法制官僚の時代』二七六～二七七頁。
(252) 大久保、前掲「明治一四年の政変」九九～一〇三頁、山室、同前書、二六八～二七八頁。
(253) 山室、同前書、二六九頁、御厨貴『明治国家形成と地方経営』(東京大学出版会、一九八〇年)二一～二二頁。〔のちに『明治国家をつくる』藤原書店、二〇〇七年所収〕
(254) 国会論での逆転の試みが進行中の明治一四年八月九日、松方は伊藤に対して「理財論は其後如何様之御模様に候や。定而彼是御苦配之御事と奉察候。近日中御閑暇之折昇堂何も拝承仕度存候」と述べて、財政論でのまたの逆転のチャンスを狙っている(前掲『伊藤博文関係文書』七巻、九九頁)。
(255) 中村、前掲『大隈財政の研究』二五〇頁、室山、前掲『近代日本の軍事と財政』五一～五二頁、小風、前掲「大隈財政末期における財政論議の展開」二九頁。
(256) 本章第3節、一九七頁参照。
(257) 中村、前掲『大隈財政の研究』二五一頁。
(258) 明治一四年八月末、『東京日日新聞』に掲載された福地源一郎の議論は、次のごとくであった。「未ダ一年ナラザルニ其毎年一千万円ヲ国庫ニ贏シテ夫ノ元資ニ充ルノ目的ハ動モスレバ揺攪シ、或ハ其一千万円ヲ以テ直輸出ノ商業資本ニ使用セント議シ、或ハ之ヲ以テ中央銀行ヲ設立セント議シ、又或ハ新ニ五千万円ノ外債ヲ募リテ一旦ニ紙幣ノ半額ヲ減ゼントセラル、ニ専ナリト聴ク」。
　福地はこう述べて、政府の緊縮財政の不徹底を批判追及したのである(永井、前掲「明治十四年の政変」一八八頁)。
(259) 前掲『保古飛呂比』一〇巻、明治十四年九月条参照。
(260) 中村、前掲『大隈財政の研究』二五一～二五二頁、室山、前掲『近代日本の軍事と財政』五二頁、小風、前掲「大隈財政末期における財政論議の展開」二九～三〇頁。
(261) 御厨、前掲『明治国家形成と地方経営』二〇頁。
(262) 同前書、二四頁。
(263) 同前書参照。
(264) 室山、前掲『近代日本の軍事と財政』参照。

第4章

東京市区改正の政治史

本章は、東京都立大学での公開講座講義録がもとになっている。私自身、すっかり忘れていたのだが、どうやら一九八三年に都民向けに都立大の全学部から一人ずつ出てお話ししたものである。

ちょうど、翌（一九八四）年には『首都計画の政治』（山川出版社）を刊行し、またその原型となる論文は前（一九八二）年に都立大学の紀要（『東京都立大学法学会雑誌』）に発表していたこともあり、それらを念頭に置いての講演であった。

読んでいただければわかるように、他の章と違って講談調である。結構高度な内容を緩急使い分けながらも、どうにかこうにか一般の聴衆向けに語ったこの経験は、私自身の言語形態をソフトなものに変えていく契機となったのかもしれない。語るにせよ、書くにせよ、相手方（の表情）を意識し始めたのだった。

なお、実際の講演では藤森照信『明治の東京計画』（岩波書店、一九八二年。後に岩波現代文庫）に掲載された多くの地図を使用させていただいたことをお断りしておく。本章をお読みになると同時に、ぜひ『明治の東京計画』も繙いていただきたい。

それでは、「東京を考える」という大テーマのなかでも都市計画の歴史、特に政治的な側面をお話しいたします。

この話の舞台になりますのは、まさに東京であります。東京と申しましても、今から約一〇〇年も昔の話であります。ちょうど一〇〇年と申しますと、明治維新が起こって、それからしばらくたったところ、つまり維新期の動乱がようやく終わっていわば明治国家というものが一つの体制としてかたちをなしてくる時期であります。その時期に初めて、特に東京の都市計画ですからここでは首都計画というふうに申し上げますけれども、その問題が非常に大きなものとしてクローズアップされてくることになるわけです。この明治一〇年代という時代は、自由民権運動が展開された時代、つまり運動の側からいいますと、そういう時代でありまして、また体制の側から申しますと、いわゆる明治という国の現在にまで伝わる政府の機構ないしその骨格というものがひとつのかたちをなしてきた時期であるということができるだろうと思います。

明治一八年というのが内閣制度ができた年でありますし、それから四年たちまして明治二二年にいわゆる明治憲法というものができる。そして翌明治二三年には、いわゆる帝国議会というものが開かれて、日本に初めて、アジアにおいても初めての議会制度が導入をされるという、そういう時期にあたるわけです。そして、まさに明治一〇年代の後半という時期にこの首都計画というもの、つまり東京の都市をどのように計画して図を書き、そしていかに実現可能な計画にしていくかというお話が始まることになります。

お話の前提として、まずこの時期のいわゆる欧化主義ですね。欧化主義――鹿鳴館に代表されるような欧化主義的な時代気候――というものが次第に醸成されてくる。
それから第二番目に、官僚機構内部における都市計画に対するいわば戦略的な課題の設定という、そういう問題が起こってくる。この二つの問題からまずお話を始めようと思うわけです。

この時期、外務卿、外務卿というのは現在の外務大臣でありますけれども、この外務卿が有名な欧化主義の井上馨という男でありました。外務卿として主として彼が担当しておりましたのは、いわゆる日本における不平等条約、いわゆる幕末期に幕府が列強と結んだ不平等条約の改正です。そのためにこの時期かなり長く列国と、特にドイツ、そしてイギリスとの交渉に入っているわけですけれども、その条約改正を促進するための政策として、鹿鳴館というものに象徴される欧化主義が積極的に導入されていくことになります。この欧化主義というのは、これもご承知のことと思いますけれども、社会のあらゆる側面における西欧化というものを進めていく政策でありまして、文明開化と俗に言われますけれども、洋服を導入するというようなことに始まり、あるいは洋風の食事をする、洋風のいわば礼儀作法が入ってくる、すべてが江戸時代までと変わっていく。それをですね、全体に政府の政策として助長していくというのがこの時期のお話であります。

やがて社会全体にこの時期、明治一〇年代の後半、特に欧化改良のいわば時代風潮というものが作り上げられていく。そして井上馨という外務卿―外務大臣によりまして、条約改正の具体的な前提として、まず第一に、西欧式の法典、つまり法律を編纂しなくてはいけない。そのこととまさにパラレルに、司法省とか裁判所といったまさに法律を取り扱う、それはもちろん西欧式の法律という意味ですけれども、それを取り扱う役所を中心とする官庁および議事堂の建築計画というものが立案されていく。このように先ほどから申し上げております東京の都市計画、首都計画というものが、まさに外務省という役所にとって、条約改正との関連で重要であった、それ以上に実は当時のいわゆる日本の内政を握っておりました内務省にとっては、首都を整備する、それから民権運動へ対応するという見地から、これがまた戦略的に極めて重要な政策であったということになります。

明治一五年の七月に、松田道之という知事が亡くなりますと、工部少輔の芳川顕正、工部少輔と申しますのは、当時工部省という役所があったわけですが、その工部省という役所の次官代理と申しますか、次官が大輔、そのさらに下でありますから次官補的な地位でありますが、その芳川顕正が内務少輔兼東京府知事といういわば中央と地方を直結するような異例のかたちで着任をしてまいります。ちょうどその時期に、同じくかの有名な山県有朋、明治国家を象徴する人物であります山県有朋が内務卿に着任してくる。したがってこの山県内務卿とともに芳川は非常に積極的な政策をとることになるわけです。そして明治一六年から一七年の末にかけて、東京府の技術系の実務官吏を中心として首都計画の原案というものを作成してまいります。

この芳川プランというのは、一口に簡単に言ってしまいますと、いわゆる土木技術の観点から申しますならば、当時においてきわめて合理的なつまりその意味でいずれは実現ができるであろうという、可能性の高い計画としての特色をもつことになるわけです。それは一体どういう計画であったのかと申しますと、これは「市区改正芳川案」と呼ばれたもので、明治一七年一一月立案ということでございます。都市計画が専門の藤森照信氏の『明治の東京計画』によると、昔の江戸よりひとまわり小さい東京というものを想定して、既存の道路の主として道幅を広げることですね。それからそれを付け替えたり繋ぎ合わせたり、そういうことによっていわゆる江戸を外に向かって開くことを主眼におくという形でこの計画が作られるわけであります。道路が一等一類から二類、さらに二等、三等、そして四等、五等までの等類別にわけて計画されています。この芳川案というものをその構造だけを取り出して考えてみると、その錯綜を極める芳川案というものは、藤森氏によれば、要するに鉄道が北から南を貫いている。その左右に縦に貫く道路が二つございます。周囲を、外側を回る外周道とそれから内側をやっぱり回る内周道というものがついているということになります。これが中心から四本の放射道路が走ることによって、それぞれを立体的に支えるということになるわけであります。中心に皇居があり、そしてその外円に、寛永寺、増上寺、浅草寺という、そういう構成ができることになります。いわば当時は高い建物というのはお寺しかなかったわけでありますから、そのお寺さんというものを一つの大きな目印にしてこういう道路の計画が立てられたと見ていただければよろしいでしょう。

この計画は、さらにそれ以後、どういうふうに展開されていくかということになりますと、この首都計画というのは、審査対象自体がきわめて複雑でありまして、一つの権力機構でもってこれをうまく対処していくということはきわめてやりにくい。そこで、いわゆる今日でも見ることができますけれども、官庁相互間のセクショナリズム、そういった対立競合をきわめて早い段階で吸収し処理していくために、審査会という会議体組織が採用されるわけです。審査会というものにおよそ利害関係のある各官庁の局長クラスを全部入れてしまう。それによって、いわば全体の支持を早目に取りつけるというのが内務省ないし芳川の作戦でした。そして、それを通じて先ほど申し上げましたプランを決定していこうというのが彼の考え方であったわけですね。

ただ、そこで問題になってまいりますのは、官僚制、いわば出来上がりつつあるそういう官僚機構に対して深い配慮をするのはいいとして、東京のことを決定するのならば、東京に最も関連の深い住民との関係をどう考えるのか、という点です。現在でもそうでありますけれども、極めて近い存在であるはずの地方議会、この時期は東京府でありますから、東京の府会、そして東京の府のなかでも特にこの時期は東京府が郡部とそれから区部に分かれておりますから、その東京府会、東京府の区部会というものをどう取り扱うかというのは、それ自体非常に重要な問題であったわけです。芳川、内務省は結局、端的に申し上げれば、この東京府会ないし府の区部会というものを徹底的に無視いたします。松方のデフレ政策というものが行われていた時期にありまして、東京の府会というところはですね、いわゆる自由民権運動期の自由党、改進党というのがございますが、このなかでは穏健といわれましたいわばイギリス流のテーゼに則った改進党の勢力が非常に強かった。その東京府会は、民力休養という立場から、土木関係の予算を毎年削減しております。つまり、これは東京府会と東京府庁との綱引きということになるのです。当時その地方議会の予算の中で、一番多いのは警察の予算でありますけれども、その次はなんといっても土木予算なのです。この土木予算を毎年削減する。そして、削減した分は、税金も軽くしてくれというそういう要求でありますから、これを民力休養と申しますが、そういう立場から土木予算を毎年削減をしているわけであります。したがって、問題は何故それでは内務省ないし東京府がこの時点で市区改正計画を行うのにあたって、東京府会をあえて無視したかという点です。要するに、市区改正計画というのはプランニングだけでは駄目でありまして、それに見合う、つまり財源をどこからとってくるかという、そういう今日でも非常に重要な問題がありました。

東京府会に非常に巨額のお金をかければ、これは間違いなく削減されるということはもうわかりきった事実である。したがって、この際、内務省としては東京府会というものを徹底的に無視して、市区改正計画というものを、これとおよそ関係のないところに置こうというふうにもっていくことになるわけです。しかも、あとでご説明いたしますけれども、この市区改正の財源には、実は入府税という、今日にはちょっと聞きなれない名前の税金を導入することを考えておりました。入府税というのはいったい何かといえば、読んで字の如しでありまして、入府でありますから、要するに東京府に入ってくるいろいろなものがありますけれども、例えばお酒であるとかお米であるとかいわばわれわれが普通消費をする、そういうものにとにかく税金をかけよう。いわゆる一種の消費税、間接税的な消費税の導入を考えるわけですね。これをそのまま首都計画の財源にあてようと。その際に、ここが非常に面白いところでありますが、これを地方税にしてしまいますと、地方税はすべてまた先ほども申しました東京府会の審議事項になってしまいますので、これを地方税にしない。国税にしようということを考えるわけです。

国税と申しますと、当時は大蔵省の自由になる。つまりこの時点ではまだ国会が開かれておりませんから、したがって国会に予算がかかるということはない。要するに国の自由になるということで、これを狙うわけであります。同時にまた、この芳川知事は、ある意味で当然のことでありますけれども、首都計画というものを世論やジャーナリズムから遮断する方向をとります。何故遮断するかと申しますならば、それを広く一般で議論をされるよりは、むしろ内々に決めておいて一挙に実行していったほうがいいという考えであったからです。今日の言葉で申しますならば、いわゆる情報公開というものではありませんで、むしろ情報遮断と申しますか、情報閉鎖というかたちの方向に進んでいく。しかし、これは一つのジレンマを内務省内にも生んでくることになります。つまり、ジャーナリズムというのは必ずしも政府のいうことを聞くわけではありません。しかし、いいことであれば、ジャーナリズムがのってくるということもあるのですけれども、完全に遮断をしてしまいますと、民間の側はその芳川案の特色や独創性というものを理解できない。したがってこれに対してそもそも内容を見る前から、傍観者的もしくは批判的になるということで、これは内務省にとってもジレンマということになるわけですね。

では芳川案の特色とは、いったいどういうことであるかを考えたいと思います。この計画案の特色は、まず第一に、漸進主義的な改良主義である、つまり徐々に徐々にやっていこう、先ほどもちょっと申しましたけれども、大幅に果断主義で、一挙にあたかも無人の広野をいくが如く、都市計画を立てて、全体を変えてしまおうというのではなく、現在あるものを最大限に尊重しながら、少しずつ変えていこうというそういう考え方であります。

それからもう一つは、これもちょっと現在の言葉では耳慣れませんけれども、中央市区画定の否定、つまり東京の区部のなかでもさらに中央のいくつかの区だけをとって、そこを特別の存在として、そこだけを改良していくという考え方を否定いたしまして、いわば区部全体の一つの拡がり、まとまりを計画の対象地域に入れていこうという考え方であります。

それから第三番目、これが最も芳川案の特色ということになります。先ほども申しましたように、いわば道路とそれから鉄道、そして河川というものを中心といたしまして、いわゆる運輸交通体系を整備するということがこの都市計画、首都計画の主たるポイントになってまいります。じゃあ、これ以外の考え方というのがあるのかと申しますと、この道路だけではございませんで、いわゆる家屋ですね。家の問題をどうするか、今日ではそれが非常に重要な問題になっておりますが、それから上水道、下水道という水道の整備の問題はどうするか。これらを中心に考える、そういうかたちの計画もあるわけですけれども、この時点ではこの家屋の問題とか上下水道の整備の問題というものは当面除外される。まずは道路をつくろうではないかという話になるわけです。

さて、こういうふうなかたちのもとに、明治一八年の二月に、いわば慎重な戦略的配慮のもとに「東京市区改正審査会」、先ほど申しました会議体というものが設定され、そこにおける審議が開始されます。今日でもいたるところの組織が会議体組織というものを取り入れていますし、そして、会議体組織というものは、十分な根回しをやって、実は聞く前にすでに決まっておるのだというふうなことがいわれます。しかし、それはあまりにも単純化しすぎたいい方でありまして、歴史的にみても、また今日におきましても、必ずしも会議体組織というものは、主宰者の側の思うとおりに進むものではございません。そしてまた東京市区改正審査会というのは、この時期以降、日本において次第に増えてくるいわゆる審議会とか委員会というものの原型になるものだといえます。つまり、これ以前においては、こうした組織というものはなく、この時点で初めてこういういわば審議会、委員会というものをつくったということになるわけです。

そこで次に、主宰者側である芳川の思いどおりに展開したかどうかというお話になります。実は、この審議会の席上において、ある点でもろくも敗れ去っていく。それはどういうことであったかと申しますと、いわば道路をつくり替えるという、せんじ詰めていえばそれだけの芳川の方針というものは、実は、先ほど一番最初のときにお話しした欧化主義という文脈、欧化主義のコンテキストから計画の拡大化を訴える一部の勢力の発言によってたちまちくつがえされてまいります。これも今日でもあることでありますけれども、欧化主義的な時代風潮というものが一般を制しているときに、この欧化主義的な文脈によって正当化をされた場合に、建前として、これを否定することはできません。したがって、そういう拡大の文脈のなかで、実は芳川プランというものはかなり大きく広がっていくことになる。予算の規模で申しますと、国の予算が一年間の歳入歳出が当時のお金でだいたい七〇〇〇万から八〇〇〇万、一億にいかない時代の規模の、そういうときのお話でありますけれども、当初の予定で二〇〇〇万円の予定をしておったこの市区改正の計画は、最終的に審査会が結審をしたときには、つまり終わったときには、四五〇〇万円に化けるというかたちで、きわめて大きく変化することになるわけです。

結局、一〇月にまとめられました審査会案、つまり半年にわたって議論をして出来上がりました芳川案を改訂した審査会案というものは、審査会の場における欧化主義的な拡大の空気というものを忠実に反映したものになってまいります。だいたいこういうプランは、総論部分というものと各論部分というものの両方から出来上がっております。各論の部分は、かなり技術的なことが書いてあるわけです。したがってそこは、文章の力によって、装飾しようと思ってもできないのでありますが、総論の部分は、いわば技術的なことではなくて、むしろ意見書なり建議書なりというものを作り上げた精神が書かれているところでありますから、これは言葉によっていかようにも書くことのできる部分であります。審査会案の総論部分というものが特に芳川案とは非常に異なりまして、欧化主義そのものの文脈によって正当化されていくということになります。

したがって、そこでは、本来運輸交通体系の整備計画というものがこの計画の中心であるにもかかわらず、審査会において附加修正された部分、すなわちそれは何かといえば、公園をつくる、あるいは市場を設ける、劇場をつくる、商工会議所や共同取引所をつくる、それから道路整備計画を非常に大きく拡大するというような、そういう点、それに都市の美観というもの、つまり都市を非常に立体的に美しいものにするという都市美観の観点を意識的に強調する結果になるわけであります。

結論的に申しますならば、審査会案というものは、井上の欧化政策ほどではないにしても欧化主義の時代気候、いわば時代の風潮というものを十分に援用していたということがいえるわけであります。では、具体的にフィジカルプランはどういうものであったかと申しますと、交通中心の芳川案に、築港、遊園、市場、劇場、商工会議所などの施設計画を加え、全体としてはいわば築港を一つ軸に商業都市化をねらったといわれております。ただ、ここは若干問題でありまして、このへんは私の見解をちょっと付け加えておきたいと思います。確かに委員会における、審査会における審議によって、築港という面、当時横浜に国際港がありますけれども、それに匹敵するないしはそれ以上の国際的な港を東京につくろうというそういう動きがありまして、その動きがかなり活性化したことによって、こういうフィジカルプランのなかに築港計画が大幅に盛り込まれたことは事実でありますが、しかし財源のほうを考えてみますと、財源は実は築港の部分にはつけないという決定がなされております。ですから、道路の整備やそのほかの部分については財源はつきます。財源がどういうふうについたかはあとで申しますが、築港についてはついていない。したがって築港というのはですね、フィジカルプランの上では、はたしてそれを本当にプランとしてやる気があったかどうかという点になりますと、若干怪しいということになるわけです。当初の芳川案に比べると、いろいろな施設が増えていることは、それだけ見ただけでも一目瞭然でございます。道路というのも前のとは変わりまして、外周道、内周道というのがえらく小さくほとんどなくなってしまい、そのかわり港へつながっている道路というものがかなり大きく出ているのは事実であります。しかしフィジカルプランに築港道路は出ていても、築港計画自体は、これから申しますが、財源という点で申しますと、お金はつかないという、そういう計画になっているわけですね。

さて、お話を元へ戻しますが、内務省と東京府は、明らかに東京府会を無視いたしました。この無視したということでですね、府の区部会のほうがそれで怒ったかといえば、このときの府の区部会は決して怒っておりませんで、むしろ、府会、府区部会のほうも首都計画には消極的な態度を明らかにするわけであります。むしろみずからと無縁の存在である首都計画、どうやら首都計画というものが立てられているらしい、その立てられているらしいという首都計画を適宜利用することによりまして、実は明治一八年度の東京府の土木予算をこのときは二割近くも削減することになります。そのことによって民力休養、経費節減というものを見事に実践してみせるということになるわけであります。これは非常に巧妙なやり方でありまして、つまり例えばAという道路を改修しようという、一八年度においてAという道路の改修案が出たといたします。そうするとそのAという道路は、実は首都計画によれば、もっと大きな道路に改築することになっているようである。したがっていまAという道路をその程度の、一八年度予算に組み込んだ程度の予算で広げてもこれは無意味かつ無駄であるというかたちで、ばさっとそれを全部削ってしまうということになります。まあ、見事に復讐を遂げたという見方ができるかと思いますが、しかし、このような民力休養路線の区部会に、不信感を抱いておりました芳川は、首都計画の財源として、年間一〇〇万円を予定した入府税法というものを実は考えまして、これを参事院という役所、今日では法制局にあたるところですが、そこに審議を委ねることになります。

この入府税法は、先ほども申し上げましたけれども、お酒や醤油、お米といった日常必需品に課税をする。これはまた非常に傑作であるのですが、深川以下二五カ所の番所というものをつくってそこで徴税をしようという構想であったわけです。この入府税法というのは、実は、ヨーロッパではよくやられていたようでありまして、特にヨーロッパのなかでもパリがこれを「ヲクトロアー」と称しまして、パリの地方財源としてはかなり大きな財源であったわけですね。それをまさに真似しようというわけでもってきた。ところが、これもよく言われますように、ヨーロッパの都市、特にパリなどはいわゆる城壁都市でありまして、パリ自体がいわば閉ざされた構造になっておりますから、いくつかの門口において、かどかどで税金をとろうと思えば自動的にそれがある程度できるのでありますが、日本の場合にはこれは入府税に対する強力な反対の根拠の一つになっていくのですけれども、いわばそういう城壁というようなものがない。したがって、番所を二五カ所つくったぐらいで、脱税をいかにして防ぐかというのは大変な問題になってくるわけです。特に税金を集めるということについては、徴税にかかるコストというものを役人の側はつねに考えるわけです。最初にこのプランを立てた頃はそれほどではないと思っていたのでしょうけれども、現実にこれをやることになりますと、大幅に恐らく脱税を見越していろいろ裏街道を逃げたりなんかする人を捕まえる、そういう捕捉官吏と申しますか、警察官、徴税警察官みたいなものをたくさん増やさなくてはいけない。そうすると、それに対するお金も非常にかかることになりますから、いくらこの入府税でお金をとったとしてもですね、その分、つまり徴税コストで出ていく分がかなりの部分を占めるということになってしまう。しかも今度は、いわば消費税というかたちで東京に税金をかけますと、もうひとつ別な問題が起こってまいります。

もう一つ出てくる別な問題というのは、当時は、先ほどから申しておりますように、不平等条約がありますから、いわゆる日本に自主的な関税権はありません。したがって入府税がかかるのは全部日本の品物でありまして、ヨーロッパないしアメリカから入ってくるものには、税金がその意味ではかけられないわけですから、日本のものは売れない。外のものがやたらと売れるということになりまして、その点からも非常に困る事態になる。しかも、それによって、産業や商業というものが衰退していくことは目に見えている。こういう、今日われわれがちょっと素人的に考えてもわかるようなことを、やっぱりこの当時はそう深刻な問題としてまだ考えていない。したがって、この段階でこういう案が出てくるわけですが、やがて大蔵省のなかからそういう強い反対論がおきて、この案は駄目になってまいります。

結局、どうなったか。先ほども申しましたようにフィジカルプランのほうは審査会案としてとにかく出来上がったわけです。しかし、それに見合う財源のほうが問題となります。築港のほうにはもちろん財源はつかない。それ以外の道路のほうにつけようとした入府税も、結局、その決定にいたらない。明治一八年中に決定にいたらずやがて内閣制度ができるというごたごたのなかで、この首都計画のプランはすべて棚上げにされるという事態に立ち至るわけであります。

事態は一転いたしまして、明治一九年二月に官庁議事堂の建築計画を担当する臨時建築局という役所が内閣に設置されます。この臨時建築局は、総裁を井上馨外務大臣が兼務するというかたちになるわけであります。井上は、このなかで、いわゆる日本がアジアで初めての議会を開くに当たって、その建物ですね、入れ物である建物にきわめて欧化志向を強く反映した建物にしようという、そういう努力をすることになります。この際の井上のプランニングと申しますのは、ドイツ人の建築技師を日本に具体的に呼んでくる。これがいわばお雇い外国人と言われているものですが、このお雇い外国人に具体的な計画を全部任せてしまおうという計画を立てるわけであります。

多少脱線いたしますけれども、日本におけるいわばこうした近代化、欧化というものは、大勢のお雇い外国人、ヨーロッパやアメリカからやってきたお雇い外国人に支えられて行われたということが言えるわけです。その際の特徴は、今日の一部の開発途上国の近代化と大いに違う点でありますけれども、そのお雇い外国人を決してある程度以上の権力のふるえる地位に置かなかったこと、これが第一であります。これを置いてしまいますと、代替可能性がなくなりまして、常にその宗主国と申しますか、要するにお雇い外国人を派遣する国との特殊な癒着関係が出来上がることになるのですけれども、日本ではそれをやらなかった。しかも、その回転のサイクルを早くするために日本人をどんどん外国にやりまして、外国の技術を身につけて帰ってくると、それをお雇い外国人にどんどん取り替えていく。そういうことをやったのです。ですから、この時期にはお雇い外国人のかなりの数がもう帰国あるいは日本にいる場合でもその地位がかなり低下しているという、そういう時期にちょうどあたっているわけです。

井上の場合にも、このベックマンという建築技師、ドイツではかなり地位の高かった人でありますけれども、この人に、来日を要請して、かれに一生懸命そのプランニングをさせました。その結果、明治一九年に、どうなっていくかと申しますと、一つには、大蔵省がさっきも言いましたように、正式に入府税に反対の態度をとる。しかももう一つ、今度は建築局のほうから、内務省の市区改正計画に待ったがかかることになります。内務省は、こうしたかたちで建築局と大蔵省の両方から待ったをかけられる。大蔵省からかけられた待ったは、さっき申しましたように、お金の問題であります。入府税はいかんと、これはあくまでも東京府で府債を募集するなりあるいは東京府の地方税に国税からいくらか国庫補助を出してもらうなり、そういうかたちでやりなさいということを大蔵省は言うわけでありまして、東京府の府会を無視したかたちでやっていくのはいかにも不自然であるという非難が加えられることになります。

このように、普通われわれは、権力といいますと、まあそれが一枚岩であるかのように考えがちでありますけれども、こうしてみてまいりますと、明治政府のなかにかなり立場の違うあるいは考え方の違う存在というものがあるということに気がつきます。財源の問題だけではなく、次にもう一つ出てくるのは建築局と内務省が真正面から衝突するのは、そのフィジカルプランの内容であります。建築局は、いったいどういうかたちの反対をしてくるのか申しますと、これはですね。このベックマンのプランというのは、非常に立体的になっているわけで、しかもその道路と申しましても、さっきのように芳川のプラン、内務省の案のように、従来の道路を改修するというそういう段階のものではございませんで、全面的にこれを引換えようというわけであります。

例えば天皇通り、あるいは皇后大通りとかヨーロッパ大通りとか、いくつもの通りがある。複数の中心から道路がいわば放射パターン、放射状に広がっており、そういう構造、そういうかたちの立体的な交通体系をもっている。しかもいろいろな施設がそのなかにたくさんある。ホテルもありますれば鹿鳴館もある。警視庁、裁判所、東京府庁が中央部に配置され、それから上のほうに国会があるという構想です。そういうかたちで建物を非常にゆったりと置いているということもわかるわけでありあます。

フィジカルプランのなかでも最も立体的な計画、特に都市の美観というもの、立体的な美しさというものを中心に立てられたプランであり、これを作ったベックマンの立場からは、内務省のプランはいかにも中途半端でこんなものは駄目であるというかたちで否定されてしまいます。

これからあとが一つ面白い問題になってくるわけですが、内務省も建築局もいずれもお役所であります。お役所同士の争いというのは、いったいこれからあとどのように展開されていくのか。お役人同士のやり方というのは今日でも考えられるように、いくつかのパターンに分かれますね。特に、課題の設定にあたって非常に面白いのは、内務省という役所のやり方です。内務省は、どういうやり方でみずからの内務省の首都計画を確定する方向にもっていくかということを申しますと、個々の事例はいまここで申しませんが、その特徴をかいつまんで申しますと、内務省は、一貫して争点というものを、極小化する。小さいところへもっていく。そして、いわば既成事実の積み重ねを進めてまいります。ですから、内務省がやろうとした配慮というのは、市区改正の審査会案の事実上の確定を目指す方向ということになる。ちょうど一九年の七月に神田の佐久間町で火事が起きまして、いわば焼けるところが出てくる。焼け落ちてしまったその焼失地をどう処分するかということになりますと、たまたま審査会案のその部分が、審査会案でいうと道路を広げる部分にあたっていた。したがって、内務省は、財源はともかく、財源はここで決まっておりませんから、正式決定までは国庫で臨時に出してくれると考える。国庫からお金をもらって審査会案の部分的実施、つまりその部分だけ道路を広げるというやり方をとることになります。

これがいわば、審査会案の部分的実施の成功ということであり、このやり方を内務省は、これからずっと繰り返していきます。内務省としては、なし崩し的に焼失地処分、つまり土地が焼ける、家が焼けるそのあとをどうするかというときに、土地を取り上げる。もちろん取り上げると申しましても、これはただで取り上げるわけではなく、土地買取にはちゃんと補償はするわけですけれども、その上で道を広げようという、そういうやり方をこの時期にずっと繰り返してまいりました。そして、この際、官庁内の情報というものを相変わらず外部には遮断して、官僚制内部の支持の調達に努めて事態の打開を図っていくという、いわば基本的に手堅い行政手続をとっていくことになるわけであり、これは最後に申しますけれども、この内務省のやり方が最後は功を奏することになります。

ここに見られる内務省の政治、行政手法というものが、このあとの日本の官僚制を運営していく場合に、有効な正統的な一つの手続になっていくということは、ここで強調しておいてよろしいと思うわけであります。

もう一つ、それでは外務省と建築局、派手なほうはどういうやり方をやったかといえば、これまたやり方も派手になるわけであります。臨時建築局という役所は、先ほども申しましたように内閣制度ができたときに、それを機として、内閣の直属機関として設立されたわけです。そして、この建築局は、人間の数からいっても、それから予算規模から申しましてもですね。決してそんなに大きな官庁ではございません。人間の数はおよそ五〇人にも満たないほどの小さな官庁であり、予算もその官庁を維持していく人件費程度しか出されておりません。にもかかわらず、この官庁から、先ほど申しましたようなプランニングが登場する。つまり官庁や議事堂の計画がやがて膨らんで道路まで含むような、そういうかたちで首都計画への関与を強めるにつれまして、いわば内閣制度の鬼子として、本来制度上認められた権限というものを遥かに越えて、独自の政治力を発揮していくことになります。つまり、内務省による既成事実積み重ねの戦略というものは、実は、建築局の非常に大胆な手段によって逆転されていくことになる。最終的に内務省が勝つと申しましたけれども、この一時期、非常に建築局が優勢になるのは、この手段の採用によるわけです。

つまり建築局は、どう考えたかと申しますと、現実に建築のために規制行政を行う。つまりあそこに家を建てるな、ここにやたらに勝手に道を作ってはいかんという、いわば規制行政を行う。そして首都計画を実現していくためにはどの機関を使ったらいいか。つまりそれには警視庁の機構を使ったらいいということになるのです。そこが一番人間を抱えておりますし、一番隅々までよく知っているところでありますから、それを使おうということになるわけです。これはきわめて悪魔的な手段と言えるかもしれませんけれども、外務省と警視庁というおよそ関係のない役所が、建築局を媒介にして、ここで結ばれるということです。

井上外務大臣が建築局総裁でありましたけれども、この時期に、すなわち明治一九年の八月の時点で、当時警視総監でありました三島通庸が建築局の副総裁を兼任するということになるわけでありますす。井上のほうからのメリットというのはそれでわかる。だけどメリットは井上のほうだけではなかろう。ギブ・アンド・テイクでありまして、これは当然のことでありますが、警視庁のほうにも実はこれを飲んだほうがよいメリットがあるということになるわけですね。それは何かと申しますと、これも一つは外国がモデルになっておりますが、ベルリンの警視庁というもの、つまり日本が当時一番モデルにしておりましたトイツ、なかんずくそのベルリンですね。ベルリンの警視庁というものは、行政警察権が非常に強く発揮できる仕組みになっている。特に、衛生警察でありますとか土木警察、建築警察といういわば、衛生、土木、建築という都市計画を考える上で一番重要な権限を実はベルリンでは、ベルリン市役所ではなくで、ベルリンの警察が握っている。それと同じ体制にしようというのが三島の考え方でありまして、一挙に警視庁で権限を握ることができないならば、それを建築局を通してやろうと考えても不思議ではなかった。こういうかたちで建築局を媒介に、外務省と警視庁との三つが複合的に結ばれるというかたちになるわけであります。

しかも、この三島警視総監が建築局副総裁になるだろうということは、なかなか官庁内部でもそう簡単に合意、コンセンサスの得られる人事ではございませんが、それをまたかなり派手な方法によって実現することになる。どういうやり方かと申しますと、それは井上馨自身が「東京日日新聞」にリークをいたしまして、その人事を書かせてすでに一般に知らせてしまう。一般にその人事が知らされてしまった以上、取る手段は一般には二つあります。つまりそれは嘘だといって否定するのと、それをあくまでもそのとおりだというかたちで実現していくことでありまして、この時期には、まさにそれが後者の方向で成功していくということになるわけです。

つまり、まとめて申しますならば、外務省の条約改正というものと、警視庁の行政警察権の強化という課題というものが相互にあい伴いまして、欧化政策の導入による大規模な首都改造を建築局の至上課題にさせるわけであります。しかもそれに伴って、建築局にはドイツ派を中心に技術優位の体制がこのあと確立してまいります。こうして建築局は、さっきも申しましたように「東京日日新聞」にリークするというようなかたちでいわば外部に対する情報操作というものを非常にうまく使う。そして、内務省とは反対に争点、争う点を極小化ではなく極大化していく。つまり、広げていくわけですね。そして、争点を内務省の場合にはあくまでも行政の領域にとどめようとしたのに対して、建築局の場合は、政治の領域で一挙に解決をするという大胆な手段をとっていくことになるわけであります。ただ、これはあとで申しますけれども、建築局は、みずから活路を求めたまさにその政治の領域で、最終的には挫折を余儀無くされるという皮肉な運命を辿ることになるのです。しかし、この内務省の政治行政手段と極めて対照的な建築局の政治行政手段も、これ以後、官僚制運営の一つの強力な手段になっていきます。それはこれからあとの日本の政治をみていきますと、はっきりしてまいりますけれども、後発官庁、つまりあとから出てきた官庁が、前の官庁に対抗してみずからの新しい政治行政課題の達成を目指してやっていく場合、それからまたその官庁云々だけではございませんで、新しい政治課題の登場に際して、こうしたかたちのやり方というものは、一つのきわめて大きな手段として確立されていくことになるわけであります。

以上が、二つの官庁の大きなやり方の相違というものをいわば首都計画の問題を通じてみることができるというお話でありました。

さて、それではお話を元に戻しまして、その建築局の問題というのは、いったいどのようにこのあと展開をしていくのかということになります。ちょうど明治一九年の八月以降、東京にコレラが大流行いたします。疫病の流行というのも最近はなくなりまして、つまりわれわれの住んでいるようなところではなくなったという意味ですが、実感であまり感ぜられませんけれども、特に一八世紀、一九世紀というのはコレラというのがいわゆる国際的な流行病として、それが社会的に与えた影響は、計りしれないものがあったということができるわけです。しかもこのコレラというのは、一種の帝国主義的な拡大をしていく。つまり、それはイギリスの植民地というかたちで、当時はまだ大英帝国が全部を支配している時期でありますから、そういうかたちで植民地から植民地へどんどん広がっていくわけですね。何年かに一度の大流行というのがあって、それがやがて日本の場合には長崎がいわゆる貿易の入り口でありましたから長崎から必ずコレラが入り込んでくる。コレラが長崎から入ってくれば、日を追って東京にまでくるのは時間の問題で、一七世紀から一八世紀にかけて日本でも何度かコレラの大流行がありまして、明治に入って特に一〇年代になってからも、明治一一年、そして一五年、そしてこの一九年が非常に大きな流行であった。大流行と小流行とまたあるのですが、特にこの一九年は大流行のうちの一つであったといわれています。

東京にコレラが大流行するということは、東京の衛生の問題はいったいどうなっているのだという反省を促す非常にいい契機になるわけであります。そういたしますと、実は、首都計画というものをどうやらやっているらしい。それならば、上下水道の改良をやってくれという、まさにコレラの流行をきっかけにそれを要請する世論というものがでますね、まき起こってくるのはこれまた当然のことであり、こうなってまいりますと、実は、審査会案、先ほどの内務省のプランは決定的に損なのですね。最初に申しましたように、内務省の案は、とにかくせんじ詰めていえば、道路を付け替えようという案でありますから、水道の問題というのはポッコリ抜け落ちている。これに対して建築局が作ろうとしていた案は、もちろん道路も改修する、官庁もつくる、しかしそれにまた水道も入れようという案でありますから、当然こういうふうになってまいりますと、コレラが一つ流行すれば、状況は建築局のほうに有利になってくる。

要するに明治一九年の一二月に建築局が出した要求は、建築局に対する市区改正業務の正式な付与、つまり審査会、内務省からその権限を取り上げよう、そして建築局がそれをやるのだという、そういう考え方。それから第二番目に、その審査会案、内務省のあんなプランは不認可にしよう、あんなのは駄目である。第三番目が、それじゃ不認可にしていったいどうするのだ、第三番目が審査会案への対案の提示ということになるわけですね。建築局の対案は、それではどういうふうになっておったかというと、これがその内容の隅々まで、実は審査会案をにらんで、全く反対の提案をしているところが注目に値するところです。第一番目に果断主義の採用、さっきも言いましたように、内務省の案は漸進主義でありましたが、そうじゃなくて果断主義、一挙にやろうというわけです。それから第二番目に運輸交通体系、道路だけではなくて、規模を拡大した総合都市計画、つまりいろいろな都市の諸要素の改訂をいれた、そういう案にしようということです。それから第三番目、これが非常に特徴でありますけれども、これは要するに財源の問題にかかってまいります。審査会案がさっきから言いましたように、入府税という税金に頼ろうとしていたというのに対しまして、ここで建築局が出してまいりますのは、官と民、つまりお役人の側と民間の側の相互協力体制の確立ということであります。具体的に申しますならば、まず官の側が道路の整備にかかる。その際に会社をつくるというわけです。ところが家屋についても会社をつくる。その会社に民間からの協力をうる形で、いわゆる呼び水になるところだけは官庁の側でやりますけれども、そのあとはいわば、民間の努力と申しますか、民間の協力をうるかたちで実現にもっていこうという話です。その呼び水になるものとして、第四番目に、一〇〇〇万円の建築公債を募集する。この建築公債でとりあえずのものを賄おうというわけです。

こうしたいわば審査会案、内務省のプランに構造的にも内容的にもきれいに対立する対照的な案を建築局は意識的にこの時点で出してまいります。建築局のこの案がこれだけの内容を備えながら、結局、閣議決定にいたらなかった理由は、これはやはり内務省のほうが、この時期にとにかく争点を小さくしながら、焼失地処分を繰り返すという例のやり方をやっていたわけでありまして、それをつぶしてまで建築局の案を採用するというだけの根拠が実はない。だから両案併立のまま、内務省と建築局は対立が固定されるかたちで続いていくということになってくるわけであります。

しかし、内務省にも弱点がありまして、その争点を極小化したままやっていくといっても、そう一概にうまくいかないのですね。つまりお金の問題はなんら解決されていない。臨時にやるからというかたちで、毎回毎回とにかく国庫繰替でお金を特別に臨時出費で出してもらっているわけです。大蔵省も、そう何回もそういう案には応じられない。つまり臨時出費ということで、それが恒常化されてはたまりませんから、やがて大蔵省がそれに拒否反応を示す時期がやってまいります。

芝の大火における焼失地処分にあたり、実は大蔵省は、初めて国庫繰替要求を拒否いたします。これは実は審査会案の部分的実施という内務省の戦略の否定につながりますから、内務省はこれでは困る。さあどうするかという問題になってくるのが以下のお話になります。

さて、どうするか。結局、まだ建築局の側も相当頑張っている、内務省の側も頑張るというかたちでどちらの側に軍配をあげていいか決定的な状況がこないために、結論はきわめて曖昧なものになります。今日でもこういうかたちで問題が処理されることはよくあると思います。内容的にはきわめておかしい解決の仕方なのですが、筋論というものが通らない時期には、こういう妥協もなされることになるわけです。こういうのを政治的妥協と申しますけれども、どうしたかといえば、つまり、内務省がもっている官有の河岸ですね、官有の土地からの収入から、年額五万円程度を限度とする支出を大蔵省に認められることになります。官有河岸地というのは、これは貸付けているわけですから、そこからのあがりを全部その焼失地処分に使ってもよろしいというかたちの財源使用が認められる。あくまでも臨時出費の続きみたいなものですが、こういうかたちで続いていくことになります。

状況が決定的に変わるのは、まず外部環境の変化ということであります。明治一九年の後半から明治二〇年の前半にかけて、欧化主義的な時代風潮の支配に対しまして、一種のナショナリズムというと多少誤解があるので、反欧化と申しましょうか、その欧化一本では困るというかたちのいわば反欧化主義の風潮がしだいに出てまいります。ちょうど当時、ノルマントン号事件というのがございまして、つまり船が沈没したわけですが、これがイギリスの船である。イギリスの船が沈没したときに、イギリス人の船長は、イギリス人だけはほかの船に乗せて助けたけれども、日本人を見殺しにしたという事件でありまして、こういう問題では非常にナショナリズムが駆り立てられるわけですね。しかし治外法権でありますから、不平等条約でありますから、日本で日本人が裁くわけにはいかない。イギリス人の船長に対してはきわめて軽い刑しか実は下らなかったということ、これが条約改正をやらなくてはいけないという、そういう気運に非常に大きな力を与えました。そのあとどうなったかと申しますと、結局、その反欧化主義の気運が高まってきたちょうどそのときに、実は欧化の時代気候に則ってやっておった井上の条約改正案がようやくまとまりつつあった。このへんが皮肉なところなのですが、井上の条約改正というのは、結局、裁判の管轄条約というものを結んで、いわば外国人が関係する裁判のかなり重要な部分については、外国人の裁判官の関与を認めるというかたちの妥協案であったわけです。これがとんでもないということになる。つまり、欧化主義の時代ならば、恐らくその程度の妥協でも認められたのでありましょうが、反欧化の気運が高まってきたところでありますから、これはまさに日本を売り渡すものであるというかたちの議論が起こってくる。

そこで、実はこの議論の高まりによって、明治二〇年七月、有名な井上の条約改正中止という事態に立ち至るわけであります。こうしたいわば欧化主義から反欧化主義への外部環境の激変というのは、欧化主義という軸でみれば、欧化主義的な拡大傾向により強く彩られておりました建築局に当然不利に働くことになります。不利に働いた結果どうなるか。これはジャーナリズムというのは、今日でもそうでありますけれども一種の世論の雪崩現象が起きる。つまりそれまでは欧化主義はよろしいといっていた世論が、ある日突然、雪崩を打ったようにそれではいけないというかたちの議論が展開されることになりますから、それまでジャーナリズムを大いに利用していた建築局にとっては、非常に不利な不幸な事態に立ち至ります。そして、条約改正中止の責任をとるために井上は外相を辞任し、やがて建築局総裁も辞任することになる。しかしながら井上が如何に首都計画の実現に執念を燃やしていたかということは、外務大臣を辞めても、彼は建築局総裁にだけは留任したいという意向を示していたことに明らかです。つまりあくまでも彼はそれで首都の欧化、それからもう一つさっき法律の欧化ということを申しましたが、その意味で法典編纂の委員長というポストも彼は兼ねておりましたが、その法典編纂の委員長とそれから臨時建築局の総裁だけはそのあとも続けたいというのが本当の意向でありました。これも世論の動向を察知した政府の保守派の動きによって封ぜられまして、結局、彼は、条約改正を推進するために維持していた外務大臣、臨時建築局総裁、法律取調委員長という欧化政策を推進する三位一体の地位を喪失する。こうして彼は失脚したわけです。

時代の風潮というものがこのように欧化主義からナショナリズムへ大きく転換をしてまいりますと、それまで東京府会を中心とする地方議会に主としてあった政費節減・民力休養というものが、やがて地方議会だけではなく、来るべき帝国議会に備えて拡大してくる。まだ議会は開かれておりませんが、しかし、明治二〇年といえば、議会が開かれるまでにもうあと三年という時期ですね、この時期に自由民権運動のあと起こってまいりました大同団結運動という運動のスローガンに、この「政費節減・民力休養」というものが見事に入ってくる。これが時代をリードするスローガンになりますと、こうした外部環境の変化というものは、単に建築局の運命を変えたばかりではありません。実は建築局総裁の井上が辞め、そして副総裁の三島も辞めて、それは内務省の官吏に委ねられるというかたちで、時代気候の激変ということによって、内務省がこの時点で勝利を得るわけですけれども、しかし、その内務省も今後この首都計画を運営していく上で、大きな試練に立たされることになるわけであります。つまり、大同団結運動における政費節減・民力休養のスローガンは、建築局のプランを否定しただけではありませんで、およそすべての首都計画を否定するにいたったからであります。つまりそういうような、金を食うような計画はいかんというかたちで全部が否定をされていく。これは非常に面白いのですが、このような世論の雪崩現象の結果、明治二〇年の九月から約半年間、ちょっと調査をしてみたのですけれども、ジャーナリズム、主として有力な当時の新聞には、実は「市区改正論」というつまり東京という首都をどう変えていくかというような議論は完全に出てこない。沈静化してしまっているわけですね。それはもう触れること自体がいわば、タッチーな問題であって、それに触れてはいけないという暗黙の了解がありますから、新聞には出てこないという状態になるわけであります。

こうなってまいりますと、これまでは世論動向というものをまったく無視していた内務省もそうはいかなくなる。内務省は、先ほども申しましたように、世論と隔絶したところに市区改正プランをやろうとしたわけですね。だから、府の区部会まで無視した、ジャーナリズムにも遮蔽的であった。それではいけなくなるわけです。つまり芳川もこれからあとは世論動向というものを察知して、いわば世論との関数関係のなかで首都計画ということを考えていく、それを余儀無くされるということになるわけであります。

内務省にとって、一番の問題は、さっきも言いましたように、官有河岸地から五万円だけもらっているわけですけれども、こんなので到底足りるはずはない。つまり市区改正の権限を一元化して、これからいよいよ内務省が市区改正のフィジカルプランを実行するにあたっては、恒久的なその裏付けとなる財源を決めなくてはならないわけですね。そのためには大蔵省が示唆したように、それまではまったく無視していた東京府の区部会、府会との関係をよくしなくてはいけない。当然のことでありますけれども、そういう話になってくるわけです。

さて、どうするか。実は明治二〇年一二月に、日本橋がかなりの大火事を起こします。その際に処分の費用七万円が必要になる。そうすると、さっき言いましたように、当時の官有河岸地のお金は、年額五万円と決められておりましたから、到底これでは足りるはずがないわけです。そこで、内務省はどう考えたかと申しますと、大蔵省の側にもある程度の援助を申込んだのはもちろんのことでありますけれども、それだけではなく、実はこの時点で初めて東京府会に対するアプローチをとることになります。これは大事なところですね。つまり、府の区部会が、ときあたかも民力休養論が非常に高揚しているなかで、本当に土木費の臨時支出を素直に認めるかどうかというのは、かなり怪しい状況であるというふうに一般には考えられていたわけです。これまでも、普通の士木費でさえどんどん削減していたわけですから、まして、焼失地処分で市区改正につながるような金を出せといったときに、乗ってくるかどうか、これは非常に大きな問題であったわけです。

二〇年一二月といえば、民権運動の歴史のうえでいっても、要するに大同団結運動が非常に高まり、東京に建白書をもって全国の民権運動家が集まろうとしている時期です。二〇年一二月の末には保安条例が出て「江戸ところ払い」で、民権運動の活動家たちは一斉に東京から退去する、そういう状況ですね。そういう状況のなかで、この土木の費用というものを、実は東京府は、府の区部会に提案をしたわけです。さて、どうであったか。結局、否定はされます。つまり否決になりますけれども、それがきわめて小差であったというところに注目をしたい。つまり、本来圧倒的多数で否決されるかと思ったら、意外や意外、それがたかだか当時の票数でいいますと三票差です。三票差ということは、二票ひっくり返れば実はこの案は通っちゃうという事態です。しかも、そのなかで改進党の有力者であった沼間守一が、完全にこの案を廃棄しようという説ではなくて、来年度への延期説であったということは象徴的でした。つまり否決した論者のなかをみれば、こんな案は絶対駄目だ、あくまでも民力休養なのだという論者はそのなかのさらに少数であった。このことは、実は、内務省に対して、府区部会に対するアプローチの成功の可能性というものを、かなり高い程度において与えることになりました。

こうして府の区部会との折衝を通じて、不可避な地方税支出というものを真正面に捉えざるをえないという事態に、実は内務省でもなっていくということになるわけであります。つまり、内務省は、府区部会に対して、確かに短期的な戦略、つまり今回お金を出して欲しいというその短期的な戦略には失敗をいたしましたけれども、しかし、それが、票の中身が今申したようなことであったならば、長期的には有力な展望を持ち得たというふうに言えるわけであります。

さて、お話はいよいよそこから市区改正のプランが出来上がっていくところに入ってまいります。明治二一年になりますと、さっき申しましたように、保安条例でとりあえず民権運動家を江戸ところ払いで、江戸から外へ出してしまう。それで一時政治的な危機が収まりまして、特に二一年の一月末には、改進党の指導者でありました大隈重信が当時の伊藤内閣に入閣するというかたちで、民権運動の内部でも、自由党系ではなくて、改進党系は実は与党化してくる。つまり内閣の支持基盤が広がったというふうに解釈してもよろしいですが、そういうかたちになってきました。そういう状況の変化を見越しまして、内務省は大蔵省と協議の上、懸案の財源問題の解決を図る。そして首都計画に本格的に取り組むことになるわけであります。現在の都市計画を規定したといわれる、あるいは現在の都市計画とまでいかないまでも、やがて大正八年に制定される都市計画法につながっていく、その面でのいわゆる日本の都市計画を基本的に決定したといわれる「東京市区改正条例」が、実は明治二一年の三月に閣議を通過することになるわけです。

いったい、東京市区改正条例というのは、どういう内容をもっていたのか。これは詳しく説明いたしますと、細かい点がいろいろ出てまいりますがかいつまんで言えば、まず、首都計画の設計ですね、そして毎年度の事業確定、つまり審査会案というのが一応できているわけですが、それをさらに現状に合わせるための設計変更、それからそのなかで明治二一年度はここをやる、二二年度はここをやるというかたちの事業を確定するために、内務大臣のもとに東京市区改正委員会が設置されることになります。前に申しましたのは、東京市区改正審査会で、これが都市計画に関する審議会の第一歩であるとするならば、ここでいう委員会がその二番目ということになりますね。

その委員会が、前の審査会と決定的に違うところは、前の審査会が要するに官庁セクショナリズムを吸収するために関係各庁からの人間のみで構成されていたのに対して、ここでは関係官庁の人間にプラス区部会議員が加えられた点であります。これは明らかに審査会案修正の権限をもつものでありまして、府の区部会議員をここで入れようと、こういうわけであります。

次に首都計画のための財源、費用はすべて府の区部会の議に付されることになります。つまり無駄なあがきはやめて、内務省は正式にここでそのお金の面に関しては降参というかたちで府の区部会というものに権限をあたえる。ただし、もちろんそれはただ単にやりなさいというのではありませんで、いろいろな制約がついている。いわば地租割とか営業税とか雑種税とか家屋税とか清酒税とか、従来からとっている税金に附加税のかたちでとっていく。さらに、東京府の区部の官有河岸地収入をそれにプラスする、こういうわけであります。年額三〇万以上五〇万円以下を支出して、特に必要な場合は公債募集が認められる。こういう集め方の特色はいったいどこにあるのかといえば、実は官有河岸地を払い下げるわけです。内務省が当時もっていた河岸を東京府に払い下げる。東京府は、払い下げられたそれをさらに貸し付けるわけですね。それを貸し付けることによって得られる収入が、だいたい一五万円程度というふうにこの当時言われておりました。したがって一五万円程度の河岸地収入というものは毎年座っていても入ってくるわけですから、これを呼び水にしまして、実は、最低一五万円から最高三五万円におよぶ幅のある特別税の負担というものを区部会に承認させるのがここでの考え方であったと言えるわけです。さらに費用は、まず焼失地処分の事業からあてられるというかたちになっていくということであります。

こうした内容をもつ東京市区改正条例について、それでは世論の雪崩現象を起こしたジャーナリズムはどう対応したかというのが次の問題です。実はこの時点で非常に重要なことは、「郵便報知新聞」や「毎日新聞」という改進党系のジャーナリズムは、これにかなり早い段階から着目いたします。そして実は地方自治制の推進という観点からこれを肯定的に報道することになります。これは先ほども申しましたけれども、この二月に改進党の指導者大隈重信が入閣したことによる改進党の事実上の与党化と無縁の事態ではございません。すなわち改進党は、首都であり一地方である東京に、多大な影響力をもつ利点を活かす立場から、経費負担における河岸地払い下げ、および費用、計画決定に対する区部会の参与という二点にわたる内務省側の譲歩と工夫を、地方自治制推進ということで高く評価して、市区改正条例を促進するアプローチを選択するということになります。

さて、それでうまく事態は進展するのかといえば、なかなかそうはいかないところが日本の政策決定機構の複雑なところでありまして、市区改正条例というのは、最終的には、元老院という機構にかけられなくてはいけない。この元老院というのは、当時国会がございませんので、国会に代わるいわば立法機関として当初は考えられながら、しかし、現実には立法機能ではなくて、むしろ諮問機能をもっていた、そういう立法権限の極めて弱い諮問機関でありました。しかし、形式上、これがあるわけですから、当然この機関にかけなくてはいけないという話になります。ところが、この時期にですね、実は元老院は、そう活躍をしていないわけです。明治一七年に、実は三つの法案を否決した以外、これまで一八、一九、二〇年と連続して三年間にこの元老院で否決した案件は一つとしてございません。つまり政治的には極めて目立たない地味な存在であったわけです。このいわば眠れる元老院が、この時期に一斉に活発化するというところが特徴でございまして、特にこの明治二一年に元老院が非常に活性化してくる、その一連の動きのなかで最も激しく攻撃の対象となりましたのが、まさにこの首都計画、市区改正条例ということです。そこの議論を詳しくご紹介することができませんけれども、そこでは結局どういうふうに議論が展開したのか。まずここでは、旧明六社、明六社と申しますのは、明治六年に当時の、昔のいわゆる幕臣を中心とする西欧派の知識人が啓蒙のためにつくった啓蒙結社でありまして、その意味で明治初期において欧化派であった人々であります。この旧明六社系の人間、加藤弘之や津田真道らが、極めて明確にこの市区改正条例に反対をいたします。市区改正を、つまりこの首都計画をまさに欧化主義のコンテキストで彼らはとらえます。したがって欧化主義反対、民力休養賛成、こういうかたちで廃案論を主張するわけであります。しかし即時廃案というのは、あまりにも性急すぎるというかたちで、結局、これは元老院のなかのさらに小さな委員会の審議に委ねられることになります。

ここでもう一度芳川案のことを思い出していただきたいのですが、芳川案はそれが審査会案に変わったときに、道路を直すという計画であるというその本質を変じたわけではなかったわけですね。もちろんある程度道路にしても拡大はされましたけれども、しかしその本質が道路修正案であることに変わりはなかった。それはきょうのお話の最初のところで私が繰り返し強調した点であります。

しかし、審査会案を作ったときのお話も思い出していただきたい。私はちょっとうるさく総論部分、各論部分と申しまして、総論部分では、当時は欧化主義的な時代気候であったから、それに合うような作文をしたのだという話をしました。各論部分がまさに技術論の展開されているところであったわけです。そういたしますと、芳川がそれまで非公開にしていた審査会案が開示されたときに、元老院の調査委員は、いったいどこを読むかという問題なのですね。彼らが読むのは運輸交通体系の整備計画を叙述したきわめて散文的な技術的なつまらない各論部分ではありません。結局、欧化主義のコンテキストによって首都計画を正当化した例の総論部分に注目をすることになります。そうすると、これはまさにやっぱり見てみれば欧化主義じゃないかというかたちの反発を生むのは当然であり、結局、調査委員は全員一致で時期が悪い、それからこんなにお金をかけるのは悪いと、この二点において廃案と決し、元老院本会議もまた圧倒的多数でこれを了承する。反対者は一名か二名であり、四十数名の元老院議官のほとんどがこれに賛成をするという事態に立ち至ります。明治一八年からたかだか数年しかたっていないわけですけれども、明治一八年段階においては、その実態がどうあれ、欧化主義的なレトリックを必要とした審査会案というものが、それからわずか三年後の二一年にはまさにそうした時代風潮の転換を背景として、その本質部分とは無関係な欧化主義的なレトリック故に否定をされるという、そういう皮肉な巡り合わせに立ち至ったということが言えると思います。

これに多少付け加えておきますと、いくつか議論ができるわけであります。ここではその議論のいちいちを紹介しませんでしたけれども、元老院における反対論というものはですね、本来、多様な広がりをもっている保守派の論理というものが、実は個々ばらばらのかたちではありませんで、議会開設に備えました制度化と官僚制化の進行に対するきわめてラジカルな批判の論理に凝縮され、市区改正条例を好個の標的として集中砲火のごとく発せられたというような状態でありました。つまりこのことは逆に申しますならば、官僚制を現に担う人々の知的レベルというものが、元老院の有力メンバーたる旧明六社系の知識人や旧地方官の高い知的レベルにようやく迫いついた結果、前者の、すなわち現在官僚制を担っている連中の推進の論理というものと後者の批判の論理というものが真正面から衝突することになったわけであります。

元老院というのは、要するに逐条審議を本来要請されている役所であり、イデオロギー性とかあるいは全体性を問うということはほとんどない役所でありますが、それがこの市区改正条例に限ってですね、そのイデオロギーや全体性を問うて、逐条審議についに全く入らないでそれを否定しさったという点に注目をしておきたいわけであります。

では否定されてしまったらどうなるか。この元老院の否定決定に対し、内務省は逐一反駁を試みまして七月には原案決行の閣議決定をみます。この点はのちの議会と違いまして、当時におきましては、再決定をした場合に検視条例というものに付しますと、元老院が否決していても、行政権のほうが強いというかたちでこれを押し切ることができました。ですから強権発動のかたちによって市区改正条例は成立するということになるわけです。つまり、元老院は論理のレベルではついに説得をされない、まさに官僚制のもつ力によって押し切られるというかたちになるわけであります。

このことはしかし、その後の日本の政治史に一つの大きな問題を残すことになりました。この元老院にいたような人々が、やがて議会のなかでは貴族院というところに結集してまいります。そこで、彼らが政府に対する反対の論陣を張ったときに、今度は、議会はそれなりの権限を保障されておりますから、行政権をもつ内閣としてもそれをこういうかたちで押し切ることは実はできない。なんらかの形でそれと妥協していかなければいけない。妥協の論理を実は生み出していかなければいけないという事態にやがてなるわけです。この段階では、権力の発動によって一旦は事態を収拾できるのですけれども、そういった大きな問題をのちに残したということもご記憶いただきたいと思います。

こうして明治二一年八月に、東京市区改正条例が勅令として公布をされますと、ジャーナリズムは一斉に百花繚乱ともいうべき報道を行い、これをむしろ歓迎するかたちで全面的に展開をするということになるわけであります。しかも、内務省も固定した欧化のシンボルという空疎な首都計画のイメージを打破するために、世論に対する従来の遮蔽的態度を改め、市区改正関係のすべての情報公開に踏み切ります。ですから、この時点で審査会案というものが、細部にいたるまで当時のジャーナリズムに詳しく報道されるということになるわけです。そして例の各論部分が明らかにされる。そのことによって実は市区改正のイメージは具体的な各地域の道路や河川などの改修整備計画と結びつけられ、そのこともあって、三月以来改進党系ジャーナリズムが着目し強調してきた市区改正条例を地方自治制推進と捉える観点が全ジャーナリズムに拡大され、受容されるということになるわけです。

このように内務省は、欧化のシンボルとしての市区改正イメージを消し去ることに成功する。そして、すべての議論を実務レベルに乗せることに成功するわけです。そして、これから以降ですね、市区改正計画は、それまでの試行錯誤があたかも嘘であったかのように、内務省の一元的指導のもとに実行に移されていきます。ただし、ここで申し上げておきますけれども、そのことはその後の市区改正計画がすべてうまくいったということを保障するものではございません。財源の問題等々、絶えず市区改正計画は実現にあたって、いろいろの問題に衝突するわけです。その結果、この時期の都市計画で出来上がったものはいったい最終的にはなんであろうか。結局、交通体系の再編ということだけが一応実をとることができるということで、公園にしてもわずかの量は、設けられる。官庁街計画も、官庁街というほどのものではないにしても、いくつかの官庁ができるというようなかたちになるわけであります。全部が全部うまくいったわけでは決してありませんけれども、こうしたかたちで今日の都市計画を決定するひとつの大きな流れというものがこの時期に出来上がったと言えましょう。しかもそれは、きょうここでも強調しましたけれども、首都計画という一つの地方の小さな計画ということではありません。その決定にいたるプロセスというものをかなり複雑にご紹介してまいりましたけれども、そこからわかりますように、権力の側というものがかなり多面的、多元的な対応をして、そしてちょうどその時期が明治国家が作られている時期であっただけに、その国家機構の形成の問題と、首都計画問題というものがさまざまに入り交じりながら展開をしていったということが言えようかと思うわけです。その意味で、この時期の首都計画を扱うことによって明治国家というものの実像、そういう多面的な実像というものを明らかにすることができるのではないだろうかというふうに私は考えております。

第5章

地方自治をつくる

「地方自治をつくる」と括られる本章には、四つの論文を掲載している。

「一　東京統治事始」は、東京都の研修雑誌に寄稿したものであった。学術論文ではなかったものの（いやだからこそ）、芳川顕正・星亨・田口卯吉の三人を串刺しにするのにえらく苦労をした記憶がある。そのおかげもあり、この三人こそがあらゆる意味で東京の統治を始めた人間であるという認識を強くもった。とはいえ、都職員の研修に果たして役に立ったか否か確かめようもない……。振り返れば第4章に掲げた公開講座もそうだが、公立大学に勤務しているという〝外圧〟があってこその研究成果であったのかもしれない。

「二　地方の時代と明治の地方官」は、今となっては知る人も少なくなっている『彷書月刊』という古書の世界では名を馳せた雑誌へ載せた一文である。「明治の地方官」という特集を組んでもらうべく編集長の田村治芳さんを説き伏せたのである。私のほかにも、笠原英彦・井上章一・村瀬信一・松尾正人・我部政男・坂本一登の諸氏の文章も掲載した一大企画を今では懐かしく思う。この号の「編集後記」は、厚かましくも私が書いているのを発見した。次にその全文を掲げておく。今や見る人もほとんどいないという稀少価値と、結局は夢に終わった「地方官」データベース作成への意欲が語られている点を評価してのことだ。今、「オーラル・ヒストリー」のデータベース作成を東京大学先端科学技術センター助教の佐藤信君たちに託しているのも、この懐かしい試みがあったればこそだった。

明治の地方官とは一体何ぞや？　毎号ユニークなテーマを追求してやまない編集部諸氏もこれには少々面くらったらしい。それでも全権を委任されて編集した結果、出来栄えはともかくある明確な意図を持った異色の特集となった。

その意図とは、本誌を通じての明治の地方官を対象とする情報ネットワーク作成への参加の呼び掛けである。巻頭の小論〔本章二の論文のこと〕において明らかにしたように、これまで全国的視野をもった総体としての地方官研究は皆無であった。それには何といっても技術的な問題が介在していた。つまり一人の研究者の力では、全国各地の関連情報を到底集めきれないのである。

そこで本誌特集を通じて、全国各地の古書店、古書に関心のある方、地方史研究の篤志家などに、明治の地方官リストを御覧頂き、どんな小さな情報でも提供して頂くことを考えた。現在そのため、都立大研究室の小さなパソコンに、地方官関係情報の入力準備中である。無論集積したデータを独占するのではなく、提供者を中心にギブアンドテイクで、必要な人物情報・文献情報をサービスできるシステムにしたいと考えている。

あるいは一〇年がかりぐらいになるかもしれないが、広く活用できるデータベースにするのが夢である。あたかも大海にこぎ出す一隻の小舟の如きささやかな試みであるが、関心のある方、関心はなくとも情報をお持ちの方は、是非とも左記あてに、まずは電話か葉書で御一報をお願いしたい。すべてはそこから始まるのだから。

〈当時の私の住所と電話をここにしっかりと記している〉

御厨　貴

なお、本書第Ⅱ部「書評編」の2に掲げた我部政男編『明治十五年　明治十六年　地方巡察使復命書』の書評とも連動する内容となっている。あわせて味わっていただきたい。

「三　自由民権期の地方官」は、まさに「地方自治を創った人々」というシリーズ名での連載を念頭においた第一回分。しかし雑誌そのものが、ほどなく廃刊となってしまい、幻の連載となった一文である。執筆時期はだいぶ異なるものの、「二地方の時代と明治の地方官」と問題意識はつながっている。さらには、第2章「地方制度改革と民権運動の展開」とも重なっている。今に至るまで話題に事欠かない、中央―地方関係。自由民権期の「地方官」の中央との戦いぶりに思いをはせて見るのも意味あることではなかろうか。

「四　都市と市民」の原型は、都市計画をめぐるシンポジウムでの報告である。「都市」とか「市民」という言葉を使っているが、本質的にはそれまでの東京論としての延長線上にある。下河辺淳さんとの付き合いがあったからこそ、こうした歴史物をも都市計画論に絡めて論じられるようになったような気がする。さらには、一九九〇年代に入り、都市社会学、都市行政学の研究者とのお付き合いが広がったことの意味あいは大きい。

こうして、第5章に一括りに収めた四論文。果たしてどう読んでいただけるのか。一九八〇年代に執筆した一、二と約一〇年後の三と四。その間には、私自身のアメリカ留学経験があり、さらには「地方分権」時代の到来、先に述べた他分野の研究者との出会いで、私自身、意識的に視野を広げつつ多くの事柄を包摂しようと模索していたことは間違いない。それが論文に表れているのかどうか、読者諸氏の判断に委ねたい。

一　東京統治事始——芳川顕正・星亨・田口卯吉

はじめに——東京ブームのエアポケット

東京ブームとも言うべき現象がおこっている。一方でインテリジェントビルや東京湾横断道路に象徴される民活導入をはじめとする都市再開発の構想や、都庁新宿移転および首都機能分散にみられる国土計画的発想など、きわめて現代的政策的課題からの東京への関心が、政治家や行政マンそれに経済人の間に広まっている。他方で江戸東京学・空間人類学・路上観察学といった、ついに〝学〟の装いをまとうまでに至った、文化史・文学史・建築史・社会史・庶民史的視点からの、マスコミをまきこんだ幅広い東京への関心が高まっている。それらを反映してであろうか、今日東京に関する刊行物は汗牛充棟ただならぬ有り様と言ってよい。

しかしながら、一見多様に見える現代的関心、歴史的関心のいずれにも共通するエアポケットが、実は存在する。それは、首都東京の統治をめぐる議論の欠如に他ならない。東京への多彩な関心にもかかわらず、一貫して統治への視点が無視されてきたのは、いったい何故であろうか。おそらく近代以降一二〇年にわたって東京に展開された政治と行政は、全国的規模のそれとは異なる相貌をもって立ち現れる筈である。だが東京には日本の首都としてのイメージがあまりにも強すぎたがために、全国の統治と東京の統治とが無意識のうちに等置され、後者の固有性は日本近代化の一般論の中に埋没してしまった。

しかし、今その掘りおこし作業に着手しなければ、東京学も東京論も所詮は根なし草的存在と化すであろう。そこで小論では、以上の問題に鑑みて、まさに東京に根ざす統治に関わった芳川顕正・星亨・田口卯吉という三人の人物を通して、明治の東京というテーマに迫ることとしたい。

まず、芳川、星、田口という三人の人物に一貫する統治事始の前提として、松田道之と市区画定論について触れておこう。明治維新以後、東京の統治者たる地位には幾人もの人間が就任した。しかしその中で東京を焦点とする統治を意識的に開始したのは、明治一二年一二月から二年半にわたり府知事を勤めた松田道之に他ならなかった。何故なら、松田のイニシアチブによって初めて、首都東京の本格的改造計画が始められたからである。「中央市区画定論」と称する松田の計画の特色は、市区縮小による包括的な市区改正計画と東京築港計画との並列にあった。しかも松田は、東京府会をはじめ諸官庁・商法会議所・三菱会社や田口卯吉の東京経済雑誌など、あらゆる領域の人々に対して意見の提示を求めた上、官民を問わず衆知を結集した市区取調委員局を設けている。すなわち民の側から田口卯吉が築港計画に協力したように、松田は官にのみ依拠しては到底達成しえない計画を、民の知識をも動員することによって促進しようとはかったのである。

結局松田の計画は、松田自身の急逝というアクシデントもあって挫折のやむなきに至るが、その遺産は次のように継承されていった。まず第一に後継府知事の芳川顕正は、松田の市区改正計画を直ちに引き継ぎ、次いで第二に東京市政を掌握した星亨は、松田の築港計画を明治三〇年代初頭に蘇らせる。さらに第三に田口卯吉は松田の時以来一貫して言論人として、芳川から星の時代に至るまで統治に対する建設的批判を模索していく。かくてこの三人を論ずることにより、東京統治事始を浮き彫りにすることになる。

1　芳川顕正――官治行政事始

明治一五年七月松田急逝の後をうけて、工部少輔（次官補）芳川顕正が府知事専任ながら内務少輔兼任という空前絶後の形で着任する。前任者の松田が内務省から転じ地方統治の経験も豊富であったのに対し、芳川は専ら工部省勤務が長く内務省はおろか地方統治の経験は一度もない。このように内務行政にまったくの素人たる芳川が、他の経験豊かな地方官や事情に精通した内務省関係者をさしおいて府知事に任ぜられたのには、二つの理由が考えられる。

第一は明治一四年政変後、相次いで結党した自由党・改進党によって激化する府県会抗争に対し、内務省が有効な対応をできず、直接矢表にたつ地方官の統制すら満足にできなかったことによる。すなわち、内務省の弱体化の最中における筆頭地方官たる府知事の人事だったから、あえて異色の思いきったことのできる人材が求められたのであろう。第二は、芳川自身の経歴に由来する。元来芳川は徳島藩士であったが、幕末に長崎で英学を学びその地で伊藤博文の知遇を得、それが契機となって明治三年に大蔵省入りし、以後伊藤と井上馨の引きによって紙幣頭、工部省電信局長、外務少輔を歴任、前年一〇月に工部少輔に転じたばかりであった。いずれの場合も西欧の技術を解するテクノクラートとして、制度導入の行政実務に携わっていた点に特色がある。したがって大蔵省時代は英米において財政制度研究に従事し、工部省時代はロンドンの万国電信会議に日本代表として参加するなど、欧米体験も豊富であった。その意味で、芳川に色濃く存在した技術優位・効率重視といったテクノクラート的発想が、まさにこの時期の府知事として適格と見なされても不思議ではなかった。

かくて政府の期待を担った芳川は、内務少輔として内務省と地方官とのパイプ役たる自覚を持ちつつ、着任早々から東京府会に対する対決姿勢を鮮明にし、同時に地方官の自主裁量権の拡大を意図することになる。これはおそらく芳川の工部省的な技術優位の発想が、非効率的な府会運営に対する違和感を生じさせるとともに、府政における独自の強力な主導権発揮への意志を生んだからであろう。そして明治一五年から一六年にかけて自らの裁量によって府会をコントロールすることに成功した芳川は、その自信を背景に中断していた首都改造計画に再度着手する。そこでも芳川は、民間からの知識導入や御雇外国人の起用という従来のやり方を踏襲せずに、あくまでも東京府の官僚を中心としながら、技術面では工部省と提携し、政治面では山県有朋新内務卿による内務省の道路計画など地方経営に対する積極姿勢を援用し、首都計画の作成を導いたのである。

それ故芳川の計画の特色は、内容面では築港の軽視と道路を主体とする運輸交通体系の重視ということになろう。かつて電信事業に携わった芳川にとって、交通通信革命必然化という考えは方はきわめて容易に理解されうるものであった。しかし芳川は、一定の比率に基づいた国庫補助を呼び水として、府県会内における多数派を、政費節減によって府県庁と対決する民力休養派から、地方の具体的な利益の促進のためにある程度の負担を受忍し、府県庁の積極主義に賛成する民力育成派へと転換せしめる内務省の構想には否定的だった。

したがって、形式面では、審議機関として関連各省の局長クラスを主体とする審査会を導入し、府会を徹底的に無視する。このことはさらに財源面での入府税法という新規財源の開発において決定的となる。すなわち入府税を国税化することによって、地方税審議の場たる府会との隔絶をねらったのである。これらはいずれも、民力休養を唱える改進党勢力の強い東京府会の動向に対する、府知事としての芳川の独自の統治理念の発露であったと言えよう。

明治一八年六月芳川は内部大輔（次官）に昇格し、府知事の座を去った。しかし紆余曲折の末、二一年には芳川次官の内務省を背景とする東京府と、改進党の東京府会とが接近することにより、入府税法こそ御破算になるものの、基本的には芳川の計画を踏襲した市区改正案が成立し実施に移されていく。かくて芳川は松田道之の統治を引き継ぎながらも、それを独自の統治哲学の下に換骨奪胎しつつ実現していった。その意味で芳川は、まさに東京における官治行政事始をなした人物であった。

2　星亨——東京市政事始

明治一〇年代から自由党指導者の一人として有名であった星亨は、第二次山県内閣の下で地租増徴案を成立させると、憲政党（旧自由党）の党勢拡張のために、地方利益推進と実業家の支持の獲得を真剣に考慮するに至る。そしてそのための手段として、星は首都東京の市政掌握をねらったのであった。すなわち一〇年代以来改進党勢力が優勢であった東京府会—東京市会の勢力図を、星ら自由党勢力が逆転することにより、東京の種々の公益事業（電燈・ガス・市街鉄道・水道・港湾）の許認可権を一手に握り、実業家に影響力を行使しようとするものであった。すでに明治三一年一〇月市制改正によって、府知事が市長を兼任する体制から市会が市長を選任する体制に変更しており、星は逸速く市会制圧こそが市政掌握につながると判断していた。

そこで翌三二年六月の市会議員選挙で多数派工作に出た星は、自らも立候補し市区改正・交通機関速成・東京築港を掲げて当選した結果、改進党系を打破し、六〇議席中四〇議席の絶対多数を占める郡市懇話会の結成に成功する。その後まもなく、争点と化したのが、市街鉄道敷設問題であった。この問題では第一に市営論と民営論とが対立し、市参事会では田口卯吉らの賛成もあって一名の僅差で星の望む民営論が可決される。しかし第二に市への公納金の額をめぐって、折半論の田口と事実上ゼロとなる操作をした星との間で対立が激化し、遂に星が多数の力でこれを押し切ることになる。

かくて星はこの問題を皮切りに、三二年一一月には田口らの辞任後の市参事会をも自派で固め、東京市政をほぼ完全に掌握する。そしてこれ以後星は、暗殺されるまでの一年半の間、国政・市政双方の場で八面六臂の大活躍をするのである。すなわち国政では明治三三年、第二次山県内閣との提携を打ち切るや、直ちに憲政党を解党して伊藤博文総裁の下に政友会を成立させ、次いで第四次伊藤内閣に逓信大臣として入閣し、政友会を完全に牛耳ることになる。

他方で星は同じく三三年、市政においては東京築港および学制統一問題に全力を傾注している。まず松田道之の提案以来、明治二〇年代を通してついに実現できなかった東京築港に関して、星は郡市懇話会を説得して市会を通過させ、築港調査常設委員長になって具体的検討を続けたのである。そして国庫補助獲得のため貴衆両院議員の支持を頼み、国庫補助要請の建議を帝国議会で可決するのに成功した。次いで星は、教育施設の拡充を目的として東京市教育委員会を結成し、公立小学校の整備と市立移管を進める学制統一問題に乗り出している。

しかし、国政における星の政治活動を保障するあたかも車の両輪の如き存在であった市政における汚職問題の顕在化により、星は明治三三年一二月逓信大臣辞職を余儀なくされた。すなわち改進党系の島田三郎の主宰する毎日新聞が、郡市懇話会系市会議員によるまさに許認可権のある公益事業における収賄を暴露し、多くのジャーナリズムもこれに追随した結果、多数の議員が拘引起訴されるに至ったのである。山県閥の占める貴族院による政友会内閣攻撃をかわすには、星の辞任しか道はなかった。

だが星は国政への隠然たる勢力の誇示とは裏腹に、市政においてはその最前線に立つことになった。つまりは星は翌三四年一月市会議長に就任し、暗殺されるまでの半年間市政を直接指揮し続けたのである。かくて星こそは、東京市会を通じて東京市政を動かした最初の人物であり、東京市政事始にふさわしい政治家と言えよう。

3　田口卯吉――統治批判事始

田口卯吉は幕臣の子として生まれ、江戸っ子気質を終生忘れることなく、東京を基盤としながら百科全書的とも言うべき多彩な活動を営んでいる。なかでも明治一〇年代から四半世紀に及ぶ東京経済雑誌を中心とする言論活動と、それと密接不可分の関係にある東京府会議員・市会議員・市参事会員としての東京に根ざした政治活動とが重要である。

まず明治一三年に自ら東京府会議員となった田口は、全国の府県会活動を重視した。そして全国の府県会において、各地方の政治経済問題が地道に議論されることを望んだ田口は、東京の地方税改良や築港計画など具体的な論点に即した政策的提言を東京経済雑誌に発表している。この府庁と府会とジャーナリズムとの三者による建設的討論の場は、松田道之知事の時代に形成され、最も有効に機能した。それ故か、芳川知事の時代になってからも、たとえば市区改正の件などで田口は松田時代の議論をくり返しており、議論にいささかすれ違いがみられるのは否めない。

かくて東京の統治批判に携わった田口は、二〇年代後半に入って衆議院議員に当選し、今度は自己を明治国家の内閣と議会の関係に対する建設的批判者として措定する。つまり単なる文筆活動に止まらず、自己の存在をかける批判的行動を、代議士たることによって実現しようとはかったのである。もっとも田口は大政党に属さず、所属代議士一〇名内外の小会派を率いて自立したために、議会の中でその政策的提言を生かすのは、なかなか困難であった。

したがって明治三一年末、第二次山県内閣の下で憲政党の星亨との交渉により、田口の日吉倶楽部が賛成にまわって地租増徴案が成立したのは画期的なことだったと言ってよい。そして実はこの政策的提携の縁によって、翌三二年東京市政に進出した星の推挙により、元来人脈的には島田三郎ら改進党系に近かったにもかかわらず、新たに郡市懇話会系の一人として田口は市参事会員に選任され、市制改正後の東京市政にも携わることになった。

市街鉄道敷設問題の是非をめぐって、前述の如く結果的には星ら郡市懇話会との決裂と決定的対立を招いた。そして市参事会員を辞した田口は、島田三郎による星派の市会議員の汚職事件攻撃を契機として、明治三三年東京市政刷新のため東京市公民会を組織し自ら幹事長に就任する。田口らの市政刷新運動は、市制の構造的欠陥を是正する方向で星の暗殺後も続けられた。しかし田口らが三五年一月の帝国議会に提出した市制改正案（市の公金取扱者による市会議員・市参事会員への選任禁止、市会議員の市参事会員兼任禁止）は、郡市懇話会と結託した政友会によって否決されてしまう。そこで田口は同年六月市会議員選挙に出馬して当選し、なおも市政刷新運動を三六年七月まで継続することになる。

以上の経緯から星とは異なった意味であるが、田口もまた政治活動の場を国政と市政の双方に求めたことがわかる。そして星と同様に、市政における活動のほうがはるかにドラマチックであった。執拗とも言うべき言論人としての田口の存在をかけた星に対する批判行動は、やはり統治批判事始の名に充分値するであろう。

おわりに――地方としての東京

明治の東京の統治にそれぞれ異なる側面から関わった三人による事始の物語には、無視しえない共通項が存在する。それは三者三様ながら、府政・市政・国政との双方に関与している事実である。しかもこれまでの議論から明らかなように、府政・市政への関与を、短絡的に国政関与のための手段と決めつけることはできない。

無論他のどの地方よりも東京の統治にとって、国政の果たす役割は大きくその影響力も侮り難い。しかし小論で展開したように、府政・市政を国政の中に埋没させることなく、国政との緊張関係の中に改めて東京に固有の統治を位置づける必要があろう。それは言い換えれば、地方としての東京の発見の試みである。

二　地方の時代と明治の地方官

地方の時代というスローガンが掲げられるようになって久しい。それを反映してであろうか、今日各地方自治体ではいわゆるイベントの開催が花ざかりであり、シンクタンクをまきこんで地方都市活性化等と、戦略的地方都市論もまたにぎやかである。さらに情報化の進展が、ますます東京優位に働くのか、あるいは地方優位をもたらすのかなど、中央官庁から経済界に至るまでありとあらゆる関係者が、地方の時代をめぐる問題領域を拡大し続けている。

そうした中にあって、当然のことながら現代研究のエキスパート達もじっとしてはいない。すなわち、今年に入ってから各々まったく別の動機からではあるが、現代の政治行政における地方の重要性を焦点とした三冊の注目に値する書物が公刊された。それを刊行順に挙げると、大森彌・佐藤誠三郎編『日本の地方政府』（東京大学出版会）、高畠通敏『地方の王国』（潮出版社）、村松岐夫・伊藤光利『地方議員の研究』（日本経済新聞社）である。しかしこれらの書物の地方へのアプローチは、必ずしも同じではない。むしろ理論的考察を主とする『日本の地方政府』と、実態報告を旨とする『地方の王国』とでは、元来「地方」の意味づけにおいて異なっていると考えたほうがよかろう。

『地方の王国』では、善かれ悪しかれ特色ある人材を輩出している新潟・千葉・北海道・鹿児島・

徳島・滋賀の各地方に即して、その実態を考察する。そこには、強力な権限を持つ知事と多大な影響力を有する国会議員とが、地方利益をめぐって時に対立し時に協調しながら県政をおりなしていく有様が、ヴィヴィッドに描かれている。結局中央との関数関係は各県とも決して一元的ではありえず、なお各地方に固有の関数関係を軸に政治が展開されている様子をうかがうことができる。それこそまさに「地方の王国」たる所以であろう。

これに対して『日本の地方政府』は、中央政権に対する「地方政府」という論争的概念を提示することから始める。そして大森彌・村松岐夫両論文に代表されるように、中央―地方関係の視角を逆転させるのである。すなわち、これまで専ら中央によるコントロール手段とのみ考えられてきた機関委任専務と国庫支出金に関して、前者については自治体による処理の場合に裁量の余地を生じ、後者についても自治体の自主性を保持しつつ計画の充実をはかりうるとする、いわば地方本位の視角の逆転が成立する。

したがってそこでは、府県を中央と末端の市町村との間に位置する媒介項・中継点と捉え、中央官僚の地方統制を強調する従来の見方、換言すれば「垂直的行政統制モデル」が否定される。そして手持ちの権限と財源とをフルに生かして、時代の変化に適応し責任ある行財政を運営する視角から、「地方政府」の概念の有効性を問うのである。しかも「地方政府」の概念の確立と不可分一体の形で、当然に「地方議会」の役割の大きさにも照明があてられることになろう。そこに『地方議員の研究』の意味が認められる。

かくて『地方の王国』と『日本の地方政府』とは、アプローチの相違にもかかわらず、戦後日本における地方の主体性・独自性・多様性を想起させる点において共通している。つまり、従来地方については さして詳細な検討もしないまま、中央への従属というきわめて単純化した図式のみが横行していたことに対するアンチテーゼなのであった。だが翻って考えてみると、「地方の王国」や「地方政府」的な視角の逆転は、果たして戦後にのみ妥当するのであろうか。実はこの試みを過去にワープすると、戦後より以上に鮮明に浮かび上がる時代がある。それはまさに明治国家形成期に他ならない。

そもそも近代史の流れの中には、体制側と運動側とが各々の論理に則って白熱した対立を演じるかに見える時期が繰り返し現れるが、明治国家形成と自由民権運動の時期はその中でもとりわけ人々のロマンを喚起する時代であった。それだけに、まず体制側の視点に立つと、様々な抵抗運動にもかかわらず逸早い全国的な集権化体制の整備が、地方における一様な近代化を当然の前提として強調される。逆に運動側の視点に立つと、これまた中央と地方との一体化を当然の前提とした体制による様々な弾圧にもかかわらず、各地の運動における抵抗の精神が高く評価される。相互にまったく逆の視点に立ちながら、意外にもそこに共通する歴史認識を見出すことができるだろう。それは体制と運動を、中央と地方を、それこそ「地方政府」や「地方の王国」的な視角を欠如させたまま、無媒介に対立させる見方である。

だがこれは、明治時代以来の「官」と「民」との二分法を、あまりにも無批判に踏襲した見方とは言えないであろうか。これに対して明治四年の廃藩置県以来、「官」と「民」との双方の接点的存在たる「地方官」の独自の政治的役割にもっと注目すべきではあるまいか。そして各地の「地方官」の政治的動向や統治意識を分析することによって、体制―運動関係および中央―地方関係のより立体的な再構成を試みる必要があろう。無論これは、地方の時代の明治の「地方官」への安易な適用ではない。

その証拠に、現実にはすでにその当時において、こうした「地方官」への関心が広汎に存在した事実に言及せねばならない。第一は『府県長官銘々伝』や、『知事評判』と称する「地方官」を論評した出版物や文書が、存在することである。特に前者については、明治一四年五月という発刊の時期に着目しておきたい。何故なら時あたかも一四年政変を直前に控え、全国的に国会開設運動が最も高揚した時期にあたっているからである。したがってまさにこの時期における銘々伝の刊行は、「地方官」に対する朝野の関心がいかに深いかを示す何よりの指標となろう。そしておそらく、こうした銘々伝や評判記は時期的にもっと早い段階からのものがあり、またはその府県に固有の「地方官」の評伝などが多数各地方に残っていると推察される。それらを収集して分析する作業は、未だ本格的に行われたことがない。

第二に殊に政府側の「地方官」への関心を示すものとして、「天皇巡幸」の記録や「地方巡察使」の復命書（三一書房）［本書第Ⅱ部書評編2も参照のこと］が存在する。政府が常に「地方官」の統制に手を焼いていたことは、明治一五～一六年という自由党や改進党の結成後まもなくの時期の「地方巡察使」の派遣事情に明らかである。すなわち地方への統制強化をはかる内務省の方針に対して、地方官会議は強い抵抗の意を示した。たとえば芳川顕正東京府知事は、「今地方官、階ハ四等為リ、位ハ即五位、是レ其ノ身重ク且ツ貴カラザルニアラズ、而シテ法令繁瑣厳急、一小事ニ処スル、自ラ壇ニスル能ハズ、九尺之室一畝之地ト雖、皆命ヲ内務卿ニ受ク、身桎梏ヲ受クルト異ナル無シ」（『越山先生伝』）と述べて、「地方官」の自立裁量権の幅を広げることを要求している。こうした「地方官」

の独立的傾向について、直ちに井上馨は「県官は此時機と覚悟を致し、権限を県会規則と県治条例併内務省習慣之干渉を免れんと之精神、併山県之強情を以押付可也に相纏り候」（『伊藤博文関係文書』一、塙書房）と、憲法調査のために渡欧中の伊藤博文に書き送った。そしてこの書翰に示唆されている通り、山県有朋は地方官統制のため「地方巡察使」の制度化を考慮することになる。

　以上の他に、これらの周辺文書や関係文書を各地方から発掘しあわせて検討する必要があり、さらに地方官会議の記録も系統的に考察しなければならぬだろう。とりわけ重要なのは、「地方官」の中央に対する建白書の類を収集し分析することである。ここでは試みに利用可能な建白書類を基に、「地方官」の統治意識を仮説的に論じておきたい。明治一〇年代の地方官は、一般に中央の出先機関としてその制度的保障の強化を期待して、地方経営に臨んではいない。むしろ府県会争議や国会開設運動との緊張関係の中で、中央と地方の接点に位置する独自の存在としての意識を強め、まさに「牧民官」としての自覚から、地方経営に臨もうとしたと言ってよい。では彼らが自立の根拠とし、この時期に明確化した「牧民官」意識とは具体的にどのようなものであっただろうか。

　まず第一に意識のレベルでは、本来「官」ではなく限りなく「民」に近い存在である。たとえば籠《こ》手《て》田《だ》安定《やすさだ》滋賀県令は、「苟モ任ヲ牧民ニ奉シ民ト喜憂ヲ同フスルノ地方官其職ニシテ言ヲ黙々ニ付スルノ今日ニ非ス」（『史料県令籠手田安定』Ⅰ、丸ノ内出版）との認識から、まさに「牧民官」としての自覚に則って中央に対して数々の提言を行っている。逆に内海忠勝長崎県令は、民心を無視して中央の意向通りの地方経営を行ったが故に、「赴任以来右様之事情にて真に牧民之任を尽し民心を安しめ民と共に楽むの場合に到らす、終始民心に背馳する事のみ処分し民心も亦安からさる事と存候」（『伊藤博文関係文書』三、塙書房）と述懐し、県令辞任を申し出たのである。

だがこうした「牧民官」意識は、無論すべての地方官にあてはまるわけではなく、むしろ「官」としての強烈な使命感から「民」との多少の摩擦や軋轢は覚悟の上で、啓蒙専制的に「民」を導く存在としてみずからを位置づけるケースもある。無論この場合も、意識の上ではいかに「官」に近くとも、中央の出先としてその意向を反映した地方経営を行うというのではまったくない。否それ故にこそ、たとえ力に訴えたとしても「民」の先頭に立って、その地方独自の近代化を推進していくことになる。藤村紫朗山梨県令や三島通庸山形県令は、その典型例と言えよう。

そして、実は善かれ悪しかれこうした強烈な「牧民官」としての自意識から、第二の「地方分権」の主張が生ずる。これは多くの場合、地方官と府県会の双方に権限を与えよとの主張に発展していく。ところが府県会争議の続発に対して、中央は明治一三年以降、府県会の権限を剥奪し地方官の権限を強化する府県会規則の改正（前年度予算執行権や原案執行権など）を断行する。しかもこれらの制度改正を保障するものとして、地方官に対する中央の指導命令権が担保されていた。このような中央による集権的画一的な統制強化に対しては、先述の一五年の場合と同じく、「牧民官」としての立場から地方官は批判的であった。

すなわち野村靖神奈川県令は、富国強兵化の四要素として「軍務・財務・外交・民心」をあげた上で、最初の三要素を中央が最後の一要素を地方が担当すべきことを説く。そして「民力ヲ養成スルハ地方人心ヲ収攬スルニアリ、地方人心ヲ収攬セントスレハ、宜ク地方分権ノ制度ヲ立ルニアリ」と述べた。では、具体的に地方分権をどのように実現したらよいのか。野村は、原案執行権および中央の指揮命令権を「分権ノ主義ヲ見出ス能ハサル而已ナラス、其地方人心ニ背馳スルモノ」として鋭く批判した上で、地方官および府県会の権限強化に基づく地方政務の自律的運営を訴えたのであった（「三条実美文書」四三―一六、「野村靖文書」一三―四）。

さらに「牧民官」としての自覚から、第三に中央主導の各種の政策に対して、地方官は朝令暮改をきびしく批判し、多くの場合各地方の事情にあわせた漸進主義的な地方経営を行った。そして第四に地方事情の中央に対する媒介的な役割意識から、国会開設運動に一定程度の共感を示すことになる。

ともあれ、現代的意義にのみ目を奪われがちな地方の時代や「地方政府」論が、文脈こそ違え明治の地方官に妥当し、その意味でまさに歴史的意義をあわせ持つことを明らかにしてきた。これを契機として明治の地方官研究を進め、明治史研究の新たな地平を切り開いていきたい。

三　自由民権期の地方官

〝地方分権〟の時代がやってきた。実態はともあれ、地方分権のスローガンそのものは誰もが反対できぬ錦の御旗となった。一昔前にはやった〝地方の時代〟というスローガン以来のことである。だが名は体を表すというわけにはなかなかいかぬのが、ことの真相であろう。〝地方《ちほう》〟〝地方《ちほう》〟と呼ばれるたびに、「近《ちこ》う近《ちこ》う」と呼ばれているかの如き錯覚が生じそうだ。そのためか、〝地方〟は一目散に逃げていこうとする。そうこうするうちにまったく反対の現象がおき、東京一極集中が進んでしまう。

〝東京国〟対〝地方国〟の戦いなどと言われているうちは、まだまだよかったのかもしれない。今やそんな生やさしい事態ではない。おそらく世紀末を迎えて、今度は〝東京国〟対〝日本国〟の戦いの様相を呈するのであろう。これは明治維新以来続いている〝地方〟と〝中央〟をめぐる問題の最終的決着を予想させる事態でもある。

なるほど日本近代化の歴史を振り返ってみるとき、〝地方〟と〝中央〟の戦いは、総じて全体としては〝中央〟の勝利と見なされることが多かった。だが日本にも戦前からの息の長い〝地方自治〟というタームに象徴されるように、ゲリラ戦でしばしば〝地方〟が善戦し、時には局地戦で勝利を収めることもあった。

考えてもみよ、都道府県知事に市町村長と、維新以来この方一三〇年間、様々のレベルにたくさんの地方首長がいたわけである。それらの人々が無個性で、あるいは昨今流の言い方によれば官僚的で、〝中央〟の言いなりであったはずがない。また今日のように時間的にも空間的にも東京にきわめて近くなってしまった時代と異なり、時空の差が〝地方自治〟を実質的に担保した時代も存在したのである。

近頃はやりの「政」と「官」と「民」という三つの類型化がある。三者の関係は、おそらく正三角形にはならず、「政」と「官」がきわめて近くにあって、そこから「民」の一点へむけての逆二等辺三角形を作るというイメージになろう。三者の相互関係といったところで、「民」からみれば「政」も「官」もまことに遠い存在に他ならない。

この素朴なイメージをそのまま一世紀余り前の明治国家の形成期にまで遡らせると、「官」と「民」の対立すなわち明治国家と民権運動の対立という、かつての唯物史観強かりし時代の図式的理解にピタリとあてはまってしまう。たとえ唯物史観が化石と化しても、「官」と「民」は本来対立するものだという単純なしかし信仰にも似た観念から脱却しない限り、「官」と「民」の単線的な二分法がいつの時代にも生き続けることになる。これは困ったことだ。

というわけで、自由民権運動華やかりし時代（一八七〇年代後半、明治一〇年代前半）に、まずはタイムトリップしてみたい。

西南戦争という最大にして最後の士族反乱が終結した明治一〇年、明治国家は混乱の時代から秩序化の時代へと転換をとげようとしていた。これから明治維新の第二期が始まるという認識については、それこそ「官」「民」ともに変わりがなかったのである。ただその際一番重要な役割を果たさねばならなかったのは、現実に地方人民に対峙し、中央政府からの政策の具体的な実施の任にあたる「地方官」（府知事・県令）であった。彼らはいったいどのような統治意識をもって、実際の地方経営に臨んだのであろうか。

今日の都道府県知事選挙においても、一方で「地方分権」を強調しながら、しかし他方で「中央直結」がささやかれるある種の二重構造が存在するのは、周知の通りだ。明治維新の第二期を担う「地方官」たちは、中央―地方関係でいえば昔の藩のイメージが残っている分だけ、より困難な立場に置かれていた。にもかかわらずこの時期の「地方官」は、形式上はあくまでも中央から派遣された「官」でありながら、統治意識としては「官」と地方における被治者たる「民」との接点に立つ存在としてみずからを位置づけ、中央政府に対して相対的自立を図ろうとしていた。すなわち彼らは、中央政府からの政策を単に地方に伝達し実施に移す役割に止まることを潔しとせず、それを各々の地方の実情に合わせてみずからのイニシアチブに基づいて具体化していくことこそ、地方経営の要と考えたのである。その際、彼らはいずれもみずからの正統性を「人心」や「民心」に求め、自由民権運動をはじめとする地方人民の動向に一定程度の共感を寄せつつ中央政府による「人心」や「民心」を顧みない性急かつ朝令暮改的な政治運営を批判するのであった。

明治九年「凡《およ》ソ内治ノ本ハ専ラ地方ニ在リ、地方ノ治挙ラザレバ国ノ隆盛ヲ期スベカラズ」との前提の下に、県官任期例が制定され、「地方官」は初めて任期の長期安定化を制度的に保障されることになった。このことは、一方で同時に行われた府県統廃合と相まって、中央政府の政策や方針をこれまでより迅速かつ適確に各地方に反映しやすくなる効果を期待できた。しかしそれは他方で「地方官」の自主裁量権の余地を生じさせ、地元の事情を理由に中央政府の意向に必ずしも全面的に従わない可能性を芽生えさせ、中央政府にとっても諸刃の剣となりかねぬ措置であった。

明治一〇年前後の「地方官」の最大の課題といえば、他ならぬ地租改正事業である。実は、地租改正は明治九年の地方制度改革をうけて急速な進展をみることになった。そして多くの場合、地租改正は各地における「地方官」と地元農民との緊張関係を含んだ共同作業に委ねられ、いわば官民総がかりの形で地方行政への習熟をもたらす結果を招いたのである。細かい行政手続きを踏み、地元農民の協力を得ながら着実に地租改正は進められていった。結局明治九年から一一年までの三年間に、三分の二の地方で改租事業は終了したが、それは「地方官」、農民双方にとっての壮大なる地方自治の学習過程そのものであった。後に足尾鉱毒事件で有名になる田中正造が、当時をふり返って地租改正の実務経験の意味を次のように語った所以である。

「難ハ則チ難ナリト雖、是皆臣等平素鋤鍬ヲ執テ南畝ニ封スノ日ニ成リ、未タ嘗テ其適当ヲ誤ラス、尚且其自治ノ気象進歩スルコト実ニ驚クベシ」（傍点筆者）

しかし各地方で常に紛糾したのは、せっかく「地方官」と地元農民との共同作業によってできあがった地租改正基準を無視して、中央政府が一方的により課税率の高い基準を押しつけることにあった。その際地元農民は無論のこと、「地方官」もしばしば官民の共同作業としての実績を背景に、中央政府に異議申立を行っている。つまり両者ともに、地租改正を不可避の改革と受け止めながらも、地元の意向を無視した中央政府による強圧的な手段や方法を厳しく批判したのである。結局中央政府に対する各地方の対応は、次の四つのパターンに整理できる。

第一は中央政府への批判にもかかわらず、最終的には「地方官」、農民の双方ともに中央の意向を受け入れるパターンである。たとえば鍋島幹栃木県令は、改組着手以来みずからが地元農民と共に携わってきた膨大な作業内容を回顧し、「吏民ノ情状亦察スヘシ」と述べた上、地元で作り上げた基準こそ「官民ニ適度ト信スル」と断言して、次にようにラディカルに中央政府を批判する。

「若シ其レ改租成否ノ得失ヲ論スルニ、慣行ノ如何ヲ顧ミス民情ノ甘酸問ハス、着手ノ緩急ヲ量ラス唯々条理ニ抱（拘）泥シ論挫議折強テ抑圧ニ類スルカ如キニ至リテハ、縦令《たとい》新法ノ正確公平ニ帰スルニ得失アルモ、隠然不測ノ患害ヲ醸生シ、十日ノ暖一日ノ寒ニ失シ、吏民ノ勉力総《すべ》テ水泡ニ属シ復タ収拾スヘカラサルニ至ラン。」（傍点筆者）

鍋島は中央による地方無視の事態が、明らかに「不測ノ患害」すなわち農民一揆を生ずるとの可能性を示唆し、中央政府に一矢報いたの感がある。栃木県ではおこらなかったものの、現実に明治九年の一一月から一二月にかけて、茨城・三重・愛知・岐阜の各県では農民一揆がおこった。これに対して中央政府はただちに武力鎮圧を断行すると同時に、翌年一月に地租五厘減という政治的妥協を余儀なくされた。

この農民一揆を第二のパターンとすれば、第三のパターンは一揆という直接的な武力暴動に至らず、よりソフィスティケートされた形で税負担と参加のバーゲニングを行うことになる。それは民会の設置を認めさせた浜松県の例に見られるように、後の国会開設運動の先駆的形態でもあった。

それにしても農民一揆は、中央政府はおろか「地方官」にとっても最もコストのかかる最悪の事態であった。だから、地方経営全般の視野から中央政府に対する建言を行う地方官も存在する。第四のパターンである。たとえば、中央政府による五厘減という政治的妥協が講じられる直前に籠手田安定《こてたやすさだ》滋賀県令は、大久保利通内務卿に「治国安民ノ建議」を提出し、次のように述べた。

「茨城県下暴動ノ根拠及ヒ三重岐阜愛知三県ノ人民カ蜂起スル所ノ縁由ヲ繹スルニ、各大同小異アルモ要スルニ彼ノ一二件（筆者注―「凶歳租税延納規則」と「一部米納ノ法」という籠手田の提案二件）ニ出テサルモノ無キカ如シ。然リ而シテ安定帰県ノ後尚隣府県及ヒ各地ノ実況ヲ観察スルニ処トシテ咨嗟怨歎ノ声ヲ聞カサルモノナシ」（傍点筆者）

「若シ夫レ風土ノ如何ヲ察セス旧慣ノ拠ル可キヲ採ラス民心ノ向背ヲ顧ミスシテ、俄ニ断然凶歳取充ツルノ法ト金納ノ法トヲ行ハント欲スルトキハ、安定固ク信ス時ニ一二ノ県々ニ止マラスシテ、諸道府県亦其ノ茨城三重愛知岐阜四県ノ如クナラサルモノ無キ保チ難カランヲ」（傍点筆者）

このままでいけばさらなる農民反乱の可能性があることを示唆した籠手田は、それゆえにこそ「民心ヲ収ルノ法他ナシ暫ク民欲ニ従フノミ」と断言し、中央政府の譲歩を促したのである。結局中央政府は籠手田の提案に見られるような地租改正への修正を施すと共に、あらためて「地方官」に地方経営の実情の報告を命じた。これに対して報告の一番手となった籠手田は、明治一〇年末から翌年初めにかけて、「施設ノ要ハ風土ニ依リ人情ニ適スルヨリ大ナルハナシ」、「民間古風ヲ尚ヒ新様ヲ嫌フコレ人情ナリ」と主張した。これに加えて、「夫レ施設ノ要ハ旧慣旧習ニ因リ人情ニ戻ラスシテ不知不識開明ノ域ニ進歩セシムルニアリ」との籠手田の漸進主義的な近代化の議論は、いずれにせよ多くの「地方官」にとって共通の認識であった。

このような「地方官」の報告を前提に、内務卿大久保利通は「郡区町村編成法」「府県会規則」「地方税規則」から成る三新法の公布を進めた。そして大久保暗殺直後の明治一一年七月三新法体制が成立する。ここでは、行政効率を高めるための郡・町村という行政機構の整備、および地方税徴収システムの制度化と、それに見合う区町村会・府県会などの参加の制度化が実現されたのである。

これ以後の「地方官」は、三新法という新たな地方制度を実現しながら、現実に各地の府県会の開設に伴い、次第に活性化する豪農層を主体とした府県会内部の活動に対処し、同様に彼らを含めた自由民権派の国会開設運動にも対応していかねばならず、多くの地方経営上の困難を背負い込むことになった。ではこうした困難に際して、「地方官」は内務省の出先機関として、その強力な制度的保障を期待しつつ地方経営に臨もうとしたのであろうか。答えはノーである。

むしろ府県会争議や国会開設運動との緊張関係の中で、従来から抱いてきた中央と地方の接点に位置する独自の存在としての意識を強め、まさに「牧民官」としての自覚から、地方経営に臨もうとしたのである。それでは自由民権期の「地方官」が自立の根拠とし、明確化した「牧民官」意識とは具体的にどのようなものであったろうか。

まず第一に意識のレベルでは本来「官」ではなく、限りなく「民」に近い存在である。たとえば籠手田安定滋賀県令は、「苟モ任を牧民ニ奉シ民ト喜憂ヲ同フスルノ地方官其職ニシテ言ヲ黙々ニ附スルノ今日ニ非ス」（傍点筆者）との認識を明らかにしている。さらに内海忠勝長崎県令は、民心を無視して地方経営を行ったことを反省して、「赴任以来右様之事情にて真に牧民之任を尽し民心を安しめ民と共に楽むの場合に到らす、終始民心に背馳することのみ処分し民心も亦安からさる事と存候」（傍点筆者）と述懐している。

だが逆にむしろ「官」としての強烈な使命観ゆえに、「民」との少々の摩擦や軋轢は覚悟の上で、いわば啓蒙専制的に「民」を導く存在としてみずからを位置づける「地方官」も登場する。この場合は当然意識の上では「官」に近いが、しかし中央の出先の「官」として中央政府の意向を反映した地方経営を行うのでは、まったくない。中央政府からも独立した「官」として、たとえ力に訴えたとしても「民」の先頭に立ち、その地方独自の近代化を推進していくことになる。山梨県令藤村紫朗や山形県令三島通庸は、その典型的な存在に他ならない。大久保内務卿の漸進論のアドバイスに対して、次のように切り返した三島の言の中にこそ、強烈な使命観に裏打ちされた「官」の自己主張を見ることができる。

「その人民の室中を囲むに屏障を以てし、その中に安臥し、戸外に何物の大なると、なにごとの恐るべきを知らざるに似たり、この慣習を破り民心を覚醒し耳目を一新するに迅速を貴ぶなり、その害と紛議を生ずるは漸急ともに一つなり。」

そして、実は善かれ悪しかれこうした強烈な「牧民官」としての自意識から、第二の「地方分権」の主張が生ずる。そもそも府県会争議の続発に対して、中央政府は明治一三年以降、府県会の権限の剥奪・「地方官」の権限強化・「地方官」への内務卿の指揮命令権の担保を内容とする府県会規則の改正を断行した。しかしこのような中央政府による集権的・画一的な統制強化に対しては、府県会の反発はもとより、「牧民官」としての立場から「地方官」も批判的であった。すなわち野村靖神奈川県令は、まず富国強兵化に必要不可欠な四要素として「軍務・財務・外交・民心」をあげた上で、問題は中央政府が直接担当する先の三要素にはなく、「浮薄紊乱是ニ至リテ極マル」民心にあるとし、その改良のために「地方分権」の必要を次のように説く。

「想フニ夫レ国権ヲ皇張シ独立帝国ノ栄誉ヲ保タントスルニ、人権ヲ仲暢セザルべカラズ、人権ヲ仲暢スルハ民力ヲ養成スルニアリ、民力ヲ養成スルハ地方人心ヲ収攬スルニアリ、地方人心ヲ収攬セントスレバ、宜ク地方分権ノ制度ヲ立ルニアリ」（傍点筆者）

では野村の言う「地方分権」とは何か。野村は「惟フニ現時ノ制度タル、地方重要ノ政権ハ中央政府ニ掌握セラレ、地方百般ノ事務一ツトシテ地方長官ノ独断ヲ以テ為シ得べキモノ殆ントナキガ如シ」と批判し、「地方分権」の実をあげるために、「地方官」および府県会双方の権限強化を訴えたのであった。

こうして「牧民官」としての立場から「地方分権」を主張した「地方官」は、さらに一方で中央政府主導の様々な政策について、その朝令暮改をきびしく批判し、多くの場合各地方の事情にあわせた漸進主義的な地方経営を行うとともに、他方で地方事情の中央に対する媒介的な役割意識から、国会開設運動に一定程度の共感を示すことになる。たとえば内海忠勝長崎県令は明治一三年の地方税増税に対し、「独り地方税の増額に至ては実地の困難謂ふへからさるものあり」「今更ながら何とか御工夫は有御座間敷哉、只管地方の情状御深察奉仰候」と、その朝令暮改ぶりを批判している。

さらに「地方分権」を訴える立場をとる「地方官」は、おりからの民権派の国会開設運動に対しても治安維持ということで民権派の運動方法自体には批判的だったが、人民の政治参加の理念には共感を示したのである。たとえば千坂高雅石川県令は明治一三年の国会開設運動の高揚に際して、「其主義トスル所固ヨリ憎ムヘキニ非ス」と賛意を示し、「民心モ亦昔日ノ比ニ非す」と述べて彼らの主張をいたずらに取締らないほうがよいことを説く。同様のことを北垣国道京都府知事は、明治一四年の開拓使官有物払下事件に際して、集会条例の存否にそくして主張する。すなわち激化する民権運動に対して、治安維持の立場から現場の「地方官」は何らかの現実的対応を迫られている。されば中央政府の思惑通り集会条例を発動しさえすればよいのか。ここでも答えはノーだ。

北垣は逆に、「徒法ヲ置テ人民ノ惑ヲ醸シ世論の謗《そしり》ヲ招カンヨリハ寧ロ断然之レヲ廃止シ」「全ク寛待ノ御政略ニ一変アラセラレ度」と述べ、「牧民官」の立場から大胆な宥和政策を提案する。すなわち集会条例の廃止と、「官」「民」双方に対する言論・集会の自由の保障による相互理解の深まりこそが、「地方官」の地方経営の進展に寄与するという「牧民官」としての確固たる信念を、明らかにしたのであった。

自由民権期の「地方官」の「牧民官」意識に基づく中央との戦いぶりは、如何だったであろうか。やや構造的把握に傾いた嫌いなしとしないが、どうやらこの時期の「地方官」は、誰もがみな個性豊かなゲリラ戦士だったようだ。詳しい資料さえあれば、いずれ個別にとりあげることもあろう。

四　都市と市民——都市の主役である市民とは誰か

1　一九世紀末の東京

東京という都市を舞台に展開された明治期から現在に至る政治の流れの中で、現実に市民がどのような存在であったかを明らかにすることによって、「都市と市民」という今日のテーマにアプローチしたい。

近代で世紀末といえば一九世紀末と二〇世紀末の二度しかないが、今世紀末からみて画期的なのは、一九世紀末の時点で東京という都市をどのようにつくっていくかという都市計画的発想が、明確に見てとれることである。一九世紀末の東京には、星亨という政治家、田口卯吉という知識人、幸田露伴という文士が現れる。この三人は東京出身の東京人である。この時彼らが都市の問題についていろいろ発言したことは、非常におもしろい問題である。

ここでは特に星亨を取り上げるが、彼は一八九〇年代の日本の政治の中にあって、政党をいかに国政に根づかせるかを押し進めた政治家である。星がまず目をつけたのが東京市政であった。彼は東京市の政治を国政とリンケージしていきたいと考えた。その背景には、一九世紀末に都市の利益が目に見えて明らかになってきたことがある。この時の東京は、上下水道、港湾、市街鉄道、ガス・電灯といった都市に必須なインフラ整備の必要に迫られていた。これらの事業をどのようにリードするかという利権の問題になり、星は東京市の参事会員、東京築港の調査委員長、東京市の教育会長、東京市会議長などの要職を歴任する。今日では公共事業として一括されるこれらの事業は、東京市が直接経営に当たるか、そうでなくても市および市会の承認を必要とする許認可事業であった。

星は、この方面から東京市政を掌握することが、現実には当時地主議会といわれていた国政における地主を中心とする政治勢力を排除して、都市に利益を持つ実業家の支持の獲得に結びつくと考えたのである。さらにもう一つ、重要な要因があった。星は、文学どおり彼の手足となって動き政治的な力を顕示していたいわゆる壮士といわれる人たちの生計を立てる場として、いまだ任用の制度化が進んでいない東京の市役所、あるいは公共事業への雇用を考慮していた。もはや明治維新から三〇年、足手まといになり始めた彼らを東京市政の中に封じ込めることができれば、星派による市政への持続的影響力の行使という側面からも、それは極めて歓迎すべき事態であった。

こういう思惑から、星は一八九九〜一九〇〇年にかけて、東京の市会議員の中で星派の勢力を増大させようと様々な努力をする。事が首尾よく運びそうになったちょうど同じ時期に、国政レベルでは政友会という政党が登場する。政友会はこれまでの政党の伝統を断って、むしろ元勲である伊藤博文と相乗りの形で政治を行うことになる。星はこの政友会と東京市政における都市利益を結びつける形での政治の運営を目論んだ。

しかし皮肉にも、それが政治の非常にダーティな部分を顕在化させることになり、星は最終的にはテロに倒れる。二〇世紀最初に暗殺された大物政治家が星亨だったのは象徴的である。星は一九〇一年に市役所で市長らと雑談中に暗殺されるが、斬奸状によれば、その理由は星の恣意的な市政支配に対する反発と、星派による市会汚職に対する怒りにあった。星は腐敗と汚職という政治の暗部を象徴する人間として、テロに遭ったのである。こうして国政レベルで発展していく政党政治のダーティな部分として、東京市政は位置づけられていくことになる。

星の衣鉢を継いで政党政治の実現を目指した原敬も、星暗殺から二〇年後の一九二一年一一月、東京駅頭でテロによって同じく暗殺される。初の政党内閣の総理大臣となった原に対する非難も星と同様、東京市にしばしば起こった汚職事件をはじめとする一連の政党による政治腐敗に対する攻撃が主なものであった。

こうしたテロリズムはその後も続き、一九三〇年の浜口雄幸首相の狙撃、三二年の五・一五事件、三六年の二・二六事件といったように、ドラスティックな形での政党政治排撃が行われた。この背景には多かれ少なかれ、東京市政における政治的腐敗の実態があったことは忘れてはならない事実である。戦前の東京の政治は都市の利益をめぐる政治の暗部を一手に引き受け、しかもそれを照らし出す鏡のような存在になっていく。帝都東京を舞台に、ダーティな政治とテロリズムが繰り返されるはざまに、政治刷新運動や政治浄化運動が起こるという事態が展開したのである。

結局都市をどうするかという議論がそれ自体としては自立しなかった。田口卯吉や幸田露伴が議論したかったのはまさにこの問題であったが、それは無惨にも星のかなり強引な政治運営の中に押し込められてしまう。戦前の政治では、都市計画の問題は必ず現実的な利益と結びついて、最終的にテロリズムという形で結着がつけられたと言ってもよい。

またもう一つ別の視点から考えてみると、明治期日本のスローガンであった富国強兵には都市計画的な発想は全く入ってこない。つまり都市計画という概念は明治の政治家にはほとんどなかった。理由ははっきりしていて、伊藤も山県も、明治の政治家はイギリスの貴族政治家とは異なり、自らが支配する広大な所領を持っていない。自らが支配する広大な所領を、自らの力でデザインして造営するという発想が全くない。山県にあるのはせいぜい椿山荘や山県農場ぐらいだから、所領のデザインはやらないし、またやれない。逆にいうと、都市計画という権力者にとっての最高の楽しみを享受できる政治的・文化的土壌が、明治の日本には全く欠如していたのである。

2　天皇は都市をつくったか

こうした戦前の状況にあって、昭和天皇という存在はどうであったか。昭和天皇は初めて東京で生まれて東京で育ち、そして東京で没した天皇であった。そういう意味では東京という都市と切り離すことができない存在であった。それ以前の天皇とは全く違っている。

昭和天皇は何回か新聞記者と記者会見をやるが、その中で一カ所だけ都市計画に触れた発言が残っている。昭和五八年の記者会見で、後藤新平の震災復興計画を評価して、「この復興に当たって後藤新平が膨大な復興計画を立てたが、いろいろな事情でそれが実行されなかったことは非常に残念に思っています。もしそれが実行されていたならば恐らくこの戦災がもう少し軽く、東京あたりは戦災は非常に軽かったのではないかと思って、今更後藤新平のあのときの計画が実行されないことを非常に残念に思っています」と述べている。また記者団の質問に応えるなかで、後藤の震災復興計画を「都市計画です」と言い切っている。

この昭和天皇の後藤の復興計画に対する並々ならぬ評価は、実は後藤の理論的ブレーンであったアメリカの政治学者、チャールズ・オースティン・ビアードにまでつながっていく。昭和天皇は青年時代に最も強い影響を受けた書物の一つとして、山鹿素行の「中朝事実」や箕作元八の一連の歴史物などのアカデミックな書物と並べて、ビアードの都市計画に関する実践的提言の書である「東京市政論」を挙げている。

後藤新平は富国強兵という明治のスローガンを、台湾や満州の植民地経営において、明治の政治家たちに欠けていた都市計画的な発想で実現すべく手腕を発揮した希有の存在であった。そして舞台を植民地から東京に移し、ビアードなどのブレーンを駆使して、東京改造に臨もうとした。後藤新平が台湾や満州で成功したプランニングを東京でやろうとした時に、政友会の反対という政争の問題もあるが、彼の計画の前に手強く立ち上がってきたのは他ならぬ東京市民であった。

当時の政治ジャーナリストであった馬場恒吾が、大震災について書いた政治評論の中で、帝都復興計画という都市改造はやらなくてもいいのではないかという議論を展開している。馬場は「自分が労せずして自然の行った破壊を利用して社会改造を企てるようなことは虫がよいというほかはない。帝都を復興するついでに帝都を改造するなどという考えも、虫のよいことにおいては社会主義者と異なるところがない」と書いている。馬場の考える復興とは、ともかく地震前の元の生活に復帰することであり、後藤の都市改造計画を天下の愚案だと決めつける。そうして彼は「政府がかくのごとき愚案の詮議に日を暮らしている間にバラックはいたる所に建てられつつある、試みに上野の山、あるいは愛宕山に登ってみるがよい、見渡す限りのトタン屋根と板葺きの家は果たして何を語っているか、人民は政府の愚劣な都市計画案を待たずに人民の都市をつくりつつあるではないか」「彼らとてももとより立派な市街のできることに反対するのではない、しかし彼らは立派な市街を要求する前に、彼ら自身まず生きなければならぬ、生きるためには何か商売を始めねばならぬ、生活の根拠地をつくらねばならぬ、バラックは人間が生きんとする力の表象である、その生きんとする力は政府の計画ができると否とにかかわらず、いわゆる東京市をつくるのだ」とバラックを讃歌する。これは当時の東京に住んでいた人たちの実感を表していたのではないか。その意味で、後藤新平の壮大な計画に対抗したのは、まさにバラックをつくっていた人たちであり、市民であるといえる。

3　大震災と東京市民

東京市民の姿が見えてくるプロセスでは、やはり関東大震災を抜きにして考えることはできない。それほど大きい要因である。テロリズムと同様に、震災という災害が市民感情を明確化させる。関東大震災の場合、それは天罰論、天譴《てんけん》論という形をとった。これは震災後、非常に多く展開された議論の一つである。例えば永井荷風は、震災という自業自得、天罰てきめんという事態を民衆がどのように感じているかについて論じている。これに対して芥川龍之介や菊池寛などは、天罰とは違うという議論を出している。

菊池寛は「あの地震を天譴と解した人などがいたら、私はあの地震で天譴などが絶対にないことを知った。もし天譴があるならば、地震前、栄耀栄華をしていた連中がやられそうなはずが、結果はその正反対であった」と天罰論を否定する。むしろ彼はある種の社会革命が起きたという言い方をする。「震災は結果において一つの社会革命だった。財政や位置や伝統がめちゃくちゃになり、実力本位の世の中になった。真に働き得る者の世の中になった」。これが菊池寛の捉え方であるが、事実、政府の手を借りるまでもなく、あっという間にバラックや露店が立ち並んでいく。九月一日に震災があり、九月末にはすでにバラック三万戸という数字が出ている。

天譴論、天罰論は民衆にとっては、栄耀栄華を極めていた連中が打撃を被るのであれば、おもしろい議論である。ところが現実には貧富を問わずみんな等しくやられてしまい、復興のためには競争心が東京市民相互の中で芽生えてくる。こういう議論は、二〇年後の大空襲の際にも同じように繰り返されていくのである。

日本の場合、都市化の進展と東京の市民が次第に目覚めていくプロセスは、国がやることに対して、また天災や人災に際して、いかにして身を守るかという対処のしかたに止められる。自分たちが理想とする都市を形成していくための計画を立てるといった西欧流には向かっていかない。その都度、自分たちの気分にそった形でやる発想しかない。そういう意味でいえば、彼らは本当に東京という都市の「主役である」といえるかもしれない。

4　都政と市民

戦後の都政は、五〇年もの間に、都知事は安井誠一郎、東龍太郎、美濃部亮吉、鈴木俊一、そして青島幸男までたかだか五人しか代わっていない。この五人の都知事時代のキャッチフレーズを考えてみると、最初の安井誠一郎は「グレーター東京」であった。東京の発展をある程度止めて、外部からの人口流入を防止しようとした。東龍太郎は東京オリンピックであった。この時は生活文化革命に近いことが行われた。オリンピックの新しい施設をつくるために旧来の建造物が撤去された。この時期から都や国が市民生活に介入し始めるが、市民の側もこれこそが近代化だと喜んで受け入れる。

ところで東都知事は医学部出身で、衛生学を学んだ人だったのは示唆的である。最初の都知事安井誠一郎は元厚生次官だが、彼が都知事に選ばれた時に東京に最も必要だったのはDDTであった。本来オリンピックというと、まず公共事業や社会資本の整備を考えるところであるが、そうではなかった。東京オリンピックでの都市の改造は、西欧の人たちを迎えた時に恥ずかしくない、つまり衛生的な都市をつくることであった。東都知事の東京改造計画の原点は全部衛生関係であり、ごみ箱が汚ない、トイレが汚ない、すべて汚ない、こんな不潔な都市に西欧の方々に来ていただくのは大変申しわけないという発想がもとになっている。

東京オリンピック後には、美濃部亮吉が登場する。美濃部都知事のスローガンは「ストップ・ザ・サトウ」で、中央政治を阻止することであった。そこでは橋の哲学を生み出し大きな社会投資はやらないことにもなる。その後の鈴木都知事は「東京フロンティア」をスローガンに掲げた。今の青島知事は「生活都市東京」という言い方をしている。これまで都政が掲げたいくつかのプランニングで成功したかというと、大くくりでいえば東京は変わっていないという印象が強い。

こうして見てくると、市民といわれる存在を捉えるのは非常に難しい。都市の主役である市民はついに二〇世紀末の今日に至っても見えない。都市住民、東京都民などいろいろな言い方がされるが、都市のグランドデザインにまで関わる形で市民が本当に主役である時代は、恐らくなかったのではないか。いうなれば不可抗力への対抗関係にあった。突然襲ってきた人災、天災に対抗してバラックをつくることに生き甲斐をかけてきたのが都市の市民であった。それがオリンピック以降だんだん排除されていく。特に「東京フロンティア」の時代、つまり中曽根首相のバブル時代以降、バラックという概念はなくなってしまった。あるのは空地だけである。これから二一世紀の都市計画を考えていく上で非常に大事なのは、今までは対抗関係にあったバラックの人たちをもう一度探し出すことである。本来都市計画が想定している市民はどこかバーチャルリアリティの感があって、それはもしかすると永久に存在しないのかもしれない。現実にバラックで頑張っていたような人たち、これは現在は中流の定住民になっているが、その中流になった元バラック層をどのように取り込んで一緒に議論するのか。これが案外二一世紀の都市を考える上で重要な課題になってくるのではないだろうか。

第6章

初期官僚制から「計画」の時代へ

日本政治史の研究を始めたとき、私の興味関心は、官僚制の形成過程・変動過程にあった。当然、最初の二冊（『明治国家形成と地方経営』『首都計画の政治』）にもその視点は貫いているが、その他の論文を眺めても官僚（制）への視角が随所に見られることを実感する。

「一　初期官僚制」で、「初期」と名づけたのは、とりわけ、明治初期の官僚の特色を以後のそれとの比較考察をすることで相違点を見出したかったからに他ならない。さらには、「二　明治国家形成期の都市計画」においても、「市区改正」をめぐる政治過程が活発化する中に、官僚制の成長と相克というテーマを見出せるのではないだろうか。

一方で、政治史研究の対象が都市―地方という対抗関係から、日本全国を貫いている問題群、すなわち治水、道路、鉄道……に移っていった。なかでも、通時的に、明治から現代までの問題の潮流として目についたのは、河川の問題であった。これを、「水系」として捉え、日本の政治がどう絡むか――。そのことを、スケッチ風に書き上げたのが「三　〝水系〟と近代日本政治」である。

さて、「補」で掲載した「鉄道会議議事速記録」をめぐる座談会についてである。この座談会で、鉄道史の原田勝正氏と経済史の加藤幸三郎氏は、いわば日本の資本主義発達の時代相をみるための手がかりとして議事録を位置づけている。一方の私は、議事録を議事録としてそのまま読む。桂太郎、田健治郎、児玉源太郎、寺内正毅、谷干城……、彼ら官僚、政党政治家、軍人が、鉄道というもの、ひいては日本という国をどう議論していたのか、会議自体をどう運営していたのかを読み取ることにこそ面白さがあると感じていた。「座談」たりえていたか、読み返すと何とも申し訳ない気もする。二人の先達と全く違ったことを言い募ってしまった若かりし日を懐かしむばかりである。

一　初期官僚制

1

明治一七年末から一八年はじめにかけて、形成期明治国家の初期官僚制は、地方補助政策をめぐる内務省・農商務省・工部省・大蔵省の四省間の対立競合関係の進展により、機能不全をおこしていた。

そのことは一八年二月内務卿山県有朋が三条実美太政大臣宛に提出した、制度取調局（長官伊藤博文）御用掛井上毅の起案になる「地方経済改良ノ議」のなかに示唆されている。すなわち山県―井上は、「凡ソ行政ノ事タル各省々分担専任アリト雖トモ幣《ママ》政猶ホ改マラス。（中略）就中内務大蔵農商務工部四省所管ノ事務ハ恰モ輔車ノ関係ヲ有シテ相離レサルモノ多シ」との認識を前提にし、「各省分掌ノ事務ニ付テモ其分合廃置上ニ幾分ノ改正ヲ施サハ、（中略）事務ノ経理上其ノ方向ヲ一ニシ其進度ヲ同フシ当務官吏ノ長短相補ヒ、以テ得ル所ノ結果ハ今日ノ比ニアラサルヘシ」と主張する。つまり四省の対立競合関係の打開策として、行政機構改革の必要性を説くのである。

では具体的には、政策および機構の両面においてどのような対立が生じて、初期官僚制を機能不全におちいらせたのであろうか。明治一四年政変後、松方デフレという前代未聞の緊縮財政の断行により、安易な予算請求が不可能になった各省は、他省を説得し自省の優位を確立するために、ソフィストケートされた政策体系の提示を必要としていた。そのさい、地方経営・殖産興業・財政という、明治国家の近代化促進のうえで相互に関係する政策にたずさわる大蔵・内務・工部・農商務四省の対立が、多次的に拡大激化していくのはさけえないことであった。しかも一四年政変で、一〇年後の国会開設を約束した政府は、とうぜん官僚制機構を整備する必要にせまられていたから、その点からもなおのこと各省は、自省の存在理由を明確にせねばならず、結果として相互の領域侵犯を生じるのである。

まず長派（山県内務卿）主導の内務省は、利益供与による安定した地方経営の実現のために、土木費国庫補助の制度化をめざし、府県会コントロールの意図を秘めた国費―地方費一体の有機的配分制を考案し、工部省解体を主張する。これにたいして薩派（松方正義大蔵卿）主導の大蔵省は、基本的にはデフレ政策を堅持し、しかも内務省の土木予算増額要求をこばみきれなくなると、興業銀行を創設して、これに地方への資本投下の役割を代替させるべく意図した。ところが同じく薩派（西郷従道農商務卿）主導の農商務省は、土木事業よりもまず輸出産業への優先的投資をはかる興業銀行の創設を志向し、大蔵省と対立する。さらに中正党（佐佐木高行工部卿）主導の工部省は、土木事業を地方的利害を考慮することなく、全国的視野から一貫した運輸体系のなかに組みこむことを意図して、内務省に土木局の移管を要求する。

以上にのべた四省対立による初期官僚制の機能不全がひとつの契機となり、上部意思決定機構から下部執行機関にいたる行政機構の大改革が促進され、一八年一二月内閣制度の実現をみることになる。この収拾の過程については、拙著『明治国家形成と地方経営』（一章三節・四節）の分析にゆずる。そこで本稿では、機能不全にいたるまでの初期官僚制形成の過程を、政策と機構と政治家・官僚との関数関係としてとらえ、概略をスケッチすることにしたい。

2

明治六年政変の後、参議・省卿兼任体制と内務省の新設とが実現する。そして大隈重信大蔵卿（肥）・伊藤博文工部卿（長）の新任とともに、内務卿には大久保利通（薩）が就任する。これまで内政即財政ということから、とかく大蔵省に権限が集中しがちであった。そのため民部省と大蔵省との合併・分離問題（明治二〜四年）、司法省と大蔵省との対立（明治五〜六年）、さらには太政官正院と大蔵省との対立（明治六年）が惹起された経緯にかんがみ、内政は内務省、財政は大蔵省と二分することによって、一官僚機構が他とのバランスをうしなって独走することをふせぐ体制が成立したのである。また参議・省卿兼任体制のもとでは、参議として政務全体に関与しながら、省卿として自己の担当する官僚機構を動かし政策の実現にあたることが望まれていた。とまれ、民蔵分離問題以来、大久保の理想とする「民蔵の権政府へ御握り相成り」、各省が「手足の如く一身の如く合体」する階統的秩序が、かたちのうえでいちおう実現したのである。

しかし新体制のもとで、大久保内務卿および大隈大蔵卿が期待した、殖産興業の発展拡大・正貨流出の抑制・輸出入不均衡の是正は、はかばかしくすすまなかった。なぜなら、しばしば「内変外事」に遭遇したため、彼らは参議として政務全体の調整をはかる立場から、主管官僚機構の利益抑圧をせねばならぬ破目におちいったからである。具体的に大久保・大隈は、土木・勧業政策推進の観点から対外緊張緩和をつよく望んでいた地方官の利益抑圧をしてでも、薩派系軍部の対外強硬論にあるていど譲歩し、明治七年の征台の役や八年の江華島事件に臨まねばならなかった。

さらに大隈は、外にあっては明治八年大阪会議以降、たえず大蔵卿をねらう緊縮財政論の井上馨（長）の存在を、内にあっては大隈より厳格な正貨流出抑制論の松方正義租税頭の存在を考慮せねばならず、したがって積極的な財政指導にもおのずと限界があった。これにたいして大久保は、一方で大蔵卿としての大隈を擁護し、他方で木戸孝允（長）の推薦もあり、明治八年一一月には松方の大蔵大輔昇格を決めている。

さて松方正義は、薩派出身で大久保の信頼が厚かったという背景はあるものの、維新政府のなかにあってもっともはやくから官僚機構によって仕事をし、着実に昇進をとげた、いわば初期官僚制を代表する人物のひとりである。松方は明治初年に日田県知事から民部省入りし、ついで大蔵省に移り、明治四年に租税権頭、七年に租税頭となった。そして大久保の内務省創設にあたっては、大蔵省租税寮の人材の内務省勧業寮への転任をふくめて、その人事全体に深く関与していた。

たとえば、殖産興業政策推進の要たる勧業寮の権頭に、木戸との縁の深い熊谷県令河瀬秀治（宮津藩出身）を起用するにあたり、松方は大久保と連絡をとりつつ直接交渉をおこなっている。明治七年一月勧業権頭となった河瀬は、万事を下僚に一任し、責任は省卿が引きうけるという大久保の省内指導方針のもとに、勧業政策の立案と実施にあたった。しかし予期に反して河瀬は、かならずしもじゅうぶんに勧業権頭（頭は空席）として、勧業寮内の掌握に成功しなかったようである。したがって殖産興業政策不振の一因は、内務省勧業寮自体にもあったといわねばならない。

3

明治九年二月日朝修好条規の締結により、当面東アジアの緊張緩和が確保された。そこで大久保は内務行政に専念し、勧業・土木政策の推進にあたることを決意した。そして殖産興業政策の組織的効率的運営のために、大久保は五月に伊藤と協議のうえ、勧業権頭河瀬秀治を新設の勧商局長に転任させ、勧業頭（一〇年一月勧農局長と改称）を大蔵大輔松方正義に兼務させるという異例の人事を断行する。つまり人事面で、大蔵・内務両省の横断形式をとることにより、勧業寮の組織としての活性化と殖産興業政策の拡大をねらったのである。新設の勧商局と勧業寮とのあいだには、大久保や松方の配慮もあり、当面組織対立や政策抗争は生じなかった。しかし、とくべつ藩閥的背景をもたぬ河瀬は、職掌上しだいに薩派の御用商人五代友厚との関係を深め、さらに全面的な積極勧業論の見地から五代をつうじて大隈大蔵卿とむすぶようになり、木戸や伊藤とは疎遠になっていく。さらに大久保は、人事面のみならず機構面でも、殖産興業政策の効率的な運営という見地から、九年一二月には工部省と内務省の合併を提案している。

総じてこの時期の大久保は、六年政変後の権力集中排除のための官僚制機構整備という志向を犠牲にしても、内務・大蔵・工部三省の分化ではなく、むしろ統合を期することによって、殖産興業政策の促進を考慮していたと思われる。しかし、工部省と内務省との合併は、けっきょく実現をみないうちに、一〇年一月西南戦争が勃発し、殖産興業政策はまたもや停滞を余儀なくされるのである。

西南戦争の終結は、最終的に「兵馬騒擾」の時代から内治中心の時代への転換を意味した。しかし、内務卿大久保利通が一一年五月に暗殺されたため、七月には大隈大蔵卿を中心に、伊藤内務卿・井上馨工部卿の新体制が発足する。これにたいして長派優位の体制の確立をおそれた薩派は、五代友厚が中心となり、河瀬勧商局長と大隈大蔵卿との連携を強化し、伊藤の勧業政策への介入を抑制するのに腐心した。もっとも内務省の創設者として、大局的見地からの指導により省内を把握した大久保と異なり、下僚の報告をうのみにしているだけの伊藤では、とうてい省内把握はできなかった。

そこで伊藤は、一一年一一月、大隈―河瀬ラインによる勧業政策にたいし、恣意性の排除と計画性の付与のため、「産業資金貸与法」の制定を考慮するが、慣習を重んずる河瀬の反対にはばまれる。そして、河瀬は逆に、勧業政策の効率的推進のために、一二年一月、ついに勧商局の内務省から大蔵省への移管（商務局と改称）に成功する。つまり伊藤は、勧業政策にかんするかぎり内務省内の主導権確立に失敗したのである。かくて明治九年以来すすんでいた内務・大蔵・工部三省の統合化現象は、大久保の死をへて、明治一二年はじめには大蔵省主導体制としていちおう成立する。

4

ちょうどこのころから、インフレと輸入超過の進行にたいし、佐佐木高行ら侍補グループによる「勤倹論」の主張が、現実に政府内に規制力をもちはじめる。それはなによりも一年ぶりでフランスから帰朝した松方が、大隈を支持しつづける河瀬商務局長の積極的勧業論に明確に対置するかたちで、一二年後半に直接的勧業から間接的勧業への転換を説き（「勧農要旨」）、さらに一一月には、そのために勧農局の主務変更（官営諸場経営から農事調査へ）を断行したことにあきらかである。機構的・政策的に完全に大隈と一体化した河瀬（一四年政変でともに辞任）にたいし、松方は大蔵大輔兼内務省勧農局長という自己の特殊な立場を生かして、もっぱら勧農局長として勧業政策の転換を主張して伊藤に接近するとともに、なお大隈財政全体への批判はさし控えたのである。

明治一三年二月、旧侍補・元老院グループによる政府批判を大蔵省主導体制への批判としてうけとめた伊藤は、参議・省卿分離体制の実現をはかる。その結果、大隈は伊藤らとともに参議専任となり、松方は大蔵大輔から内務卿に昇格し、以後ますます緊縮財政論に傾斜していくことになる。積極財政維持を意味する五月の五〇〇〇万円外債論、八月の地租米納論は双方とも否定され、一三年後半から伊藤・大隈協力のもとに、緊縮財政への転換がはかられる。そしてこの転換にもとづいて、大蔵省主導体制から四省分立体制への移行が推進されるのである。

まず工部省は、がんらい技術官庁としての色彩が濃厚であった。そこで一三年一一月「工場払下概則」の制定により、官営事業の払下げと工部省事業の縮小とが決まると、のこされた鉄道事業を中心にいかにして省としての主体性を確立するかが問題になった。政治性にとぼしい技術官僚の総帥山尾庸三（長）をいただく工部省としては、省の存在自体があやうくなるのである。

つぎに明治一四年四月、緊縮財政下における間接的勧業政策の実施機関として、農商務省が新設される。しかし民間における好評にもかかわらず、現実には資金的裏づけを欠いた勧業行政は困難をきわめた。けっきょく農商務省は、新しい殖産興業政策の立案と実施とを、設立当初から暗中模索することになるのである。

さらに農商務省を独立させ、地方行政に専念できる体制をとった内務省も、緊縮財政の影響をまぬかれなかった。すなわち一三年十一月、「太政官布告四十八号」による土木費国庫補助の廃止は、あらたに地方行政に専念すべき内務省にとってはジレンマであった。なぜなら地方官の反対にもかかわらず、内務省がこの決定を受容したため、府県会争議にたいする地方官の統制がよわまると同時に、地方官にたいする内務省の統制もよわまらざるをえないからであった。

5

大隈追放と一〇年後国会開設とを決めた一四年政変のあと、参議・省卿兼任体制の復活とともに、大蔵・内務・農商務・工部四省分立体制が確立する。まず大蔵卿には松方正義が就任した。大蔵官僚として組織のなかを着実に上昇してきた松方は、ついにその最高位にのぼりつめたのである。そして完全に省内を掌握した松方は、緊縮財政を大蔵省の体質そのものとしていく。したがって松方は軍拡費（一五年壬午事変、一七年甲申事変）にはあるていどの譲歩をしいられながら、大蔵省という組織をあげて各省からの予算請求を削減しつづけるのに成功する。

大蔵省の緊縮財政に最初に異議申し立てをおこなったのは内務省である。府県会抗争や地方官統制に苦しむ内務省は、一四年一一月・一五年五月の二度にわたり、土木費国庫補助の復活をもとめた。しかし松方の断固たる反対の前に要求を貫徹できない。とくに松方の後継内務卿山田顕義（長）が、内務行政になんらの定見ももたず指導力にもとぼしかったため、他省と比較しても内務省の力は弱体化していた。

そのため内務行政については、参事院議長山県有朋（長）が別のかたちで介入する。山県は民権運動にゆれる地方政治の状況を知悉する必要から、従来の内務省―地方官ルート以外の情報収集ルートの新設を考慮し、あらたに元老院議官・参事院議官を明治一五年・一六年の二度にわたり地方巡察使に任じている。これは第一に、現実の行政事務にうといために、理想論や抽象論に走りがちな元老院・参事院の議官にたいして、地方政治の実態を正しく把握させ彼らを覚醒させるという実地教育的意味をもっていたと思われる。第二に、とかく内務省の統制を逸脱しがちな地方官にたいする、威嚇と監視の意味を有していたであろう。こうしてリーダーシップを欠いた内務省にたいする側面援助をおこなった山県は、さらに一五年末に元老院・参事院・地方官の反対を押しきって、府県会への統制強化に成功する。以上の実績から山県は一六年末に山田更迭後の内務卿に就任し、内務省を積極的な土木政策の要として活性化させせることになる。

内務省の主体性欠如の時期に、予想外に活性化したのは工部省である。一四年政変で薩長藩閥と妥協した旧侍補・元老院グループ（中正党）の代表格佐佐木高行は、はじめて工部卿という現業官庁を統轄するポストについた。抽象的理念的な節倹論を堅持する佐佐木にたいして、先述の地方巡察使のばあいとおなじく、政治行政の実態の体験という実地教育をほどこす意図が、薩長藩閥側になかったとはいえまい。しかも省卿の人物のいかんにかかわらず、技術官庁たる当時の工部省がさほど大きな力をもつことはないというみとおしがあったに相違ない。

佐佐木は、あたかも地方巡察使とおなじように、払下事業視察のために各地を巡回しはじめる。そして一五年五月～七月の北海道・奥羽諸鉱山視察のあいだに、佐佐木は緊縮論から奨励論へと転換し、やがて一五年末には北海道官営諸場処分について、山田内務卿・西郷農商務卿を語らい、しかも両卿をリードするかたちで、これらすべてを一省の管理（真意は工部省管理）にゆだねることを提案する。さらに一六年四月～七月に、工部省関西諸分局および官私鉱山視察をおこなった佐佐木は、もはや完全に積極主義に転向してしまう。具体的には佐佐木は、内務省から土木局の移管を要求し、鉄道をふくめた積極的な土木事業を担当する工部省の改革を説くのである。これはあきらかに実地教育のいきすぎであった。しかも地方巡察使のばあいと異なり、現実に工部省という官僚組織の頂点に立つ佐佐木の改革意見は、内務省や大蔵省との対立を生ぜずにはおかないのである。

6

本稿冒頭でのべたように、明治一七年になると、工部省が土木移管を体系化するいっぽう、内務省も農商務省も松方デフレの終焉をもとめて、前者は土木事業、後者は輸出産業、おのおのの振興プランを体系化していく。しかし大蔵省は、あくまでもデフレ堅持の姿勢を変えない。つまり、ここでは参議・省卿兼任体制のもとにあって、もはやかつての大久保とは異なり、四人とも参議よりは省卿の立場を優先させ、各省の利益代弁者的様相をつよめている。それは省卿の個人的な力量の相違であるとともに、官僚制における組織形成のひとつの帰結でもあった。

しかし先鋭化する四省間の対立競合関係を決裁する制度的保障を、当時の太政官制は欠いていた。かくて初期官僚制は、政策の論理のレベルの対立から存在をかけたセクショナリズム的対立に転化する四省間の相互関係のなかで、明治一七年末から一八年はじめにかけて、完全に機能不全におちいるのである。そしてこれの打開は、官僚機構をこえた長派（伊藤・井上・山県）の類いまれなリーダーシップにもとづく、内閣制度の創設によってのみ可能となるのであった。

二　明治国家形成期の都市計画――東京市区改正の政治過程

1

明治一〇年代後半に進展するさまざまの明治国家体制の形成と軌を一にして、東京の都市計画、すなわち「市区改正」をめぐる政治過程が活発化する。そこで、明治一七年以降本格化する東京の市区改正問題の考察にあたって、第一に欧化主義的時代気候の醸成、第二に官僚機構内部における都市計画にたいする戦略的な課題設定から説きおこさねばならない。この時期井上馨外務卿によって、条約改正促進のための政策として、鹿鳴館に象徴される欧化主義が積極的に導入された。これらによって、やがて社会全体に欧化改良の時代気候が醸成されていく。そして一七年九月、井上により、法権回復の具体的前提たる法典編纂とまさにパラレルに、司法省・裁判所を中心とする官庁および議事堂建築計画が立案されたのである。

東京の都市計画が、外務省にとって条約改正との関連で重要である以上に、内務省にとっては首都整備および民権運動への対応という見地から、戦略的にきわめて重要であった。明治一五年七月、松田道之知事が急逝すると、工部少輔芳川顕正が内務少輔兼東京府知事という異例の形で着任する。芳川は、山県内務卿着任後の内務省の積極姿勢に見合うかのように、一六年から一七年末にかけて、東京府の技術系実務官吏を中心に、市区改正計画の原案を作成していった。この芳川案は、土木技術に合理的でかつ実現可能性の高い計画としての特色をもつ。そしてさらに計画決定にいたる戦略上、「市区改正」（一七年一一月）、「品海築港」（一八年二月）、「入府税法」（一八年三月）と機能的に三分割され、時間差をおいて提案された。

しかも「市区改正」という審査対象の複雑さに着目し、官庁相互間のセクショナリズム的対立競合を早期に吸収処理するために、「審査会」という会議体組織が採用されている。この背後に、地方補助政策をめぐる内務・大蔵・農商務・工部四省間の対立競合関係の進展による、初期官僚制の機能不全があったことはいうまでもない（拙稿「初期官僚制」『歴史公論』七六号〔本書第6章一に再録〕）。

かくて官僚制にたいして配慮をした芳川は、他方で本来市区改正にもっとも深く関係するはずの府会―府区部会を徹底的に無視した。松方デフレ下にあって、改進党の強い東京府会は、民力休養の立場から土木予算を毎年削減しているという経緯や、計画の財源たる入府税の国税化を考えているという事情から、府会シフトが有効かつ可能だったからである。同時に芳川は、市区改正計画を世論やジャーナリズムから遮断する方向をとった。しかし以上の内務省の姿勢を反映したためか、民間の側はつぎにのべる芳川案の特色や独創性を理解できず、傍観者的もしくは批判的態度をあきらかにすることになる。

2

芳川案の特色は、第一に漸進主義的改良主義の採用、第二に中央市区画定の否定、第三に運輸交通体系の整備にある。逆にいうと、果断主義にもとづく大規模かつ総花的な都市計画ではなく、したがって家屋・上下水道の整備は当面除外されている。

明治一八年二月、慎重な戦略的配慮のもとに招集された「東京市区改正審査会」における審議は、芳川の思惑どおりの展開をみせるであろうか。堅実かつ現実主義的な市区改正計画を議するという芳川の方針は、欧化主義的文脈から計画の拡大化を訴える内務大臣書記官山崎直胤や土木局長三島通庸らの発言によって、たちまちくつがえされた。そして、公園・劇場・商法会議所・共同取引所の設置という付加修正と、道路整備計画の拡大化がはかられることになる。他方四月末にはじまった「品海築港」の審議は、松田知事時代の築港原案の添付という措置や、入府税法を品海築港にあてぬという政府決定にかんがみて、東京商工会側の意欲はいざしらず、そもそも実現可能性に乏しかったとみてよい。

一〇月にまとめられた審査会案は、審査会の場における欧化主義的拡大の空気を忠実に反映したものとなった。各論部分はともかく、とくに総論部分が芳川案とは異なり、欧化主義そのものの文脈によって正統化されている。したがってそこでは、本来運輸交通体系の整備計画が中心であるにもかかわらず、付加修正案に象徴される都市の美観と装飾の側面を意識的に強調する結果となった。つまり審査会案は、井上の欧化政策ほどではないにせよ、欧化主義の時代気候をじゅうぶんに援用していたのである。

ところで、内務省―東京府による府区部会の無視に照応するかのように、区部会の側も市区改正には消極的な態度をあきらかにした。むしろみずからと無縁の市区改正計画を適宜利用することにより、明治一八年度の土木予算を二割近くも削減し、民力休養＝経費節減を実践してみせたのである。このような民力休養路線の区部会に不信感を抱いていた芳川は、市区改正の財源として年一〇〇万円を予定した「入府税法」を、四月参事院の審議に委ねる。「入府税法」は、パリ都市改造のさいの「ヲクトロアー」がモデルであり、酒・醬油・米など多くの日用必需品に課税し、深川以下二五カ所の番所で徴税するという構想であった。しかも芳川はこの入府税を、とうぜん府会の審議を必要とする地方税ではなく国税化することにより、市区改正と府会―府区部会との関係を完全に断ったのである。

参事院において入府税法は八月に否決されたにもかかわらず、山県・芳川らは九月に再議に付した。しかし入府税法の可否決定以前に、一二月内閣制度の創設とともに参事院自体が廃止されてしまった。すでに入府税決定までは審査会案も保留との政府決定がなされていたために、けっきょく一八年中に市区改正計画の決定にはいたらなかったのである。参事院はたんに入府税法への反対のみならず、審査会案を欧化主義の産物とみなし、欧化主義への反感から、市区改正にたいする反対の意をあわせて表明していた。

3

明治一九年二月、官庁・議事堂建築計画を担当する臨時建築局（総裁は井上馨外相兼任）が、内閣に設置される。ジャーナリズムは、政府の議会開設への真摯な対応としてこれを高く評価し、同時に費用の多寡は問わず、記念性・象徴性のはっきりした堅牢かつ美麗な建築を要求することにより、井上の欧化志向を全面的に受容した。建築局の招請により、四月に来日したドイツ人建築技師ベックマンは、「市区改正」関係図面を参考にしながら、さっそく仕事にとりかかった。

これにたいして、市区改正審査会案の決定を期していた内務省は、官僚機構内部の支持の調達に努めるとともに、五月には参事院において結着をみなかった財源問題の解決に乗り出した。すなわち旧参事院の提案に妥協し、名称を「特別税」と変更したうえ、課税対象を酒・米・魚の三品目に絞り、徴税額も六〇万円に減額するという内容である。以上のような着実な方法をとったにもかかわらず、審査会案はやはり政府決定にいたらなかった。

それは同時期（五―六月）に、大蔵省と建築局との双方から、内務省の市区改正計画に異議が出されたからである。まず大蔵省は、米や酒への入府税課税にたいして商業衰退・物価騰貴の観点から反対し、国庫支出と府債募集とを組み合わせた代案を提示した。府会の関与を不可避とする提案である以上、そこにはあくまで府会シフトに固執する内務省の姿勢にたいする批判がこめられていたといえる。つぎに建築局においてはベックマンが、審査会案を不充分なものとして批判し、バロック風の独自の官庁整備計画を対案として提出した。条約改正交渉の鍵を握るドイツの動向を重視した井上馨は、基本的にベックマンの提案を承認し、とりあえず議事堂・司法省・裁判所の三建築の建築契約を締結したのである。

かくて意外にも大蔵省および建築局の反対にあった内務省は、今度はきわめて現実的行政的配慮から、市区改正審査会案の事実上の確定をめざすことになる。七月の神田佐久間町火事による焼失地が、審査会案の市区改正個所に該当していたことを奇貨とした内務省は、財源はいずれ正式決定まで国庫繰替としたうえで、審査会案の部分的実施に成功する。そこで内務省は、他に依拠すべき具体的計画がない以上、なしくずし的に焼失地処分にあわせて審査会案を実施する措置をこそ、手づまり状態の突破口と考え、とりあえず争点化しそうな要素を分離し、審査会案の「図面確定」のみを請う挙に出たのである。

だが、この内務省による既成事実積み重ねの戦略は、井上建築局総裁のジャーナリズムを利用した驚くべき大胆な手段によって逆転される。井上は、建築規制および市区改正の実現のために、機動性のある警視庁機構の活用を考え、そのため三島通庸警視総監の建築局副総裁兼任を必要とするにいたった。これは、ベルリン警視庁をモデルとして行政警察権の強化をめざす三島にとっても、衛生警察・土木警察・建築警察への権限拡大を可能とする絶好のチャンスであった。

井上・三島双方にとって魅力あるギブ・アンド・テークの構想を、井上は「東京日日新聞」の福地源一郎にリークして書かせたのである。けっきょく、ジャーナリズムへの公開と世論の支持によって、政府内部の反対を押し切るという井上のリーク戦術は功を奏して、内務省の図面確定はならず、三島の副総裁就任が実現する。ちなみに翌八月、さらに井上は外務省内に設置した法律取調委員長に就任し、以後条約改正の実現のため、臨時建築局と法律取調委員会を車の両輪のごとくにして、欧化主義にもとづく建築や法典の完成を急ぐのであった。

4

明治一九年八月以後、建築局はベックマン契約にもとづいた計画を促進する一方、市区改正計画の再検討をはじめた。おりから東京にコレラが大流行したため、市区改正計画にたいして上下水道改良を強く要請する世論がまきおこる。そこで建築局は、審査会案に欠如していた水道敷設を考慮するため、ドイツからその道の権威ホープレヒトの招請を決めるとともに、一二月には内務省および審査会案に根底から対決する「秘密建議」を提出したのである。

その特色は、第一に建築局への市区改正業務の正式な付与、第二に審査会案の不認可、第三に審査会案への対案の提示にあった。建築局の対案は、第一に漸進主義でなく果断主義の採用、第二に運輸交通体系をふくめ規模を拡大した総合都市計画、第三に官民相互協力体制の確立、第四に一〇〇〇万円の建築公債募集、に整理できる。つまり、経験豊かな外国人技師の起用、および欧化主義にもとづく大規模な事業計画の立案という、審査会当時からの三島の基本的発想が、ここには実に見事に反映されたのであった。

しかし建築局の「秘密建議」は、けっきょく閣議決定にいたらなかった。それはなによりも、図面確定にこそ失敗したものの、その後も焼失地処分による審査会案の部分的実施を進めつつあった内務省の抵抗にあったからである。それに加えて、建築局による大規模な東京改造論の喚起という世論形成が、予期したほどの効果をあげず、市区改正をめぐるジャーナリズムの論調が、財政を重視しコストを問題視するように変化してきたこともあげておかねばなるまい。

かくて建築局と内務省との市区改正をめぐる緊張関係は、明治二〇年三月まで一種の均衡を保ったまま持続する。そして三月以後、ホープレヒトおよびエンデのあいつぐドイツよりの来日によって、建築局の活動が再度活発化していく。まずホープレヒトは単独で、五月に東京市区改正計画に上下水道敷設意見書を付して提出し、ついでホープレヒトおよびエンデは、五月から七月にかけて、財政面の考慮を払ってベックマン原案の縮小修正案を完成させた。建築局としては、後者の実施をテコにして、やがて前者の決定と実施に進む意図をもっていたと思われる。

このような建築局の動向は、内務省の従来のやりかたにも影響を与えずにはおかなかった。すなわち芝区紫井町露月町焼失地処分にあたり、五月に大蔵省は従来みとめてきた内務省からの国庫繰替要求を拒否したのである。このことは、審査会案の部分的実施という内務省の戦略の否定にほかならない。そこで大きな衝撃をうけた内務省は、建築局における二種の市区改正計画の作成という経緯にもかんがみて、審査会案の採否の正式決定をせまる内容の建議書を、政府に提出したのである。その結果、採否決定こそいぜん保留にされたものの、内務省は官有河岸地収入から年額五万円を限度とする臨時費支出を大蔵省にみとめられ、今後の焼失地処分の財源獲得に成功している。

以上の検討からわかるように、明治二〇年七月には内務省も建築局もおのおの計画を基礎にして、市区改正のヘゲモニーを握るべきあらたな体制がととのったのであった。

5

市区改正をめぐって対立する建築局と内務省を包摂する外部環境は、明治一九年後半から二〇年前半にかけて、欧化主義的時代気候の支配にたいして、ナショナリズムの自立化とでもいうべき緩慢な変化をとげつつあった。そして二〇年四月末以降、裁判管轄条約を根幹とする条約改正およびこれをささえる欧化主義的時代気候にたいする反対論が、急速な広がりをみせることになる。建築局設置当時においても、閣僚中唯一人消極的であった農商務相谷干城は、七月洋行から帰国するや、井上の条約改正に反対して辞任した。

けっきょく明治二〇年七月末、高揚する政府内外の反対運動のなかで、井上は条約改正の無期延期に追いこまれた。このような欧化主義からナショナリズムへの外部環境の激変は、欧化主義的拡大傾向にいろどられた建築局に、とうぜん不利に働いた。ジャーナリズムは、たちまち建築局批判の論調に転じたからである。

条約改正の中止の責任をとるため、外相辞任を決意した井上は、建築局総裁および法律取調委員長には、当面留任する意向であった。しかし政府の支持基盤強化のため入閣を要請していた黒田清隆が、井上の建築局総裁辞任を明確に要求したため、紆余曲折の末、井上・三島はともに辞任のやむなきにいたり、建築局は芳川内務次官の管理に委ねられたのである。かくて三島は、建築局の利用による行政警察権の拡大に失敗した。また井上も、外相―臨時建築局総裁―法律取調委員長という、条約改正のための欧化政策を推進する三位一体の地位を喪失した。

6

いまや時代気候は、欧化主義からナショナリズムへと大きく転換し、「政費節減・民力休養」が時代をリードするスローガンになった。このような外部環境の変化は、たんに建築局の運命を変えたばかりではなく、市区改正権限の一元化に成功した内務省にも、大きな影響をおよぼすことになる。なぜなら時代気候の転換のなかで、大同団結運動における「政費節減・民力休養」のスローガンは、およそすべての市区改正計画の否定にいたったからである。このような「世論の雪崩」現象の結果、明治二〇年九月から約半年間、ジャーナリズムにおいても市区改正論は完全に鎮静化している。以上の状況にあっては、これまでは世論動向をまったく無視し、これとは無関係に市区改正計画を進めてきた芳川も、今後は世論動向を察知し、いわば世論との関数関係のなかで計画を考えることを余儀なくされる。

さて、あいかわらず焼失地処分による審査会案の部分的実施を進める内務省は、明治二〇年一二月日本橋蠣殻町松島町焼失地処分にさいして、七万円余の費用を計上した。年額五万円と決められた「東京市街道路取拡費」では、とうてい足りるはずがない。そこで内務省は、事態打開のために積極的な方針をとることにした。すなわち、一方で大蔵省にたいし、国庫繰替の次年度分の定額からの繰上支出を要求すると同時に、他方で府区部会にたいし、区部共有金からの臨時支出を要求することにしたのである。大蔵省は繰上は容認したものの、以後はその繰上分を繰戻さないかぎり支出をみとめないとの決定を行った。けっきょく内務省は、大蔵省にたいして短期的には成功したものの、長期的には見通しのたたぬ破目におちいってしまったのである。

では府区部会のほうはどうであったろうか。明治一七年以来、内務省―東京府が一貫して意図的に無視しつづけてきた府区部会が、時あたかも民力休養論の高揚するなかで、土木費の臨時支出をすなおにみとめるとはとうてい考えられなかった。しかし区部会では賛否伯仲し、けっきょくは僅差で否決されたものの、内務省—東京府は区部会において半数近くの賛成派を結集でき、予想外に善戦したのである。反対派のなかでも改進党の有力者沼間守一が廃棄説ではなく、来年度への延期説だったことは象徴的である。したがって内務省は今回の経緯から、府区部会にたいするアプローチの成功の可能性を考えたに相違ない。すでに大蔵省の国庫繰替が暗礁に乗り上げた以上、もはや府区部会との折衝が不可避な地方税支出を、真正面にすえざるをえなかったのである。かくて内務省は、府区部会にたいして短期的には失敗したものの、長期的には有力な展望をもちえたといえる。

7

明治二一年になると、内務省は大蔵省との協議のうえ、懸案の財源問題の解決をはかり、市区改正計画に本格的にとりくむことになる。三月に閣議を通過した「東京市区改正条例」と題する成案の内容は、つぎのように整理できる。まず市区改正計画の設計および毎年度の事業確定のために、内相の下に「東京市区改正委員会」が設置され、関係諸官庁の高等官一五名および府区部会議員一〇名によって組織されて、審査会案修正の権限をもつ。つぎに市区改正の費用はすべて府区部会の議に付され、東京府区部会から地租割・営業税・雑種税・家屋税・清酒税という特別税、および府区部内の官有河岸地収入をあわせて、年額三〇万円以上五〇万円以下を支出し、とくに必要な場合は公債募集がみとめられる。実はこれは、一五万円程度と予想される河岸地収入を呼び水として、最低一五万円から最高三五万円におよぶ幅のある特別税の負担を、区部会に承認させる意図であった。さらに費用はまず焼失地改正事業にあてられることからわかるように、市区改正条例は従来の焼失地処分の拡大制度化にほかならなかったのである。

それでは、ジャーナリズムは市区改正条例についてどのように対応したのであろうか。「郵便報知新聞」「毎日新聞」といった改進党系ジャーナリズムは、これにかなり早い段階から着目し、地方自治制の推進という観点から肯定的に報道している。これは二月の改進党指導者大隈重信の入閣による、改進党の事実上の与党化と無縁ではない。すなわち改進党は、東京に多大な影響力をもつ利点を生かす立場から、経費負担における河岸地払下、費用および計画決定にたいする区部会参与、という二点にわたる内務省の工夫を地方自治制推進ということで高く評価し、市区改正条例を促進するアプローチを選択したのである。

ところで、市区改正条例が付された元老院において、三月末から審議はどのように展開したであろうか。まずそこでは、加藤弘之・津田真道ら旧明六社系議官を中心に、イデオロギー的な反対論が唱えられた。かれらは市区改正をまさに欧化主義の文脈でとらえて、欧化主義反対・民力休養および焼失を予定する行政姿勢批判といった立場から、廃案論を主張したのである。これにたいして即時廃案には慎重な尾崎三良ら官僚出身議官の調査委員付託説が、けっきょくは大勢をしめ、四月から六月にかけて付託調査委員会の審議に委ねられた。

ここでは従来芳川が非公開にしていた審査会案が開示された。しかし調査委員が、運輸交通体系の整備計画を叙述した散文的な各論部分ではなく、欧化主義の文脈によって市区改正を正統化した総論部分に注目したため、逆効果を生むことになった。けっきょく調査委員は全員一致で、「時機」「経済」の二点において廃案と決し、元老院本会議もまた圧倒的多数でこれを了承したのである。かくて明治一八年においては、実体のいかんにかかわらず、欧化主義的装飾を必要とした市区改正審査委員会案は、それからわずか三年後の二一年には、時代気候の転換を背景に、その欧化主義的装飾ゆえに否定されるという皮肉なめぐり合わせに立ちいたったのであった。

8

この元老院決定にたいし、内務省は逐一反駁を試みて、七月には原案決行の閣議決定をみた。翌八月、東京市区改正条例が検視に付され、勅令として公布されると、ジャーナリズムはいっせいに百花繚乱ともいうべきさまざまの報道を行った。そこには、元老院決定の無視にたいする非難や、市区改正を欧化主義と結びつけるイデオロギー的反対論はまったくみられない。つまり内務省は、これらの議論をすべて元老院内部に封じこめることに成功したのである。むろん政府内部においても、再入閣した井上をはじめ大隈・山県・松方ら実力者によって一致した市区改正推進体制ができあがっている。

さらに内務省は、固定した欧化のシンボルという空疎な市区改正イメージを打破するために、世論にたいする従来の遮蔽的態度をあらため、市区改正関係のすべての情報の公開に踏み切った。かくて審査会案の実態があきらかにされたことによって、市区改正のイメージは、具体的な各地域の道路・河川などの改修整備計画と結びつけられるにいたったのである。そのこともあって、三月以来改進党系ジャーナリズムが着目し強調してきた、市区改正条例を地方自治制推進ととらえる観点が、全ジャーナリズムに拡大され受容された。

このように内務省は、欧化のシンボルとしての市区改正イメージの消去に成功し、すべての議論を実務レベルにのせることに成功した。そして九月以降、市区改正計画はそれまでの試行錯誤があたかもうそであったかのように、内務省の一元的指導のもとに、鋭意実施されることになったのである。

参考文献

藤森照信『明治の東京計画』岩波書店、一九八二年
御厨貴「明治国家形成と都市計画（一）（二）」『東京都立大学法学会雑誌』第二三巻第一号・二号（一九八二年）

三　〝水系〟と近代日本政治——河川法をめぐる政治史の試み

「治水は政治の要諦」と古来言われるが、山がちで短く急な流れの河川が多い上に、照葉樹林帯に属する多降水地帯のため洪水が多発する日本によくあてはまる言葉であろう。しかもこれは、明治維新以降の日本の近代化を考える場合にも、実は無視できない重要な論点ではないだろうか。つまり日本近代化を具体的な事象に即して分析する際、河川という自然環境に対する人間の多様な影響力の行使という観点から、中央による地方に対するコントロール強化の政治過程を、継時的に考察することが可能になるのである。逆に中央集権化・技術的近代化・制度的近代化の進展と相俟って、国家権力による〝水系〟の管理・統制強化が進む中で、各時期に固有の〝水系〟をめぐる様々な問題が争点化していく。治水の中でも水運から洪水防止に重点が移り、やがて産業化の過程で治水から農業水利、次いで発電水利が析出される。特に発電水利は、近代国家の生成と発展の根底に存在するエネルギー問題と密接不可分の関係にあり、「電力と政治」という新たな争点を形成することになる。しかもこれらに対応する国家権力の側も、政治的近代化の過程で多様化していかざるをえない。当初は内務省のみであったものが、各省機構の整備・確立に伴い、農商務省（農林省・商工省）・逓信省と分立し、一九三〇年代には企画院や革新官僚が登場し、戦後は新たに建設省・通産省・農林省・経企庁の並列状態となった。さらに帝国議会の開設により、〝水系〟をめぐる問題は法律と予算とに定式化されることになる。そして政党の政治的成長に伴い、政友会対民政党の政党対立にまきこまれていく。

ただし明治二九年に〝水系〟を制度化した基本法たる「河川法」は、爾来昭和三九年に新法が制定されるまでの七〇年間、まったく改正されていないという驚くべき事実がある。付言すると、戦前においては「電力国家管理法」を除けば、この間〝水系〟に関する法案は帝国議会に上程されるに至っていない。だからといって、河川法秩序が不変だったわけでは無論ない。いな、むしろ勅令・省令・通牒を通じて、〝水系〟の法秩序は変貌をとげていった。しかもまた治水調査会・行政調査会・電気事業調査会など、官僚と政党と民間人の集まる政府審議会の場に、しばしば〝水系〟をめぐる問題は持ち込まれている。これらは、戦前期政党政治の実態や日本における政治と行政の相関関係を検討する際の、重要な素材の存在を示唆しているのではあるまいか。さらに戦後、吉田内閣期における官僚相互の検討をへて、池田内閣においてついに新河川法は国会に上程され可決されるが、これまた河野一郎建設相の保守政治における政治指導を考察する上で、適切な視座を提供することになろう。

かくて〝水系〟をめぐる政治史の考察を通じて、近代日本政治の特質を明らかにし、できれば国家論の検討にまでいたることが、私の現在の研究課題である。これは、従来私が取り組んできた明治国家形成期の地方経営や都市計画の研究、昭和戦前期の国策統合機関設置問題の研究を当然前提にしている。すなわち政治における制度化に注目し、失われた選択肢を探し出し、それらと現実に残された選択肢との相互の政治力学を分析し、歴史的に再構成するという方法の適用である。ただし論点を〝水系〟の一点に絞った結果、考察の射程距離が近代日本一〇〇年全体に広がりを持つ点に、この研究に固有の特色があるといえよう。そこで七つ時期区分に従って、〝水系〟の政治史を仮説的に概観することにしたい。

1

明治二三年帝国議会開設まで。明治維新後最初に制定された〝水系〟の法は、一・二等河川を官費六対民費四、三等河川を地元民負担と定め、官営工事を原則とした明治六年の「河港道路修築規則」である。征韓論政変後、内治優先論を象徴するかのように七年には淀川の治水直轄工事が始まり、一七年までに一四河川に及んでいる。しかしこれらはいずれも水運のための低水工事であり、洪水防止のための高水工事や、農業水利を旨とする工事は、すべて国家の管理外に置かれた。しかもこの間、九年に河川等級廃止、一三年には「規則」自体が自然消滅、一四年には府県土木費に対する国庫下渡金が廃止され、制度的保障のないまま事実上国庫補助が続けられたにすぎない。

2

明治二九年「河川法」制定前後。帝国議会が開設されるや、第一議会から洪水防止のための治水工事の国家管理と国庫補助を要求する建議案が超党派で提案された。政府もその必要を痛感しながら有効に対応できず、結局日露戦争後第二次伊藤内閣と自由党との提携を機に、実質的審議が行われぬまま淀川改修案と「河川法」とがセットになって成立する。この「河川法」の眼目は、内務大臣の選択に基づく河川法適用河川にのみ、国直轄または国庫補助によって維持管理・改修工事をなすことにあった。したがってこれ以外の府県知事の選択による河川法準用河川には、国庫補助はなく厳重な統制だけが課せられた。つまり「河川法」は、山県有朋でさえ議会通過を危惧したほど、包括的な国家管理強化の規定を含んでいたのである。しかしだからといって、現実に「河川法」が国家管理強化の機能を有効に果たし〝水系〟の中央集権化が一挙に進んだわけではない。法の規定と現実の〝水系〟管理との間には、相当のギャップが存在した。そもそも国庫補助に直結する河川法適用河川の認定が、内務大臣の恣意に委ねられたこともあり、実際に直轄治水工事が施行されたのは日露戦争前は五河川、戦後も明治三九年まで四河川にすぎず、到底河川法の制度的枠組が機能したとはいえぬ状況であった。さらに国家管理が強化される準用河川の認定は、地元の支出増加を招くため、府県知事・府県議会ともに当然消極的であった。かくて河川法制定にもかかわらず、一部を除く大河川および中小河川はいずれも、内務省や帝国議会とは無関係な存在として国家管理外に置かれたと言ってよい。他方明治三八年耕地整理法第一次改正により、灌漑排水施設改良が事業目的に加えられて農業水利の一部が農商務省の管理下におかれ、続く四一年耕地整理及土地改良奨励費規則改正により、灌漑排水施設改良に対する二分の一の国庫補助の道が開かれた。

3

明治四三年第一次臨時治水調査会設置前後。日露戦争後、第二次桂内閣は〝水系〟管理に積極的に取り組んでいる。まず平田東助内相は、戦後の地方利益要求の噴出と大水害の連続に際して、河川法の計画的実施と事業拡大をはかるため、臨時治水調査会を設置した。審議の結果、直轄改修工事施行の六五河川が選択され、そのうち二〇河川が第一期（工期一八年）に指定された。また経費は、大蔵省預金部資金に重点を置く治水費資金特別会計法に委ねられた。次に大浦兼武農相は、四三年に灌漑排水施設改良を含む耕地整理事業に対して、やはり大蔵省預金部資金による低利長期融資を決定し、これらの事業の促進を期している。さらに後藤新平逓相は、日露戦争後の水力発電事業の飛躍的成長に鑑みて、四二年逓信省官制に「発電水力ノ件」を加え電気局を設置し、臨時発電水力調査局により逸速く全国の河川の水量調査を実施している。かくて三省は各省独自の観点から、〝水系〟管理に臨んだ結果、やがて相互接触をおこすにいたるのである。ところで治水計画の決定は、第一期河川認定にもれた地方からの国庫補助要求をかえって増大させたため、第一次大戦による好況を背景に、寺内内閣後藤新平内相はその弾力的運用を考慮し、大正六年度以降第一期河川以外に対する直接施行措置を開始する。もっとも第一期河川にしても、大正三年限りで特別会計法が廃止されたことが影響し、事業繰り延べが多く、大正一〇年度竣功予定の一一河川中、二河川しか実際には完成しなかった。

4

大正一〇年第二次臨時治水調査会設置から昭和七年産業振興土木事業まで。原内閣の時代に、内・農・逓三省間の〝水系〟管理をめぐる対立と競合が顕在化する。これらに対しては、本来他省のように専門を持たぬが故に国家の中心にあって全体の調整をはかるとされた内務省こそが、リーダーシップを発揮すべきであったにもかかわらず、現実には有効に対処できないでいた。それは、そもそも〝水系〟管理について内務省が、治水という自然環境に対する防衛的な提案しかできず、しかもそれすら満足に実現できないという事態に帰因する。前者に対して逓信省が、後者に対して農商務省が各々実情に即した積極的提案をした場合、当時の内務省は説得の論理をもっていなかった。逆にいうとこれらの問題が、単なる権限争いやセクショナリズムのレベルではなく、農業政策やエネルギー政策という政策のレベルで争点化していったことを示している。以上を背景として、床次竹二郎内相により第二次臨時治水調査会が開かれた。その結果新たに八一河川を選択し二〇年で改修する計画がたてられ、経費には大蔵省預金部資金や治水公債が考慮された。同時に調査会は、内務省に対して〝水系〟管理のリーダーシップを発揮すべく要請し、また結局治水計画が大河川に限定されたため、農商務省に対して折柄立案中の中小河川改修にも道を開く可能性のある農業水利改修計画を督励したのである。しかしこれ以後緊縮財政や関東大震災のため、内務省の治水計画は予定通りにいかず、その故もあって内務省は〝水系〟の争点化を収拾することに失敗する。むしろ農商務省が大正一三年から「用排水改良事業補助要項」に基づき、府県営用排水改良事業に対し二分の一国庫補助を開始すると、新たに中小河川管理をめぐる内・農対立を惹起させている。かくて大正一四年加藤高明内閣が行政整理のため設置した行政調査会に、〝水系〟管理をめぐる内・農・逓・商工四省相互の対立・競合関係の解決が委ねられた。そこで内務省は大正一五年従来の消極的姿勢を転換し、〝水系〟の総合的管理の見地からダム建設をも視野に入れた河水統制政策を積極的に提示し、河川法改正を展望にするにいたった。そして続く田中内閣の時代に、政友会の積極的介入があり、内務省による中小河川への国庫補助実施の方向で用排水改良事業をめぐる内・農対立は事実上収束する。しかし浜口内閣の時代には、産業合理化を進める商工省の存在もあり、電力政策の見地から発電水力の統一を主張する逓信省は、内務省の調整に服さない。むしろ民政党は、内務省の河川法改正には消極的であった。結局、犬養内閣における国庫補助の予算化、および斎藤内閣の産業振興土木事業における三一河川に対する国庫補助の予算化によって、内務省はようやく中小河川管理にのみ成功した。

5

電力国管から昭和二六年九電力体制確立まで。昭和八年土木会議河川部会の設置、一二年河水統制調査の開始等が実現はするものの、この時期には〝水系〟管理をめぐる対立軸は後景に退き、むしろそれと交錯しながら電力国管をめぐる対立軸が前面に現れる。その故もあってか、昭和一〇年代と占領期を通じて電力問題に一応の解決のメドがつくまで、遂に河川法改正は実現しないのである。

6

吉田内閣期。昭和二四年から二九年にかけて内務省土木局の後身たる建設省は、河川総合開発の見地から精力的に河川法改正に尽力する。しかし農林省が独自に農業水利制度確立をはかり、また経済審議庁・企画庁が、戦中の系譜をひく国土総合開発の見地から、〝水系〟管理の幅広い検討を要求したため、結局成功をみないのである。

7

池田内閣期。新河川法は高度経済成長政策の一環として明確に位置づけられた上、経企長官・農相を歴任した河野建設相の卓越せる政治指導の結果、三回国会に上程されて、ついに三度めの正直で昭和三九年に成立した。

国家権力による〝水系〟管理は、ここに一応成功する。しかしそこにいたる過程は意外に複雑であり、かつ長い時間を必要としたとは言えないだろうか。また全体を通じて、第二次伊藤、第二次桂、原、加藤、若槻、吉田、池田のように三年以上持続した内閣の存在が、この問題の展開の一つの節目になっていることがわかる。以上の仮説的検討を前提に、各時期について実証的研究を進め、固有の時代相を浮き彫りにしながら、〝水系〟の政治史的意味の解明に迫りたい。

参考文献

有泉貞夫『明治政治史の基礎過程』吉川弘文館、一九八〇年
岡田文秀『水法論』一九三一年
大霞会『内務省史』三巻、一九七一年
玉城哲『水社会の構造』論創社、一九八三年
西川喬『治水長期計画の歴史』水利科学研究所、一九六九年
渡辺洋三「河川法・道路法」『講座日本近代法発達史』六巻、勁草書房、一九五九年

補【座談会】×

加藤幸三郎（一九三〇年生。当時＝和光大学経済学部教授）
原田勝正（一九三〇年生。当時＝専修大学経済学部教授）

鉄道会議の群像と近代日本の形成
『鉄道会議議事速記録』（日本経済評論社刊）をめぐって

明治政府と兵商二途

原田　明治二〇年代の初め、明治政府には日本の鉄道のあり方を兵商二途という言葉で表す立場が支配的でした。線路網ができ上がっていく段階で、軍事的な機能とそれから経済的な機能の両方を併せ持つことを期待されていた、と考えていいと思います。

日本の鉄道は、このような性格だけを与えられて発展していきますが、研究視角にも、このような性格を反映して多面的な要素があると思います。このような多面的な視点に対応する資料、特に基礎資料が公表されていないこと、まとまった集大成されていないこと、こういう障害があります。この障害を何とかしたいと研究者達は考えてきたんです。さらに、一点しかない資料は災害などで失われる危険性があります。そういったこともこの『明治期鉄道史資料』や『大正期鉄道史資料』をつくる直接の動機として働いたのではないか、と思います。そのなかで「鉄道会議議事速記録」は『明治期鉄道史資料』の第二期のなかに収められるのですが、今回はじめて全体が復刻されることに大きな意味があると思います。一八九二（明治二五）年の「鉄道敷設法制定」以降の鉄道、とくに建設、運営の基本的な動向を知るためにこの資料は不可欠なものですし、この「鉄道会議議事録」はさまざまな点でわれわれに素材を提供すると思いますが、経済史的視点からみるとどうでしょうか。

加藤　今、原田さんがおっしゃったように、二つ考えたいですね。一つは、要するに明治二〇年代初頭というのは、紡績と鉄道への投資ブームだった。紡績業は戦前の資本主義の一つの中核ですからね。そういうものと鉄道のブーム。しかし、そのことと、鉄道の国有化論、国有化の問題というのは直結しないんですね。だけど、そのへんの問題をもう一つの、二番目というと仰々しいですけど、今民営化し、一一年経てば黒字になった現状と対比してみたらと思う。（笑）リアルで生々しいですけどね。そういう問題、逆に明治の初めと言いますかね、明治二〇年にどういうことが考えられるか、どうかということなんですね。だからまあ、逆の言い方をすると、紡績ももう今は、アジアニックスに追い上げられ、それから、服装も今は変化しちゃって、アパレルとか、流行が日毎に変化する。また鉄道も、モータリゼーションだとか、飛行機の発達で今後の発展の見通しは暗い。だからやはりある意味では歴史的な役割は終わったと言っちゃいかんと思いますけど、そういう中でむしろ、はっきり初めと終わりがあって、まあ国鉄が全てではないと思うんですけど、一応全体をね、やはりそういった意味ではっきり限定をつけながら、観察する時期にきている。まあそういった意味で『資料集』が今原田さんがおっしゃるように、一つしかないという、稀少性と同時に、ある意味では歴史的な限定を持った観察と言いますかね、そういうものをやはりはっきり立てられる時期に逆に言うなら来ている、そういう気がしますね。

御厨　私は政治史の観点からいくつか申し上げたいと思います。一つは、従来、「鉄道会議」の議事速記録は揃っておりませんでしたために、存在はわかっていても、使えないというのが難点でした。しかもこの「鉄道会議」の議事速記録というのは見てみるとわかりますけれど、ある部分だけ使うということになりますとね、かなり技術的な内容ですから、それ自体の面白さは味わいにくくなってしまうんです。ここにありますように明治二五年から昭和一九年までという長い歴史を「鉄道会議」は持っているわけですから、会議体組織としての「鉄道会議」という視角から縦割にして眺めて見る必要がある。そうすることによって、どの時代がいちばん活性化しているのか、がわかってきます。それからこういう組織は皆そうですが、元気のない時代もあるわけですね。そういう特徴を、各時代にそって、陸軍や鉄道官僚や政党という統治主体のあり方と対照させながら、見て行くということが僕は必要なんじゃないかと思います。そういう意味では、今回これがまとまって出たということには意義があります。そしてむしろ、今申し上げた作業を僕等政治史研究者に強いているといった感じを持っています。

それから、二番目に言えるのは、特に鉄道の問題というのは、我々政治史の立場から見ていくと、地方利益の問題と密接不可分の関係にあるということです。もちろん軍事の問題はありますが、軍事と絡んで地方利益の問題とはきわめて密接不可分なんですね。つまり地方利益の問題というのは、特に明治から大正期にかけて、原敬のリーダーシップの下に政党政治が確立して行く段階で、無視しえないテーマの一つになります。最近は『政友』とか『民政』とか『憲

政』とか『憲政公論』とかいった、いわゆる政党の機関誌も揃ってきましたので、それらと、この「鉄道会議」の議事速記録とを対照して見ることによってですね、僕はもっと生き生きとその時代の状況というのがわかってくるんじゃないかと思います。政党の機関誌と鉄道会議の議事録との有機的な関係を是非とも見なければいけないな、と痛感しています。

原田　史料集は、編纂する側から言うと、なるべくたくさんの研究者に使っていただくという目的があるでしょう。ですから、多面的な角度から使われる素材を選んで、復刻するというのが最も望ましいわけですね。鉄道は、前にも述べましたように、多面的な機能をもち、多面的な分析視角の設定が可能ですが、この『史料集』は、おそらくさまざまな分野の研究社に使っていただけるものを復刻してきているんじゃないか、という多少の自負はあります。そのなかで、特にこの『鉄道会議議事速記録』は、今御厨先生がおっしゃいましたように、政党政治との絡みという点から行きますと、ほとんど初期の段階から使えるものではないかと思います。私の経験で言いますと、一八九二年「鉄道敷設法」制定の時の衆議院議事速記録を引き継ぐ形で、出てきます。帝国議会の壇上で議論されていた内容が、今度は「鉄道会議」に入ってくる、ということですね。そこで政党の機関誌、議会の議事録などと並べて使うことができます。また経済史の場合でも加藤さんの言われた紡績や、さらに炭鉱など、資本主義の確立、成長過程でどのような鉄道会社が企画され、免許され、実現したか、ということもこれらの史料から追跡できます。したがって、政治史の分野でも、経済史の分野でも、さまざまな使い方ができるのではないかと思うんです。

加藤　今原田さんがおっしゃるように、紡績だったら『紡連月報』、それから鉱山業であれば『大日本鉱業会誌』が基本的資料のひとつです。だから、業界の連合体、あるいは業界の発展を裏づける、ここで言うと『鉄道時報』と同じ性格の史料と思います。同時に、たとえば「鉄道会議」のように、だからそういう意味では、何故に、鉄道独自の重要性があり、広い意味の『議事録』は、ある意味では、比較を絶するような性格を持つ面も存在する。それとさっき読ませていただきましたが、つまり国鉄と言っちゃっていいかな、私鉄以外のものを、実際どう造っていったのか、従来あんまり意識しなかったんですが、そのへんにむしろ、まず後進国意識と言っていいか、戦前と今とは全く逆ですから、後進国としての日本の、鉄道も含めて諸産業を育成する、そういう意味での特殊性があってたまたまこのような資料を残したと思う。

原田　あるのかもしれませんね。後進性とかかわるかどうかわかりませんが、一八八四年の工部省宛て太政官達で、線路の建設、変更にさいしては軍部の承認を必要とすることになり、鉄道会議が設置されると、ここが、その問題の討議の場になるのです。その意味で、この議事録は、軍部の統制の下で線路のルート決定などがどのように討議されたかを知る重要な素材を提供しているんですね。

御厨　すでに刊行された『議事速記録』の中で非常に面白かったのは、何といっても会議体を作り出していくところです。とにかく、一応面識のある人もあり、面識のない人もありで、そういった人々が集められて会議体が組織されるというのは大変なことでしてね。実は、明治維新以後、政治運営の試行錯誤の中で、様々なタイプの会議体が導入されています。たとえば、地方官会議や元老院会議、それに枢密院会議や府県会議などがあります。そこで常に問題になったのは、運営方法なんですね。以前に原田先生が『明治鉄道物語』の中で、日本鉄道会社の株主総会の運営について同様の観点からお書きになっておられるのを拝見して、私もなるほどと思ったんですが、それと同じようなことがこの「鉄道会議」にも言えると思うんですね。しかもこの「鉄道会議」の時には、ちょうど三年前に議会が開かれまして、衆議院と貴族院において議事運営が始まってるわけですね。そうすると、明治日本の四半世紀に及ぶ会議体運営の経験とノウハウが、「鉄道会議」にどの程度受けつがれているのか、興味のあるところです。さらにいえば、第一回の初日の会議で会議体運営の議事規則について、実に細かい議論を展開しているということが、非常に印象的なんですね。しかもメンバー相互のやりとりの中で「鉄道会議」は行政諮問会である、という政府側の答弁が出てきます。行政諮問会というのは今日で言えば審議会にあたりますね。もし審議会という形に限定しますと、「鉄道会議」の先輩格としては東京の市区改正の審査会や委員会があります。その仕組みからいっても、これらの流れが「鉄道会議」に来てるんだろうという感じがするんですね。そうすると、「鉄道会議」は審議会という側面と、先ほど原田先生がおっしゃったように、メンバーの中にはあくまでも議会も延長だと思いこんでいる人もいて、つまり議会の委員会的側面もあるということになる。だからどうやったら議事の自由を確保できるかといった問題では、相当最初に議論が生ずるんですね。読みすすめていきますと、実際に鉄道に関する議論に入ってからも、絶えず原則論みたいなところへ戻る、という傾向があります。そういう意味では、明治のこの時期の一〇年間の「鉄道会議」の議事録というのは、いかにして会議体としての組織が運営されていくか、という面からみて、非常に面白いという気が僕はするんですね。それに「鉄道会議」のメンバーシップについて、もう一点だけ付け加えさせていただきます。「鉄道会議」では当時の局長・課長クラスの各省の官僚と、貴族院および衆議院の代表と、それから陸軍の軍人とが一緒にテーブルを囲んで議事をやるわけです。しかも彼等の多くは後に出世して政界で重きをなすことになります。たとえば最初の幹事が、田健治郎ですね。田健治郎は後に鉄道国有化の時の立役者になります。それ以外では中橋得五郎と仙石貢。中橋はその後政友会入りし、仙石は憲政会に入ります。つまり彼等はいずれも後には政党政治家として、鉄道をどうするかということを考える人間に育っていったわけですね。そういう意味では、鉄道会議が一種の教育機関的な役割を果たしているという感じがします。それからもう一点は、児玉源太郎や寺内正毅、それに上原勇作といった後の日本陸軍をリードする軍人が、これもかなり若い年代の時に入ってきて、日本のインフラストラクチャーを造る議論に積極的に参加していることです。しかもこの人達の議論やその背景にある意識を読みとっていきますと、ここで僕は思ったよりはるかに彼等は柔かいっていう感じがしたんですね。だからそれを後に彼等が出世して陸軍幹部として身を処していく時の議論とがどういうふうにつながるのかというのは、これも面白い問題で、色々な発見があるのではないか、というのが僕の感じでした。

加藤　いや、僕もその点は解りますね。第一集を見てて、明治二六年の初めにしても、ちょうど日清戦争の直前、我々で言うとブームが終わってそろそろ産業資本確立期に入ってくる、その中に今御厨さんがおっしゃったように、どうやって会議体みたいなものをつくりあげてゆくのか、どうやって民主的な会議運営をするのか。そこまで行かなくとも、他方明治憲法体制下なんですね。そういう中でこれだけ特別なのか。鉄道関係以外にはそういうものはないのか。

御厨　ええ、ええ。

加藤　そうするとね、やはり特殊な性格がある、というふうに思うんですねえ。

だから、さっき言った『紡連月報』とか『大日本鉱業会誌』、そういうのとは違うみたい。だから逆に、使うときにきちっと心して使わないといけないな、という話になると思いますねえ。

原田　運営の方法、ルールなどを身に着けて行くことと同時に、その経験をもとにして、その後政党や軍部の中でこのときに鉄道に対してもった関心を、どんな形で展開させて行ったのか、これはこの議事録を読むと、この時に取った彼等の姿勢との異同がわかってきますね。

御厨　エピソードとして面白いのは、最初のところで、軍部の中でも、軍部出身の谷干城と、それ以外の人々との議論が違うということですね。谷干城は有名な四将軍の一人ということで明治一〇年代末には主流派との対立に敗れて、結局追放されるわけです。それから貴族院議員になって勤倹尚武論で頑張り続けている。ですからそれを前提にして日本の鉄道に関しても発言するわけですね。第一回の「鉄道会議録」の第二日目のものに、ちょうど彼の意見書がのっています。そこでの谷干城の考え方というのは要するに、いわゆる経済主義で行くのか、それとも軍事主義で行くのか、詮じ詰めてしまえばその二つの、どちらを選択するかというところに問題を追い込んでしまうわけです。その上で、日本は経済主義で行くほどまだ豊かではない、と断言し（笑）、この際は相当な出血を覚悟しても、軍事的な観点で日本の鉄道網を完成すべしという話をするんですが、これがやはり、初期の「鉄道会議」を見る上での一つの基調になるのではないかという気がするんですね。それに対してもちろん当時の陸軍は必ずしも賛成ではない。つまり谷の場合は、ある主張をして他を顧みる必要がないから、言いっぱなしでいいんですけれど、陸軍の側は、それと他の利益代表者達の議論とをどう調整していくかという点に重点がありますから、当然対立が出てくるわけですね。しかしそれを谷干城はわかっていながら、かなり意地悪く議論を展開しているんですね。そういうところが非常に面白くて（笑）、いや、やっぱりこういう人が一人でもいたらずいぶん周囲のものはお守りするのが大変なんだろうなって（笑）想像したというのが読んでいての正直なところです。

原田　そうですね。谷は、変な陸軍の主義から追われていて、広軌改築論を唱えますが、彼が広軌改築論を唱えているうちに、今度は陸軍の主張は、広軌なんかやらなくてもいい、と言い出すような、食い違いがでてくるんですね。ですから、軍内部の派閥のあり方などを見るという意味でも、これはなかなか使えるな、という資料ではありますね。

御厨　そうですね。決して一枚岩ではないですね、そこのところが。

原田　軍事的利用にしても、軍の中にいろんな考え方があって、それがいろいろな形で反映しているっていうことがわかります。とくに、日露戦争からその後の頃になると、またそれがいろいろと変化して、大正デモクラシーあたりになると今度は政党と軍部、政党と官僚という関係がまた新しく展開し始める、その推移をこの「議事録」は描いていくんですね。

後進性と海と陸と

加藤　だから、今の話を裏返してね、なぜそれだけ政党なり軍部なりが鉄道にこだわったか、ということを考えなければいけないのではないか。だから、それは当時とすれば運輸手段というか、谷干城にしてもやっぱり海軍と比較したいと考えている面がありますよね。明治二〇年代から非常にブームの一つになる鉄道工事というか、これはまあいろいろとお金がそこにいくわけです。だから、同時にブームになってくるっていうことは、これは海軍との関係があるわけですね。もう少し言えば海軍と陸軍の問題もあるだろう。そういう中でなぜ、非常に鉄道にこだわっていたのか。だから、少し飛躍させちゃいますけど、たとえばイギリスの鉄道とかあるいはヨーロッパの鉄道という場合には、そういった問題がないのか、まさに日本は後進国だと思うんです。そういう後進国型であるために、しかも海に囲まれているから、どうしても鉄道をね、まあまさに軍事演習とか、戦争準備のためにね、一刻も早くやらなきゃならないんだと、まあある意味では決まっちゃう結論に行くんですけど、その中味には、色々バイアスもあるしヴァリエーションもあるということをね、もう少しそのへんをきちんと突き詰められるかどうか、そういった意味では非常に重要な、面白い資料だと思いますね。

それからもう一つは、経済性に戻れば、地方産業の記録がだいぶ出てきますね。

御厨　そうですね。

加藤　だから、これはやはりその当時の、谷干城なりあるいは松本荘一郎なりの判断、あるいは地方産業の把握、だからそれはどういうところから資料が集まってきて、こう判断されるのか。まあ今よりも、コミュニケーションというか、情報は少ないわけですからね、だから、それがどこまで当たってるか、というあたりがね。

たとえば、たまたま僕が『横浜市史』の中で問題にした長野・山梨両県でつくられた生糸を、横浜に運ばなければいけないわけですね。その時に、いろんな鉄道ルートがあること、これは原田さんに教わったんですが、僕も横浜に最終的に運ばれてくる生糸の運搬経路、今で言う南武線とか、それからたとえば横浜鉄道（横浜線）とか、それからあとは身延線というのがね、そういう線をね、やはり今言った軍部の、一つの大演習だとかね、そういう戦争のためのルートと、併せて生糸を運ぶルート、これはやはり出てきてますよね。それから繭を買うんで、つまり集荷体制に好都合なように、新しく駅をつくってほしい、というような議論も出ていますね。だからそれは、今にして思えば方便なんですね。やはりそういうものは、ある意味ではナチュラルに出てきて割と実現して行くんです。

原田　そうです。

加藤　そこがね、どうかな、むしろ抵抗があって、今だって駅を造るっていえば、大変だろうと思うんですよね。当時の幼稚って言っていいかどうか、今よりも少なくとも発展が遅れてる、そういう段階で、じゃ要求があれば、割と簡単に駅ができちゃうっていうのはね。おっしゃる幅があるとみるべきか、それともやっぱりそういう経済的要求をね、一義的にやっていかないと、施政者としては駄目だったと、そういう意識がきちっとあったと、このへんはいろいろな検討課題が残されていると思うんですね。

原田　今加藤さんのおっしゃった鉄道のネットワークの形成は「鉄道会議」の大きな課題になるわけですが、軍部は、一八八六年までは、敵が日本に攻めて来るという前提に立って防衛戦略の立場をとっています。ところがその後は、今度は朝鮮から中国へ攻めて行く進攻戦略に変えますね。そうなると国内の兵力をいかにして出港地へ早く集めるかということが課題になりますね。大阪と広島と門司と、この三つの港湾へ線路を集中させる形でネットワークを造る必要が生まれます。この要請に合う限り経済的な効用を持つネットワークは認めます。ところが、それがまた偶然合うんですね。広島は別として、大阪、門司は条件が合ってしまう。そうすると、資本主義の発達の時期に、軍部の要請に基づくネットワークと、資本主義の要請に基づくネットワークとが、偶然一致する所は早く鉄道が開通します。ところがこれと合わない線路はたいへん苦労します。今加藤さんが出された例で、甲斐、信濃から生糸、繭を横浜に積み出す甲信鉄道の計画は、ついに実現しませんでした。軍部としては兵力輸送の中継点としての東京を重視しています。ところが、日露戦争の前になってくると、今度は資本のほうがだんだん強くなってきて、軍部の要請がない所でも、どんどん鉄道を造ろうとする。資本家、企業家の側から出てくる要求が非常に増えてくるんですね。経済性を中心とした鉄道建設の要請がはじまります。「鉄道会議」がそれにどう対応するか、一八九七年頃の「議事速記録」だったと思いますが、一回に何十件という出願件数の処理をしなければならなくなって大騒ぎになるんですね。これを『国鉄百年史』に全部採録しようと思って見事に失敗しました（笑）。あまりにも多すぎるんです。日清戦争の好景気が下むきになるときですね。

御厨　ええ。

加藤　もちろん、むしろ今度は資本が、二者択一の中で資本の要求と言いますかね、経済的な要求が……。だからそれを交互するように考えるのかね、それとも一体化して両面なのかね、そのへんで……。

御厨　だからそのへんは、今後の検討課題になりますね。おそらく通して読んでみないとわからないというところですね。

　私はこの「鉄道会議」の効用として特に初期の参加メンバー相互のフェイス・トゥ・フェイス・コミュニケーションの形成は大きいと思います。この人達がその後それで得た政治的な資源というのは相当大きい。何故かというと、フェイス・トゥ・フェイス・コミュニケーションがあるから、どこへ行っても話が通ずるということがあるのです。逆にいいますと、昭和になってからすべての面でうまく行かなくなるのには、軍人と文官とが、ほとんど面識がなくなるということがあると思うんです。

加藤　うん、うん。

政治運営と建前論

御厨　やはりお互いに顔と顔がつながらなくては議論はできませんからね。だから、この時期にこういう会議が設けられて、しかもとくにこういう会議で、具体的な問題を通じて議論をした経験を持っているというのは、そのあとの政治運営を考える上で、僕は非常に大きな力を持ったと思いますね。

加藤　たしかにそう思いますね。その昭和の軍人と官僚というのは、ほとんど知らないわけでしょ。

御厨　知らないです。だから、ぶつかれば当然建前論だけになっちゃうんでね。

加藤　そうですね。

御厨　そのウラに何があるかということになって、またそのビハインドの方の交渉ができればいいんですけど、それができないわけですね。

だから話を元に戻しますと、この時期元老クラスはもうお互い同士よく知ってるけども、その元老の次のジェネレーションとして、彼等はやっぱりこういうところで訓練を受けてたんだろうなって気がするんですね。

原田　そうですね、先ほどの話をもうちょっと時代を下げますと、日露戦争中から鉄道国有化という形で要請が出ますね。それまでの賛成・反対の経緯がいろいろと錯綜しましたが、三菱を除いてほとんど財界が、国有化を支持する。それは、いわゆる戦後経営に入って行く段階で、軍部と財界の意思がどこかで一致していく面があったんではないか。その財界の意思は、かなりの部分、政党が反映できるようになっていたのではないか、ということになると、「鉄道会議」あたりが、鉄道国有法についてどういう姿勢を取るか、そこで、先ほどのフェイス・トゥ・フェイスが、あるいはそういったところに生かされているかもしれないんですね。たとえば、田健治郎と寺内正毅との関係とか、さまざまなグループの動きは『原敬日記』にも出てきますが、これは会議の運営から見ても、また当時の支配構造のあり方から見ても、面白い問題を提供するんじゃないかと思います。

御厨　議事録の構成をみると、とにかく最初の一〇巻までが日露戦争の前ですからね。そうすると、あとはちょっと少なくなり、大正期の政党政治の時期が三巻あります。そして意外に僕がおやっと思ったのは、逆に今度は政党政治が終わって、五・一五から二・二六の間は、昭和八年、九年、一〇年とこれで二巻でできてるわけですね。ちょうど斎藤、岡田という挙国一致内閣の時に、時局匡救土木事業という形で高橋がスペンディングポリシーをやりますね。それとの兼ね合いで、おそらく鉄道もどうするかという議論が行われたんだろうなとにらんでいます。

原田　そうですね。やはり、どうも山は日露戦争前後あたりですね。

加藤　それは御厨さんどうなっているんですか、最初にちょっと戻して。やはり諮問会なのかね、あるいは貴族院のそういうものの引き継ぎ、まあそれに似ているかわかりませんが、そういう諮問会的な性格なのか、それとも上からね、パイプを下していったりする。フェイス・トゥ・フェイスな関係が、当時のメインな行政のあり方かどうかわかりませんが、やはり政治家の一つの行動様式として、ネットワークを造ってね、それを運営、コントロールする、そういう点できわめてリアルであると同時に、また現代にも通用する共通性があるように思いますね。

御厨　そうですよ。

加藤　そういうものを、すでに日露戦争前と言っていいいか、早くも一九〇〇年代くらいにね、それはやっぱり原型があるんだ、と言い切れるのでしょうね。

御厨　それはちょっとわかりませんけれどね、僕は「鉄道会議」がもし仮に面白くなくなって、日露戦争ぐらいまでで一区切りつくとすると、それは間違いなく、政党政治の確立という話と結びつくと思います。政党にヘゲモニーがうつれば、政党の中ですべての話が決められることになる。そうすると「鉄道会議」などいちいち諮問しなくてよろしい、ということになるのではないでしょうか。

加藤　ええ、ええ。

御厨　そういうところと関係があるのではないか。あの時期は軍人も皆政党化していきますからね。政党に入らなければ政治ができないわけです。だから、そうすると今度は、「鉄道会議」がある意味では言葉はちょっとときついですが形骸化して行く、ということになりますね。

原田　考えられるでしょうね。

御厨　ええ。だからその前の段階の、初期の一〇年のほうが生き生きしているというのはやむをえないんじゃないかっていう気がしますね。

加藤　そうですね。

原田　たしかに『鉄道会議議事速記録』についてみれば、一九一〇年代あたりから「形骸化」現象がはじまりますが、それは支配体制の構造の変化ともかかわる問題でしょうね。いずれにしても、この資料は政治史・軍事史・経済史などさまざまな研究分野にゆたかな素材を提供することには間違いありませんし。この復刻によって閲覧の便宜だけでなく、史料保存という点からも大きな保障があたえられたわけで、これらの点に研究者としてのよろこびを感じます。

第7章

日本政治における地方利益論の再検討

本章に掲げた論文は、前章に収めた「水系」論文からの発展形と言える。地方利益というカテゴリー。道路も鉄道も港も治水も学校も……、何もかもが入るわけだが、日本の政党政治の、まさに政党としての成長のインフラ部分に地方利益があるという点を解きほぐそうとした論文である。明治の星亨、大正の原敬、そして戦後の田中角栄が、結構太い糸でつながっているではないか！　ここに歴史の醍醐味を感じ、味わっていただければ嬉しい。

1

地方利益論の系譜――星亨・原敬・田中角栄

近現代日本政治を貫くライトモチーフを地方利益論（地方的利益の培養や誘導）に求めることについて、今日アカデミズムたるとジャーナリズムたるとを問わず、異議を唱える者はまずあるまい。そして三題話風に、星亨・原敬・田中角栄と続けて列挙するならば、明治・大正・昭和の各時代において地方利益を象徴する政治家という共通のイメージが、直ちに浮かび上がってくるであろう。しかも彼等はいずれも、政党の党勢拡大という目標のために、三者三様ではあるが、手段としての地方利益を意識的に培養したという印象を強く与えている。つまり、地方利益論は政党政治の発展と密接不可分の関係にあり、両者はいわば同じコインの表と裏とさえ言いうるのではあるまいか。

そこでここではまず、今日多くの人々に首肯されるに至った地方利益論を、研究史的にふり返ってみることにしよう。その際、地方利益論の系譜を代表的と思われるアカデミックな近代研究に沿って概観することにしたい。様々な政治資源の中で、一つの独立したカテゴリーとして地方利益に着目し、それが戦前期の政党政治の形成に及ぼした重要性を最初に示唆したのは、升味準之輔氏（「日本政党史における地方政治の諸問題（一）～（七）」『国家学会雑誌』七三―四、五、七四―五・六、七五―七・八、九・一〇、七六―一・二、五・六、一九五九～六二年。『日本政党史論』一～四巻、東京大学出版会、一九六五～六八年）であった。すなわち升味氏は、明治一〇年代の府県会から原内閣の成立までを通して、地方政党史に一貫している中央震源性と中央指向性とを明らかにし、政党の党勢拡張の観点から星亨と原敬の存在を逸しえないことを指摘する。そして星の憲政党（旧自由党）指導における際立った特徴を、「実業にたずさわり、実業家と結ぶことによって党勢を拡張するという明白な目標をもっていた[1]」点と、「提携によって政府から一時的な獲物をうることよりも、党勢拡張と政権獲得の長期計画を考えていた[2]」点に求めている。晩年の星が東京市の利益政治に介入していく契機は、まさにここにあると言ってよい。他方、原と政友会については、「府県政の政党化」の文脈の中で鉄道問題を[3]、「官僚の政党化」の文脈の中で地方官の人事を[4]、各々例示的にとりあげている。

升味氏のこうした一般的な議論を、より自覚的に原敬と鉄道政治を的に絞りこんだのが、三谷太一郎氏（「政党政治確立過程における政治指導の展開」『日本政党政治の形成』東京大学出版会、一九六七年。「大正デモクラシーの意味」『大正デモクラシー論』中央公論社、一九七四年）である。三谷氏は、日露戦後における国家的利益に対する地方的利益の噴出という文脈の中に、原敬の推進する交通政策を位置づける。それは「建主改従」というスローガンに示される通り、幹線の広軌化ではなく、各地方の要求に応じてできるだけ多くの地方線を作るというものである。[5] そこで三谷氏は、英米における鉄道政治との比較の視座を提示しつつ、「鉄道国有化後の日本における『鉄道政治』の展開は、政党政治確立過程の、従って大正デモクラシーのきわめて重要な一面であった。『地租政治』から『鉄道政治』へという地方的利益をめぐる政治の位相の変化が、大正デモクラシー期の一つの重要な特徴であったといえよう」と強調している。さらに鉄道と密接不可分の関係にある港湾の改良についても[6]、原が積極的だったことを明らかにし、「政友会の交通政策の体系においては、港湾政策においても、鉄道政策におけると同じく、地方的利益が重視されたことを示すものであろう」と述べるのである。[7]

ただし三谷氏は、あくまでも総体としての大正デモクラシーを明らかにするために、理念的なものまでを含めた非国家的価値の一つとして、さらにいえば最も現実主義的な側面として、地方利益＝鉄道政治をとりあげた点に[8]留意しておかねばなるまい。これに対して、原の現実主義的な政治指導を真正面にすえて分析したのがナジタテツオ氏（『原敬―政治技術の巨匠』読売新聞社、一九七四年、原書は一九六七年）ということになろう。ナジタ氏は、原による積極政策を、「税を引き上げ、また内外債を発行し、それにより学校、公園、道路、ダム、鉄道等をかつてないほどたくさん建設し、景気を刺激しようというもの」と定義した上で、「それは国家資金《ポーク・バレル》の撒布による党勢の拡張を意図したものであり、知事や地方官吏の活動と、党本部及び地方・府県・市町村支部の活動とを結びつけようとするものであった」と断言する。[9] さらに「官僚機構を通じて、地方の経済要求を満足させるということは、何も新しい現象ではない。しかし、かつては、ほとんど純粋に地方的な事柄であったものが、いまや、明治末期になると、党勢拡張のために、政党人によって全国的な政策の中に組み入れられるようになった」と述べて、[10]桂園時代における原敬による地方利益の体系化を評価するのである。

かくて、原敬を地方利益と政党政治との緊張関係の下に明確に捉える視座が確立された。そしてこの視座は、さらに明治前期へと射程距離を拡大されることになる。明治二〇年代の藩閥と政党の対立と妥協の過程について、地租問題を軸に分析しつつ、地方利益の側面から星亨と憲政党のあり方に言及したのが、坂野潤治氏（『明治憲法体制の確立』東京大学出版会、一九七一年）であった。すなわち第二次山県内閣と提携して地租増徴に賛成した後、星は憲政党の地方地盤強化のために、「鉄道国有・鉄道速成・監獄費国庫支弁・港湾修築・教育機関の拡充」[11]等の具体的地方利益の培養を、明確に掲げるのである。そこで坂野は、「『積極主義』をかかげて地方党勢を拡張しようという方針もまた、立憲政友会への道を指していたというべきであろう」[12]との見通しを述べている。

さてここまで射程距離が拡大されれば、地方利益そのものを真正面から分析の対象とした研究が出現しても不思議ではない。「明治期を通して、道路・港湾・河川改修、鉄道・官立学校誘置《マヽ》、各種補助金獲得などの地方的局地的利益欲求の生成・膨張・多様化がいかに進展し、それがどのように諸個人・諸集団を拘束して各時期特有の地方政治状況を形成し、中央政局にまで規定的影響を及ぼしていくか」[13]を明らかにしたのが、有泉貞夫氏（『明治政治史の基礎過程』吉川弘文館、一九八〇年）である［本書第Ⅱ部書評編1も参照のこと］。そこで有泉氏は、明治一〇年代以降についてまず先に地方利益欲求が具体的な形をとって現れ、それへの対応として常にきわめて限定的な地方利益誘導が体制側によって行われるという構図を提示し、一〇年代後半の土木、二〇年代前半の鉄道、日清戦後の学校、日露戦後の水力発電の如く、各々の時期に特有の多様化する地方利益欲求を具体的に跡づけている。

さらにそうした地方利益欲求を星亭が現実主義的な政治手法によってまとめあげていく過程を、有泉氏は描くことになる（『星亨』朝日新聞社、一九八三年）。有泉氏は明治三一年段階において、「地方的利益欲求は利用すべき資源として把えなおされ、むしろ、これを積極的に喚起し、この実現を政府と提携する我党に期待させることで憲政党党勢を拡張するという戦略を[14]」星が開発したことを強調する。さらに「地方での党勢拡張に努めるのに並行して、星は首都東京の市政掌握に乗り出し、三十二年六月の市会議員半数改選で、市区改正・交通機関速成・東京築港などを掲げて[15]」市会に当選を果たし、実業家の支持を獲得すべくはかったとしている。そして晩年の星は、市会疑獄で非難をあびながらも東京市会議長として、東京築港計画を強力に推進することになる。有泉氏は、このように地方利益論における星の画期性を主張すると共に、星の開発した政治手法が原敬に継承されてさらに体系化されたと結ぶのである[16]。

以上の概観に示されるように、昭和三〇年代から五〇年代にかけて四半世紀に及ぶ研究の積み重ねによって、地方利益論は人的には星と原をメルクマールに、政党政治の発展を促す動因として明治一〇年代から大正期までを貫くライトモチーフとなった。ただしここで改めて注意を喚起しておきたいのは、多かれ少なかれすべての近代研究は、当該研究者が生きているまさに現代という時代環境の制約と影響から免かれ難いという一般命題が存在するということである。まして地方利益論の場合は、現代という時代との緊張関係を無視しえない。そもそも升味氏は、いわゆる五五年体制の成立をかなり自覚的に捉え、そこからの問題意識を発展させて、戦前期の政党政治の成立と崩壊とを探るために、前述の研究を開始したのであった[17]。おそらくそれに続く諸氏の研究にも、現代的問題意識が背景にあったことは、充分にうかがえる。そして有泉氏に至って、研究の現代的意義を「いま星亨論に取り組むことに利点がないわけではない。私たちが呼吸している現在の日本が、星亨という政治家の行動を理解するのに、過去どの時代よりも好都合な政治環境――それが日本人にとって結構なことであるか否かは別として――のように見えるからである[18]」とストレートにぶつけたのであった。

折柄ロッキード判決の喧しい年でもあり、有泉氏自身が「政界最強の実力者となって、その一挙手一投足に世人の注視が集まり、毀誉褒貶が渦を巻いた人物は、ほかには最近の一例を見るのみである[19]」と述べたこととも相俟って、田中角栄と戦後保守政治の文脈の中に、星亨は位置づけられることになった。つまりここで地方利益論は、二重の意味で大きな転回をとげるに至る。まず第一に元来戦前期に限定されていた地方利益論の射程距離が現代にまで拡大され、星―原―田中の系譜が成立したことである。無論これまでも現代政治における地方利益論的側面は、特に高度成長と保守政治とのからみで、アカデミックな現代研究及びジャーナリスティックな現代論の双方から、しばしば指摘されていた。しかしそれが田中角栄という人物に象徴的に収斂される状況が出現することによって、星亨―原敬ラインとの歴史的継承を容易にしたことは否めない。次いで第二に、地方利益論に限っての話であるが、これまで好むと好まざるとにかかわらず一線を画していたアカデミックな近代研究と現代研究とが、ジャーナリスティックな現代論を媒介として一挙に結びついたことである。

そこで次に、このような地方利益論の転回を促したと思われる代表的な議論を紹介しておこう。もっとも田中自身が自らを星になぞらえたという新聞報道[20]は、とりあえず別格としておく。そこで星と田中とのパーソナリティや政治理念の相違に注意深い配慮を払いながら、「歴史上の角栄」を星亭に見出したのは、山本七平氏（「暗殺された星亭と田中角栄」『諸君』一九八三年一二月号）であった。山本氏は、地方利益の点で「いわば田中角栄は星亭が開発した路線の最も忠実な継承者だった」と評するのである。また粕谷一希氏（「『田中角栄研究』の研究」『文芸春秋』一九八三年一一月号）も、同様の見解に立って、「知識人でもあった星亭と田中角栄は明らかにその本質を異にするが、政治家としての役割と機能において共通項をもって」いると述べている。

さてこのようなジャーナリスティックな議論を、比較政治学の立場から整理して展開したのが、篠原一氏（「田中有罪判決とボス政治」『朝日新聞』一九八三年一〇月一三日付夕刊）である。まず篠原氏は「政治構造との関係でいえば、田中は星亭や原敬の系列に属すると考うべきであろう、なぜなら、田中政治は現代版カシキスモの典型と考えられるからである」と指摘する。次いでクライエンテリズムの理論[21]を背景に、カシキスモは「多かれ少なかれ近代化途上の国々に起こるが、わが国でその先鞭をつけたのが星亭であり、鉄道の敷設によってそれを全国大に広げたのが原敬であった。そして高度成長期に補助金制度をフルに活用して、現代版カシキスモのチャンピオンになったのが田中であった」と述べるのである。

2　早坂茂三『政治家田中角栄』の批判的検討――「開発と計画」を中心に

地方利益論の系譜上にあるとは言うものの、星亨や原敬の場合とは異なり、田中角栄に対しては未だ彼等と同じ密度という意味での本格的分析がない。もっともそれは、同時代史の宿命であり当然のことであろう。それでもこれまでに田中角栄については汗牛充棟ただならぬ数の本が書かれている。しかもその多くは精疎の差こそあれ、専ら金脈・越山会・田中派等に焦点をあてたものか、角栄現象など政治文化論的な考察を加えたものである。これに対して、田中角栄に関する内側からの記録を基に新しい田中角栄像を明らかにしたのが、長年田中の秘書を務めていた早坂茂三氏（『政治家田中角栄』中央公論社、一九八七年）である。

早坂氏は、奇しくも地方利益論の系譜が確立した昭和五八年のロッキード判決を機として、本書の執筆を思い立ったと言う。その経緯を、「私は政治家・田中角栄が昭和二十二年四月、初めて国政に参画していらい、同四十九年十二月に内閣総理大臣を辞任するまでの間、二十七年八ヵ月に及ぶ政治活動の公的な記録、客観的な資料を収集し、整理することにした。用意さえ整えていれば、必要な場合に歴史の証言者として発言し、執筆することができる。私は田中政治の実相に強い関心を持つ研究者たちの助言、協力を得て、その作業をひそかに開始した(22)」と述べている。

かくて公刊された本書における最も新しい論点は、昭和二〇年代の衆議院建設委員会における立法活動を実証的に跡づけた「第一篇　無名時代の十年＝田中政治の原点」と、昭和四〇年代の都市政策調査会における調査活動に焦点をあてた「第三篇第三章　甦る『日本列島改造論』」とにみられる(23)。どちらにも共通するのは、道路・総合開発・都市計画といった「開発と計画」に関する問題を対象としていることである。しかもこれらは、言うまでもなく地方利益論のカテゴリーで捉えることが可能である。そこでここでは、今までの田中角栄論ではほとんど詳細に論じられることがなく、その意味で盲点であったこれらの「開発と計画」という新しい論点について、順次批判的な紹介を試みることにしたい。なお、第一篇に関しては、拙稿「水資源開発と戦後政策決定過程——昭和二〇年代〜三〇年代」（『年報近代日本研究8　官僚制の形成と展開』山川出版社、一九八六年）を基に、私見と批判を加えることにする。

「第一章　戦後復興の出発」において、最も注目すべきは、田中が昭和二二年一二月の衆議院国土計画委員会の席上、片山内閣の建設院構想に対して、建設行政一元化論を展開したことである[24]。つまり田中は、戦後復興の課題達成のためには、公共事業を一括して担当する強力な建設省の創設以外にないことを強調している。私見によれば[25]、ここですでに田中は明らかに経済安定本部（以下、安本と略称）を仮想敵と考えており、それ故にこそこれ以後もくり返し安本攻撃を行い建設行政一元化を唱えるのである。要するに新人議員たる田中は、内務省の解体と建設院—建設省の創設という混沌とした状態の中にあって、逸速く建設省に対するモラルサポートを行っている。

「第二章　国土総合開発」では、「昭和二十年代の前半における田中の最大の功績[26]」として、昭和二五年の「国土総合開発法」の制定をあげ、それと密接不可分の関係にある二七年の「電源開発促進法」の制定をあわせて述べている。確かに両法制定に田中が尽力したのは事実であるが、早坂氏の議論にはいくつか疑問が残る。まず「国土総合開発法」の制定について、早坂氏は、「田中の構想に従うと膨大な予算が必要となり、また、関係省庁の意見調整に手間取ることも予測されたため[27]」、田中主導の議員立法から政府立法へきり換えられたと述べ、それ故に田中は現実に上程された政府案に対し強い不満を持ったとして、官僚セクショナリズムの介在、法案内容の抽象的な計画法へのすり替え、建設委員会の構想の無視等を、不満の理由にあげている[28]。

しかし私見によれば[29]、TVA方式の特定地域開発立法だった安本原案を、総花的抽象的な基本法たる政府案に変更せしめたのは、建設省およびこれと共闘した田中ら衆議院建設委員会に他ならない。彼等は「国土総合開発法」制定を機に安本を再編し、建設省が総合開発の実質的担い手となることを意図していたのである。

次いで早坂氏は、政府案に対する委員会における田中の議論の積極的側面を、「（1）国土総合開発審議会の審議結果を国会に報告し、国民的合意を得る必要があること、（2）国土総合開発はセクショナリズムの強い官庁ペースでは実現できないので民間企業の活用、公社・特殊会社を設置して取り組むべきである」としたことに要約し、後者については「田中は今日的な〝民間活力〟の導入、利用を示唆した[30]」と評価している。

実はこの点も私見によれば[31]、次のような文脈の中で理解すべきものである。（1）については、田中はあくまで安本主導の審議会に介入する余地を少しでも残そうとしたのであり、だからこそ昭和二七年の「国総法改正」において、審議会に衆参両院から一五名の参加を認めさせることになる。（2）については、田中は産業復興や外資導入の要請から、総合開発の中心が電源開発になることを看破したので、建設省―建設委員会がやがて来たるべき電源開発に対して、民間企業あるいは公社・特殊会社等何らかの形で新規参入の可能な態勢をとりたかったに相違ない。

その観点をつきつめると、電力に関わる様々な政治主体に対して、電源開発に関する一定の発言権を確保するために、やはり「国土総合開発法」は特定地域開発立法であってはならず、全国をカバーする総花的な基本法でなければならなかったことがわかるであろう。さらに建設省―建設委員会が主導権を発揮した昭和二七年の「国総法改正」で、いよいよ河川開発＝電源開発が明確化され、同時に制定された「電源開発促進法」とのドッキング効果が、現実に生み出されていく。地域指定の過程に彼等は容易に介入でき、全国の電源開発体系を掌握しえたと思われる。

「第四章　道路の整備」では、いわゆる道路三法のうち、議員立法形式をとった昭和二七年の「新道路法」と二八年の「道路整備費の財源等に関する臨時措置法」とについて、田中の果たした政治的役割を跡づけている。そこで早坂氏は田中の建設委員会における議論を吟味しつつ、「新道路法」の意図を、重要府県道から二級国道への指定に見出し、「これまでの国道の総距離を約二倍に伸ばし、そこに国費が投じられることによって道路整備を急ごうとする」[32]点が重要だった旨強調した。

ここでも建設省と田中ら建設委員会との共闘関係は変わっていない。したがって、重要府県道から二級国道を指定する際の基準がまったく明らかでないことから、先述の「国土総合開発法」の場合と同じく、この点に将来における建設省―建設委員会による介入の余地が充分に認められるのである。「新道路法」の成立と共に、彼等は全国の道路体系を把握することが可能になろう。事実、新道路法制定に基づく二級国道指定に狂奔する各地の地元の勢いに押されて、多くの政治家がまさに地方利益のために動くことを余儀なくされている。たとえばおよそ田中とはあらゆる意味で対照的なタイプの政治家たる芦田均でさえ、このために動いているのはまことに印象的である。通常は地元利益に冷淡な芦田が、「建設大臣の佐藤君を訪問して国道一八号、三四号の件を話したら、『一八号は前総理の出生地を通る道であり、それを外しては私の立場が困る』と次官に話して二級国道として存続させることになった。少し面はゆい感がしたが地元の村長さんが騒ぐので仕方がなかった[33]」と記しているのに、すべては明らかであろう。

これに続く「道路整備費の財源等に関する臨時措置法」は、早坂氏が指摘するように、建設省と田中ら建設委員会が受益者負担という考え方から、事実上揮発油税を道路整備のために目的税化したものである。道路に関する財源の裏づけのない単なるプログラム規定ではなく、地方利益の実行性および実効性を担保した点に意味が認められよう。

さてこれらの「開発と計画」に関する田中の立法活動について、早坂氏は「田中は新憲法で国会が立法権を持ち、国会議員の意思が法律を決定するという仕組みの重要性をわずかな期間に熟知したのである。彼は『土建屋でも国会議員になれば立法権を行使できる世の中になった』と、往時を振り返って私に言った[34]」と述べている。確かに戦後民主主義を体現する形で、田中が登場したことは事実である。しかもとりわけ前後の国会において強化された常任委員会のシステムを、田中はフルに利用している。早坂氏はその田中の政治手法について具体的に、「まず、衆議院建設委員会に小委員会を設置して、関係議員や政府側関係者を集め、懇談形式で徹底的に本音の議論を互いに交わし、これを小委員長報告にまとめる。そして、大勢の意向を見計らった上で議員立法として提出する[35]」と実に見事に描いている。

かくて田中は昭和三〇年代以降も「開発と計画」に関する様々な立法を積み重ねることにより、戦後保守政治と地方利益との結びつきを強固なものにしていく。しかし早坂氏はこのような地方利益の観点からの田中の評価と同時に、地方利益論のカテゴリーでは捉えきれない田中の今一つの側面を示唆する。実はそれが、本書の最終部分たる「第三編第三章　甦る『日本列島改造論』」の記述からうかがえるのである。この中で早坂氏は田中内閣の「日本列島改造論」のルーツを、先述の昭和二〇年代初頭の「国土総合開発法」の立法過程における田中の議論に求め、次いで四〇年代初頭の「都市政策大綱」こそその原型であると強調する。(36)もっとも早坂氏は、この二者に介在する道路立法も水資源立法もおよそありとあらゆる開発立法をその文脈の中に位置づけているため、行論に贔屓の引き倒し的な混乱を生じている点は否めない。したがって臆断を交えてあえて図式的に整理すると、次のように言えるのではあるまいか。

「開発と計画」の問題の中でも、「道路計画」などの運輸交通体系と「河川計画」などの水資源開発体系は、とりあえず地方利益論のカテゴリーで捉えられる。それ故にこそ田中はこれらの戦前以来の流れをくむ個別開発体系をより精緻な利益供与の手段とするために、全力を傾注するである。しかしこれに対して「国土総合開発計画」など国土計画体系は、先述の電源開発に象徴されるように、無論地方利益論とも密接不可分の関係にあるものの、それに止まることなく、将来のあるべき秩序像やグランドデザインの積極的なアピールという側面を有するのではなかろうか。

田中はおそらくそのことを直感的に理解していたと思われる。だからこそ早坂氏が指摘するように「国土総合開発法」制定の最初の段階では、田中なりのグランドデザインを提示していたのである。(37)しかし、ＴＶＡの影響濃厚なグランドデザインとして提示された安本案(38)には田中は政治力学上反対せざるをえず、したがって自らのグランドデザインをもかなぐりすてて、安本案を換骨奪胎してものの見事に利益供与の体系に組み直していったのではあるまいか。かくてあるべき秩序像＝グランドデザインを盛りこんだ国土計画体系は当面二〇年代においては足踏みを余儀なくされる。そして紆余曲折の末、やがて三〇年代後半になって、それは「全国総合開発計画」という形で結実することになる。

さらに昭和四〇年代に入り、高度成長を背景に田中を焦点として新たな国土計画像を打ち出す動きが活発化する。それが、四二年田中を会長とする自民党都市政策調査会の発足であった。早坂氏が詳細に跡づけているように、国会議員・自民党政調・学識経験者を交えた調査会は、「総会二十五回、正副会長会議九回、分科会十八回、起草委員会十八回が開かれ、一年二ヶ月余にわたり七十日の会議を開いて」、最終的に「都市政策大綱」が決定された。[39] そこには「日本列島そのものを都市政策の対象としてとらえ、大都市改造と地方開発を同時にすすめることにより、高能率で均衡のとれた国土を建設する」[40] 観点からのグランドデザインが提示されていたのである。しかも「都市政策大綱」に至るまでの田中の政治手法には、まさに前述した昭和二〇年代の建設委員会におけるそれを彷彿とさせるものがある。

以上に述べたように、早坂氏の著書を注意深く読むと、「開発と計画」の問題には、道路・河川など純粋に地方利益的なものと、グランドデザイン的色彩の強い国土計画的なものとがあり、田中もその両者の緊張関係を半ば自覚しつつその間を彷徨していたことがわかる。[41] したがって「日本列島改造論」において、一方で「都市政策大綱」のグランドデザイン的部分がどの程度引き継がれ、他方でそれがどの程度利益体系として換骨奪胎されたかは、残されたきわめて興味深い問題である。

3 国土計画論的視座の設定と展望

地方利益論のカテゴリーにおさまりきらぬ「開発と計画」の問題――とりわけグランドデザイン的要素をもつ国土計画論は、実は戦後日本に特有のものではない。そのルーツは戦前期の殊に政党内閣下の都市計画にあり[42]、原型は戦時体制下昭和一〇年代の国土計画に求めることができる[43]。このことは逆に地方利益論のもう一つの限界を示している。すなわち政党政治の発展と表裏の関係にあった地方利益論では、政党政治の崩壊を直接には説明できない。つまり地方利益欲求は決してなくなるわけではないのに、それとは無関係に政党政治は崩壊してしまう[44]。だとすれば、まして地方利益論は、十五年戦争期の日本のライトモチーフにはなりえない。その意味で地方利益論の系譜が、星から原へと続いた後、一挙に戦後の田中にまで飛ぶのは、まことに象徴的である。

もっとも十五年戦争期といっても、斎藤・岡田挙国一致内閣の時代には「時局匡救土木事業」が実施されているとの反論がありえよう。しかしこれは、地方利益論ではなくこれから述べるような文脈の中で捉えるべきである。実は原以後の政党内閣の時代においても、地方利益は決して地元に充分還元されたわけではなく、利益誘導をする側でも地方利益の具体的な内容に応じて様々な問題をかかえていた。たとえば原内閣以後の鉄道政策の問題点を、成沢光氏（「原内閣と第一次世界大戦後の国内状況（一）」『法学志林』六六―二、一九六九年）は、不急線の濫設による未成線の開業の遅れあるいは投下資本の回収の遅れに見出し、また「建主改従」方針に基づく幹線改良の遅れによって輸送力の強化を果しえない現実を指摘している。さらに同じく原内閣以後の水利政策の問題点は、私見（「水利開発と戦前期政党政治」『年報政治学―一九八四』岩波書店、一九八五年）〔のちに『政策の総合と権力』（東京大学出版会、一九九六年）に所収〕によれば、水利に関する官庁セクショナリズムを克服しえない結果、「中小河川」を焦点とする内務省の体系的な水利統制政策が実現できないことにあった。

つまり鉄道の場合は、現在の鉄道政策における体系性・計画性の欠如が、水利の場合は体系性・計画性に裏づけられた政策の実施困難な状況が、各々批判されているのである。積極・消極の違いはあるにせよ、このことはこれまでのように場あたり的ではなく、一つの体系性・計画性・総合性をもったものとして、これらの政策を考える視点が有力になってきたことを意味している。

そこで臆断を交えて整理すると、次のようなことになろうか。原内閣までは政治資源としての地方利益は、道路であれ鉄道であれ河川であれ、量的拡大を主眼としていた。しかしその後の官僚制における自覚的な対象領域の拡大と後発官庁の専門化が進むにつれて、これらの地方利益は各々体系性・計画性をもつ政策として自立化していく。にもかかわらず、相変わらず政党はこれらの問題を地方利益の枠組で処理しようとし続けた。紆余曲折はあるものの、その結果政党は、個別開発体系として精緻化され各省に特化された政策相互の競合状態を、遂にコントロールしきれなかったのである(45)。

政党内閣崩壊後の「時局匡救土木事業」は、こうした個別開発体系を活性化させると同時に、新たに地域開発（東北開発）を促進する効果をもった。この地域開発的視点は、政党内閣の下では逼塞を余儀なくされていた都市計画の考え方に連なっている。そして地域開発の構想は、やがて内閣調査局や革新官僚の登場と共に、大きな変容をとげることになる。すなわち個別開発体系を地域開発の中で再編し、同時に全国的視野からインフラストラクチャーのグランドデザインを示す内容をもつ国土計画として、相貌を現わすに至るのである。そこには当然統制の契機と、イデオロギー的規制とが含まれている。そしてさらにこれは、企画院との関連の中で、満州・朝鮮・中国を視野に入れた構想へと拡大していく。

かくて国土計画論は、戦時体制のライトモチーフになった。しかし注目すべきことに、国土計画論は戦時体制と運命を共にすることなく、むしろ戦時体制下にあって政策的にはそれへの反逆を開始する。たとえば防空体制の構想の中に、戦後構想をあわせてしのばせたように。ちなみにこれらはすべて、企画院―内務省国土局において行われた。そして国土計画論は、再度正統性の根拠を転換しつつ戦後に引き継がれていくのである。前述した「国土総合開発法」をめぐる安本と田中角栄との対立は、実はここにつながることになる。

以上に述べたことから、少なくとも、個別開発体系が折出されてくる戦前の政党内閣から現代に至る日本政治については、相互に密接な関係にある地方利益論と国土計画論を二つの重要なモチーフとして描くことが可能なのではあるまいか。果たしてそうとするならば、地方利益論と国土計画論との緊張関係の中に、昭和期の日本政治のダイナミズムを明らかにすることこそ、今後に残された筆者の課題ということになろう。

註

（1）升味準之輔『日本政党史論』二巻（東京大学出版会、一九六六年）九〇頁。
（2）同前。
（3）升味準之輔『日本政党史論』四巻（東京大学出版会、一九六八年）四〇～四一頁。
（4）同前、二一九～二三九頁。
（5）三谷太一郎『日本政党政治の形成』（東京大学出版会、一九六七年）第二章。
（6）同前、一四〇頁の註（9）。三谷太一郎『大正デモクラシー論』（中央公論社、一九七四年）二〇～二一頁。
（7）三谷、前掲『日本政党政治の形成』一五七～一五八頁。
（8）三谷太一郎「大正デモクラシーの意味」（三谷、前掲『大正デモクラシー論』所収）。
（9）ナジタテツオ『原敬――政治技術の巨匠』（読売新聞社、一九七四年）一〇四頁。
（10）同前、一〇六頁。
（11）坂野潤治『明治憲法体制の確立』（東京大学出版会、一九七一年）二二四頁。
（12）同前、二二五頁。
（13）有泉貞夫『明治政治史の基礎過程――地方政治状況史論』（吉川弘文館、一九八〇年）序。
（14）有泉貞夫『星亨』（朝日新聞社、一九八三年）二六九頁。
（15）同前、二七一頁。
（16）同前、三二六～三二八頁。
（17）御厨貴「升味準之輔『日本政党史論』全七巻をめぐって」『東京都立大学法学会雑誌』二二―一、一九八一年。〔同書評論文を「再活用」したものを本書第Ⅱ部7に掲載している〕
（18）有泉、前掲『星亨』はしがき。
（19）同前。
（20）『朝日新聞』一九八三年一〇月二四日付二面「政局断面」、同一〇月三〇日付二面「角影を探す（5）」。
（21）篠原一『ヨーロッパの政治』（東京大学出版会、一九八六年）一二頁。
（22）早坂茂三『政治家田中角栄』（中央公論社、一九八七年）四九一頁。

(23) 本書を逸速くこの観点から捉えて、「本格的な角栄研究には欠かせない労作」と評したのは、高野孟氏(『インサイダー』一七〇号、五頁)である。
(24) 早坂、前掲『政治家田中角栄』二一一～二一二頁。
(25) 御厨貴「水資源開発と戦後政策決定過程――昭和二〇年代～三〇年代」(『年報近代日本研究8　官僚制の形成と展開』山川出版社、一九八六年)二五四～二五五頁。[のちに『政策の総合と権力』(東京大学出版会、一九九六年)に所収]
(26) 早坂、前掲『政治家田中角栄』二一五頁。
(27) 同前、二一八頁。
(28) 同前、三〇頁。
(29) 御厨、前掲「水資源開発と戦後政策決定過程」二五四～二五五頁。
(30) 早坂、前掲『政治家田中角栄』二二五頁、三六頁。
(31) 御厨、前掲「水資源開発と戦後政策決定過程」二五五頁、二六三頁。
(32) 早坂、前掲『政治家田中角栄』五九頁。
(33) 『芦田均日記』四(岩波書店、一九八六年)二四四頁、昭和二七年一一月一七日の条。
(34) 早坂、前掲『政治家田中角栄』一五頁。
(35) 同前、五五頁。
(36) 同前、第三篇第三章第二節「『日本列島改造論』の原型」。
(37) 同前、二五～二八頁。四一六頁。
(38) 御厨、前掲「水資源開発と戦後政策決定過程」二四七～二四九頁、二五三～二五四頁。
(39) 早坂、前掲『政治家田中角栄』四二〇～四三二頁。
(40) 同前、四三四頁。
(41) 田中のこうした着想と手法について、初期の秘書であった曳田照治の影響力に言及した次の三著は、注目に値する。新潟日報編『ザ・越山会』(新潟日報事業社、一九八三年)三〇～三二頁、五〇頁、一四七～一五〇頁。塩田潮『大いなる影法師』(文芸春秋、一九八五年)一五一～一六〇頁。山本七平『「御時世」の研究』(文藝春秋、一九八六年)一一一～一二八頁。

(42) 越沢明「戦時期の住宅政策と都市計画」(『年報近代日本研究9　戦時経済』山川出版社、一九八七年)参照。
(43) 佐藤竺『日本の地域開発』(未来社、一九六五年)、酉水孜郎『国土計画の経過と課題』(大明堂、一九七五年)、参照。
(44) 有泉貞夫「日本近代政治史における地方と中央」(『日本史研究』二七一号、一九八五年)参照。
(45) なお個別開発体系は、一九三〇年代を通じてインフラストラクチャー整理というハードな政策のレベルで相互に摩擦を生じたばかりでなく、電力国管や経済統制にみられるソフトな政策のレベルでも複雑に交錯していくことになる。

第8章

「百科全書派」の誕生と終焉——田口卯吉の明治

本章は、「言論は日本を動かす」という全一〇巻の長大な企画の一つに加えられた一文である。きっかけは、粕谷一希さん、そして三谷太一郎先生のお二人からのお声がけであった。もう逃れられるわけはない。とはいえ、田口卯吉というテーマは私自身が申し出たのであった。

なぜ、田口か。田口が『東京経済雑誌』を発刊し、そこを舞台に展開した政治・経済等々の議論と、政治家、実業家としての活動がどうつながっているのか、その点を解きほぐしたいと考えたからである。また、これまでの章でも論じた東京の都市計画では田口は主人公の一人でもあった。

そんな思いのなか、大学院の演習で『東京経済雑誌』を、坂本一登くんらと読み進めたうえで一気呵成に書き上げた論文であったものの、（これまた）私にとっては失敗作の中に入る。ついには、田口の思想の本質には切り込めなかった。彼の廻りをグルグル廻る、いわば田口周遊になった感が強い。その点、ご海容いただきながら読んでいただくとうれしい。

この田口という人物。今回、再録するにあたり「百科全書派」なる見出しを付けたわけだが、何事にも一家言を持った人であった。常に前向きで明るい人であった。明治らしい、いや明治の時代だからこそ生まれ出た人物なのではなかろうか……。

1　忘れられた田口と忘れ得ぬ田口

「革命後の社会は百事草創に属す、一事に専らなる能はざる」なりと自ら任じ、維新後の明治国家において百科全書的とも言うべき多彩な活動を営んだ鼎軒田口卯吉は、明治三八年、日露戦争最中の四月一三日、慢性萎縮腎に中耳炎を併発して、五〇歳で世を去った。今日我々が、明治国家の本来有していた多様性と共にほとんど忘却してしまった田口の百科全書的活動を、ここであらためて提起してみたい。

まずそれを箇条書的に整理するならば次のようになろう。

第一は、明治一二年以来四半世紀に及ぶ、自らの主宰する『東京経済雑誌』を舞台とした政治・経済・文化・社会・歴史の各分野にわたる射程距離の長い文筆活動である。なかでも、明治一一年の『自由貿易日本経済論』の刊行から三四年の『商業史歌』の刊行にみられる、自由主義経済の日本への一貫した啓蒙普及と、明治一〇年から一五年にかけての『日本開化小史』の刊行、および二四年から二九年にかけての雑誌『史海』の刊行に代表される、文明史や国史の研究に対する関心の興起との二点は、特筆に値する。ちなみに今日我々が想起する田口は、多かれ少なかれこの二点に限定されている。

第二は、東京経済雑誌社の営業活動の一つたる、日本で初めての各種の予約出版事業である。初期の『泰西政事類典』から後期の『国史大系』まで、損はしない程度で刊行を持続している。

第三は、自由主義経済論を実地に生かすための実業活動である。代表的なものは東京株式取引所肝煎（一六～一九年）、両毛鉄道社長（一九～二三年）、南島商会事業（二三～二四年）等であり、田口は個人的には成功を収めたとは言い難かった。

第四は、やはり明治一二年から死ぬまでの四半世紀続いた政治活動である。まず東京府会議員・市参事会員・市会議員として、地方税・市区改正・市政刷新などの東京の地方政治に積極的に関与し、次いで二七年以来衆議院議員として、地租増徴・輸出入税廃止・営業税減廃などの国家財政の問題や、日清講和・日露開戦などの対外硬の問題に主体的に携っている。政党とのかかわりは、民権運動時代には嚶鳴社の社員であったにもかかわらず、一時期自由新聞客員となった他は自由・改進両党ともに入党しなかった。衆議院入りしてからも一時進歩党・憲政党に入党した以外は、自ら小会派の帝国財政革新会・日吉倶楽部を主宰し続けている。

では田口がなくなった時、以上に述べた田口の百科全書的活動について、明治を共に生きた同時代人達はどのように総括し評価したであろうか。実は意外にも、多種多様な活動を展開した田口の生涯を、全体として総合的に把握する視角は、そこにまったくなかったと言ってよい。無論、彼等は田口の百科全書性に触れないのではない。むしろ異口同音に、田口の精力的な活動を賞讃しつつ、それらを個々の知的かつ職業的専門領域に分化かつ特化させて評価している。はたしてそうとするならば、田口は知的専門性の見地から広く浅いが故に杜撰粗漏、陳腐迂疎との批判を受け、職業的専門性の見地から多趣味多才のために大をなさず、器用貧乏との批評を受けることになる。四〇人を数える同時代人の評価は、この批判点において奇妙なほど一致していると言ってよい。このことは逆に自覚すると否とにかかわらず、同時代人の意識の中に、明治国家の発展にともなう各部門での急速な制度化・専門化の達成の認識が定着したことの証しでもあった。

では専門性において否定された田口は、同時代人によってどのように積極的に評価されるのであろうか。それは田口を過去の人物として、歴史の中に位置づけることによって可能となる。まず田口は、言論文章を以て経済的知識、とりわけ自由主義経済のそれを、明治期を通じて普及したと肯定的に評価される。言い換えれば、独創性には欠けるがイギリスの自由主義経済を一貫して主唱した点で、「経済学者」ではなく「経済論者」として認知されるのである。田口が「日本のアダム・スミス」と称されるに至った所以であろう。次に各種編纂物の出版事業が、学界に裨益するところ大であったとして田口は賞揚された。これまた彼が、「明治の塙保己一」と称された所以である。

かくして田口は、世を去るや直ちに歴史的存在と化した。やがて明治末年から大正期に移るにつれて、一方で出版事業の功績などは忘却の彼方に追いやられるが、他方で専門領域においても明治期を客観化する歴史的パースペクティブが広がり、田口の再評価が進む。すなわち福田徳三や河上肇の研究により、啓蒙時代を画する人物として経済学史上の一定の評価が定着するのである。それと同時に、死去当時は奇矯・独断と評された『日本開化小史』や、やはり実証性に欠けるとされた『史海』が、黒板勝美や三上参次の努力により、新機軸を打ち出した業績として、史学史上に一定の場を与えられることになった。「明治の新井白石」と称されたのは、このためである。

しかし経済思想・歴史思想という二つの狭い専門領域における田口の復権は、その専門性故にますます田口の全体性を捨象する結果を招き、一般的には田口は大正期から昭和初期にかけて、歴史的個性としてすら急速に忘れられた存在となっていく。そのことは昭和二年に森戸辰男が、「前期明治において革新的資本主義思想は二人の傑出した代表的イデオロギーを持つた。一人は人の知る福沢諭吉先生であり、他の一人は今日多くの人々から忘れられやうとしてゐる鼎軒田口卯吉先生である」と記しているのに明らかである。

実はこの森戸がマルクス主義経済学者であったことは、昭和初期における田口評価のさらなる急転回を象徴的に示している。すなわち当時日本の社会科学を席巻しつつあったマルクス主義の立場から、田口は急速に資本主義の発展過程という明治国家の歴史的位相の中に蘇り、その現代的実践的意義を賦与されることになった。まず森戸は、『日本開化小史』をして不充分ながら経済決定論によって歴史を記述し社会改良の方向を打ち出した、いわば「唯物史観」の先駆的形態と評価し、田口を明治の向上的ブルジョアジーの思想的代弁者と規定している。次いで大内兵衛は、一貫して地租増徴・営業税等減廃・財政緊縮を主張し政府の保護干渉を批判する田口の時論的な財政論を、当時の政治状況とからめて位置づけ、そして特に明治国家への最終的な政治的敗北故に、田口を一層高く評価し、その姿を現代の政府批判と重ね合わせ、自由主義経済思想の現代的適合性を説くのである。さらに櫛田民蔵は、田口を上からの政府の保護企業育成に対抗する下からの民間新興商工階級の利益代表と規定し、したがって輸出入税廃止・航業保護批判・私設鉄道敷設等具体的な田口の経済政策論が日清戦争までは妥当し、与えられた役割を果たしたと総括する。

かくて櫛田は、マルクス主義者にとって忘れ得ぬ存在としての田口の意味を次のように明らかにするのであった。まず第一に資本主義の現状分析の前提として、歴史的発展過程を追求するための好箇の資料として、田口と『東京経済雑誌』の議論に価値を見出す。第二にブルジョア・デモクラシーの協力を必要とする無産政党の現実的対応として、保護関税撤廃等の田口の自由主義経済論の現実的担い手として、否その経済思想の一部を継承者として無産政党を位置づけるのである。つまり明治後期には専門性の見地から否定され、大正期に入って今度は専門性故に狭い領域に閉じこめられた田口は、昭和初期においてこうしたすぐれて現代的かつ政治的な問題意識の下に、マルクス主義的観点による換骨奪胎的な読みかえを通じて、初めてその全体像が明らかになるべき機会を得たと言ってよい。

このことを何よりも雄弁に物語るのは、今日まで唯一度限りの田口全集編纂作業が、この時期に行われたことである。そして当然のことながら、その編纂作業自体に善かれ悪しかれマルクス主義の影響がみられることになった。しかし結局、田口卯吉のマルクス主義的解釈は一般化しえなかった。何故なら、櫛田らは政治状況の変化との関連で丹念に田口の議論を考察し、その意味で田口の全体像に迫る内在的理解を一歩進めたものの、本来その関心が資本主義の発展段階の規定にあったため、田口自身については特定の階級的利益の代表者という外在的評価に止まらざるをえないことになったからである。

このような田口についてのマルクス主義的解釈を福田徳三は厳しく批判し、田口の内在的理解のため旧幕臣・江戸ッ子という明治維新の敗北者としての立場を重視する考えを明らかにした。また当時明治文化研究に専念していた吉野作造は、その立場から田口の政治論の内在的分析を通して、明治政治史の理解が深まり東京市政についての探求が進むことを示唆している。しかし、これらはいずれも田口の全体像理解のための糸口を示したにすぎず、その後本格的に展開されることなく終わってしまった。

これ以後半世紀を過ぎた今日に至るまで、田口は再度狭い専門領域に閉じこめられ、一般的には忘れられた存在のままである。さらに言えば、専門領域における研究自体も著しく少なく、研究者の関心をすら興起しないようにみえる。これはいったいどうしてなのであろうか。たとえ専門性の観点からの評価と言っても、徳富蘇峰、山路愛山、竹越三叉など明治の知識人は、多かれ少なかれ専門の枠を越えた多彩な文筆活動を展開している。その点では、田口も他の人々も皆変わらない筈である。ただそこで田口と彼等とに差異を認めるとすれば、それは文章表現にあった。すなわち彼等は文章に職業的技巧を加え表現に工夫をこらしたにもかかわらず、田口は初期に確立した明快平易な文体を終始変えることがなかったのである。しかし平易な文章という点では、福沢諭吉もまた同じであろう。実は田口の場合、そこに徳富が「彼が今日は昔日の如く、彼の昔日は今日の如し」と評し、長谷川如是閑が「一本調子」と断じた文筆活動の内容への評価が関係してくる。つまり、一貫した自由主義経済の啓蒙普及という定着したイメージに、文筆活動そのものが重ね合わされて底が浅いということになるのである。

だが、はたしてそうであろうか。我々はあまりにも忘れ得ぬ田口に固執しすぎているのではあるまいか。たとえば数少ないしかし秀れた近年の専門研究によれば、経済思想・歴史思想においてもけっして田口は十年一日ではなく、時代状況の変化に対応して変わっていることが明らかになっている。しかもこれまで我々は、田口の百科全書的生涯を他の多くの知識人と同じくアプリオリに文筆活動の側面においてのみ理解しようとしてきた。そこでむしろ、田口個人の時間軸上の変化を考慮に入れ、文筆活動と密接不可分の政治活動を視野に入れ、その全体像を明らかにする試みをこそ、我々はなすべきであろう。それはすでに、櫛田・福田・吉野らが示唆した田口の内在的解釈の延長線上にある。しかも、かくて忘れられた田口を蘇らせるヒントを、実は田口と同時代人の明治の人々の評価の中に、あらためて見出すことができるであろう。

まず鳥谷部春汀は、「余が鼎軒の異彩なりと認めたるは、其の一生を通じて間断なく活動し、極めて変化多き生涯を示したること之れなり」「鼎軒は、一面に於ては思想家読書家たると共に、一面に於ては瞬時も休息せざる活動家、計画家たりき」「唯た彼れの特色とする所は、其の生活の長さあり幅あり屈曲ありて、一般の思想家読書家と頗る其の趣を同うせざりしに在り」と述べて、「精力に富める活動家」たる点を強調している。次いで森鷗外は、「先生には公生涯と云ふ一面と、学者の経歴と云ふ一面とがある」と自らの生き方を重ね合わせて述べた上で、この二つの面を「引離して、先生の一面丈を説くと云ふことは、稍無理になりはすまいかと思はれる、それは先生の公生涯と学者生涯とは密接してゐるからである」と続け、文筆活動と政治活動との不可分一体性を説いている。最後に阪谷芳郎は、「誰れでも何所かえらい困難の時に出遭つて働をして名を揚げることはらくだ」との前提の下に、「少しく奇の論のやうであるが、対馬の海戦の一戦に東郷大将が名前を万世不滅とさせられたのは素より為し易くして、田口君の如く極く常識に富んだ穏かなる君子がさう云ふ派手ならざる学問上、又地方の為に奔走し、公益の為に奔走すると云ふことで名を不滅にすると云ふことは是は余ほど難い」と述べて、田口の明治国家において果した役割を見事に言い当てている。

さて我々は、春汀・鷗外・阪谷の言に導かれて、忘れられた田口を再生し、忘れ得ぬ田口との総合をはかり、田口の全体像を照射する作業に入りたい。

2　幕末維新期——独立自営の精神の形成

田口卯吉の生涯は、ほぼペリー来航から日露戦争までの五〇年間にあたり、まさに明治国家の生成と共に歩んだ一生と言ってよい。今田口の生涯を彼個人の時間軸にそって区切るとすれば、五期に区分するのが妥当であろう。

第一期は、安政二年の誕生から明治七年大蔵省任官までの約二〇年に及ぶ修業時代。

第二期は、明治一一年大蔵省を辞するまでの四年間の任官時代。

第三期は、『東京経済雑誌』を創刊し、東京府区部会議員となり、東京株式取引所肝煎に就任し、文筆活動・政治活動・実業活動を三位一体として軌道に乗せた、明治一二年から二〇年までの独立自営の創業時代。

第四期は、明治二六年までの文筆活動以外に歴史研究・両毛鉄道・南島商会・市区改正への関与など、活動の拡散時代。

第五期は、明治二七年から三八年の死去に至る、文筆活動と衆議院議員・東京市会議員としての政治活動とを以て言論人の本分とする、独立自営の完成時代である。

この五期のうち忘れられた田口を再生させるためには、特に人格形成の第一期と活動円熟の第五期とに注目する必要があろう。したがってここでは第一期と第五期とに焦点を絞り、中間の三つの時期は前後の二つの時期との関連で、必要最小限度触れることとしたい。

田口卯吉は安政二年四月二九日、目白台徒士屋敷（現在日本女子大学所在地）に生まれた。卯年卯月の生れだったが故に、卯吉と命名されたと言う。田口家は代々目白九番組に所属し徳川の徒士を勤める家柄で組中でも裕福な方であった。それが二代前から入婿をとる典型的な女系家族の構造に変わった。すなわち卯吉の祖父佐藤慎左衛門は、有名な儒者佐藤一斎の長男だったにもかかわらず、武力にまさっていたがため父のあとを継ぐことなく、田口可都の入婿となり卯吉の母町子をもうけた。しかし慎左衛門が当主の時代に家は傾き、一家は貧窮生活を余儀なくされる。その後井上耕三が町子の入婿となり三男一女をもうけたが、長男次いで次男さらに耕三自身が早逝してしまう。そこで町子は、経済的理由もあって西山樫郎を後夫に迎え、その間に卯吉が生まれたのである。しかも卯吉が四歳の時、安政六年に父樫郎は死に、翌年には異父兄貫一郎も死んだので、ここに幼年の卯吉の家庭環境は、祖母・母・異父姉鐙子という完全な女系家族と化した。

実は江戸末期の徒士組社会は、役割の儀礼化・伝統の墨守が明らかとなり、因習にしばられ退廃的な様相を呈していたという。そのために田口家を背負わされた三代にわたる入婿は、みな苦労を余儀なくされた。とりわけ父樫郎は、自らの立身出世のための努力のかたわら、卯吉の兄姉を厳しく教育した。しかし元来柔弱で内気な性格だった卯吉は、父と兄との相次ぐ死という悲運もあって、晩成を願う母の下で必要最小限の教育しか受けなかったようである。その後慶応二年一一歳で元服した卯吉は大叔父佐藤新九郎により名を鉉、字を子玉、号を鼎軒と名づけられた。同時に素読吟味を受け、兄の跡目を継いで徒士見習として西丸および本丸に出仕している。この年同じく任官後、幕臣小林弥三郎について英語の学習を始めたこと、さらに姉鐙子が木村熊二（江戸組同心琶山の養子）に嫁したことを、あげておかねばなるまい。

かくて幕府出仕まで一応順調であった卯吉の人生は、翌年幕府崩壊により大転換をとげることになる。明治元年卯吉の母町子は、朝臣になるか無禄で静岡に移住するかという幕臣に課せられた二つの選択肢をどちらも拒否し、横浜に一家そろって移住し商売を始めている。卯吉は儒官乙骨太郎乙の世話でやはり横浜に寄宿し、外国人宣教師宅や外国商館で働きつつ、実地に英語を学ぼうとしていた。いずれにせよ田口家は困窮生活の中にあって、糊口の道を得るのに苦労を重ねたのである。そして明治二年、沼津兵学校教官となった乙骨の世話で、卯吉は静岡藩に復し沼津兵学校に通学することとなった。藩からは二人扶持を受け、やがて資業生として学資も受けるに至った。

陸軍士官養成のための兵学校にあって、卯吉は終生の友となる島田三郎に出会い、また同校教官で私塾を開いていた乙骨太郎乙（乙骨塾）に英書を、中根淑（中根塾）に漢書を学んだ。当時兵学校同級の松山温徳によれば、卯吉は温厚篤実であったが、漢作文は下手で頼まれて松山が代作したこともあった。また保守的な島田三郎が治〔野〕郎頭を残し一途に軍人をめざしていたのに対し、すでに斬髪の卯吉は自らの言によれば臆病なるが故に、軍医を志願することになる。そして明治三年末、五人扶持となった卯吉は静岡病院における医学修業の藩命を受け、四年五月同病院生徒となり、オランダ留学帰りの病院長林紀《つな》や杉田玄瑞などに師事した。

かくて静岡藩の軍医への道を順調に歩み始めた卯吉は、廃藩置県によってまたもや人生の方向転換を迫られることになった。すなわち明治四年七月の廃藩置県後、沼津兵学校自体が兵部省に移管され、卯吉は藩命により病院生徒のまま医学研究のため東京修業を命ぜられ、病院長林紀と共に上京して陸軍病院で英語の学習に努めた。しかし静岡藩の廃止により藩の軍医となる目標を失った卯吉は、ここで両極端ともいうべき二つの選択肢を考慮するに至る。一つは静岡に戻り英医学を修めて兵学校を卒業し、将来はいざしらず当面は新政府の役職（軍医官）に就く道であり、これは仕える相手は変わるが軍医の目的を生かす方向であった。この漸進的な人生設計に対し、他の一つは兵学校をやめて旧藩や新政府との関係を断ち、新たな自活の道を求めるもので、軍医をあきらめる方向であった。結局卯吉は東京で再会した島田三郎と意気投合し、後者の急進的な人生設計の道を歩む決断をする。

そこで乙骨太郎乙の資金援助を受けながら卯吉と島田は、日本語で実用学を速修させる新設の官立東京大学付属速成専門学校の化学科を受験し合格した。しかし彼等は何故化学を選んだのであろうか。それは、法律・機械・天文・化学の四科のうちで、新政府や大資本に頼らず、しかも職業として自立可能な科目は、薬屋や歯磨の製造販売ができる化学以外にないという消去的選択の結果であった。同時に、中村正直の訳したスマイルズの『自助論』の影響を無視することはできず、「いかにして世に立つか」という彼等なりの問題意識の所産でもあった。つまりまず薬屋で身を立てて経済的に自立し、然る後自らの意志の欲するまま自己実現をめざすという、独立自営の精神の発露に他ならない。

だが同校は開校に至らなかったため、卯吉と島田はやむをえず大学南校英語科に入学したが、学資不足と無意味な教授内容のためにほどなく退学してしまった。そこでついに卯吉は、旧幕臣で英学者の尺振八《せきしんぱち》の共立学舎に入り、再び医学と英学の研究を進めることになった。折柄明治五年秋、浜町品川県役所に新設された大蔵省翻訳局の頭取に尺振八、教頭に乙骨太郎乙が、教育の自由と貧しい学生への官費支給とを条件に就任したので、二人と因縁浅からぬ卯吉も一〇月に大蔵省翻訳局上等生徒を仰付けられ、二年の期限を以て経済学や開化史の勉強に着手したのである。最大の問題は、官費支給の代償として任期四年で大蔵省に任官することの是非であった。維新前後の田口家の面倒をみた後明治二年以来渡米中の卯吉の姉鐙子の夫木村熊二や、その実家の兄で大蔵省に勤務し卯吉の相談にのっていた桜井勉は、卯吉の任官に必ずしも賛成ではなかった。しかし卯吉は、維新以来別れていた母・姉など一家を呼び寄せていわば田口家の当主として生計をたてる必要性と、英書を読み専門家と議論し情報を収集する便利性とに鑑み、あえて任官の道を選び、明治七年五月紙幣寮出仕となったのである。その際卯吉が「竒当今の名を望まんより寧ろ後名を望むべし」と述べたことから、かつて廃藩置県後、軍医官となって一度は新政府に任官すると考えた漸進的な人生設計の方向を、この時点で卯吉が踏襲したことがわかるであろう。

さて修業時代の田口卯吉を語りながら、大蔵省任官時代にまで言及することとなった。ここで卯吉の精神形成について、あらためて考察しておきたい。まず第一は、江戸ッ子としての特性である。それは上田敏が卯吉の中に見出した聡明怜悧で名利に淡白な「徳川文明が養成した都人士気質」とも言うべきものであった。後年卯吉は江戸ッ子の美点の一つとして「金銭には極めて廉潔なること」をあげ、そうした江戸ッ子気質について「三河武士並に之に従ひて民間に勢力ありし人物の気風なり」と述べているが、これはまさに田口家を彷彿とさせる言葉である。この江戸ッ子気質こそが、維新前後の赤貧洗うが如くの経済的困窮状態にあった田口家および卯吉の自立の精神を支えたことは言うまでもあるまい。そして卯吉は、激動期にしばしばみられる屈折したいわゆる立身出世型の人間からは、最も遠い存在となったのである。だからこそ、後年経済雑誌を主宰するようになってから卯吉は、一方で「人世金銭の為めに苦しめらる、程愚なるなし」と経済的自立の重要性を説くと共に、他方で「金衣玉食は人生の目的ではない」と精神的自立の重要性を説き、きわめて常識的に独立自営の精神を喚起したのであろう。

第二は、女系家族の構造が与えた影響である。三代にわたる入婿が結果として田口家の経済的没落と女系家族化を招いたことは、田口家として自らが所属する徳川幕府内の組織機構に対する執着を少なくした。無論、貧乏とリゴリズムが早くに父をなくした幼ない跡取り息子に、過剰なまでの立身出世の期待をかけるケースはしばしばある。しかし田口家の場合は、立身出世を夢みて徒士組からの脱出に全力を尽くした入婿三代目の父樫郎が業半ばにして死んだ上に、その父に期待され鍛えられた兄まで死んでしまい、卯吉にいたってそのような立身出世幻想から覚めたところがあった。そういう状況下で幕府が崩壊したので、既成の組織や観念からの離脱が、田口家の場合比較的抵抗なく行われたといえる。したがって卯吉にしても、徳川慶喜が恭順謹慎して新政府と戦わぬ事態に不満を抱く程度で、義兄木村熊二らの説得もあり、将来を期して結局実戦には赴かなかったのである。さらに維新後の卯吉が、著しく士族意識に乏しいのも、そのためであろう。

第三は、大は幕府から小は学校にいたる組織の崩壊を何度も実体験し、そのたびに人生航路の変更を余儀なくされたことである。まず徳川幕府の崩壊により徒士見習の職を失い、次いで廃藩置県により藩の軍医への道を閉ざされ、さらに官立東京大学付属速成専門学校の未開校により薬屋への転身を阻まれた。そこで卯吉は基本的に、組織に頼ることなく自立すべしという独立自営の精神を、身を以て体験し育んだと言えよう。したがって大蔵省翻訳局に対しても、いつ改廃されるかわからぬという比較的つき放した見方をしている。だからこそ逆に、明治六年五月の井上・渋沢辞職事件に際して「此度大蔵省瓦解すと雖も此局変革なし」と、安堵の念を以て義兄木村熊二に書き送ったのであろう。もっとも確かに翻訳局は、形式的には大蔵省内の公的組織に違いなかったが、実体的には卯吉がこれまで師事してきた共立学舎や乙骨塾の延長線上にあり、いわば私塾的性格を濃厚に持っていた。それ故卯吉には、なじみやすい組織であった。

第四は、卯吉が幕末以来一貫して英学に志したことである。特に維新後は、卯吉にとって英学学習はそれ自体が目的ではなく、精神的自立のための不可欠の手段であった。これはひとつには、漢学の素養が幼少時の教育からいって、人並以上に秀れてはいなかったことにもよるであろう。元来が蘭学者であった林紀に師事することに疑問を感じ、「林氏は固と英医を兼ね知る者に非ず、されば英医を兼学ふ事難し」と述べたのは、英学学習への真剣さ故であった。そして最終的には、僥倖とも言うべき乙骨太郎乙、尺振八という優秀な英学者との出会いが、経済学・開化史研究という卯吉の精神的自立に資する糧をもたらしたのである。しかし一貫して英学を学んだにもかかわらず、修業時代を含め全生涯において、卯吉が英米をはじめとする西洋諸国にまったく足を踏み入れていない事実は、特筆に値するだろう。そしてそのことが、善くも悪くも卯吉の西洋理解にある種の枠をはめることとなった。

最後に、以上の田口卯吉の精神形成を、彼自身が何らかの形で言及したことのある幕臣出身の三人の明治の文筆家福沢・福地・山路との比較の中に捉えることにしたい。まず世代的に言うと、天保五年生まれの福沢諭吉は二〇歳年上、天保一二年生れの福地桜痴は一四歳年上で、二人とも幕末にすでに世に出たいわゆる天保世代であり、これに対して九歳年下で元治元年生れの山路愛山と田口は共に明治になって世に出た維新世代に位置する。次いで幕臣としての出自をみると、福沢は元来中津藩士、福地は長崎の儒医、山路は幕府天文方であり、家格から言えば、山路・福地・田口・福沢の順になり、江戸生れという点で田口と山路は共通であった。家族構成では、福地がやはり二代続けて入婿の女系家族である。しかし福地の場合は期待された三代目の跡とり息子として、儒者たる父から厳しく教育され、それに答えて早熟の才をみせた点で、田口とは対照的と言ってよい。さらに福沢が三歳で田口が五歳で、共に必ずしも社会的に成功しなかった父親を失っており、以後は福沢は兄の、田口は義兄の、各々世話になったことや、貧窮のうちに幼少年期をすごしたことなど、共通する点が見られる。また天保世代の福沢・福地のほうが早くから西洋体験があり、これに対して維新世代の田口・山路に西洋体験がないのは、意外な対照である。その田口と山路とは、士族意識と明治維新における敗者の意識とにおいて、きわ立った相違をみせる。すなわち維新によって初めて経済的没落を被った山路のほうが、維新以前から没落していた田口よりも、敗北意識を強く持ったとしても不思議ではない。その点からしても、維新後直ちに経済的自立をはかった田口と、維新後しばらくは伝統的な士族意識に縛られた山路との相違が、当然出てくることになろう。

総じて田口は、「個の充足」「近代的自我の確立」など幕末維新期の知識人に共通の精神的課題を、伝統的な価値観との緊張関係や内面的葛藤を経験することなく、自らの実践そのものによって達成していった。言い換えれば田口はこうした課題を観念的にではなく、自らの存在をかけた行動を通じて実現することに価値を見出したのである。そしてそれを支えたものが、他ならぬ独立自営の精神であった。

3　言論人として——独立自営の精神の帰結

田口の生涯の第二期にあたる明治七年から四年間の大蔵省任官時代は、自立のための準備期間であった。すなわち一方で本務として各種翻訳に従事しながら、他方で処女作たる『自由貿易日本経済論』および『日本開化小史』の執筆に勤しんでいる。そして明治一一年初めに、大久保—大隈政権の積極財政を前提とする殖産興業政策を批判する内容をもつ前著を陸奥宗光の資金援助により刊行した。同年一〇月沼間守一の援助により翻訳業で自立できるメドがついたため、ついに大蔵省を辞任する。

その直後、大蔵省および渋沢栄一から『銀行雑誌』と『理財新報』を合併して刊行する新たな雑誌の編集者たることを要請され、イギリスの『エコノミスト』に相当する雑誌の刊行を希望していた田口は承諾する。ここに田口の生涯の第三期が始まる。すなわち田口は『東京経済雑誌』の編集刊行を通じて、一国の経済と財政を自由主義経済の観点から批判的に論ずる場を、日本で初めて提供することに意味を見出した。だから完全な言論の自由を確保するために、渋沢の資金援助も一年半で打ち切り文字通りの経済的独立を果たした。しかし『東海経済新報』など類似の経済雑誌がたちまちにして廃刊に追いこまれたことからもわかるように、『東京経済雑誌』の独立経営も軌道にのせるまでが、なかなか大変であった。それでも明治一二年一月創刊当時は月一回だったのが、七月に月二回の刊行となり、一四年七月から週刊となった。そして週刊化に伴い、雑誌の性格も狭義の経済に限らず、「政事文学其他一般の事実をも報道する」よう門戸を開放したのである。

こうした動きと密接不可分のものとして、田口の政治論と政治活動に注目しなければならない。何故なら、田口の自由主義経済の主張は、当然に立憲政治—議会政治の主張と不可分一体だったからである。明治一三年に自ら東京府区部会議員となった田口は、全国の府県会活動を重視した。そして全国の府県会において、各地方の政治経済問題が地道に議論されることを望んだ田口は、東京の地方税改良など具体的な問題についての政策的提言を『東京経済雑誌』に発表し、いわば議会とジャーナリズムとの建設的討論の場をこれまた初めて作り上げることに成功した。

かくて第三期の田口は、東京株式取引所肝煎としての実業活動も含め、独立自営の精神を満喫させる形となった。ここに田口は、文筆・政治・実業の三つの場を設定し、それぞれを有機的に連関させながら、政治経済上の自由主義を明治国家に確立するための独自の活動を展開していくのである。家庭的には、明治九年乙骨太郎乙の媒酌により結婚した山岡義方長女千代が、一七年に病没し、さらに卯吉の活動に全面的に協力してきた姉木村鐙子も一九年に病死し、少なからぬ精神的打撃を受けた。その後一九年末に千代の妹鶴子と再婚している。

独立自営の精神に支えられた田口の活動は、明治二〇年ごろから拡散の傾向をみせ始める。ここに第四期の田口を語らなければならない。明治二〇年代を迎えると、田口はこれまでの活動に加えて、地方政治においては市区改正委員・市参事会員・市会議員を務め、実業においては両毛鉄道や南島商会を創設し、さらに国史研究に着手し『史海』を創刊するなど、好奇心の赴くまま八面六臂の活躍ぶりを示す。しかし多面的活動の相互間にはこれまでのような田口自身による意識的統一がみられず、むしろ第三期において確保した場を守るのではなく、それを打破し多方面へ進出すること自体が自己目的化しているような印象を受けざるをえない。

何故田口はそうした行動に出たのであろうか。その理由の第一は、明治国家の制度化の進行に伴う社会的風潮の変化に対する田口なりの批判意識からである。たとえば田口は、すでに明治二〇年に教育の制度化＝学校体系の整備がもたらす弊害を指摘していた。すなわち学校卒業者が「毅然として独立独行するの気概」に乏しく、政府や大会社に就職する傾向を批判し、同時に「独立独行自ら事業を経営」する商業活動に学卒者が携らぬことを警告している。しかしこうした事態に対する建設的批判として、単なる文章による危機感をむき出しにした啓蒙活動はふさわしくなく、そうした活動には絶対的な限界があることを田口はよく自覚していた。

この絶対的限界の打破如何ということが、第二の理由を構成する。そこには第三期に確立した自己のバランスのとれた活動を、そのまま継続することに対しても、彼の中に彼を見つめるもう一つの目が、諧謔心をこめつつ行う自己批判がある。明治二〇年代に入って一応安定した明治国家において、もはや過激な言論文章の力によって社会を動かせないことを見通した田口は、そうした言論文章の力を過大に評価する政府側と運動側の双方を批判している。しかしこうした冷徹な目は、「余輩悉さに之を知る。是を以て上は敢て過激の文を記せず、下は敢て諂諛の語を用ひず、唯だ事実に因りて経済の語を為す。是れ安全なれば也」と自負する着実な田口自身の文筆活動をも、例外とはしない。

かくて自己の限界を打破するためには、空間的時間的飛躍が必要とされる。その空間的飛躍が南洋紀行への出発であり、時間的飛躍が歴史研究への着手であった。特に二三年の五月から一二月までの半年にわたる南洋紀行は、誰もが試みたことのない南洋の事業経営をめざした点で、まさに独立自営の精神の面目躍如たる反面、これまで築き上げてきたすべての文筆および政治活動からの退却を意味した。しかも時期的には、彼自身が長年望んでやまなかった国会開設を直前に控えており、田口が地方議会での活動の延長線上に、当然に国会における活動を考慮していることは、自他共に認めるところであった。したがって田口がそうした予期される路線を放棄し、一般的には自殺行為とも言うべき選択を行ったのは、明らかに制度化の進行に伴う明治国家の社会的風潮の変化に対する粋な批判行動に他ならない。

他方歴史研究への着手は、文筆活動の対象の過去への時間的拡大である。これは、現代社会を動かしえないという現代に対する文筆活動の限界を、過去についてならば突破できるという田口の発想に基づいていた。田口自身が、「静かに歴史上の人物を褒貶し、又黒と云ひ白と云ひ如何様に批評をしても、彼は怒ることが無いといふやうな是程面白いことは無い」と述べた所以である。

かくて独立自営の精神を横溢させ時空をかけぬけた田口は、南陽事業でも歴史研究でも業績面では必ずしも成功を収めえぬまま、再度時空を明治国家に限定した文筆活動と政治活動に専念することになる。ここに田口の第五期の活動が開始される。すなわち明治二五年に一切の名誉職を辞した田口は、二七年衆議院議員に当選し、自己を明治国家の内閣と議会の関係に対する建設的批判者として措定する。これまでも自由主義経済擁護の観点から、一貫して政府の保護政策に反対する論陣をはってきた田口は、第四期における時空をこえた活動によって、いよいよ「求めて他人の難しとする所に就き、社会と奮闘するを以て自家の天職」とするとの評価を恣にした。そこで単なる文筆活動に止まらず、自己の存在をかける批判的行動を、代議士たることによって実現しようとはかったのである。しかも当時『国家学会雑誌』『国民之友』など他誌の出現が、『東京経済雑誌』の独占的な地位を相対的に低下せしめていた。したがってそれらに対抗して、田口のユニークな活動の場を維持するためにも、代議士への道は是非とも必要であった。

責任内閣を樹立するために財政の全権を衆議院が握る必要があるとの見地から、田口は帝国財政革新会を組織し、所属代議士五名の小会派として自立した。帝国財政革新会は、地租増徴と営業税・雑種税・輸出税等全廃など「財政整理」を政策目標として議会に持ちこんだ。その意味では単一争点の実現を期す政党といってもよく、小会派ながらこの政策実現のために各党有志を動員する戦略を有していたのである。だが、田口のこのような財政政策本位の組織論では、結局多数の支持を集めえなかった。経済雑誌社や各種の期成同盟会を組織運営する手法は、議会を動かす政党の組織論としてはまったく通用しなかったのである。

そこで政策実現のために頭数の必要を痛感した田口は、島田三郎の誘いもあって明治二九年進歩党創設に参加する。しかし進歩党を与党とした松隈内閣が、地租増徴など田口の財政政策を採用せぬことがわかるや、たちまち脱党してしまう。さらに明治三一年憲政党創設に創立委員として参画し、財政調査委員となるが、憲政党分裂に伴い中立に戻った。その際田口は、「進歩党には旧友多しと雖、政見多く相反せり、自由党には知己少なしと雖、今や政見相合するもの多し」とその胸中を語っている。かくて両政党から離れた田口は、再度所属代議士十数名を擁する日吉倶楽部を率いて、是々非々主義を貫くこととなった。

当時鳥谷部春汀は、「国民の私情と衝突する極めて不人望の意見」たる地租増徴論を十年一日の如く主張する田口を、一方で「唯だ何物をも求めざる独立の人物」としてその独立自営の精神を高く評価し、その意味で「彼れは理想的代議士として衆議院に欠く可らざるの人物なり」と賞讃し、他方で「彼れが成功の秘訣は、飽くまで独立の代議士として衆議院に生活するに在り、党派の政略は豈彼れの解する所ならむや」と、その政治家としての限界を正しく指摘している。このような評価は、やがて「光栄ある孤立」「政治家よりは経世家」という評価とともに定着していくことになる。

やがて明治三一年末、第二次山県内閣の下で憲政党の星亨との交渉により、田口の日吉倶楽部が賛成にまわり、地租増徴案が成立する。そしてこの縁によって、翌三二年東京市政に進出した星の推挙により、伝統的に東京市に地盤を築いてきた改進党系ではなく、新たに郡市派の一人として田口は市参事会員に選任され、再度東京市政にも携わることになった。しかし田口の東京市政への関与は、東京市街鉄問題の是非をめぐって、結果的には星ら都市派との決裂と決定的対立を招いた。そして市参事会員を辞した田口は、島田三郎による星派の市会議員の汚職事件攻撃を契機に、三三年末東京市政刷新のため東京市公民会を組織する。翌年星は暗殺されるが、田口は三五年六月に市会議員に当選し、なおも市政刷新運動を三六年七月まで継続している。

では何故田口は、国政に続いて東京市政にも積極的に関与するに至ったのであろうか。それは一つには、この時期に『東京経済新報』『実業之日本』『商業世界』など経済を専門とする雑誌が創刊成長しつつあり、したがって『東京経済雑誌』の地位がさらに相対的に低下し、田口の影響力が弱まったことによる。つまりジャーナリズムでの失地回復のためにも、田口は新たに政治活動の場を拡大する必要に迫られていたのである。しかも市政への関与の過程で星との対立を明確にした田口は、政友会への入党も拒否したことによって、国政並びに市政を通じて勢力を拡大しつつあった政友会に対抗する存在として自らを位置づけることに成功した。これが第二の理由である。時あたかも明治三三年前後には、政友会の創立に刺激されて非政友合同が政治的課題となりつつあった。その際、近衛篤麿などと並んで田口もまたその焦点の一人とみなされたのである。

さらに明治三三年大病の後、北清視察を契機に田口が陸海軍拡論と日露主戦論に転じたことは、対外硬を一つの特色とする非政友勢力との接近をより一層可能とした。しかし明治三五年、海軍軍拡のための地租増徴継続を訴える桂内閣に対し、政友会・憲政本党が共にこれに反対したにもかかわらず、田口は主義としての地租増徴に反対できず孤立無援のまま桂内閣支持にまわったのである。その際、主義に拘泥して非政友勢力まで敵にまわしては政治家たりえないとの憲政本党側の忠告に対し、田口は「勿論、政治家ではない、政治家以上だ、政治家以上で大臣を教へるのである」と述べて、自ら政治家たることを否定してしまった。しかも翌三六年、桂内閣は政友・憲本両党と妥協し増租案を撤回したので、田口は政治家以上にもなりえず、ここに完全に進退窮まったのである。「田口は学者たるべく余りに政事家であり、政事家たるべく余りに学者であった」と、島田三郎が述べた所以である。その後も都市派の小会派を率いて議会活動を続けたものの、政治的影響力の喪失は覆うべくもなく、田口はここに政治活動の場をほぼ失ったと言ってよい。

こうした状況を最もよくわかっていたのは実は田口自身であった。然るが故に明治三七年の総選挙を前に政治活動からの引退を考え、「精力絶群の人なりとも、人生六十を過ぎてはダメなるべし、予今年既に五十、即ち余す所十年に過ぎず、紛々たる政治的奔走に労れて一生を空過するは、蓋し予の適所にあらざるが如し、今後の十年間静に世と遠ざかりて、一生の間に書散らしたる文章を整へ、又纏まりたる著述をも試みて、聊か後世に伝へんと欲するなり」と述べて、当初選挙には出馬しなかったのである。政治活動からの引退は、現実にはそれと不可分一体の文筆活動からの引退をも意味した。両者を密接不可分とする建設的批判行動こそ、田口の言論人としての身上だったからである。さらに注目すべきことに、引退後のライフワークとして田口は長年親しんできた経済学ではなく、歴史研究を考えていた。

しかし日露戦争の勃発が、田口の引退を現実化させなかった。前年から日露開戦を唱えて示威運動を展開していた田口は、まさに対外硬のイデオローグとして総選挙にかつぎ出されて当選し、翌年なくなるまで国民後援会の遊説運動に忙殺されたのである。

以上からわかるように、田口の生涯の第五期は日清・日露戦間期にあたる。この間言論人として政治・文筆活動を展開した田口は、必ずしも順境には恵まれなかった。田口自身そのことを認め、逆境にあって何一つ志をとげられないから、白頭の青年を自任して大器晩成を期すと終始語っている。また一介の経済雑誌社長に甘んじているのは、主義主張を貫くためであるとも常々広言していた。これらはいずれも、田口の独立自営の精神が健在な証拠であった。だからこそ成否にかかわらず、様々な形での批判活動のたえざる展開が、言論人にとっての田口の価値であると、自他共に認めるところとなったのである。

しかし実は問題は、その独立自営の精神の維持にあったと言ってよい。明治国家の形成と共に歩んだ田口にとって、それは二重の意味で困難な課題であった。何故なら、無名の青年時代ならいざ知らず、一定の社会的評価を受けてからなおその精神を維持するためには、実のところ驚異的なエネルギーを必要とするからである。しかも制度的完成に近づいた明治国家においては、老若を問わずますますそうした精神の発揮が不可能になりつつあったからである。それを自覚しながら、文筆上および政治上の批判的行動を続けた田口の独立自営の精神を支えたのは、彼言うところの「楽天主義」に他ならない。「人生失意の事多し、之を慰むるは楽天に如かず」と述べた田口は、自れ自身にひきつけてはっきりと「鼎軒は余裕なき男なり、色々小事を苦にする男なり。故に養生の為に楽天主義を唱ふるなり。少々不倫の譬かは知らねど大隈伯の草花、伊藤侯の芸者買の如し、胸中万斛《ばんこく》の憂は馬鹿なことでも言はなければ消し難きにあらずや」と語っている。つまり修業時代に大きな屈折を味わうことなく、まさに自らの経験によって独立自営の精神を学びとった田口は、かえって晩年になってその精神を支えるものを客観化する必要に迫られたと言ってよかろう。

田口と「楽天主義」について、海老名弾正は「何の社会に於ても面白い方面が其処にあることを田口君は見られた。沢山世の中には確かに惨澹たる方向があるけれども、其ればかりでない、随分面白い方面があるといふことを、極く平易に暗示を与へて居る。ちよつと楽天などと云ふて浅薄なことを言つて居られるのであると評をすれば評されるけれども、兎に角人生の事は何処にてもさう囂《やか》ましく言はれぬ面白い所、楽しい所がある。其の楽しい所を挙げて、而して極く平凡な所で天を楽しむといふことを示されたのは、如何にも常識に富んだ学者であります」と明快な説明を与えている。

この一見常識的な「楽天主義」を内面化することによって、田口は独立自営の精神の維持に努めてきた。そうすることによって、時に議論のための議論と言われるほど次から次へと相互批判の場を設定し、読書より独想の重要性を説いて多方面に善くも悪くも独自の見解を生み出し続けたのである。だが、学問に限ってみても、各分野の専門性の進行に伴い、好奇心の赴くまま自らは全体性を維持しつつ多方面への進出をはかる田口流のやり方が、次第に困難になってくる。いくら田口が批判の場を設定しても、まさに学問の制度化の進行を背景に、大学卒でもなく留学体験もない田口の見解を、相手が一顧だにしなくなるからである。こうした事態について田口自身、「自分の研究はいつも大学などの専門家からは相手にされず、これが若し英独の学者が唱へしならば彼等は忽ち賛成すべきに」と語ったという。

晩年の田口は学問的対話の相手を失いつつ、なお独立自営の精神を発揮して、言語学・人種学の研究に没頭していった。しかしそれがヨーロッパの黄禍論に対抗する意図から、日本人は黄色人種にあらずとか、日本人種はアーリアン語族に属すなどの見解に達した時、やはり田口自身の見聞に基づく日露主戦論と結びつき、学問的妥当性を欠いたイデオロギー的な対外硬論を形成することになる。無論こうした対外硬的見解は、日清講和時の遼東半島還付弾劾以来、本来田口に内在していたものである。国の名誉や安全の問題に対しては、田口は当初から神経質すぎるほど敏感だったからである。

しかし対外硬のイデオローグへの道は、田口の本意ではなかったろう。それは当時において決して独自の見解ではなく、ましてや明治国家の社会的風潮に対する批判的行動でもなかったからである。だが時あたかも政治活動において、政友・憲本両党に加えて桂内閣からも徹底的に無視され批判的活動の場を失った田口にとって、彼自身が考慮していた引退を別とすれば、まさに独立自営の精神の赴くところ、対外硬以外にありえなかった。にもかかわらずそれによって多数者から迎えられ明治国家の社会的風潮との緊張関係を失った田口は、独立自営の精神を喪失することになった。楽天主義は、やはり得意の境遇にはふさわしくないのである。

折柄田口は精神的死に重なるように肉体的死を迎えた。その意味で「今や彼れは此の精力未だ衰ふるの齢に及ばずして墓中の人となる」という鳥谷部春汀の評も、「早熟の人は概して早老なれども、君に於ては、殆んど始終を一貫して、其の平調を持続したるが如し」との徳富蘇峰の評も、最晩年の田口の精神的変化を逸した憾なしとしない。明治国家の形成と共に、独立自営の精神による多面的活動の場を形成してきた田口は、まさに明治国家の完成と共にその場を失ったのである。

今日、肖像画にみる田口は、いがぐり頭に大きく丸い鼻、その下に長鬚をたくわえ、大きな口に割合に厚い唇、いささか目尻の下がった愛嬌に富んだ目つきをしており、いかにもおだやかな感じである。言論人としては演説は上手ではなくむしろ訥弁家であり、きちんと用意した原稿を前にして、度々水を飲みまるめたハンカチで口のまわりをふいては、「て」「で」という接頭語をつけて話を始め、平易な言葉でくり返し熱心に語ったという。そして、「人生は真面目八分滑稽二分が処世の術」と述べて、「翁」と言われる程の老人に非ずとして「若翁」と称され、「先生」と言われる程の馬鹿でなしとして「君」「さん」づけで呼ばれ、博士会からの民間初の法学博士号を含めて普段は一切の肩書ある名刺を用いず、組織内にあっては下の者にすべてを任せて介入せず、といったエピソードを彷彿とさせる雰囲気がある。まったくカリスマ性からほど遠いその容姿と人格の中に、終始一貫した強固な独立自営の精神を見出す時、そこに我々は忘れ得ぬ明治の自由主義者の一典型を確認することになろう。また同時に、おそらく文字や言葉に記すことなく独立自営の精神を発揮して明治国家の発展に寄与した、多くの忘れられた人々の代表的存在を、そこに確認することにもなろう。

参考文献

鼎軒田口卯吉全集刊行会編『鼎軒田口卯吉全集』（全八巻）、一九二八〜二九年

大久保利謙編『明治文学全集 14 田口鼎軒集』筑摩書房、一九七七年

田口卯吉『日本開化小史』岩波文庫、一九六四年〈講談社学術文庫、一九八一年〉

塩島仁吉編『鼎軒田口先生伝』経済雑誌社、一九一二年

以下は、戦後の文献に限って、田口卯吉を中心に論じたものを掲げる。

大島喜子「近代文学資料研究 日本文学編一四三編 田口卯吉」『学苑』二一一号、一九五七年

「田口卯吉」昭和女子大学近代文学研究室編『近代文学研究叢書 8』一九五八年

嘉治隆一「田口卯吉」『三代言論人集 5』時事通信社、一九六三年

馬場啓之助「田口卯吉論」『一橋論叢』第五七巻第四号、一九六七年

溝川喜一『田口卯吉の経済思想』杉原四郎編『近代日本の経済思想』（ミネルヴァ書房、一九七一年）

伊藤彌彦「田口卯吉の政治思想（上）（下）」『同志社法学』第一三三号・一三六号、一九七四年・七五年

和田守「田口卯吉」『地方自治職員研修』第一四六号、一九八一年

甚野尚志「クリオとエクリチュール」吉田光邦編『一九世紀日本の情報と社会変動』京都大学人文科学研究所、一九八五年

第Ⅱ部　明治史を読む——書評編

1　有泉貞夫著『明治政治史の基礎過程――地方政治状況史論』

（吉川弘文館、一九八〇年）

本書は、「明治期を通して、道路・港湾・河川改修、鉄道、官立学校誘置、各種補助金獲得などの地方的局地的利益欲求の生成・膨張・多様化がいかに進展し、それがどのように諸個人・諸集団を拘束して各時期特有の地方政治状況を形成し、中央政局にまで規定的影響を及ぼしていくかという、政治史の基礎過程を明らかにすること」を目的とし、山梨県の事例を中心に実証的分析を試みたものである。全体は、すでに定評のある既発表論文（二章・三章）と、新しく書きおろされた論文（一章・四章・五章）とを組み合わせ、次の五章から構成されている（補論は省略する）。

第一章　自由民権期まで
第二章　民権運動崩壊後
第三章　初期議会期
第四章　日清日露戦間
第五章　日露戦後・大正期への展望

豊かな歴史的事実の提示という本書の特色に鑑みて、小稿では、一で本書の内容を詳細に紹介し、二で批判的検討を行う。

一

第一章　廃藩置県後、大久保内務卿―地方官は、貢租負担の全国平準化（安石代廃止・地租改正）により生ずる新たな地域的不公平からおこる地方統治の困難を、「土木費官費定額金」の配賦と殖産興業による地域生産力上昇の展望とによって、打開すべく意図した。特に藤村山梨県令は、蚕糸業を中心とする勧業政策とともに道路改修事業に意欲を燃やし、「財アル者ハ財ヲ出シ財ナキ者ハ力ヲ致シ全州一斉精神ヲ凝シ身力ヲ尽シ速ニ此大功業ヲ成就」せしめるべく、明治七年一月に「道路開通告示」を発している。ところが現実には、政府は極めて僅かの官費しか支給しなかった。そのため地元民の負担は増加し、次第に彼等の政府―地方官に対する反感が増大していく。そして、道路改修費の民費・寄付への依存や、模範事業の営利企業化の推進に対して、公然たる反藤村派が結成され、それはやがて全国的な民権運動の潮流と接触するに至るのである。

政府がその費用をほとんど出さぬことを前提にした殖産興業や土木事業は、地方人民の負担加重になるだけで、彼等にそれに見合う利益を実感させることはできなかった。それ故、政府―地方官の独善的な干渉主義に対して、反感を強めた豪農＝名望家層は、国会開設請願運動の主力となっていく。これに対して政府は、一方で明治一一年に地方三新法を発布し一二年に府県会を開設したが、他方で西南戦争後の財政難を更に地方へ負担させようとしたため、豪農商議員は反発し、府県会闘争が高揚する結果を招いた。

しかし、明治一三年一一月太政官布告「四十八号」（地方税地租割課税制限を五分の一から三分の一に拡大、府県監獄費等三費目の地方税支出費目への追加、府県土木費への官費下渡金の廃止）に対する、府県会の反応は通説とは異なり一様ではなかった。地方官の側が、地租改正の経緯からして、土木費下渡金の廃止は不当で改正すべき旨の危機認識をもっていたにもかかわらず、直接土木費下渡金復活を求める建議を行った府県会の数は少なかった。というのも、現実には自県の他府県に対する特殊利害主張が前面に押し出され、さらに官費下渡金廃止による土木費負担加重の圧力が、一府県内の地域利害対立を一斉に顕在化させたからである。

政府の「四十八号」布告固守の態度は、一四年一〇月の政変を境に動揺し始める。その結果、当面「四十八号」布告には手をつけぬまま〝民心〟を考慮しながら地方土木費国庫補助をケース・バイ・ケースで認める方針がとられていく。特に山梨県の場合は、水害復旧費への特別詮議による国庫補助金給付が、豪農＝名望家層の政府—地方官に対する態度を、従来の反対から黙認へと大きく変化させる効果をもつに至った。

第二章　民権運動崩壊後、明治一七〜二三年の時期に、政府側では物理的強圧と地方自治制準備以外に、豪農＝名望家層の支持を調達するための積極的な政策方針が各省で構想され、しかも容易に調整されないでいた。興業銀行創設をめぐる内務省と農商務省との対立、土木費国庫補助制度化をめぐる大蔵省と内務省との対立、それに土木事務統合をめぐる内務省と工部省との対立の存在がそれである。そしてこれらの対立が解決されないうちに、内務省が提起した地方土木費国庫補助拡大構想のみが既成事実化していった。
それでは、このような政府および地方官側の動きに対して、山梨県議会はどのように対応したであろうか。まず予算の裏付けの無い勧業費・勧業政策は、地方産業への〝干渉〟として豪農＝名望家層の反発を招いた。また明治国家の公教育によることなく、独自の教養に基づく私塾での子弟の教育に自信と意欲とをもつ豪農＝名望家層は、教育費も削減し続けた。結局この時期において、政府＝県庁の県会コントロール手段として有効だったのは、国庫補助のつく土木費だけであった。しかし土木費国庫補助のみでは、府県会の反対派を分裂させることは可能でも、新たに地域利害による内訌が起こり、豪農＝名望家層全体の統合の妨害にもなったのである。つまりこの時点では、総花的な補助金配布による地域全体の統合の促進は、未だ無理だったといえる。

第三章　第一回総選挙直後、山梨県には壮士的分子を多く含む自由党と微妙に重なり合う、「山梨政社」と称する県下の名望家層の多くが集まる政治結社が結成された。そして第二議会を前に、政府が鉄道公債法を上呈すると、山梨県では県をあげての鉄道誘致運動が展開され、特に山梨政社の名望家達以上に、県下の自由党員が懸命になって鉄道問題を党勢拡張に利用しようと画策し、党中央へ働きかけを行った。これを否定した党中央に対して、地元の自由党員は「政府を信用せざるが為に国民に利益なる事業を可決せざるは、所謂怒りを他に移すものなり、然らば国民は迷惑至極なり、無法の議決と云わざるを得ず」と述べて抗弁し、また単に地方主義的観点のみならず、国家主義的観点からも鉄道敷設促進運動を正当化し、ここに民党的立場の変容が明らかとなった。

全国的にみても、第一に維新以降の産業発展とそのための条件整備についての地域拡差の拡大への懸念と、第二に自然災害規模の拡大とが、地方名望家層の態度を明治一〇年代後半には道路・治水費への国庫補助要求へ、二〇年代に入ると鉄道敷設への要求へと変化させ、やがて帝国議会の代議士の機能を地方利益誘導のパイプに限定する動きを現実化させる。この動きこそが、民党に藩閥政府との妥協を余儀なくさせていく基底的要因となった。しかし当時、基本政策への同意の代償として政府が地方名望家層に提供できる取引材料は、現実には極めて限られていた。すなわち第二議会における民力休養論に対置すべき政府の積極政策は、治水費九五万円と公債による鉄道建設だけであり、あまりにも魅力を欠いていたのである。とどのつまり、豪農＝名望家層は民党からも藩閥政府からも十分には掌握されず、地方利益欲求という現実主義的考慮と、民力休養など民党理念への理想主義的共感とを併存させたまま、星雲状態であり続けた。

このことは、第二回総選挙に際して山梨県の自称民党候補者の全員が、民党的立場と地方利益実現の公約とを並列させたことに明らかである。しかし、かくて当選した代議士の動きも一様ではない。すなわち名望家としての条件と自由党への影響力との双方を欠いた代議士の場合、自由党全体の積極主義への転換を待てず、中央で最初に積極主義を支持した国民協会に入っている。これに対して、県内屈指の資産家たる一流名望家代議士の場合は、なりふりかまわぬ積極主義を推進する政府に同調せぬ一面を有し、政府・民党の対決になお積極的にコミットするのを避けている。だが、自由党が積極主義を掲げて続く二回の総選挙で県下代議士の三分の二を獲得する間に、一流名望家と言論人とが改進党のほうへ移行していく。かくて明治二六〜二七年は、三〇年代に政友・非政友の対立に分化していく起点となった。

第四章　日清戦争を契機として、水害規模の拡大や鉄道敷設進展の影響により、道路河川の改修・府県立学校増設・各種勧業補助金等を求める局地的利益欲求は膨張し、府県会議員も負担増大を招いてもこれらを実現させようとする積極姿勢に転じた。しかもそれらの多くは、政府の日清戦後経営と見合うものであった。かくて地方利益欲求と政府の課題とが重なり合うことにより、地方官の課題は地方利益欲求を調整統御して明治国家の底辺を安定させることに変わり、地方名望家との基本的対立は解消した。特に「淀川改修」こそは、伊藤内閣と自由党との提携の成果であり、政党主導による公然たる地方利益の実現という意味で画期的なことであったといえる。

しかしこのような事態の進行を危惧した内務省は、国費による淀川改修実現の前提として、今後の地方河川工事全体に対する国庫補助基準を明確にし、工事計画・施行に対する内務省の統制監督を格段に強化するという内容の「河川法」案を第九議会に提出し、会期切迫の中で実質的審議を行わぬまま成立させてしまった。これに対して、続く第一〇議会に上呈された「道路法」案は、府県道の認定をはじめ一切の決定権を行政系列が掌握して地方議会を排除し、地域の不満・抵抗に対しては中央官庁の権限強化で対応するという内容をもち、しかも府県道以下には国庫補助がまったく予定されていなかったため、結局否決されてしまい、大正八年まで日の目をみることはなかったのである。

かくて明治三〇年代になると、地方利益欲求の膨張と多様化に見合う形での様々の材料の「利益交換」や「総花政略」による地域不満の解消が可能となり、この媒介役を政党（就中《なかんずく》憲政党―政友会）

が担うことにより、名望家層の政党への結集とその党勢拡張とが進んでいく。山梨県においても当初は、藩閥と政党との提携によるめざましい利益供与がなかったため、名望家層の政党活動への関心は低下し、自由党の名望家層への影響力も失われた。だがこうした状況は三一年隈板内閣の成立により一転し、総選挙にむけて名望家層はこぞって憲政党に結集することとなった。続く隈板内閣の崩壊により、旧自由党壮士団を利用しようとする二流名望家たち＝自由派＝憲政党と、壮士団を嫌悪する一流名望家たち＝進歩派＝憲政本党との分裂が生じた。

明治三二年秋の府県会選挙では、全国的には星亭主導下の憲政党が、地方利益欲求を党勢拡張戦略の中に組入れていた。そこで山梨県でも憲政党に残った二流名望家たちは、第二次山県内閣と結ぶ政府党の威光を借り、壮士連を利用し、党中央による地方利益誘導の尖兵となることで、郡村での地位と権威上昇の期待を見出したのである。かくて二流の名望家層が憲政党に結集したことが、伝統的権威と財産とに安住している一流名望家層を、対抗上進歩派に結集させたといえる。

しかしその後、政友会の優勢という形での地方政治の政党化は、全国的にも山梨県においてもそのまま一気に確立するのではなかった。何故なら、好況の持続や「利益交換」「総花政略」による県民の負担増大に対する非難の回避という、積極政策を無事に押し進める条件がなくなれば、積極主義は早晩破綻せずにはすまなかったからである。かくて行財政整理を方針とする党中央に規定されて、地元政党が「総花政略」による利益材料の交換調整をなしえなくなると、党派の結集力は弱まり、かわって、地域結集が有力化してくることになる。

第五章　日露戦争後、長年の軍拡財政負担に耐えたことへの国家からの代償を求める「積極主義」への期待が各地から噴出したが、これらすべてを満足させることは、当時の国家・府県財政には可能ではなかった。ただし山梨県の場合は、明治三九年から四年続きの水害のため、治水以外の地方利益欲求が制限されたため、地方利益欲求の多様化という一般論の実証にとってやや不適当であろう。とまれ党派利害対立から地域利害対立へと変遷した山梨県議会の状況は、日露戦後の水力発電をめぐる利権獲得競争の開始によって、党派を問わず地方政治家が県知事との連係を競う傾向を醸し出した。しかしそれでもなお大正政変までは、一流名望家の多い山梨同志会には、民力休養・減税要求を基調とする憲政本党内の初期民党的要素への共感が残存していた。その間に、水害の復旧土木事業により党勢拡張を果たした政友会は、その膨張故にかえって内部の地域対立を昂進させることにもなったのである。

大正政変以降、政友・同志両派による選挙における多数派戦略が、地域利益誘導と不可分の形で展開されることになる。すなわち第二次大隈内閣の成立と同志会の与党化は、元来初期民党的要素の強かった同志会をも、積極政策の方向へ転換させる契機となった。特に第一次大戦後、急激な経済成長と農工業所得格差の形成とにより、各地から切実な交通・産業・教育施設の改善要求が出されたこと、小作争議の高揚による一流名望家の権威の動揺や、町村制・府県制改正による一流名望家の制度的優位の喪失、さらに普選への対応のために、山梨同志会も地方利益誘導という政友会と同質の活動方式を採らざるをえなくなったのである。かくて政友・同志両派は、一県的利益実現のため、党争と妥協とをくり返していく。

このような地方における政友・憲政両党支持勢力の同質化は、緊縮財政を旨とする憲政会内閣を常に掣肘したであろう。そしてこういうジレンマの存在が、やがて他の争点とも結合し、戦前日本政党政治を崩壊に導くことになる。

二

以上の紹介からわかるように、著者は本書において、山梨県の事例をできる限り地方政治全体の特質として一般化するよう努力し、地方政治が中央政治を規定していく状況の時系列的変化を明らかにしている。まず第一に注目すべきは、著者が地方名望家層を資産額によって二種に区分し、「二流名望家層」を設定し、彼等が中心となって民党における民力休養の理想主義から、地方利益実現の現実主義への大転換が行われたことを指摘したことである。それとの関連で著者は、第二回総選挙における民党候補者による、民党的立場と地方利益実現の公約との並列の一因を、名望家と壮士との間の溝の拡大とみる新解釈を打ち出している。つまり明治二四年の自由党における代議士団中心への党組織改革にみられるように壮士の政治的役割は低下し、彼等の名望家への不信も高まっていた。しかし総選挙の場合、名望家候補相互の争いに壮士の力はどうしても必要であり、そのため壮士の協力がえやすいように民党の大義を付加したのではないか、というのが著者の推論である。だがそうであるとすると、著者のもう一つの新見解たる、民党的理念に忠実であった壮士が、その後積極的利益誘導派たる二流名望家中心の政党（憲政党＝政友会）と結びつくという立論と、いささか矛盾をきたすのではあるまいか。民党的理念に固執していった一流名望家と、本来理念的には彼等と結びつく筈の壮士との離反を、一流名望家の壮士嫌い、あるいは壮士の側の一流名望家に対する不信感ということだけでは、説明しきれないと思われる。また対外硬運動の観点からいうと、壮士は明治三〇年代には常に、非政友大合同の動きの中に現れている。この事実と著者の新見解とは、どう結びつくであろうか。

第二に特筆すべきことは、一流名望家の後退と二流名望家の進出との過程における、地方からの局地的利益欲求の膨張と多様化の実体を、著者が詳細に具体的に跡づけたことである。すなわち一〇年代後半の土木費、二〇年代前半の鉄道費、日清戦後の教育費、勧業費、日露戦後の水力発電の如く、それぞれの時期に特有の要求を明らかにしている。そしてこれらの利益欲求の時系列的変化の背景に、著者は全国的な産業開発の進展に対する、地域格差の固定化への地元民の危惧と敏感な反応とをみている。これは一面で、後進性の克服への「均霑努力」を特長とすると言われる、日本の政治文化を裏書きする重要な指摘であると思われる。しかし他面、格差是正への意欲という通時的説明だけで、あらゆる時期の地方利益欲求の噴出を解釈するのは無理であろう。つまり、何故ある時代に特定の欲求が噴出したのかという、地方利益欲求の各時期における固有性の解明には、著しく説得力を欠くのである。

第三の特徴として、著者は明治一〇年代以降について基本的には、まず地方利益欲求があって、それへの対応として常にきわめて限定的な地方利益誘導が導かれるという、一貫した視角で分析を試みていることがあげられる。しかし地方からの局地的利益欲求についての明晰な分析に比べて、中央による地方利益誘導の競合と多様化については、著者は意識的には検討していない。具体的に言うと、二章・四章では政府側の多様な政策の存在を指摘し、それと地方利益欲求との相互関連を比較的明確にしているにもかかわらず、三章・五章では政府側の一元的対応の面のみを重視しすぎた感があるのである。

著者が触れえなかった初期議会における政府側の多様な対応について、評者は次のように臆断する。すなわち第二議会における政府の積極政策が、魅力に乏しいものと化したのは、結局のところ政府内部の人的かつ政策的な対立と競合の結果に他ならない。組閣当初から政務部長問題などで不統一性を露呈した第一次松方内閣の下では、井上毅が山県内閣の「籠城主義」を批判して提示した、一点集中型の積極政策の採用はそもそも無理であった。民党の地租軽減論への対抗上、積極主義の採用が必要という状況になった場合、内閣（首相）の強力なリーダーシップが欠如しているため、各省で一斉に様々の政策・法案が立案されるに至り、しかもそれらは容易に調整されえなかったのである。まず品川内相主導下の内務省は、勤倹貯蓄という徳目の制度化に重点をおく信用組合法を立案し、次いで陸奥農商務相主導下の農商務省は、農事改良の推進と政党育成の展望とをはらんだ農会法を立案し、さらに松方蔵相主導下の大蔵省は、厳格な貸付を本位とする興業銀行法を立案するといった按配であった。この三つの法案では、政治的意図および政策的効果のいずれにおいても、かなりの相違が考えられる。しかも品川内相と陸奥農商務省は現実に内閣の主導権をめぐってしばしば対立し、その上この争いには山県と伊藤の代理戦争的色彩が濃厚であった。かくて六七条問題や新聞統一問題などの種々の政治抗争の中で、ある法案は議会上呈前に断念され、上呈された法案も、政府が強力なリーダーシップにより統一した視座の下に組みこんで、民党に提示しうる積極政策にはなりえなかったのである。このうした政府の側の積極政策における分裂的対応に並行する形で、本書で指摘されたように、民党の側も中央と地方とで積極政策についてのかなりの意見の相違が顕在化した。そのことは、第二議会に提議された、国庫補助制度化を軸とする「治水に関する建議案」が、衆議院の過半数の賛成を得たことにも示されている。だが結局、民党中央が地方を押し切り松方内閣の積極政策を含む予算案を拒絶した際、政府の側としては、内部対立をすべて外側にむけて爆発させる形で、解散を選択する以外方法はなかったのである。

このような政府の側の地方利益誘導の多様化とその競合という評者の視点の射程距離は、日清戦後にも延長可能である。全般的に財政支出を抑制ぎみの内務省主導の「河川法」「道路法」と、勧業銀行法・農工銀行法、さらに信用組合（産業組合）制度などとは、どのように相互に関連し、今後いかに発展していくのか。この問題は、治水という最大の地方利益をコントロールする制度的枠組たる河川法の制定による内務省支配の確立が、「政党がやがて内務省を掌握したときには、与党の地方への影響力を伸ばす偉大な武器となる」というパラドクス——これは著者の鋭い指摘である——の実証的分析とともに、残された課題の一つであるといえる。

以上の著者の分析の背後に評者は、「理念」の没落により魑《ち》魅《み》魍魎《もうりょう》が徘徊する世界と化すという、一種の「没落史観」をみる。それ故「理念」と「利益」との抗争における、「利益」による「理念」の圧服という著者の一貫した論証によると、「理念」と「利益」との緊張関係が続く明治中期までの鮮やかな分析に比して、明治末期以降の分析がかなり平板になる。大正期には、普選をはじめ新しい「理念」が生まれている。無論著者が言うように、「理念」の過大評価は避けねばならぬが、しかし「理念」と「利害」との新たな緊張関係を、大正期に設定することも充分可能であろう。そのことはまた、一流名望家・二流名望家という著者の分析概念の有効性の度合にも関連する。実は一流名望家後退の社会的制度的要因は、二流名望家をも動揺させずにはおかなかったのではあるまいか。そうであれば、二流名望家をいくつかのカテゴリーに分類する必要が生じてくると思われる。さらに「利益」の面に限定しても、明治一〇～二〇年代の地域結集、三〇年代の党派結集、明治末期の地域結集という著者のユニークな図式が、現実に大正期の政友・民政両系列への分化へと進む場合、党派結集と地域結集とのどちらが主体となるのか、またその転換がありうるのかなど、興味深い問題が残されている。

さて明治一〇年代以降の分析に対して、明治初年の場合、著者は廃藩置県後から分析を始め、当初において政府は土木費官費定額金以外、地方への利益還元を行わず、ひたすら収奪するのみであったと述べている。ただこの結論は、やや性急にすぎると思われる。何故なら著者は、幕藩体制からの移行の問題について、具体的に触れていないからである。同様に利益欲求が先か、利益誘導が先かという議論も、江戸時代との関連で論証したほうがより有効であろう。

とまれ本書において著者は、先学の多くの業績を実に綿密に検討している。だが惜しむらくは、著者は自身の議論を従来の説の欠如部分を埋めるという受身の形で展開しすぎたために、本来本書に備わっている破壊的側面を希薄化させた嫌いがある。しかし何よりも本書の魅力は、読者に対して奔放な歴史的想像力の躍動を促し、しかもそれによって生じた本書に対する様々の解釈と読みこみとを、そのまま包容しつくしうるところにある。

実は評者は、本書の第二章の原型にあたる論文に一つのヒントをえて、一八八〇年代を対象とした

『明治国家形成と地方経営』（東京大学出版会、一九八〇年）なる著書を公刊している。そこで拙著における視点から、本書を逆照射するという方法を用いることにより、本書のもつ間口の広さと奥行の深さとを明らかにしてきたのであった。

2 我部政男編『明治十五年 明治十六年 地方巡察使復命書』上・下巻

（三一書房、一九八〇年～八一年）

形成期明治国家の地方経営を考える上で、政府高官派遣による地方政治状況の把握は重要である。事実明治初年以来、随時様々の形で地方視察が行われている。最近、我部政男「明治政権の再編・強化と地方巡察使」（『近世国家の解体と近代』塙書房、一九七九年）、利光三津夫・藤田弘道・寺崎修「明治十六年・地方巡察使の研究——その派遣まで」（『法学研究』（慶應義塾大学）五四—三、一九八一年）の研究によって、特に明治一五・一六年の参事院・元老院議官による地方巡察使派遣の問題がクローズアップされるに至った。一四年政変による政府の権力再編と、民権運動による地方政治の動態化という二大要因から生み出された明治一五・一六年の地方巡察使は、計画性・集中性および網羅性において、空前絶後の規模を有するものであった。

本資料集は我部政男氏が、国立公文書館所蔵の『公文別録』二九冊に含まれる巡察使全員の復命書を中心に、「尾崎三良関係文書」中の関連部分を付加して編集し、「解説」を付したものである。これによって、従来関口隆吉の復命書以外に知られることのなかったこの二年間の地方巡察使の活動について、その全容が明らかとなった。無論、二段組みで一八五〇頁に及ぶ復命書全体の詳細な分析は、今後の検討に委ねられることになろう。また我部氏が、その後の研究「『地方巡察使復命書』関係文書の史学的考察（一）」（『琉大法学』二八、一九八一年）で示唆しているように、各地に残存する地方官側の文書、復命書の周辺文書、随行者の関係文書等の発掘の促進によって、この時期の地方経営に関する研究は、いよいよ奥行きの深いものとなることが期待される。

ここでは、本資料集分析の一つの糸口を示すために、前記諸氏の論稿とは異なった視角から、地方巡察使について仮説的な整理を試みたい。まず第一に一五・一六年巡察使は、一四年政変後創設された参事院との関係を抜きにしては語れない。制度上、政策統合機関および地方統制機関たることを保障された参事院の重要性については、山中永之佑氏の研究（『日本近代国家の形成と官僚制』弘文堂、一九七四年）以来議論されてきた。しかし権限の制度的保障は、必ずしも現実の指導力発揮にはつながらない。そこには当然、リーダーシップの問題が介在するからである。事実、拙著『明治国家形成と地方経営』（東京大学出版会、一九八〇年）で明らかにしたように、山県有朋参事院議長の政治指導は、一五年三月当初から強力だったわけではない。そうであれば第二に、尾崎三良ら参事院議官側からの働きかけによってインフォーマルに行われた一五年四月の巡察使と、山県のイニシアチブの下にフォーマルに行われた一六年四月の巡察使との相違の政治的意味は、けっして小さくはないであろう。一五年五月から一一月にかけての、山県による地方巡察使の制度化の過程は、同時に山県による全体的な政治指導力の強化の過程でもあった。その背景には、一方に地方議会との抗争に苦慮しつつも内務省の統制を免れようとする地方官の存在があり、また他方に地方経営上の改良政策を打ち出しながら、デフレ政策を堅持する大蔵省の拒否にあって、有効な措置をとれぬ内務省の存在があった。このため山県にとっては、既存の内務省―地方官ルート以外による情報収集が是非とも必要であった。その際山県は次の二つの理由から、一五年巡察使をモデルとして、自身の指導下に巡察使を制度化することを考えたのではあるまいか。第一に、地方官OBを含めた元老院・参事院議官の派遣によって、現役地方官に対する威嚇と監視とを強め、第二に、現場を知らぬために理想論・抽象論に走りやすい元老院・参事院議官に対する実地教育をほどこすというものである。

さらに地方巡察使の分析にあたっては、同時期に行われた各省による情報収集をもあわせて検討する必要があろう。一五・一六年に工部省では、佐佐木高行工部卿が自ら工部省関係地方事業視察を行い、一七年には農商務省が前田正名大書記官の指導下で、地方産業実態調査を行っている。そして両省ともに、この独自の視察を下にして体系的な政策を作り上げた。そうであれば、地方巡察使によって収集されたかなり総花的な情報は、政府内のどこにおいてどのように利用されたのであろうか。無論その理解のためには、復命書内在的な分析をまたねばならない。ただし一六年限りで巡察使が派遣されていないことは、一六年末の議長山県の内務卿転任と無縁ではなかろう。そして一七年から、内務省は積極的な地方経営に転じる。したがってそのための基礎資料として、この復命書が使われたか否かは、充分興味のある検討課題となるであろう。

とまれ、けっしてハンディとは言い難い体裁ではあるが、本資料集の公刊によって、明治一〇年代史研究の沃土が広がったことは疑いえぬ事実である。

3　藤森照信著『明治の東京計画』

（岩波書店、一九八二年）

日本近代化を一般論の形ではなく具体的な事象に即して分析し、しかも個別論の領域に封じこめることなく全体的視野の中に位置づけることは、言うは易く行うは難い課題である。本書は、近代日本の都市計画の源流たる「明治の東京計画」の実証的分析を通して、この課題に迫ろうとした意欲作である。著者は本書において、都市計画図の復元や構造模式図の作成など建築学・都市工学のオーソドクスなアプローチを駆使して、フィジカルプランの構造分析と都市計画史的意味の解明に成功し、さらに政治史の分野に対しても多くの検討課題を示唆するという学際的効果をもたらしている。しかも本来、高度の専門性を有する学位（工学博士）論文[1]として書かれたにもかかわらず、本書は厳密な実証性を犠牲にするという代償を払って、リーダブルな歴史物語として再構成され、叙述方法の面でも新機軸を打ち出したといえる。

著者は、「都市の名作」（二七三頁）と言われた封建都市江戸の解体という史的文脈の中に、明治期の四つの都市計画を登場させ、それを支える三つの主人公を想定する。四つの都市計画は、次のようにそのまま本書の目次を構成している。

Ⅰ、開化の街づくり——銀座煉瓦街計画
Ⅱ、江戸火事をこえて——明治一〇年代東京防火計画
Ⅲ、都市計画の嫡流——市区改正計画
Ⅳ、大礼服の都——官庁集中計画
Ⅴ、東京の礎

そして主人公三主体を、欧化主義者——井上馨・三島通庸・大隈重信、内務官僚——山県有朋・芳川顕正・松田道之、新興企業家とそのイデオローグ——渋沢栄一・益田孝・田口卯吉、の如くに分類する。この分類は、いささか大まかにすぎ妥当性を欠く憾みがあるが、ともかくこれら、相互のせめぎ合いの中に、「〈明治の〉、〈東京の〉と形容するより、〈近代の〉、〈日本の〉都市計画」（二六四頁）の実像が明らかにされるのである。そこで小稿では、本書の順序を追って著者の議論を内在的かつ批判的に紹介しつつ、様々の論点を析出していくことにしたい(2)。

一

明治五年二月末、外国人居留地を含む銀座の大火焼失に端を発する銀座煉瓦街計画について、著者はまず発案者の確定から話を始める。従来の研究(3)では、大蔵大輔井上馨と東京府知事由利公正がともに自分を発案者とする回顧録を示すに止まり、発案者の確定がなおざりにされてきたからである。しかも井上か由利かは、単なる煉瓦街計画の主導権争いの次元に終わらない。第一に著者が指摘するように、その背景に江戸町会所積金をめぐる井上と由利の対立がある。第二に評者は、より広く維新以

来の急進派と漸進派との対立の文脈をそこに見出す。

著者は、銀座煉瓦街計画の内容を道路改正と家屋煉瓦造化とに区分し、両者の決定時日のズレに着目することにより、発案者を井上馨と断定する。由利の反対のために、家屋煉瓦造化の決定は二日遅れたのであった。しかも町会所積金により道路改正を、東京借家会社により家屋煉瓦造化を行うという井上―渋沢栄一ら大蔵省の構想は、府直営方式に固執する由利の反対により実現をみない。そもそも当時、町会所積金を元金とする「東京バンク」を創設し勧業資金にあてる由利の構想と、合本資本による国立銀行を創設し、町会所積金は土木資金にあてる井上―渋沢の構想とが対立していた。したがって由利としては、東京借家会社および町会所積金転用を認めがたかったに相違ない。しかし由利は、岩倉使節団に追加参加の後府知事を免ぜられ、明治五年七月に計画はすべて新設の大蔵省建築局の直轄事業となった。実はこの経緯については、本書においても明快に解明されてはいない。他方折角実権を掌握した井上―渋沢は五年後半から予算紛議にまきこまれ、六年五月には辞職を余儀なくされてしまう。

実現はしなかったものの、確かに著者の言う通り「〈会社〉という新しい経済組織」（一五頁）の創設に賭けた渋沢の精神は、近代化を考える上で注目に値する。また以上の本書の記述は、維新後の由利財政―大隈財政―井上財政をめぐる対立と競合の構造、および明治六年政変に至る過程での留守政府のあり方について、政治史の側の再考を促している。さらに当初の推進者の辞職にもかかわらず、明治五年八月から一〇年五月まで五年の歳月をかけて、たとえ縮小したとはいえ政府が計画を完成させた事実は、岩倉使節団から「有司専制」に至る大久保利通の位置づけに多大な示唆を与えずにはおかない。

おそらくこの計画は、大久保（内務卿）を中心とする大隈（大蔵卿）・伊藤（工部卿）ら内治優先派が継受したと思われる。とすれば、銀座煉瓦街計画への関与が現実的な動機づけの一つとなって、『米欧回覧実記』における、各地の産業と経済および都市施設と道路に関する詳細な叙述にみられる岩倉使節団の認識は、積極的具体的な形をとることになるのではあるまいか。大久保が博物館建設の建議を提案し、「夫人心ノ事物ニ触レ其感動識別ヲ生ズルハ悉ク眼視ノ力ニ由ル。古人曰ク、百聞一見ニ如カズト。人智ヲ開キ工芸ヲ進ムルノ捷径簡易ナル方法ハ此ノ眼目ノ教ニ在ルノミ」[4]と述べたのは、その好例であろう。この「眼目ノ教」という発想は、明治一〇年八月上野公園で開かれた第一回内国勧業博覧会に結実する。[5]その際この博覧会が単に殖産興業の実地見聞に止まらず、歩車道分離、広場を中心とする放射道路など会場の空間配置自体が、まさに都市計画の〝博覧会〟たりえたことは、完成した銀座煉瓦街の存在と無関係ではあるまい。

かくて著者は、建築史において幕末から明治一〇年までをウォートルス時代とよびうるほどの実力者、英国人ウォートルスの銀座煉瓦街の設計について、道幅を最大一五間に拡大し歩道とガス灯を付設した街路と、道幅に応じて三ランクに分けて煉瓦造で連屋化しアーケードを付設した家屋とが、ジョージアン・スタイルに統一されると説明する。現実には立ち退きへの抵抗や煉瓦調達の遅れなどから、自築の場合裏小路には蔵造や塗屋がならんだと言われる。しかし官築に後退はなく、一五間および一〇間道路の表側は規制が守られたことから、著者は「後退はやはり一部にすぎなかったことを忘れてはならない」（一一一頁）との評価を下す。

木挽町以東は残されたものの、完成された銀座地区の街路は予定通り短冊形にパターン整理され、道幅拡大・歩車分離が実現し街灯・並木も付置された。煉瓦造化も官築の場合は、道幅に応じた規模・連屋化・均等スパンをとるアーケード設置が実現している。明治一二年統計によれば、銀座地区の煉瓦造・石造は延床面積にして全体の五一％である。これをいったいどう評価すべきなのか。著者は「この値は、ウォートルスの理想に照らすとわずか半分でしかない」（二六頁）と述べながら、銀座以外の東京の煉瓦造・石造はわずか四四棟一〇〇九坪なのに対して、銀座は九八三棟三万三五四五坪に達することから、結局は成功と評している。

一八世紀末ジョージ王朝期に登場した、力強さと簡明さとを特徴とするジョージアン・スタイルは、大英帝国の植民地様式として世界各国に花開いたという。そしてウォートルスは、美しい街並みという課題を列柱を武器に果たし、均質性・統一性の中に街路と建物を一つのものとしてデザインしたと、著者は評する。著者によれば、ロンドンのリージェント・ストリートに比べても、「銀座のように大通りのみならず三間幅の裏小路にまで地域全体をおおい、合せて六六〇〇メートル以上もの長さに達した例は、世界にも類をみない」（三二頁）ものであった。ただ当時世界的には、もうパリ改造計画に代表される豪壮華麗なバロック都市計画が全盛期を迎えつつあったという。そうであれば、先述の上野の内国勧業博覧会における放射道路の設計は、実は銀座をこえるバロック都市計画の要素をも含んだ卓抜たる演出だったと言えないだろうか。

以上からもわかる通り、著者は銀座煉瓦街計画を失敗と評する従来の研究(6)に、敢然と異議を申し立てる。失敗の第一の理由とされる雨もりについては、補修すれば直る一時の現象と解し、第二の理由とされる高値による空屋の多さについても、二〜三年の短期スケールではなく、一〇〜二〇年の長期スケールで評価すべきことを説く。著者は一時的な供給過剰のため続出した空屋も明治一五年には埋まり、二〇年以降は商品経済の発達とともに新しい商業空間を生み出し、明治末には江戸以来の中心街日本橋をしのいで、銀座こそ東京を代表する商店街に成長したと述べる。

確かに土着住民の救済や全東京の煉瓦街化という、政府の当初の目標は実現しなかった。その意味で著者は、意図せざる結果のほうを高く評価しすぎたかもしれない。だが煉瓦街が結局廃虚と化すこともなく、住民の住む工夫によってしだいに和洋折衷的な住居に変容していったことの意味は大きい。著者の表現を借りれば、「冷たいほど整えられたジョージアンの街並みは、一夜あけると、ロンドンにも江戸にもない摩訶不思議な街に変わっていた」（四二頁）のである。当時の東京案内や新聞が煉瓦街を礼賛したのも、近代化を期待する民衆のエネルギーを膚で感じたからこそであろう。まさに政府の政策意図をはるかにこえたところに、「文明開化の空間」（四四頁）が生み出されたといえよう。

二

全東京の煉瓦街化に失敗した政府が、割高な市街欧化を切り捨て、防火計画に目標を絞った結果、防火都市計画は明治一〇年代に集中することを、著者は明らかにする。

明治一二年一二月、日本橋箔屋町火事の焼失再建にあたり、府知事松田道之は煉瓦造・歩道・街路樹・街灯を組合せ、倉庫の前に幅広い道をつけ背後に溝渠を掘るという一大防火帯を、府債により直営で建設する計画をたてた。著者によれば、これは煉瓦街計画の残映というよりは、江戸時代以来の河岸倉の発想を引きついでいるという。府会では安田善次郎が、商業地に官営倉庫地帯を予定する愚を説き、防火帯を蔵造の一般商家として既存の中心街路沿いに設定し、それを石土蔵建築受負会社に委ねるという対案を提出した。府会は松田案を否決し、府は安田案を無視した結果、この計画は画餅に帰す。著者は両案の対立において、官による技術的純行政的計画と、民による商業振興計画との発想の相違を重視する。そして渋沢の会社構想の系譜をひく安田の会社構想とあわせて、民の側の近代化への意欲を高く評価するのである。

松田知事は明治一四年二月、中心区の既存家屋改修を意図して「東京防火令」を発布し、府庁内に防火建築委員局を置いた。そして二〇年八月までに、予定期限の延期や積金制の導入の結果、路線防火では第一期九八％、第二期六二％が、蔵造・煉瓦造・石造に作りかえられ、屋上制限では四一％が瓦にふきかえられた。かくて著者によれば、中心区では二〇年を境に大火が急減すると同時に、漆黒の蔵造の街なみに変容することになる。しかしこれは、江戸以来の都市の構造とイメージを変える契機を含まず、むしろ江戸を完成する傾向が強いと著者はみている。同時に評者には、官の側の政策意図が、民の側の積極的対応と相俟って、予定通りの効果をあげえた事例のように思われる。したがって二重の意味で銀座煉瓦街との対比が明らかとなろう。

そして著者の次の指摘こそが、日本の近代化のあり方を印象づけるのである。「明治一〇年、銀座にスタッコ塗りの明るい欧風の街が作られ、そして、二〇年、重厚な黒漆喰塗りの和風の街が生まれた。新橋からつづく煉瓦の街並みと、日本橋からくる蔵造の街並みがちょうどぶつかる京橋の上を歩いたなら、そこには、近代の日本が引き受けなければならない〈異質なものの共存〉という都市景観の宿命の一つが、うかがわれるにちがいない」（七四頁）。

三

〈市区改正〉という言葉は、本来「明治一〇年代に芽ばえたある具体的な東京改造計画の名称」（七八頁）であった。しかしこの計画が、日本の近代都市計画の嫡流となることによって、固有名詞から普通名詞に転じたと著者はいう。次いで明治一三年一一月、府知事松田道之が提案した「東京中央市区画定之問題」と題する文書の解釈から話を発展させる。そしてこの文書に並列されている、中央市区画定論と東京築港論とに積極的な評価を下す。すなわち著者は、前者に「〈現今の地図〉により〈前途の標準〉となる〈将来の地図〉を作る」（九一頁）〝計画〟概念の発生を見出し、後者に「巨大な封建都市江戸を、はじめて外から眺め、対象化してみせた」（一〇八頁）〝国際商業都市〟構想の発生を見出すのである。

その上で、「中央市区論の自閉性にうすうす気づいていた松田は、中央市区論を踏まえつつも、何か未来につながる手掛りを求め、築港論にとびついたというのが実情ではないだろうか」（一〇一頁）と、両論並列の事情を推測する。そして著者は、明らかに従来の研究とは異なり[7]、自由貿易主義のイデオローグ田口卯吉・新興商業ブルジョアジー渋沢栄一・骨太の統治感覚をもつ地方官松田道之とのいわば三位一体の関係の中に築港論を位置づけ、三者による〈商都化〉構想の推進を高く評価する。これに対しては、中央市区画定論を本筋とし、築港論を傍論とする異論が有力である[8]。しかし著者の指摘する築港論を前提にしない限り、実は〈松田案〉を議する市区取調委員会のメンバーが、ほぼ築港論者のみで占められている事実を説明できないのである。すなわち一〇名の委員のうち大鳥圭介・肥田浜五郎ら旧幕府海軍関係者が四名、渋沢栄一・平野富二ら新興商工ブルジョアジーが四名という構成である。

しかし同じく築港論者といっても、旧幕府海軍関係者と商工ブルジョアジーとでは、やはり同床異夢だったように評者には思われる。後者は確かに築港を主体とした〈商都化〉をめざしていたであろう。そのことは、築港を中心として道路・水路の整備をはかる具体案を示した、一四年四月の平野造船所社長平野富二の「市区改正並築港之要項」の存在（九四頁）に明らかである。だが前者については、新艦製造の必要に迫られていた一三年当時の海軍軍拡計画との関連において、位置づけたほうがよいのではあるまいか。そもそも〈松田案〉に付せられた築港図自体、慶応二年八月肥田浜五郎の作成した「隅田川河口から品川沖までの浚渫と埋立、ドック建設の計画図」（二八二頁）が、松田によって転用された可能性が高いという。まして肥田は前海軍横須賀造船所長であった。無論、東京湾の軍港化の可能性はまず無かったと思われるが、いずれにせよ、軍事との関連を含めて築港問題は再検討すべきであろう。なお委員会で、海港策と河港策とが対立して結着をみないうちに、一五年七月松田知事の死により、この計画は御破算となる運命をたどっている。[9]

明治一五年七月、内務少輔兼府知事に着任した芳川顕正の下で、本格的な市区改正計画が始まることを著者は明らかにする。芳川は、アメリカで五年間交通問題を学んだ土木技師原口要に立案を命じた。その結果二年余の後、一七年一一月に完成した〈市区改正芳川案〉は、道路改修を主とする交通問題に、際立った特徴をもつことになった。すなわち〈芳川案〉各論部分によれば、道路は一等一類一五間、一等二類一二間から四間幅の五等まで六段階に分類され、三等以上には歩道が付設され、主要街路へは馬車鉄道の導入が予定される。そして道路を中心に、鉄道・水路・橋梁各々の計画がたてられている。

著者は、「一本一本の道がからみ合って編み出すネットワークの構成原理について問うても、運河や鉄道との関係の仕方について尋ねようとも、答はない」（一一七頁）きわめて散文的な〈芳川案〉各論部分に対して、すでに失われた付属地図を復元作成する作業を通して、「表にみえる一つ一つの線に目をこらし、紙背に隠された計画の骨組とその志を読み解く」（一一七頁）べく試み、構造模式図（図三四）を作り上げる。かくて解明された〈芳川案〉の骨格は、市域を画す外周道と中心地域を画す内周道という内外二本の環状道路と、それを貫き上野と新橋とを結ぶ鉄道とが、交通ネットワークの座標となる。この鉄道の東側に〈商業〉の道、西側に〈官庁〉の道という二本の縦貫道路が引かれ、さらに皇居から発する四本の放射道路が組みこまれるという構造であった。

著者はこうした構造的把握を前提に、〈芳川案〉を「封建都市江戸を開くことをはじめて主張した瞠目すべき計画」（一二六頁）と評価する。近代以前の都市に一様にみられる閉鎖性に着目した著者は、石と煉瓦による厚い壁で囲まれた「卵」（一二八頁）の如き西洋中世の都市と、濠や石垣や枡形や木戸が重なり合う「キャベツ」（一二八頁）の如き江戸の都市とを比較対照する。そして江戸の自閉装置に対しては、西洋中世の都市を開いた放射パターンを特徴とする〈バロック都市計画〉とは異なる方法が必要であるとし、〈芳川案〉にそれを見出すのである。したがって著者は、「すでにある街路の拡幅とパターンの手直しに終始している」（一三一頁）点を認めながらも、これを「小手先の修正」（一三一頁）とはみない。「日本の封建都市のように小さな自閉装置を幾重にも重ねて身を守る相手」（一三二頁）には、「道をよりすぐって拡げ、二つの道を一つにつなぎ、曲りを直し、橋を架けといった小さな改造を市域全体にまんべんなくほどこす芳川案の方法」こそ最良であり、芳川のリアルな選択と著者は評価するのである。

しかも芳川案が都市計画において初めて天皇の存在を意識し、東京を「象徴の座所」（一三七頁）ととらえたと解する著者の鋭い指摘は、「道路により内を開いた東京は、鉄道を通して全国に向って開いてゆく」（一三三頁）という解釈につながっていく。つまり著者は、東京の交通計画をさらに明治九年東北開発総合計画以来の各地方の土木（水路・道路）計画と結びつけ、全国的な交通ネットワークとの関連の中に東京を位置づけ「芳川案は、国土の中の首都という、たいそうリアルなスケール感覚に支えられている」（一三六頁）と結論づけるのである。実はこのような解釈から逆に、〈芳川案〉結論部分で中央市区画定論の否定を確認した意味が、改めて了解できると評者には思われる。

しかしそれにしても、全国的な広がりをもつ運輸交通体系という芳川の戦略的意図は、散文的技術的な文章と地図とからなる各論部分の中に、何故わざわざ封じこめられねばならなかったのであろうか。そこに評者は、〈芳川案〉の置かれたアンビバレントな位置を見出すのである。明治一七年末には、地方経営をめぐる内務・工部・大蔵・農商務四省間の対立の多次的拡大の結果、特に内務・工部両省の対立はぬきさしならぬ状況に陥っていた。すなわち内務省は、府県会コントロールに主眼を置いた地方行政の観点から土木事業を把握する論理を構築し、他方工部省は、運輸交通体系として全国的視野から土木事業を把握する論理を構築したのである。[10]とすれば有体に言って著者が読み解いた

〈芳川案〉各論部分は、まさに工部省の論理そのものに他ならない。工部少輔から転じた芳川にとって、運輸交通体系の発想はなじみやすいものだったろう。しかも一五年の時点では、土木主管をめぐる内務・工部対立は未だおこっていない。しかし完成までの二年の間に〈芳川案〉の論理は、内務省ではなく工部省に固有の論理になってしまった。そこで内務少輔たる芳川は、やむなくそれを各論部分に封じこめたというのが、評者の見解である。

しかし市区改正案である以上、道路計画としての本質まで隠し通すことはできない。それでは交通問題を正統化する論理は、一体〈芳川案〉のどこに明示されているのだろうか。私見によれば〈芳川案〉総論部分の中に、両者の論理とは無関係で、しかも両者ともに反対できない二つの説得の論理が用意されている。第一が文明の論理である。つまり馬車鉄道・馬車・人力車など交通手段の西力東漸による道路破壊の必然性と、道路改修の必要性を説くものである。第二が施行手順の論理である。これは市民生活無視ということで有名な「道路橋梁及河川は本なり、水道家屋下水は末なり」の一句の解釈にかかわる問題でもある。評者は説得の論理という観点から、単なる「工事手順」（三二九頁）と解する著者の見解に賛成である。

以上の諸論点の検討から、「芳川案の発想は内務省の存在目的と寸分たがわず重なっている」（一三七頁）と解する著者の結論には、留保を付しておきたい。むしろ工部省の論理を構築した渡辺工部少輔が、工部省廃止の内定した一八年六月に府知事に転じた時点から、工部省の論理の内務省へのとりこみが始まると見るべきではあるまいか。このように官僚制形成の狭間にあって官僚制内部に市区改正を説得する必要があったからこそ、〈芳川案〉は完全に内向きのメッセージとなっており、外部に対しては徹底した非公開主義を貫いたのであろう。つまりあくまで外向きのメッセージであった〈松田案〉と、その点が決定的に異なるのである。

だから〈芳川案〉審議のための市区改正審査会には、各省庁を中心にメンバーが選ばれたといえよう。一八年二月から始まる審議を、著者は、パリ改造をモデルとする内務大書記官山崎直胤による〈帝都化〉と、東京築港を中心課題とする商工会代表渋沢栄一による〈商都化〉の二つの観点から分析する。そして〈帝都化〉よりは、〈商都化〉を唱える渋沢の主張のほうが有力化し、築港の復活や商法会議所・共同取引所の設置が決まっていく様を明らかにする。

結局、〈審査会案〉はどのように結審したであろうか。最重点の道路は、三島の主張により一等一類を二〇間とし、全体に一ランクずつ上げるという全面拡大が決定された。次いで著者は、〈審査会案〉の構造模式図（図三七）を作成し〈芳川案〉と対照する。それによれば、まず内外二本の環状道路は幹線からはずれ、皇居からの放射道路も半減し、辛うじて〈商〉の道と〈官〉の道だけが維持される。そのかわり改めて四本の築港道路が幹線となり、中央ステーションと港をつなぐことになる。

かくて築港道路の幹線化に加えて、築港計画自体の復活、丸の内・大手町の商業地化、商業にも役立つ公園・市場・劇場などの施設設置、「首府の外観を装飾するシンボル」（一七五頁）としての民間経済機構たる商法会議所・共同取引所の設置等から、交通中心主義の〈芳川案〉は、渋沢らの思惑に近い〈商都化〉の方向で結審した、と著者は分析する。さらに著者は、南北を二本の築港道路に、東西を港とステーションに囲まれたセンターベルトが、「もし純粋にステーションと港の地理的重心を求めれば、当然京橋川寄りの南半分にくるにもかかわらず、何故いったい二本の築港道路は北半分をはさんで走り、センターベルトはぎりぎり日本橋川寄りに片寄ったのか」（一七六頁）を問うことにより、〈商都化〉の決定的徴候を解き明かす。実はセンターベルトの港寄りの商法会議所・共同取引所の予定される辺には、兜町・坂本町・南茅場町の三町を中心に、渋沢栄一による洋風煉瓦の一大ビジネス街が形成されていたのである。すなわちここには、第一国立銀行をはじめとする企業群、東京商工会などの経済団体、および東京経済雑誌社などの経済ジャーナリズムが集中していた。したがって〈兜町ビジネス街〉に最良の位置を約束するため、二本の築港道路が北に片寄ったと、著者は判断するのである。

しかし評者は、〈審査会案〉を〈商都化〉の頂点と考える著者の見解には、やはり留保を付しておきたい。何故なら、著者が意識的に本書では無視した費用負担の問題を考慮に入れると、築港論の現実的基盤が喪失するからである。すなわちこの計画の唯一の財源たるべき入府税を、築港には用いないという閣議決定後に、築港審議が開始されているのである。しかしそうだとしても、築港審議の時点ですでに築港道路の幹線化が決定している事実をどう解すべきであろうか。また〈商都化〉への修正を、発案者の芳川は、どう受けとめたのであろうか。後の〈委員会案〉との関連でいえば、芳川にとって〈審査会案〉は、やはり意図せざる好まざる結果だったように、評者には思われる。とまれ、以上の諸点についてはなお今後の検討課題としたい。

官庁集中計画との競合の後、明治二一年〈審査会案〉の復活再生に際して、山県―芳川らはまず築港計画を削除する。そして元老院の反対を押し切り東京市区改正条例を制定した結果、内務省が都市計画に関するヘゲモニーを確立したと著者は述べる。それ故であろうか、東京市区改正委員会における審議は、著者によれば「まるで三年前の審査会の熱気ははるか昔のことのように、固有の色彩を失ない、もっぱら技術上の問題に終始してしまう」（一七九頁）。二一年三月〈委員会案〉の構造模式図（図四〇）によれば、築港中止の結果、二本の築港道路は幹線から降格され、〈商〉の道や放射道路も同様の運命をたどる。かわって皇居周辺の道路が幹線化され、外濠を境に短い幹線道路が縦横に走る皇居周辺地区と、準幹線道路のみによる既存市街地との区分が明確化する。かくて、商法会議所・共同取引所の削除もあり、〈商都化〉が後退を余儀なくされた結果、〈委員会案〉は、交通中心の〈芳川案〉や商都化中心の〈審査会案〉に比較して、目的の不明確な計画と化したことを、著者は指摘する。それでも著者は、〈委員会案〉の特徴を、第一に江戸を上まわる計画市域の拡大と、第二に中央ステーションを表玄関として幹線道路の中に皇・政・経の核が団塊状に複合する、皇居周辺の複合中心化とに見出すのである。施行過程でこの計画はさらに縮小されたとはいえ、大正三年の計画完了までこの骨格は維持されたのであるから、やはり最も現実的だったと評すべきであろう。

四

官庁集中計画は、外相井上馨が条約改正の実現のために、明治一九年二月臨時建築局を創設し、ドイツ建築議官エンデおよびベックマンを招請したことから始まる。著者によれば、四月に来日したベックマンは、「官庁街の枠を越えて一般市街地までのみ込み、東京全体の改造を意図する壮麗なバロック都市計画」（二三一頁）を作り上げた。そこで井上は、競合する内務省の〈審査会案〉をつぶしこの計画を実現するため、七月に警視総監三島通庸を建築局副総裁兼務とする。一二月に井上・三島は、〈審査会案〉を不許可にし市区改正の権限を臨時建築局に付与することを主眼とした「秘密建議」を提出する。実はこの建議は、「妻木頼黄文書」から著者が初めて明らかにしたものである。

二〇年三月には、モスクワやベルリンの水道設計で名高いホープレヒトを招き、水道計画の立案とベックマン案の縮小修正を依頼した。著者によれば、「日比谷練兵場跡を六〇メートル幅のブールバールで囲み、内側に諸官庁をぐるりと並べ、中心を庭園とするロの字型のホープレヒト案」（二四〇頁）には、さらに五月に来日したエンデによって、具体的な官庁配置とデザインが付加された。しかし九月に条約改正失敗の責を負って井上が外相を辞任するや、臨時建築局は内務省の管理に委ねられ、結局実現したのは司法省と裁判所の二棟だけだったことを、著者は明らかにする。

かくて日本では幻に終わったものの、パリ改造そしてベルリン改造の系譜をひくこの〈バロック都市計画〉の特徴を、著者は次のように描き出す。すなわち第一に、複数の中心から道路が放射パターンに広がり、複数核が互いに引き合う力動的な構造を特徴とする交通体系をもち、第二に諸機能の専門分化と高度化を図った施設が設けられ、第三に施設相互がブールバールやアベニューによって関係づけられ、パースペクティブの下に都市美が構造化されるのである。そこで放射パターンの道路網に特色のある〈ベックマン案〉について、著者は「この視角は築地本願寺の名だたる大屋根の上から霞ヶ関の丘陵を見晴らして決められたにちがいなく、彼の設計モチーフは機能より壮麗な都市美の演出に置かれていた」（二五三頁）との評価を下す。他方、規模こそ小さいが、「建物と庭と彫刻が三位一体化する豪壮なネオバロックの空間」（二五四頁）として、〈エンデ案〉をも高く評価するのである。

以上の議論を前提に、〈エンデ・ベックマン案〉（外務省）と、〈市区改正芳川案〉（内務省）という都市計画における二つの発想の相違に、著者は注目する。つまり両者の対立を、単に都市計画の主導権をめぐるセクショナリズム的対立と見ず、その根底にある欧化か内発かという、近代化をめぐる宿命的な発想の対立ととらえるのである。ただこれはいずれも程度の問題であり、既成概念のやや安易な適用と言わざるをえない。

同時に大枠として著者が提示する、欧化主義者と内務官僚という区分にも異議を唱えておく。まず内発的漸進的近代化を、明治一〇年代後半の山県―芳川の内務省から、一挙に創成期の内務省と大久保利通にまで逆上らせるのには無理がある。大久保の内治優先は、殖産興業と欧化との二者択一ではなく、無論欧化と内発との二者択一を迫るものでもない。むしろ二者は、大久保の中に共存しているのである。同様のことは、内務省についても言えよう。内務省に固有の論理は、一〇年代の官僚制形成の段階で表出すると見るべきである。しかもそれが、必ずしも〈芳川案〉と結びつかないことはすでに述べた。次に典型的欧化主義者とされる井上馨が、一貫して緊縮財政論者であった事実を、何と見るべきであろうか。彼の中で欧化主義と緊縮財政論とがどのように共存していたのか、これまた興味のあるところである。

四つの都市計画を通じて、著者は近代化を推進する新興商工ブルジョアジーとそのイデオローグに着目して、彼等の〈商都化〉構想の分析に重点を置いている。実はそれにも問題が残されている。第一に明治二〇年代初頭の渋沢らの水道会社構想については、自治党・改進党・内務省・法制局をめぐる官・民対立に発展した可能性が強い。しかもこれには公益事業をめぐる官と民との対立という側面もあり、一考を要する検討課題である。第二にこれらを含めて、結局は実現しなかった〈商都化〉構想をどう評価するか、説明の欲しいところである。それはまた〈商都化〉に偏した〈審査会案〉をどう見るか、ということでもある。つまり未だ微弱だったはずの商工ブルジョアジーが、数の上で圧倒的優勢を誇る官僚連中を前に、あれほど大胆に〈芳川案〉を修正しえたことが不思議である。やはり一〇年代後半の形成期官僚制が、内部に様々な対立をかかえていたせいであろうか。これも検討に付すべき重要課題であろう。

結局フィジカルプラン分析の緻密さや斬新さと較べた場合、権力主体の三類型化や二元論的分析枠組の設定など政治過程分析の道具だてが弱いため、著者の議論はややもすると、民衆史や近代化の歪み論を単に裏返しただけの近代化肯定論に陥らざるをえない。そこに本書の限界が明らかとなる。

五

最後に著者は、施行結果から四つの都市計画をまとめて総合評価を行っている。そこでは、防火・上水道・商店街更新・オフィス街新設を大きな成果を納めたものとし、交通体系の再編は一応の実をとったものとし、実績のわずかな公園・官庁街計画も啓蒙の任だけは十分に果たしたと評する。その点で「封建都市江戸をたしかに越えた」（二七二頁）と著者は断ずるが、近代の挑戦をうけてフランスが〈バロック都市計画〉を生み、イギリスが〈田園都市計画〉を生んだように新しい型の都市計画を生み出したとはいえないと結論づけている。しかしそれは、急激な近代化に不可避的な代償だったのではあるまいか。しかも型を生み出せなかったことは、カントリージェントルマンを理想とした近代日本の都市計画の主人公たちが、英国の場合とは異なり、何代も続く血縁的支配集団を形成することなく、いずれも一代限りで政治や経済の表舞台から消えていったことと、パラレルに考えてよいであろう。つまりそれこそが、日本近代化の表と裏なのである。

註

（1）『明治期における都市計画の歴史的研究』（一九七九年）。この論文については、すでに長谷川尭『議事堂の系譜　日本の建築4（明治大正昭和）』（三省堂、一九八一年）、前田愛「獄舎のユートピア」（『文化の現在4・中心と周縁』岩波書店、一九八一年）、初田亨『都市の明治』（筑摩書房、一九八一年）、御厨貴「明治国家形成と都市計画（一）（二）」（『東京都立大学法学会雑誌』二三巻一・二号、一九八二年）の中で紹介されている。
（2）小稿では、評者もディスカッサントとして参加した、東京都立大学都市研究センター・方法論グループシンポジウム（一九八三年一月一八日）における、著者および石塚裕道・石田頼房・水谷三公・片倉比佐子ら各氏との討論を参考にしている（『総合都市研究』一九号）。
（3）石塚裕道「東京改造論と築港問題」（『東京百年史』二巻、一九七二年）、小木新造「銀座煉瓦地考」（『文明開化の研究』岩波書店、一九七九年）。
（4）前田、前掲「獄舎のユートピア」一四四頁所引。
（5）加藤秀俊・前田愛『明治メディア考』（中央公論社、一九八〇年）。
（6）前掲註（3）。
（7）石塚、前掲「東京改造論と築港問題」、石田頼房「東京中央市区画定之問題について」（『総合都市研究』七号、一九七九年）。
（8）石田、同前論文。
（9）室山義正「松方財政の展開と軍備拡張（上）（下）」（『金融経済』一九〇、一九一号、一九八一年）。
（10）御厨貴『明治国家形成と地方経営』（東京大学出版会、一九八〇年）。

4 『年報・近代日本研究3　幕末・維新の日本』

（山川出版社、一九八一年）

本年報の書評者として、筆者は適格ではない。何故なら筆者は、本年報の編集委員かつ執筆者の一人だからである。しかしこの紹介を引き受けざるをえないことになったので、あらかじめその点をお断わりし、筆者の分を除く本年報特集の九論文について、順次紹介することにしたい。

梅村又次「幕末の経済発展」は、文政年間に経済の上向きのトレンドへの移行がおきたとする新保博説を前提として、次のことを明らかにした。文政初年の幕府の貨幣の貨幣改鋳による物価の騰貴に比較して、賃金の上昇は大きな遅れを生じ、そのため利潤が増大する。農業・非農業ともに、増大した利潤は幕府諸藩に吸い上げられず、地方在住の事業家達の手中に帰した。彼等による民間投資は、その後農業・海運業・蚕種改良等に投ぜられた。つまり改鋳益金を財源とする幕府支出が民間投資を誘発し、幕末の経済発展を導き出したのである。

大口勇次郎「文久期の幕府財政」は、まず幕末財政が緊縮方針を堅持しつつ、年貢収入に基づく支出という財政の定式部分は一応機能していたことを明らかにする。しかし開港以後、外交・海防・軍事関係費用や将軍上洛関係費用など特別支出の増大が、財政上の負担となった。通説とは異なり、年貢収入は天保期のそれを維持していたことがわかる。でも結局財政収支のバランスは、歳入総額に対して六八％を占める貨幣改鋳益金により、辛じて維持されるという異常事態に立ち至ったのである。

梅澤秀夫「近世後期の朱子学と海防論」は、二代にわたり昌平黌教授を勤めた古賀精里・侗庵の、海防問題を中心とした西洋文明の対応を考察する。彼等は対外危機にあたって、彼我軍事力の格差の認識から、「大船建造の禁」と武士に強い「火器」蔑視とを改めることを唱え、軍事力強化を説く。そして鎖国論の中心にあるキリスト教恐威論を否定し、「採長補短」の見地から、「避戦開国」（開国交易→時間稼ぎ→武備充実）を妥当とするのである。

三谷博「文久幕制改革の政治過程」は、開国を前提とした洋式海陸軍の建設を目的とする文久二年の幕制改革が、それに見合う長州藩の公式周旋の失敗の後、政務参与松平春獄の指導下に、将軍上洛を代償とする開国入説使節団結成計画とともに開始されたことを明らかにする。しかし開国入説計画は失敗し、薩摩の圧力により政治総裁職となった春獄は、「幕私」改革のため参勤交代緩和と将軍上洛とを表現し、大海軍建設計画を放棄する。つまり幕府は、朝廷・大名・志士の宥和による国内の政治的安定の回復を、幕府内部の改革による対外防備の長期的充実に優先する課題として選択せざるを得なかったのである。

宮崎ふみ子「幕府の三兵士官学校設立をめぐる一考察」は、文久期から慶応期にかけて改廃された旧軍事組織にかわる、新軍事組織の運営に必要な士官を旗本御家人の中から養成するために、幕府が慶応三年に設立した三兵士官学校を考察の対象とする。旗本御家人にとって軍役による経済的負担の増大と旧軍事組織解体による地位と職の喪失という状況化で、新たな地位と経済力確保のためには、士官就任こそ残された数少ない道であった。慶応四年に廃止された三兵士官学校は、維新後「徳川家兵学校」へ、さらに明治政府の兵学寮へと引きつがれ、明治の陸軍教育機関の主要な源流となったのである。

M・W・スティール「維新への抵抗」は明治維新に対する徳川家の抵抗を、勝海舟の恭順政策を軸に描き出す。勝海舟は徳川家を新しい政府に組み入れ、政治的影響力を残すために努力をした。それは何よりも、徳川家による江戸支配を残すことであった。勝は解決を武力に委ねず、常に交渉の道を選んだ。そのために勝は、徳川兵の脱走を食いとめ徳川海軍を港に留め、彰義隊を江戸市内取り締りにつかせたのである。しかし彰義隊の急進主義により、すべては失敗に終わった。

佐藤誠三郎「調停者としての岩倉」は、岩倉具視の政治行動の軌跡を通して、幕末・維新期の政治状況の基本特性とその変化とを解明する。岩倉は、身分家柄における「持たざる者」、政治の舞台への遅参者たることからくる「年の功」、大久保利通との親密な関係という三つの政治資産を基に、常に調停者としての役割を果たしている。彼は「和」の達成をめざして、ねばり強く機敏な交渉による漸進主義をとり、多数派連合極大化の努力を続けた。無論彼は、いつも成功したわけではない。しかし維新後、岩倉の影響力は漸減していったが、彼は最後まで単なる象徴的存在と化することはなかったのである。

板垣哲夫「大久保内務卿期における内務省官僚」は、大久保内務卿時代の勅任・奏任内務省官僚のあり方を、入省前の経歴・就任の過程・在任時の行動に区分して考察する。幕末期の経歴は、幕府・薩摩・長州・土佐の順で四七％を占め、維新後の経歴は、大蔵省・地方官が多い。創設時の人事には、吉田清成と松方正義が大久保に協力しており、大阪会議以降は木戸孝允・伊藤博文の関与が強まっている。大久保は省卿としての権限をしだいに増大し、また林友幸・前島密少輔や松田道之・品川弥二郎大丞とともに、内局＝省中枢を形成し、部局掌握を強化していった。

坂野潤治「征韓論争後の『内治派』と『外征派』」は、明治政府を構成する参議層と旧藩主層が、内務省＝地方官、大蔵省、陸海軍の要求に対する優先順位のつけ方や、またそれらと密接な関係を持つ地方有力者と不平士族の掌握の仕方をめぐって展開した対抗―提携関係を分析する。薩派軍部に押された大久保の征台の役に対して、土木・勧業政策推進の観点から地方官は不満を抱く。その結果出兵反対の木戸は、大久保独走抑止のため立憲制導入を主張し、大阪会議以降板垣ら民権派との提携が可能となる。しかし江華島事件の勃発により、久光および征韓派から薩派軍部を切り離すため、木戸は再度大久保と結ぶに至るのである。

最後に、「編集後記」ならぬ「編集別記」的視点から、特集全体について一言しておく。近年停滞ぎみの幕末・維新期研究にとりくんだ野心的な特集であるが、執筆者の「執筆の自由」を保障しすぎた結果、特集部分だけで三百頁という大部なものになってしまった。そのため、考察が詳細にわたりすぎ、かつ冗長になるという傾向をもったことは否めない。無論、個々の論点においては、従来の研究を着実に先進させたといえる。ただ、この時期全体についての新しいパラダイムの設定にまでは至らなかったと言わねばならない。

5　特許庁編『工業所有権制度百年史』上巻

（（社）発明協会（委託販売）一九八四年）

今日の日本は、ハイテクノロジーの時代を迎え、特許や実用新案の出願件数では全世界百万件のうちの四割強を占める、いわば世界一の発明王国と言われる。そもそも日本の近代化の推進を考えるにあたって、産業の保護と奨励の制度的保障は重要な課題であった。まさにそのための特許・商標・意匠・実用新案の四分野にわたる工業所有権制度の導入以来、今年でちょうど百周年となる。

これを機に、特許庁を中心として工業所有権制度百年の歩みを編集したのが本書である。特に上巻では左記の目次のように、第二次大戦までの制度を時系列的に各分野ごとに詳細に整理叙述している。

前史　工業所有権制度への道程
第1期　三条例の創設
第2期　明治三二年法と実用新案法の制定
第3期　明治四二年法の時代
第4期　大正一〇年法と工業所有権制度
長期的動向　産業の発展と工業所有権制度

本書の特長は、「特許公報」「特許局年報」などの特許局内部資料はもとより、帝国議会の本会議・委員会の「議事速記録」、「公文類聚」をはじめとする公文書、それに「発明」といった雑誌類、さらには各会社の「社史」にいたるまで、およそ工業所有権制度に関係ある資料を広く渉猟し、できる限り詳しくそれらを紹介した上で、制度の変遷を客観的に説明することに徹した点にある。時にそれは法改正や技術導入などの具体的論点においてあまりにも専門的にすぎ、ややもすると平板な記述に陥っている恐れが無きにしもあらずである。しかしそれを補ってあまりあるのが、本書にふんだんに挿入された商標登録の図版であり、発明物についての絵入りの紹介説明である。それらは、広告史や技術史にも益するところ大であると思われる。

ところで本書を政治的観点からながめると、無論、日清・日露・第一次大戦の各戦後経営と工業所有権制度の変容との相互関連の重要性が理解されるが、総じて特許制度が行政事務化していく時期より以前の段階、すなわち幕末から明治二一年の三条例制定にいたる試行錯誤の過程が、最も興味ある論点を提供している。それはまた、必ずしも本書が制度化の過程を通時的に明快に解明できず、たとえば同時期に並行する各主体提案の条例案を列挙するに止めるなど、問題の解決を今後の検討に委ねる姿勢を示唆した部分が多い箇所でもある。

本書によれば、近代日本の工業所有権制度の法制化は、良くも悪くも江戸時代の藩や株仲間における専売制のイメージに規定されていた。そのことは明治四年制定の専売略規則が、早くも翌年には停止されてしまったことから理解される。その後、結成が進む各種同業組合や勧業政策を推進する各地地方官、それに自由貿易を唱える東京経済雑誌などから法制化の要求が出され、発明の当事者による左院・元老院への建議書も増えている。また現実に外国人との商品上のトラブルや、ガラ紡など博覧会出品物の模倣が生じ、政府の殖産興業政策運営の上からも法制化が喫緊の課題となっていく。無論政府内でも、内務・大蔵・工部各省で特許・意匠・商標に関する法制化作業は進められていたが、制定への動きが現実化するためには、一四年の農商務省の創設と高橋是清の登場を待たねばならなかった。

明治一四年から二二年まで一〇年近く工業所有権制度の制定に携った高橋是清の存在を抜きにして、今日の特許制度は語れない。農商務省内での立法作業や参事院・元老院における審議、欧米視察による特許調査など高橋の縦横無尽の活躍ぶりは、彼の自伝に既に明らかではある。しかしこれを単なるエピソードに止めることなく、特許制度とのかかわりをより深く追究するためには、本書の随所に引用されている特許庁万国工業所有権資料館所蔵の『高橋是清遺稿集』（全七巻）の本格的分析が、是非とも必要となろう。そしてこれを通して、特許制度に情熱をかけた若き日の高橋是清の人物像を浮き彫りにする試みこそ、今後に残された重要な課題の一つであると考える。

6　『高橋是清遺稿集』『高橋是清関係文書』

数奇な運命をたどった特許制度の生みの親高橋是清。その彼の人生と平仄を合わせるかのように、「高橋是清関連資料」もミステリーじみた変遷をとげた。特許庁に現存する『高橋是清遺稿集』を、生前の高橋はいかにして編むことができたか。またこれと対になるべき『高橋是清関係文書』は、いかなる経緯を経て都立大学図書館に収められたのか。さらに未だ不明の関連資料をどこに求めうるのか。小論では、これらの問題を追究する。

現代まで一二〇年に及ぶ日本近代化の過程の中で、特許制度の導入は、発明の思想に対する人々の様々な対応という観点から、なかなか興味深い問題といえる。しかも制度導入に際して、高橋是清というこれまた近代日本政治経済史上類い稀な傑物が中心だったことで、草創期の特許制度は単なる地味な行政事務の羅列ではなく、色々と面白いエピソードに事欠かぬ事例となった。そのことは、変転きわまりない数奇な前半生を記述した『高橋是清自伝』（原本は昭和一一年刊、現在は中公文庫上・下二巻本で入手可能）において、ペルー銀山開発問題と並んで特許制度導入問題の語り口が生彩を放っているのに明らかである。さらに高橋自身、日銀総裁・蔵相・首相等の要職を歴任した後半生にあってなお、特許局の生みの親としての自覚を持ち続けたことは、明治四一年の「我国特許制度の起因」（『工業所有権雑誌』三二号）と題するエッセイや、昭和九年の「特許局の思ひ出」（『発明』一〇月号）と題する講演記録に現れている。

特に後者は、特許局創立五〇周年を記念した講演であったことから、高橋の所蔵する特許関係資料が、特許局へ寄贈される契機となった。高橋自身、九月二九日に行われたこの講演の中で次のように述べている。

「偖て昔話を致さうとしますと記憶は全く不充分ですから私の手許に残って居る古い書類を引出して見ました處、なにしろ五十年も前に風呂敷包や籠の中にいれたま、になって居ったのですから、人手を借りて整理する譯に行かず、自ら仕譯をするより方法がないので此の四十日間ばかり、暇があれば自分の身體の許す限り、全部の書類を擴げて見る譯に行かぬから、商標や発明に関係のあると思はれる一部の書類を其の中から選り分けて、それを読んで昔話をする材料を得たのであります。」

かくて講演後一カ月をへた一〇月三〇日、高橋自身の手によって整理された資料が、特許局に寄贈された。(1)資料寄贈に際しての雰囲気を伝える雑誌記事を次に掲げておこう。(2)

「特許局は大震災の為め、資料文献を悉く灰燼に帰したので、この高橋翁の所蔵書籍は、まさしく吾国特許局由来の、唯一無二の貴重なものと言はねばならない。しかるに高橋翁は、既に回顧材料は、一ト先用済みとなった上は、これを新庁舎の特許局へ保存記念せしめるを、最も有意義とされて、同局に寄附されることとなった。其貴重な資料文献を、此程同局へ、第一回分として、風呂敷に二包送り届けられ、調査課の長村事務官の手許に於て、夫々目録の整備△資料の調査を急がれてゐる。」

これに続く二回めの資料寄贈に関する記事(3)には、当時高橋の置かれていた政治的立場を彷彿とさせるものがある。

「高橋家から『また溜ったから、受取に来よ』とて、早速長村事務官が赤坂表町の同邸へ赴くと、斯の日は十一月二十七日午前九時半、岡田首相は高橋邸へ蔵相就任の懇願に出向き、僅か八分間、其快諾を得、飛ぶが如くに雀躍、内閣々僚へ、この快諾を齊したあとで、高橋翁は此時朝風呂を浴び、外国の経済雑誌を読み耽ってゐたが、首相の訪問に該雑誌を片手に持ちながら、応接室へ現はれ、蔵相就任の快諾を與へられたことは新聞の報道するところ、其跡へ伺候した長村事務官には、『また溜ったから』と、親しく包を渡された其閑雅綽々たる態度の中に、翁がいかに特許局といふ、自らはぐくまれた稚木兒が、其成長を楽しまれる関心の燃ゆるを窺ひ得よう。」

それにしても、終生現役たり続け多忙をきわめていた高橋に、よく資料整理の暇があったものである。実は昭和六年の犬養内閣成立以来、一一年の二・二六事件で暗殺されるまで大蔵大臣を務めた高橋にも、わずか五ケ月間ではあったがその職を離れた時期があった。それがまさに九年七月八日から一一月二七日までにあたっていた。斎藤内閣の総辞職と共に高橋は蔵相を辞し、岡田内閣には次官の藤井真信を推したからである。しかし後任の藤井蔵相が急病で倒れたため、先述の雑誌記事からわかるように、高橋はまもなく蔵相復帰を余儀なくされることになった。

ともあれ高橋の長い一生の中で、最晩年にほんの一瞬とはいえ小春日和のような平穏の日々が訪れた時期が、まさに特許制度五〇周年記念事業の時期に重なっていたことは、その後の高橋自身及び高橋の関連資料の行く末を考える時、まことに運命的と言わざるをえない。この機会なくば、高橋の手になる特許局関係の資料がまとまって残ることはありえなかったであろうから。

この資料が『高橋是清遺稿集』として七巻本に整本され、現在特許庁万国工業所有権資料館に保管されているものである。実は高橋と特許局との間では公刊を約束していたらしく、そのための準備作業としてタイプ印刷本が出来上がっている。特許局としては伊藤博文の『修正憲法稿本』あるいは大蔵省の『財政資料』のような形での出版を想定していたようである[4]。しかしこうした企画は、二・二六事件によって一頓挫をきたしたと言ってよい。

そして特許局に寄贈されたもの以外の高橋の関連資料は、高橋の波乱の生涯を象徴するが如く、これまた運命的ともいえる漂流を始めるのである。そもそも特許制度に関してもなお未整理の資料が高橋家に残されていることは、高橋の不慮の死直後、特許局でも確認していた[5]。またそのことは『高橋是清遺稿集』を一覧すれば、すぐに了解できる。何故なら特許制度関連の法案草稿、伺書、調査書などの「公文書」が大半を占め、高橋自身の意見書、高橋宛書翰などの「私文書」は数えるほどしかないからである[6]。つまり本来対になるべき「公文書」と「私文書」のうち、前者のみが特許局に寄贈され、後者は高橋家に残されたままなのであった。

結局、その後は機会に恵まれず、「私文書」は特許局に移管されることなくそのままになってしまう。そして実はここに一つのミステリーが成立する。というのもこの「私文書」のすべてではないが、書翰を主体とした一まとまりが都立大学付属図書館に現存するのである。はたしてそれはどのような経緯をたどって都立大付属図書館に行きついたのであろうか。以下は断片的資料からの臆断である。

昭和一三年、高橋家から「高橋是清記念事業会」を通じて東京市に対して、旧高橋是清邸（仁翁閣）の寄付を申し出、東京市会がこれに賛成したので、市への移管が本決まりとなった。明治三五年の建築と言われる旧高橋邸は木造二階建で、和風建築の中に洋風をとり入れた趣のある建物であった。現在でも建築史学上、一級の文化財と評価されており、タウン・ウォッチングや路上観察学の盛んになった今日ならば、恐らく見学者が殺到したとしてもおかしくない。その後旧高橋邸は、高橋是清ゆかりの多磨霊園に移築され、高橋の遺品等を展示した有料休憩所として公開されたのである。この折に、単に高橋是清愛用の調度品や美術品のみならず、文書資料の類も一部は移管されたと思われる。

やがて戦時体制に入ると、一八年に東京市と東京府が合併して東京都が出現するなど、管理主体の側にも変更が生じている。そのような中で、特許局時代を中心とする都立大図書館に現存する「私文書」類と遺品の一部が、多磨霊園からさらに六義園に移管された。今日の六義園のどこにあったのか詳細はまったく不明であるが、ともかく六義園内に高橋文庫と称して保存され、文書資料の一部や遺品が展示されていたことは間違いない。多磨霊園も六義園も公園緑地課の所管だったので、その意味で行政手続き上は問題なかったのであろう。

戦後昭和二四年、開学まもない都立大学は、柴田総長名をもって公園緑地課長を兼任していた建設局長石川栄耀に対して、高橋文庫の六義園から都立大図書館への移管を要請している。この移管時の責任者が、戦時戦後を通じて東京の都市計画の推進役たる石川栄耀だったことは興味深い。時あたかも東京都管理下の公園についての修理計画等が進められている時期にあたっており、その意味から六義園高橋文庫も移転の検討課題に上ったのではあるまいか。

第一に、六義園に高橋の記念物を置いておく格別の必然性はない。第二に、本来文書資料は行政上公園課の管理になじむものではない。だとするならば、この状態で未整理のまま棚ざらしにしておくよりは、有効利用の可能な適切な部署への移管が考慮されても、不思議ではあるまい。かくて六義園高橋文庫のうち文書資料が、『高橋是清関係文書』として都立大図書館に移管されたと思われる。

しかし爾来四〇年近く、一部研究者の間では、それこそ口コミで存在自体は知られていたものの、未整理のままこの「私文書」類は文字通り等閑に付されてきた。最近になってようやく図書館が文書整理作業に着手したので、その全貌が明らかになりつつある。仮目録および袋づめ整理終了分を一覧すれば、先ほど触れたように明治一〇年代から二〇年代にかけての高橋の特許局長時代およびその前後の書翰が大部分であることがわかる。[7]

以上、「公文書」中心の『高橋是清遺稿集』およびそれと対になるべき「私文書」中心の『高橋是清関係文書』の成り立ちについて、推測を交えながら各々概観することができた。しかし高橋の関連資料は、無論これに尽きるものではない。国立国会図書館憲政資料室の最近の調査によれば、高橋是清の孫賢一氏宅から、明治三〇年代の日記数冊と大正初期の外国人書翰（ダンボール一箱分）が発見されたという。このように高橋是清の遺族・子孫にあたるのはもちろんのこと、やはり今一度多磨霊園仁翁閣に立ち戻る必要があると思われる。その仁翁閣もまた戦後建物の老朽化が進んだため、昭和五〇年には有料休憩所としての使用が中止された。その後種々検討の結果、五〇年代末には一応の補修工事が施され、現在に至っている。

そこで高橋文書探索の場合、現存の仁翁閣自体ではなく、その沿革に再度焦点をあてるべきであろう。すなわち、何故多磨霊園から一部とはいえ六義園への移管が行われたのか、同時にそれ以外にも類似のことが行われたケースはなかったのか、という課題を追求することである。そしてもし同様のケースがあったとすれば、現在でいえば公園緑地部、より広くは建設局の管理する公園等の施設の中に、まだ眠っている可能性はないかということを、東京都の行政当局に尋ねてみる必要があろう。多少大がかりな調査になるかもしれないが、日本近代において高橋是清のなした業績に鑑みれば、それくらいの手間をかけるのはむしろ当然ともいえる。しかも単に漂流した資料のゆくえを探るというミステリー仕立てのおもしろさに加えて、先述したようにキーパーソンの一人と覚しき石川栄耀の介在を考える時、戦前―戦後を通じる東京の都市行政・都市計画行政の一側面を照射するような射程距離の長い問題が秘められている可能性もあり、それだけに是非とも腰をすえて取り組みたいものである。

それに実は、近代日本政治経済史にあれだけの偉大な足跡を残したにもかかわらず、高橋是清には未だ学問的批判に堪えうる評伝が一冊もない。その理由の一半は、あまりに面白すぎる『高橋是清自伝』の存在が研究者の対象に対する研究意欲を削いでいる点にある。読者はみな『自伝』の持つ伝法な語り口に魅せられてしまうからである。しかもそれを資料面でしのごうと考えても、すぐさま限界にぶつかるのが現状である。したがってまともな評伝を得るためにも、高橋の関連資料の探索が不可欠の条件となる。

ともあれ、これを契機に、特許庁、東京都、国立国会図書館憲政資料室、都立大付属図書館など関係部署をネットワーキングさせながら、高橋是清の関連資料のゆくえを追跡したいと念じている。(8)

註

（1）『商工政策史・14巻・特許』（昭和三九年）五五五頁。なお資料寄贈に伴う高橋側の条件について、特許局に残された資料では次のように述べている。「右引継ニ際シ高橋氏ハ（1）原本ハ特許局ニ於テ保管スルコト、（2）出版ニ際シテハ前後矛盾セザル様、年付順ニ編纂スルコト、（3）出版ノ際ハ一部寄贈セラル度キコト、等ノ三希望条件ヲ提出セラレタル外、出版ニ関シテハ一切ヲ当局ニ委任セラレタリ」

（2）『発明』（昭和九年一一月号）五五頁。

（3）『発明』（昭和一〇年一月号）三九頁。

（4）前掲『商工政策史』五五五頁。

（5）同前。

（6）『高橋是清遺稿集』のごく一部が、前掲『商工政策史』の資料編（五五三〜六五二頁）に復刻されている。中でも発明の思想と特許制度導入をめぐる論点が明確に整理されているものとして、特許制度に関する欧米視察（明治一八年一一月〜一九年一一月）から帰国直後の「帰朝講演（発明保護ノ必要性）」は面白い。またペルー銀山開発のため特許局長を辞した（明治二二年一〇月）高橋の特許行政に対する遺言とも言うべき「特許局将来ノ方針ニ関スル意見ノ大要」も、一〇年に及ぶ高橋の特許制度に関する薀蓄が傾けられており、一読に値する。いずれについても高橋の実際家としての特質がうかがえると共に、一種の政治（行政）文化論として読むことが可能である。

（7）『高橋是清関係文書』の中で特に目立つのは、高橋が特許制度の欧米視察で最も世話になったアメリカの特許院書記長スカイラー・ズリー（SCHUYLEE DURYEE）との往復書翰一六通（高橋宛九通、DURYEE宛七通）である。『高橋是清自伝』によれば、最初の訪問国アメリカにおける調査（一九年一月〜三月）がはかどったのは、DURYEEの配慮によるものであった。「特許院書記長ズリー氏は実に親切な人であった。私の米国における特許制度の調査が非常に順序よく運び、かつ種々の参考書類や模型などがさしたる困難もなく、手に入ったのはひとえにこの人のおかげといわねばならぬ。そうした事情で、ズリー氏とはついに家庭的にもすこぶる親密となり、時にはその宅へも遊びに行くようになった」（『自伝』上巻、二二五〜二二六頁）と高橋は述懐している。かくて公私ともにDURYEEと親しくなった高橋は、帰国後も連絡を続けたようである。そして往復書翰の中で注目すべきことに、高橋の帰国直後の明治二〇年初頭、DURYEEは特許院書記長を辞し、新しくビジネスを始めることになった。その一つが釘を扱う会社の創設であり、対日輸出を考えたDURYEEは、高橋に日本のサンプルを送るよう依頼したりしている。この後高橋がペルー銀山経営のため惜し気もなく特許局長を辞して官途を捨てる背景には、DURYEE のこうした生き方を目の辺に見たことも関係しているのではあるまいか。なおこの往復書翰の解読作業には、西川誠氏（東京大学大学院生）の協力を得たことを付記する。

（8）小論の作成にあたり、富田徹男（特許庁）、中村英夫（元特許庁、現弁理士）、松村光稀子（国立国会図書館憲政資料室）、本松陽一（都立大学付属図書館）の四氏に、大変お世話になった。記して感謝したい。

7　升味準之輔著『日本政党史論』全七巻

（東京大学出版会、一九六五～六八年、一九七九～八〇年。二〇一一年復刊）

※以下に掲載するのは、二〇一一年に復刊された際に第一巻の巻末に「解説　升味史論体のコスモス――〝自然さ〟の感覚を求めて」と題されて収録されたものである。

序　解説の位置――半世紀前と三〇年前と今との往還

廃藩置県から第二次世界大戦の終結まで、近代日本七〇年をカバーする、升味準之輔『日本政党史論』全七巻（東京大学出版会）が復刊される。一九六五年に刊行された第一巻を皮切りに、六六年に第二巻、六七年に第三巻と続き、六八年に刊行された第四巻をもって「第一次完結」となった。そして一〇年間の休止期間をへて、一九七九年に一九二〇年代の政党政治を扱った第五巻、八〇年に一五年戦争期を扱った第六巻・第七巻が刊行されて、「第二次完結」をみたのである。文字通りのパノラマ的大作であった、と言ってよい。

そこでまず、全七巻のパノラマの全体像を理解するため、目次を掲げる。

第一巻　明治維新から自由民権へ
第一章　廃藩置県
第二章　征韓論と西南戦争
第三章　自由民権運動
第二巻　明治国家の議会と政党
第四章　官僚制と府県会
第五章　一八九〇年代の議会と政党
第六章　初期の政友会
第三巻　大正デモクラシーと大陸政策
第七章　大正政変
第八章　東洋経綸
第九章　大戦期の内政と外交
第四巻　原敬の時代
第一〇章　地方政治と産業化
第一一章　官僚制と政党化
第一二章　原＝政友会内閣
第五巻　西園寺と政党政治
第一三章　西園寺と政党政治
第一四章　政友会と民政党
第一五章　日本共産党とコミンターン

全巻完結から三〇年が経った。著者は、昨年（二〇一〇年）、八五歳の長寿を全うして亡くなった。最後まで本書全七巻への手入れを怠らず、やがて来るべき日に備えていたと聞く。事実あるセミナーへの所感の中で、こう述べている。二〇〇二年のこと。

「私は、自分の書いたものを放置しておいたわけではなく、むしろ大切にしてときどきは必要があってあちこち読み直す。書いているときは、そのことに熱中しているから、そのことの意味に気がつかない。あとで、ときには何年もたってから、意味に気が付く。うまくいえないが、はじめに夢中になるのは、史料を集めて史実を確かめる楽しさであるが、あとになって気が付くのは、史実と史実の関係とかすじがきの構成といえるかもしれない。こうして頭の中のカオスがいくらかずつ整頓されるように思われる」。

著者にとっては、完結したらふり返らずという一回きりの作品ではなく、この三〇年間に、永久運動のようにくり返し読みこみ、そのたびに発見があったのだと想像される。常日頃は温容をたたえ穏やかそのものでありながら、時に火がついたような荒ぶる魂の躍動する様を、垣間見た経験のある者として、本書全七巻の解説という大技に挑むにあたり、三〇年前の評価と今の評価とをフラッシュバックさせるカタチで、二一世紀の今やはるかに若き学生や大学院生にむけて、あたかも古典の読み方を伝えるように心がけたい。なぜなら著者は若い世代との対話を好んでいたので、あちらの世界に逝ってなおその一助となれば幸いと信ずるからである。

実は、解説者は、今を去ること三〇年前、著者と席を同じくした都立大学の紀要（『東京都立大学法学会雑誌』二二―二、一九八一年）に、本書全七巻についての書評論文を書いた。これはついに人に知れることもなく久しく忘却の彼方に置かれたままであった。今般、新たに解説を書くにあたり、その基礎部分において、それを再活用する。あの当時、著者のこれらの作品に対しては、大小あれこれの書評が専門家によって書かれた。それらをすべて、この解説の終わりにまとめて掲げる。三〇年以上前の時代の雰囲気、本書をとりまく学界状況を知るには、一番手っとり早い方法だからである。ただしこの解説では、「第一次完結」までの書評を主として取り扱う。それは本書がこの世の中に初めて姿を現わした時の新鮮な衝撃を、今一度読者に伝えるために他ならない。

一　五五年体制・敗戦体験・輪廻――三〇年間の永久運動

では三〇年の時の流れで、変わったものは何であったのか。それにまずは答えよう。この解説でも、「第一次完結」分と「第二次完結」分との差異に着目する。それは三〇年前も今も変わらない。ただし時の流れは、著者のその後の問題意識を変え続けたし、解説者の本書全七巻への評価を変えることにもなった。

著者の本書全七巻執筆の長い時間的経過における叙述のあり方など姿勢の変化を、当時解説者は次のように指摘していた。

「『第一次完結』分と『第二次完結』分とにおける、著者の視点の置き方の微妙な相違に着目することである。それは、一つにはタイムラグによる著者自身の執筆姿勢の変化であると同時に、『政党史』という枠組自体の時代による有効性の問題と関連しているだろう」。

またかなりはっきりと「第一次完結」分と「第二次完結」分との評価の違いについて、三〇年前にこう書いている。

「評者は正直のところ、『第一次完結』分を高く評価するだけに、これと色々な意味で対照的な『第二次完結』分には、どうしても戸惑いと違和感を感ぜざるをえない」。

今、解説者は、この評価を時の流れの中で大きく変えた。とはいえ、右の文に続く解説者の当時の評価は、書き留めておかねばなるまい。

「しかし翻って考えてみれば、一九二〇年代から三〇年代にかけての歴史には、まだまだ未知の事象も多く充分説得的な分析視角が提示されているわけではない。その中で著者が意図的に、『ファシズム論』『革新派論』の双方を無視し、独自のいわば『諦観』史観で一貫してこの時期を描いたことは、評価されるべきであろう。それは、おこった事象をすべておこったまま うけとめ、淡々かつ悠々たる筆致で叙述していくことである」。

「諦観」史観と規定したことで、解説者は著者の執筆意図を狭い枠に封じこめてしまったと、今では率直に思う。「諦観」史観に陥った理由を、「五五年体制への見通しの相違から生じたもの」と早々に断定してしまったからである。それも確かにある。しかしその後三〇年に及ぶ著者の執筆活動を眺めると、それをも含めたより大きな「歴史叙述」そのものへの永久運動的な挑戦と、著者のそのたびごとの中間的着地点からの更なる飛翔への蠢《うごめ》きを捉えきれていなかった。いやその端緒は、本書第七巻の「あとがき」に実はほの見えていた。その部分を引用しておこう。

「あれこれ史料を読みつぎながら書きすすむうちに、道は、幾山河をこえて羊腸たり、政党史の枠をこえ、政治史の枠さえこえて、東アジア史や国際政治にまで拡がってしまった。こうなっては、『日本政党史論』という表題は、適切でない。が、表題にこだわることもないであろう。ウェスタン＝ユニオンは、全米的全世界的な電信会社であるが、はじめ西部の開拓地にできたから、この名がある。発足時の名称は、以後の発展を示すものではない。発展したからといって、もとの名称をかえなくともよい。これは、固有名詞である。ともかく、私は、三五年まえの八月一五日まで辿りついたのである。あれは晴れた暑い日であった。私は、瀬戸内海の小島で波打際の断崖に横穴を掘っていた。船舶兵二等兵だった」。

今読んでも不思議な一節である。脈絡は何もない。ただ思いの断片だけはある。正直のところ、当時の解説者には意味不明であった。その後の三〇年に及ぶ著者の一連の著作活動の中で、これらの断片はつながって統一した姿を見せ始める。「それからの武蔵」という話があるが、ここでも「それからの『日本政党史論』」を解説の最初に見ておかねばならない。幸い「『日本政党史論』と私」なる二〇〇二年のセミナーへの所感において、著者自ら次のようにその後について述べている。「戦後については『戦後政治　一九四五―五五年』二巻（東大出版会、一九八三年）、『現代政治　一九五五年以後』二巻（東大出版会、一九八五年）。『日本政治史』四巻（東大出版会、一九八八年）は、以上の要約ということになるが、新たに書き加えたのは、第一巻の序説「幕藩体制」、第一章「幕末一五年、王政復古」です。そのあと『昭和天皇とその時代』（山川出版社、一九九八年）を書いている。これで私の日本政治史関係の単行本の全部です」。

実に本書七巻完結以降、さらに二〇年をかけて、〝戦後史〟と〝通史〟、それに〝昭和天皇〟を書き上げた。しかも〝通史〟には、本書に先立つ幕末・維新期を書き加えている。今ならわかるのだ。著者は、後の解説で詳述するように、「第二次完結」分の執筆の途次で、五五年体制の現状への評価のゆらぎを経験する。そこで、執筆の動機を、知らず知らずのうちに、より根本的な著者の人生体験――敗戦時の自己――に求めるようになった。だから「政党史」でも「政治史」でもなく、でもそれでよいとつぶやいたのだ。著者に、本書全七巻が理屈を越えて血肉化し始めた瞬間だったと言ってよかろう。

五五年体制への新たな分析と再評価を重ねながら「戦後史」が次々と書き綴られていく。著者は正直だ。いつまでも倒れぬ五五年体制への忸怩たる思いからの解放感を、あの細川政権成立時に、「この夏の政変は、目をみはるばかりだった。自民党政権が崩壊して、三〇何年ぶりに溜飲が下がった」と、一九九三年の『日本政治学会会報』に晴れ晴れと記しているではないか。これこそは『日本政党史論』執筆の最初の動機から、ようやく脱しえた喜びの歌に他ならない。

だが、歴史叙述のあり方に戻ると、著者は「諦観」どころではない。やがてもっと沈んだ心境に陥っていく。五五年体制崩壊後の著者の気分がわかる一文をあげよう。さらなる「戦後史」概観の結末の部分である。

「歴史を書きながら私は、不思議な想念に襲われる。歴史は、ある結果が起こるに至ったプロセス（諸原因）の説明である。そのプロセスは、さまざまの可能性の競合であった。人々は、ある可能性に期待をかけて競い合い、そうするうちにいくつかの可能性が現実化し、他の可能性は潰れ、競合に決着がついた。潰れた可能性を発掘することは、起こりつつあった歴史の裏面や深部を探るために不可欠であるが、その可能性は、結局現実化しなかったのである。起こったことはすべて、そうなるべくしてそうなった。不可避だったと説明しなければならない。冷却した溶岩のような過去が残すのは、体験と教訓だけである」（「戦後史の起源と位相」『戦後日本②占領と改革』岩波書店、一九九五年）。

シニシズムに陥る一歩手前のリアリズムだ。著者はこのような心境にまで到達したのかと今、改めて感嘆せざるをえない。「第一次完結」分には無論のこと、「第二次完結」分にも、ここまでの告白はない。若き頃の著者は、歴史叙述への耽溺を、むしろ楽しんでいたはずだから。

これはまた著者の「敗戦体験」が煮つまってくる過程でもあった。そこで同じ論文の書き出しと結末が奇妙に連なっていることに気がつく。著者は、あたかも『日本政党史論』第七巻のあの「あとがき」の続きの如く、こう書き出している。

「年々歳々八月一五日がやってくる。あの日は、晴れ上がった暑い日であった。私は、陸軍船舶二等兵で、瀬戸内海の断崖に舟艇用の横穴を掘っていた。それから、復員してリュックサックを担いで焼け野原の東京に出てきたのは、一〇月末だった。たしかに私は、敗戦と占領の時代に生きていた。しかし、私の経験を全部思い出してもあの時代はとうていわからない」。

何を隠そう、この書き出しと結末の文章は、『昭和天皇とその時代』の「はじめに」と「あとがき」に、ものの見事に埋め込まれているのだ。おまけに著者は、「いまからふりかえれば、あれは、日本近代史に生じた最も深い断絶であった。幕末維新からはじまった近代史は、ここで崩壊し、その奈落の底から二度目の近代史が這いあがってきたのである」と、書き出し部分に付け加えている。かくて著者の歴史叙述への動機は、昭和天皇を描くことによって、満たされる。したがって、『日本政党史論』完結後、二〇年たって、著者は、ようやく『日本政党史論』第七巻の本文の末尾の文章――「敗戦の痕跡は風化してしまった。その上に豊饒の巷が拡っている。けれども、象徴天皇と戦争放棄は、いまもなお日本民主制の基層に埋めこまれている、最も重大な政治的賭である」――を、著者なりに深化させた成果を出したと評価できるのではないか。

では果たしてこれをもって「それからの『日本政党史論』」の永久運動は、歩みを止めたのであろうか。実はそうではない。著者の心はなお疼《うず》いていた。その証拠が出てきたのである。

著者は亡くなる二年前、生前最後に公刊された『なぜ歴史が書けるか』（千倉書房、二〇〇八年）の中で、あたかも遺言のように、『日本政党史論』完結以来三〇年にして到達した心境を、こう綴っている。

「明治維新にはじまる日本近代史を、私はもう一度書きたい。それは、絶えず発見と感慨をひきおこすなつかしい歴史であるが、けっして楽しくはない、にがく悲しい痛嘆と鎮魂の物語である。
時が許せば、それを書かねばならない」。

業《ごう》だ、業火《ごうか》の中に身を投じようとする著者の姿がそこにある。酸いも甘いもかみわけた末の著者の着地点が、五五年体制からも昭和天皇からも解き放たれて、今一度それでも「日本近代史」に挑戦したいという新たなる出発点を見定めていた事実に他ならない。著者の「それからの『日本政党史論』」の行く先は、止まることを知らぬ永久運動であった。著者の赴くところは、『日本政党史論』をめぐる〝輪廻転生〟の世界であると言っても、過言ではない。

そこで著者の永久運動を確認した時点から、一挙に半世紀以上も前のはるか地平線の彼方にある『日本政党史論』の原型が生まれた時点へと、タイムスリップしよう。おそらくは著者にとっては、先学による知識汚染にまみれることなく、自由気儘に研究対象に取り組もうとした、あのうれし楽しの〝来し方〟に、ベールを一枚また一枚とめくって迫っていく作業に映じるであろう。

二　五五年体制からの出発――『日本政党史論』刊行以前

著者は一九五五年頃から、「第一次完結」分（第一巻―第四巻）の原型の一つをなす論文「日本政党史における地方政治の諸問題」の作成準備にとりかかった（「日本史研究と政治学」『岩波講座・日本歴史25』岩波書店、一九七六年。以下、M-一と略記）。一九五五年といえば、一九九三年に至るまでの戦後の政治体制を決定した年であった。すなわち社会党統一と保守合同とによる、いわゆる五五年体制の成立である。その後著者自身が、「もちろん、講和条約も占領体制も太平洋戦争も、さかのぼれば数かぎりない事件や人間の所産が現在を構成していることはまちがいない。しかし、それらがなだれこむ巨大な政治ダムができたのは、やはり一九五五年といってよい」（『現代日本の政治体制』岩波書店、一九六九年）と述べ、その画期性を認めている。さらにそれから四半世紀経った時、著者は「一九五五年の政治体制」と題する小論を書いたのは、『思想』の一九六四年六月号であると述べ、「自民党結成から五五年体制という言葉ができるまで一〇年近くかかった」と、一九九三年の『日本政治学会会報』で回顧している。

著者がまず取組んだのは、現状分析である。占領終結から一九五五年までの時期の政党政治を対象として、集中化・大衆化（後に流動化）・組織化の三つの観点から分析した「政治過程の変貌」（一九五八年）と題する論文（『現代日本の政治体制』所収）において、著者は、一九二〇年代の政党政治からの変化を重視し、合同後の保守政党の展望までを試みている。当時著者の問題関心は、「近代的合理的な大衆政党の組織化がすすまなければ健全な議会政治の実現は不可能である、しかるに、伝統的名望家支配は大衆政党の発展を阻害する、という固定観念」（M－一）と分ちがたく結びついていた。それ故、この固定観念と五五年体制の前途への懸念とから、著者は集中化・流動化の中でおこる組織化の問題を、歴史を遡って研究することになる。そしてそれは、「名望家政党はいかにして全国的政党になったか、一九二〇年代の政党政治はいかにして可能であったか、その政党政治はなぜかくももろく軍部の支配に屈服したか」（M－一）という、一連の問題設定に発展していく。

このような政党政治への関心から、次に欧米の政党論に関する考察を行った「日本政党史論（序論）」（一九五八―五九年）という『思想』連載論文が生まれる（「政党制と官僚制」と改題して『現代政治と政治学』岩波書店、一九六四年に所収）。ここで著者は、イギリス・アメリカ・フランス・ドイツの政党史を分析の対象としている。特に著者は、一八七〇―八〇年代に成立する各国の政治体制に重点を置き、政党の形態と機能、政党組織と国家官僚制との関係、政党の組織上の発達の三点に留意しつつ、オストロゴルスキー、シーグフリード、シャトシュナイダー、ミヘルス、ウェーバー、ラスキ等の古典的な政党研究の紹介と批判とを展開するのである。もっとも著者は後に、「思考訓練には役立ったが、だいたい政党史だけを比較しようというのが無謀の業である」（M―一）と反省している。その故もあってか、『日本政党史論』では欧米の政党との明示的な比較は、断念されてしまった。しかし、著者のこうした比較史的試みは、日本政党史分析の際、資料の交通整理や枠組の設定において、あたかも背後霊の如くにそこはかとない影響を及ぼしている。

さてこのような経緯の後執筆された『国家学会雑誌』連載論文、「日本政党史における地方政治の諸問題」（一九五九―六二年）で、著者は次のように述べている。

「近代日本は、ある時期に、二大政党による政党政治を経験した。しかし、その政党は、組織という点からみれば、おどろくほど貧弱なものであった。（中略）地方における政党組織の持続的展開はまったくなく、それとは無関係に、中央政界における政府と政党の特殊な対立と妥協によって政党政治への道がひらかれ、そうした政治的中枢の変動が震源となって政党化の津波が地方にひろがるのである」。

かくて、地方政党史に一貫している〈中央震源性〉と〈中央指向性〉とが結びついて、近代日本の政治体制の中に、「政党組織のない政党政治」が生まれたと、著者は断言する。そして具体的に、この論文における分析の焦点は、代議士や地方議員の地盤の構成、彼らと知事＝府県庁および政党本部＝支部の関係に絞られた。この論文は、後に『日本政党史論』第一巻―第四巻の中に、かなりバラバラに分解されて収められてしまう。各章にビルトインされた部分については、およそ次のように指摘しうる。すなわち、第三章の一部―各地の士族結社および豪農結社、第四章の大半―官僚制の形成および府県会と地方政治、第五章の大半―初期議会および自由党四派、第七章のごく一部―政友会首脳部、第一〇章の前半分―地方における実業と政治、第一一章の全部―官僚制の発展および専門化と政党化、第一二章の前半分―政友会の組織と指導、である。

このように見てくると、著者の分析が地方政治の展開と官僚制の発達とを媒介にしながら、第一に明治二〇年代（初期議会）から三〇年代にかけての自由党に、第二に明治三〇年代後半（日露戦後）から大正中期（原内閣成立）にいたる政友会に、各々集中していることがわかる。言い換えれば、この論文は著者の執念が実る形で政党の構造的特質の解明に成功しており、したがって前述した著者の現状分析からの問題関心や、欧米政党論からの示唆を反映して、政治史的叙述と並行する形で政治学的分析への集中度が著しい。それ故、後に『日本政党史論』にビルトインされた際、本書の最もハードな側面＝構造分析的な側面を形成することになった。ちなみに第二巻・第四巻において、特に著者の分析視角および問題関心が明確に現われるのは、第一巻・第三巻に比較してこの原型論文の比重が大きいためと考えられる。

一九六〇年代は、解説者たちの世代にとっての〝師〟の世代が、青年客気にあふれ、当時の学界を批判し乗りこえようと苦闘し始めた時期である。〝マルクス主義史観〟あるいは〝歴史学研究会史観〟

といったイデオロギーに飲みこまれつつもそこから脱出せんと欲する当時の若き世代が、まずこの著者の論文に注目している。彼等は、次のように「政党史」として高い評価を与えた。まず佐藤誠三郎氏（大久保利謙・海老沢有道『日本史学入門』広文社、一九六五年）はこの升味論文について、「政党史の研究に新しい進展をもたらした」「唯一の本格的研究」と評し、藤村道生氏（『史学雑誌・回顧と展望』一九六三年五月号）も「従来、未開拓であった分野に鍬を下した意義を担うもの」と評し、両氏ともに日露戦後における中央―地方の政党と官僚との結合関係の指摘に、この論文の意味を見出した。また鳥海靖氏は（A―三）、「近代日本の全体的な政治的枠組みの中で、政党固有の機能をその構造的特質と関連づけつつ立体的に考察」し、「政党史研究に新分野を開拓した数少ない労作」との的確な批評を行った。

著者は全七巻完結して後しばらくたって、都立大学退職記念講演「政治学と私」において、次のようにこの論文について述懐している（『UP』一九八九年九月号、一〇月号）。

「私は、まったく自己流に読んだり書いたりしていたので、突然『国家学会雑誌』に出ると、歴史家にはずいぶん不届き、不行届きな論文に見えたようです。私もそう思います。そのごは、出典や引用には気をつけて、だんだん歴史家らしくなったと思うが、どうでしょうかね」。

実は著者自らが歴史家には「不届き、不行届きな論文」に見えたろうと追憶するこの論文には、構造的分析の側面とならんで、やがて独自の「史論」スタイルに昇華する政局史的叙述の側面も、すでに萌芽状態にあったと言ってよい。著者に、叙述の参考とすべきものはあったのか。実は著者は、同じ講演の中で、『政変物語』や『原敬伝』など一連の歴史物を書いた前田蓮山の書きぶりの面白さをあげている。著者が新聞記者出身の著作家の歴史叙述にインスパイアされたことの意味は、重要である。あの時代に、最初の時点で学者特有の難解な文体から距離をとりえたこと自体が、驚きなのだから。

かくて、前田蓮山に触発された政局史的叙述は、その後の著者の書きっぷりを規定していく。そしてそれが著者の歴史叙述の前面に躍り出るのに、さして時間はかからなかった。「大正政変とその前後」（一九六二―六三年）という著者の『東京都立大学法学会雑誌』掲載論文こそ、それに他ならない。この論文は、鳥海靖氏（『史学雑誌・回顧と展望』一九六四年五月号）の適切な表現によれば、「政友会首脳のリーダーシップと地方組織の観点から大正政変」を扱い、「『中央震源性』と『中央指向性』という政党構造の特色を軸として究明」している。つまりここでは、前述した原型論文にみられた中央―地方の相互関係についての構造分析の展開に加えて、新たに「西園寺政友会総裁の政権に淡白なゆえの無気力さを中心に」、山県・桂・原らの「政界首脳のパースナリティ・行動様式の面から政変を捉え」ているのである。大正政変の場合、中央震源性と中央指向性は、政党の各地党員の関心が「護憲」ではなく「政権」そのものにあり、それ故にこそ中央での政党の去就が明らかになるや、その中に運動が吸収されてしまうということに示される。そうであれば当然のことながら、政党史においても政局史的側面の理解がより強く要請されることになろう。

『原敬日記』を中心に、数多くの伝記や回顧録を渉猟した著者は、ここで初めてかなり大胆かつ自由闊達に、政治家分析を通じた政局史分析に手を染めている。つまり、『日本政党史論』に独得の叙述上のスタイル（文体）の基本を確立した。こうして著者はさらに、「廃藩置県」（『東京都立大学法学会雑誌』五―一、二号、一九六四年)、「征韓論以後」(『思想』一九六五年四月号)、「大同団結」(『東京都立大学法学会雑誌』六―一号、一九六五年)と書きつなぎ、物語として読んで面白い巧みな語り口に、ますます磨きをかけていった。同時に著者は、『日本政党史論』刊行準備のため、かなりの分量の書きおろしや旧稿の書き改めを行い、これらもすべて後には「升味節」と称される独自の――解説者はこれを「升味史論体」と呼びたい――文体にまとめられていったのは言うまでもない。そしてその作業を通じて、『伊藤家文書』『翠雨荘日記』等の一級史料に、著者は耽溺していったのであろう。著者は後に、「耽溺だけで歴史が書けるわけではないが、これ以外のなにかが彼を歴史家にし、歴史家たりつづけさせているとは信じがたい」(「なぜ歴史が書けるか(一)―(八)」『UP』一九八一年三月号―一〇月号。以下、M―二と略記)との確信を披瀝している。

さて以上に述べた、構造分析の側面と政局史的叙述の側面とに加えて、『日本政党史論』の第三の構成要素を明らかにせねばならない。それは、「日本と中国の近代史の比較と関係」(M―一)という問題関心に触発されたものであり、類似した出発点から始まった日本と中国の近代史のその後の展開の相違への着目であった。つまり、「どうして一方では急速に統一国家ができ、他方ではできなかったか?」という疑問の解明に他ならない。さらに「完全に背馳した方向に展開した近代史が相互に原因となり結果となっていること」に、著者は注目している。こうして「日本近代史に中国近代史を組み入れたい」(M―一)という著者の強い願望から、「日本近代史と中国」(『思想』一九六一年八月号、六二年一月号、三月号)という論文が生まれた。もっともそれだけでは、政党史論との関連が明確ではない。著者は、自由民権運動における民権的側面に対する国権的側面の発露の部分(大阪事件)の書きおろし作業（第一巻第三章）をへて、集権化に対する「横流」という視角でこの問題を把握しようと試みる。そして第三巻の第八章・第九章に、「大陸浪人」、「辛亥革命の周辺」、「中国とロシア」（それぞれ『東京都立大学法学会雑誌』七―一、二、八―一号）という形で、集中的にビルトインされるのである。

かくて構想以来実に一〇年、様々の試行錯誤の末、三つの構成要素から成る『日本政党史論』が誕生することになった。

三　第一次完結――一九六八年まで

では『日本政党史論』においては、以上に述べた三つの構成要素を統一する視座をどのように設定し、叙述を展開していったのか、それらは実際にどの程度成功をおさめたのか、また個別論文の集積ではなく、一つの統体として登場した『日本政党史論』は、あらためてどのように当時の学界に受容されていったのか、以下これらの問題を議論していきたい。

まず著者は、各巻とも三章仕立てというバランスのとれた形式をとり、各章冒頭に「まえがき」をおいて、その章の見通しと各章間の相互関連について述べている。「読者の多くは、舟遊の部分でローレライの歌にひかれて溺死するらしい。ここを読めば溺死をまぬがれるはずである」（M－二）と後に著者は述べており、「史料につられて流れを下る舟旅のよう」（M－二）な各章の叙述に対して、「全体のスジガキや枠組、論評や展望を述べる文章」（M－二）を、かなり意識的に設定している。

第一巻において著者の視角は、「近代国家の発端に《集権化》がある。明治政権は、集権化に成功することによって、日本近代史の端初をきずいた」という表現の中に示唆される。「集権化」を軸として、明治政府最初の一〇年を、中央が「旧藩的地方的権力を打破し吸収していく歴史」ととらえる以上、著者の議論は当然のことながら「廃藩置県」に始まる。廃藩置県の過程は、中央政府対地方権力、及び中央における薩長対立を軸として描かれ、さらにこれに続く「集権化」の過程が征韓論と西南戦争をめぐる同様の対立軸によって描き出される。

その際著者は、大久保・木戸・西郷らの政治的思惑と行動とを、彼等のパーソナリテイ・人間関係・心情の内面にまで立ちいって明らかにする。そして鳥海靖氏（A－三）が評するように、「行為者の当初の意図と、その結果とに見られるズレ」の集積によって、政策決定過程をヴィヴィッドに描き出し、歴史家の陥りやすい「結果から逆算して、それがあたかも当初から首尾一貫した意図と計画のもとに進行したかのごとき理解」を排している。この点の評価は、二一世紀の今日においてもなお妥当するであろう。

西南戦争後、全国を管理すべき官僚機構を整備し、「集権化」を完成に近づけつつあった藩閥政府に対して、征韓派に端を発し、豪農商層に支持を拡大していった自由民権派が、武力的反発とは異なる「集権化」への「逆流」として登場する。その際坂野潤治氏（A－五）は、「集権化をめぐる相克の中で民権運動をとらえる」という著者の視角によって、「政府の集権化政策によってもたらされた流通網の発展が、代言人や新聞記者による遊説や民権新聞の発行を容易にし、全国的な国論の形成を民権派のヘゲモニーのもとに行うことを可能にし、他方同じ政府の集権化政策が、民権運動の基層である豪農層を分解させ、全国的政治運動としての民権運動を挫折させる」というユニークな見解が生じたと評価している。

この点の評価は、次に述べる第二巻の第四章（一部第三章と重複）に対する評価とともに、これまた二一世紀の今日もその意義を失っていないと言うべきであろう。それは、「集権化」によって促進される「社会的流動化」の中における、豪農商子弟の東都遊学熱の方向転換という著者の指摘である。すなわち一八八〇年代において、それまで民権運動に吸収されていた「天下熱」が、「集権化」の進展にともなう官僚制の整備につれて、官界の階梯をめざす「立身熱」へと変わっていくことである。この点を含めて大森弥氏（B－三）は、「明治官僚制の形成に関するすぐれた歴史叙述をふくみ、必ずしも十分ではないが、その人的構成と養成機関の特性を統計数値を使って解明」したものと評している。

さて著者は、次に「地方的階級」の形成に注目し、地方民権家が全国的運動から府県会活動へ転換し、政府が設置した地方制度の枠内で、地域的利害や役職配分をめぐって様々の党派形成を行い、やがて国会開設をめざす上昇気流を生んだことを述べる。続いて一八九〇年代の政党について、自由党を中心に、とりわけ議員団中心主義の確立や藩閥との提携工作を通じて、星亨の政治指導の展開に力点を置きながら述べている。他方藩閥内部における伊藤・山県の対立から、伊藤の政友会創立、さらに桂園時代への移行過程を、伊東巳代治を一つの軸に描き出すのである。

ここで著者は、政治の舞台で活躍し始めた人物を、それぞれの立場に即して生き生きと描き出す。なかでも伊東巳代治の政治活動については『伊藤家文書』の伊東書翰や伊東の『翠雨荘日記』を用いて、その心理的動機にまで立ち入ってえぐり出している。「盆栽手入れ」が転じて「政治手入れ」になる様を文字通り活写しているのだ。良い意味での著者のストーリーテラーとしての面目は、ここに躍如たる趣がある。伊藤・桂・原とのからみで、第六章が「伊東巳代治」論として出色の出来ばえたることは、二一世紀の今日においてもやはり変わらない。

第三巻は、本来は日露戦後から大正末までをカバーする予定であったが、原稿が長くなったため三巻・四巻の二巻に分ち、原と山県の死で一応打切りとなったという。この二巻で著者は、「集権化」対「逆流」「横流」という大枠の中で、「集権化」の進行が「逆流」と「横流」を激化させ、しかもそれらへの対応によって「集権化」自身が変化し、同時に「集権化」に対する「逆流」「横流」もまた変転するという関係を、具体的に描き出す。日露戦争後成立した官僚派と政友会との妥協と共存とによる「桂園体制」が破綻をきたし、大正政変にいたる過程を、原・桂・西園寺・山県の人間観察を通して、桂の自己過信と原の政友会統一への腐心を軸に叙述する。またこの時、「逆流」としてひきおこされた「護憲運動」の背景に、「産業化」による実業家層の政治的比重の増大と、「都市化」にともなう群衆の騒擾可能性と国論の沸騰可能性とが示唆される。さらにこの時期に決定的となった大陸への「横流」が、大陸浪人などの大陸への膨張と大陸の膨張尖端からの逆流を生み出し、対外政策の混乱と国内変動をもたらす様が、辛亥革命・満蒙政策・ロシア革命に即して語られる。

以上の第三巻に関する、「ここには制約を超えた自由な飛翔がある。それを可能にしているものは政治学の理論を基礎とした歴史把握の枠組の確かさとそれを支える史料の読みの深さ、そして人間性洞察の鋭さであろう」という関口栄一氏の評（C－二）は言いえて妙である。

第四巻において著者は、「産業化」の進展と政友会の伸張とを背景に、知事の政党化と政友会の地方利益散布政策とにより、地方政治の政党化が進むと説く。同時に藩閥官僚に代わる帝大官僚の政党化を通じて、政友会の党勢はさらに拡大する。他方政党の地方支部は、党本部と官僚制に直結して地方利益の実現をはかる。かくて官僚の政党化と政党の官僚化とが相俟って、山県と原との相互依存を前提とした原政友会内閣が成立する。また「産業化」にともなう「都市化」の進展により、言論社会の膨張と中央化が進み、群衆と騒擾の政治過程における比重が増大し、米騒動がその一つの頂点をなす。そして「産業化」と「都市化」とから、労働運動および社会主義運動が勃興していく過程を、友愛会の成立から日本共産党の成立に即して描き出す。

以上の第四巻について、「資料に雄弁を振わせ、人間関係を極度に細叙することによって政策決定の『機徴』を伝えようとしている」と述べた成沢光氏の評（D－一）は、特に原・山県の「連合体制」の形成と展開について見事に妥当するであろう。同じことを松尾尊兊氏（E－一）はより素直に、「升味さんが『日本政党史論』で精細に書いておられますが、山県と原との接近ですね。僕もむかしそのことを書いたんだけれども（中略）、ああいうふうにはうまく書けませんでした」と語っている。

こうした動きと並行して、「第一次完結」分全四巻についての総合的な評価の試みがなされている。まず松沢哲成氏（C－一）は、「叙述の巧みさと共に、飛躍した高度の抽象性に走らず区々たる実証に堕さない中程度の一般化を要所要所に詰めて、読者を惹きつけて離さない魅力を持っている」と述べ、すでに言及した「集権化」対「逆流」と「横流」という大枠の意味を高く評価した。次に成沢光氏（D－二）は「生き生きとした歴史のイメージを再構成するためには、一回的なものに対する豊かな感受性と高度な抽象力が要求される。著者が本書を敢て『史論』と題して、この困難な課題に取り組み相当の成果を収めたことは十分に評価されねばならない」と評し、著者独自の「史論」スタイルの成功を示唆している。

以上の評価を前提として、伊藤隆氏（F－一）は「その息をもつかせぬ面白さ」の意味を解き明かす。すなわち「政治的対立が、それぞれの側において『正義』と不正の闘いであり、それぞれを内在的に理解し、その上でつきはなして観察し、解釈し、政治史上に位置づけて行くことによって、思いがけない歴史の断面が露呈されて来る、といった面白さが充満している本書の面白さ」は、いわゆる「講談的」面白さとは無縁であると断じている。そして博引旁証で「戦後の諸研究を驚くほど貪欲に吸収している」本書に、実はまったく新しい史料によって新しい事実を明らかにした点は少ないことを指摘する。しかし個別研究の成果が既述の大枠の中で著者の視点から再構成されると、「個々の史実が従来考えられて来たものとしばしば異った新しい意味を附与されている」点を、伊藤氏は高く評価しており、この評価は二一世紀の今日においてなおくり返し強調さるべきであろう。著者は後年、「同じ事件を同じ史料で説明しながら、目のさめるような洞察力や迫真力をもつ叙述に出くわす。それは非常識ではない。常識の非凡な用法である」（M－二）と書いているが、これはまさに著者の自評であるといっても過言ではない。

四　第二次完結——一九八〇年まで

ところで著者の当初の問題関心は、くり返すが戦後政党政治の現状分析にあった。それ故、『日本政党史論』の執筆刊行と並行する形で、五五年体制の分析も続けられている。後に著者は「『一九五五年の政治体制』がそのなかではじまった経済的成長によってどれだけ変動するか、集中化—流動化—組織化がどのようにすすむか、政策決定過程がどう変るか、自民党支配はいかにして維持されるか、また崩壊するか」（Ｍ－一）が問題だったと書いている。ともかく著者は、『日本政党史論』第一次完結と前後して、これらの現状分析をまとめて、『現代日本の政治体制』（岩波書店、一九六九年）として刊行した。

その中で著者は、史論スタイルを踏襲し、やはり資料内在的に二大政党制を分析している。ただ歴史分析の場合と異なって、ところどころに著者の五五年体制に対する諦観と変革願望との微妙に交錯した感慨が表明されている点に、一つの特徴がある。たとえば著者は、「一九五〇年代末からの高度成長と社会的変化によって、またはにもかかわらず、自民党支配の二大政党制は持続している。二大政党制は社会的変化に依存し安定したようにみえる。しかしまた、社会的変化は二大政党制の崩壊の条件をつくりつつあったともみられる」と述べる。そして「自民党は党近代化に成功しつつあるがゆえに、支配的地位を維持しているのであろうか。そうではない。党近代化のみるべき成果はほとんどない。自民党は党近代化に成功しないにもかかわらず、支配的地位を維持しているといってよい。この時期の高度成長が経済的奇蹟であるとするならば、自民党政権の存続は政治的奇蹟というべきであろう」と慨嘆するのである。

結局著者は、「復旧不可能な事態は、通常形態を繰返すことによって自民党絶対多数の社会的条件が流失するときくる。そのときは、自民党と社会党による総選挙と衆議院の独占が困難になるであろう。すなわち、自民党支配が動揺し、二大政党制が収縮し、一九五五年の政治体制は崩壊する。それはまた、保守政権と議会制が天秤にかけられる時期であろう」との、変革願望的予測を結論にした。『日本政党史論』全七巻完結後まもなく、著者は、その結論が「フヌケタこと」（M－二）であったと正直に認めているが、問題はそこにあるのではない。名望家政党から大衆政党への転換による五五年体制の崩壊という著者の変革期待が、実は歴史分析における一九二〇年代の政党政治の展望と分ちがたく結びついている点にこそある。「血湧き肉踊る一九二〇、三〇年代に及ぶことなく」おわってしまったと慨嘆する『日本政党史論』第四巻において、著者はやがて来たるべき農民運動や労働運動に対して、「政党組織なき政党政治」が適応不全に陥ることを示唆した。著者は慎重に結論を保留してはいるが、「組織」なき故に戦前の政党政治は崩壊したという見通しを、そこに看取することができる。

ともあれ著者は、『日本政党史論』の第一次完結と共に現状分析にも一応のメドをつけた。それから一〇年余、しかし著者の期待に反して五五年体制は崩壊しなかった。著者は現状分析に「手をつけてみてもいっこう興味がわかない。私が悪いのか、現代日本が悪いのか」（M－二）と自問し、「ともかく、これほど面白くないのも珍しいのではなかろうか」（M－一）との諦観の境地を表明している。そこで現状分析への関心とは一応切り離されて、『日本政党史論』第五・六・七巻（一九七九―八〇年）が、今回は全部書きおろしの形で執筆刊行されることになった。「第二次完結」分におけるこのような著者の執筆姿勢の変化は、その分析叙述にも大きな変化を与えずにはおかないであろう。

第五巻において、著者はまず一九二〇年代の政党政治を、階級的利害対立のない政友・民政両党による「純粋政治的な権力闘争」として描き出す。そこでは、常に中間内閣の可能性を考慮していた

「人格化されたルール」たる元老西園寺の役割が重視される。そして八年にして政党内閣が没落した理由を、政党内閣の「能力」をこえた「運命」に求めている。続いて「中央化」造山運動の中で、「伝統名望家」にかわる「役職名望家」の台頭という社会変動があったにもかかわらず、政党は官僚知事に依存して大衆政党化しなかったと分析する。さらにこの時期の議会政治の圏外にあった無産政党運動の世界を、共産党に即して、コミンテルンとの関係と地下運動に対する社会文化史的興味とから描くのである。

本来一巻構成の予定であった第六巻・第七巻においては、対外閉塞から誘発された満州事変および国家改造運動が、元老と政党政治に決定的打撃を与え、中間内閣の下で政友会が凋落し、国体明徴運動により「尊厳的部分」が白熱する様が、まず描かれる。続いて二・二六事件から敗戦に至る政局を著者は、「推進集団」陸軍と「反発集団」政党という両「攪乱集団」と「奏薦集団」宮中グループとの対立抗争と規定し、そこに「崩落の構造」を見出す。さらに戦時動員体制が、翼賛会の地方組織をとりこんだ内務省―地方名望家の体系を主軸とし、旧政党人代議士がこれに依存する以上、翼賛選挙においても結果は変わらないことを明らかにする。著者は、そこで「戦時動員とは『大衆社会』であれ、『名望家社会』であれ、要するに強要と諦観なのだ」と言い切る。そして「むしろ『名望家社会』のほうが動員能率が高いかもしれない」と指摘し、戦時動員の徹底化は名望化社会の解体の促進につながると述べる。だが、「たった四年間しか続かなかった即興的動員がどれほどの社会経済的影響を遺すであろうか」と即座に自らの回答に反問することになる。結局著者は、戦時動員に際しても強固な「名望家社会」の不能動性を確認しており、戦中―占領期―高度成長期という長期の社会的経済的変化の中で、「名望家社会」の解体を展望せざるをえないのである。

以上の「第二次完結」分に、「第一次完結」分の三構成要素（構造分析・政局史論的叙述・日本と大陸との関係）を、基本的には確認することができる。ただしそのバランスが変わり、新しい要素が付加される。まず政党が「反発集団」として収縮し、「推進集団」陸軍や「奏薦集団」宮中グループが肥大化の一途をたどるため、叙述の対象は専ら「推進」、「奏薦」の新たなアクターにならざるをえない。したがって政党はこれらに「反発」する脇役の座に甘んずることになる。著者の歴史叙述は、純粋政治の世界の中で横並びになったまま、奈落の底に落ちてゆく、三集団間の政治力学の解明に傾注し、三つどもえの中を蠢く人間模様を精細な描くこととなる。だから「第一次完結」分のように「集権化」に対する「逆流」と「横流」が相互にからみあう中から醸し出される政治のダイナミクスは、「第二次完結」分にはまったく見出すことが出来ない。

したがって、政党と地方政治や官僚制との関連の分析も漸減していく。総じていえば、第五巻を最後に政党の構造分析的側面は姿を消すのである。かわって、日本と大陸との関係の肥大化から、満州事変・日中戦争・日米戦争といった東アジア史―国際政治史の構成要素が新たに登場する。また著者の社会心理学的関心を反映して、共産党、国家改造運動、二・二六事件、についての詳細な叙述がビルトインされている。

このことは、次に述べる著者の「史論」スタイルの変化と無関係ではない。なるほど著者は独得の語り口で、一言にして共産党を、「天眼鏡のなかのとかげを恐龍とまちがえてはならない」と見事に位置づけている。しかし総体としてみた場合、第二次三巻と第一次四巻との決定的相違は、引用の長さに示される。それはどのページをくったとしても、視覚的にはっきりしているだろう。著者自身それが意図的であることを、「第一巻を書いたころは、みんな手書きで史料を写さねばならなかったから、つい引用は短か目になったが、ゼロックスが簡単に使えるようになってからは、じゃんじゃんコピーをとり、鋏で切りとって原稿にはりつけた」（M－二）と告白しているのだから。

かくて引用が長くなれば、著者自身の文章は必然的に短くなる。著者はあえて資料を前面に出し、自らはその間をつなぐ舞台まわしの役に徹してしまった。その徹底ぶりは、二・二六事件の記述で著者自身の判断を示さず、史料併記ですませていることに現れている。

こうした「史論」スタイルの変化は、著者の人間観察の叙述において最も明瞭なコントラストをなしている。かつて伊藤・山県・伊東・原・西園寺・桂らを縦横無尽に切り呵《さいな》み、きわめて個性豊かな人間として描き出した、その饒舌ともいうべき巧みな語り口は閉じられてしまった。政友・民政の政権争いに登場する床次・安達・若槻・犬養ら政党人、また宮中の政治化と非政治化の葛藤に現われる西園寺・牧野・湯浅・木戸・近衛・原田ら宮廷政治家、いずれの場合も彼等は一転して淡々たる筆致の中に浮き彫りにされるのである。

このような「史論」スタイルの変化は、他方ですでに述べたように著者の五五年体制への見通しの相違から生じている。つまり意外に強力な五五年体制の現状をみて、著者は一九二〇年代の政党政治の没落の評価も変えてしまった。すなわち著者は、「政党組織のない」政党が名望家社会の変容に対応しきれず没落したとする漠然たる見通しを修正する。むしろ地方における名望家社会の動向とは無関係に、中央における純粋政治的な権力闘争の中で、政党の「能力」をこえた内外に拡がる危機という「運命」によって、政党政治は没落したと強調するのである。そしてこの「運命」を背景とするが故に、著者はわずか八年間にせよ政党政治の存在自体を高く評価することになる。

「第一次完結」分と「第二次完結」分との「史論」スタイルの変化を、実は著者は自覚していた。いや、それは意図的でさえあった。「第二次」を執筆中の一九七九年、「私が文章を書くとき」というエッセイの中に、こんな一節がある（『地方自治職員研修』一二月号）。

「三〇歳のときの文章は、三〇歳でなければ書けない。しかし、五〇歳になれば五〇歳の文章がある。私の文章のパラグラフは短くなった。いまごろは三〇〇字平均で、三〇歳のころの三分の一くらいであろうか。センテンスも短くなり、副文章や接続詞が少なくなったと思う。ポキポキの文章だとひとはいうけれど、中国古典をみよ、あれはポキポキではないか。いまの私にはこれがいちばん書きやすい。私の波長に乗るようだ」。

また全巻完結後しばらくして、都立大学退職記念講演「政治学と私」（『ＵＰ』一九八九年九月号、一〇月号）の中で、こう追憶している。

「『日本政党史論』四巻（東大出版会）を出したのは、三九から四二のときでした。面白い資料があるところには贅肉が重なる、資料がないところには大穴があくといった工合で、バランスが崩れているが、とにかく書いているうちは楽しかった。読者のためより自己充足のために書くのですから、楽しくないはずがない。つづく三巻を書いたのは、五〇代になってからですが、このときは『政治学講義』も書いていたし、枠組みもかなり考えた。そして、歴史家は、淡々と語らなければならない。興奮のそぶりをみせてはならない。落語家と同じでね。落語家は、高座で自分が面白がってはいけない。お客を面白がらせなければいけない。落語家が自分で面白がったら、お客は興ざめるものですよ。ところが、心外にも、はじめの四巻より面白くないという話でね。そうささやいておるらしい、私の耳にもきこえてくる」。

これは明らかにズレだ。何がどうズレているのか。そもそも著者の思惑は読者にはそのままは伝わらない。逆に読者の印象も著者にはストレートには伝わらない。完結後三〇年たってズレの全容が解明できたとしても、もはやこのズレをただす術はない。

では学界における本書全七巻の評価は、どうだったのだろうか。実は完結時までの評価は、その多くが〝無視する〟という姿勢だった。「補」に掲げた当時の若い世代による書評は例外的現象といってよい。精密実証推進派とイデオロギー弁別派の双方から、『日本政党史論』は、評価の対象外となった。前者は、小は細かい数値のまちがいや誤字脱字の類から、引用の仕方まで、咎め立てしようとすれば、その材料は幾らでもあったからだ。枠組が大きすぎる、枠組とは無縁の記述が長々と続く、肝心の問題が解けていないなど、〝しゅうと〟根性丸出しの批判もあった。とりわけ両派がこぞって揶揄したのが、「升味史論体」そのものであった。「ストーリーテラー」との評は、時に歴史の本質を隠すための言辞という隠喩であり、「講談的面白さ」は学問の規格外という批判につながっていた。

しかし表の評価こそ〝無視〟と〝冷淡〟であったにもかかわらず、裏では学界の関係者は皆こぞってこれを読み、せっせと自分たちの論文の隠し味に活用したと言えば、わかるだろう。〝無視〟はするが、「いいとこどりはこっそりと」というエグイやり方が、一般的なのであった。

五　二一世紀世代へのすすめ――今、蘇る『日本政党史論』

では完結後のそれからの三〇年間は、どういう扱いだったのか。解説者の師たちよりも、若い世代の個別実証論文に引かれることはしばしばだった。一見正当に扱っているように見える。しかし「升味史論体」を含めたコンテンツの全体はもののみごとに無視され、触れられることはなかった。要は研究史的整理の箇所に、一応先行業績として掲げ、後は、これが足りぬ、あれを見ていない、くくりが大雑把と、これまた批判のオンパレード。すべてがいわゆる欠如論的発想からの扱いなのだ。特に最近の精密実証推進派の論文には、その傾向が著しい。

なぜ、升味『日本政党史論』を、その作品全体のパノラマを見て評価しないのかが、不思議だ。その上で個別実証に問題ありとするならわかる。これは若い学者の気宇が小さくなった結果かもしれぬ。だから、二一世紀の新進の世代には、自らの狭い閉ざされた研究領域を、広く外に開いていく契機や触媒として、升味『日本政党史論』との出会いを是非とも生かしてほしいものだ。

そこで解説の棹尾を飾るものとして、升味『日本政党史論』のとっておきの読みどころを紹介しておきたい。まずは「出所失念」の逸話からである。第一巻に二箇所出てくる。第一章第二節の「七月一四日」の項の注（44）。それに第二章第一節の「留守政府」の項の注（11）。これらは、発刊当時学界スズメが騒ぎ、皆目が点になるとささやき合ったと言う、とんでもない表現で、これ一つですべてが信用できぬとまで悪名高かったと聞く。

だが今にして思うと、そんなに目くじら立てる程の欠陥だったのか。注のついた本文をよく見てみよ。いずれも廃藩置県のクーデター前夜、岩倉使節団出発直後の、西郷隆盛の言動に関する箇所である。前者は知事免職の過程での西郷の動き。西郷は免職一件を藩主忠義に告げぬまま、「一三日の夜は、忠義からよばれて明朝参朝のよびだしは何ごとかと聞かれるのを恐れて、小西郷の家に身をくらましたほどである」。さあ、この出典がわからぬというわけだ。

後者は「西郷が使節団を横浜に見送ったあと、一行のアメリカ号が途中で沈没すればよい、と放言したという」一節の出典がわからぬままだった。いかにもありそうな話で、西郷の人物像がよくわかる。しかも別に出典は明記しなくとも、それはそれでよいのではないか。どうも著者自身がそう思った節もある。傍証を示そう。廃藩置県における薩長の合意形成過程の考察にあたって、山県有朋と鳥尾小弥太と野村靖、井上馨と木戸孝允、そして大久保利通と西郷、の輻輳する有様をあれこれ描いた上で、著者は「この想像はちがっているかもしれない、しかし、二、三日ずれたところで大したことはない。要するに、薩長首脳の意志が疎通するには、これだけの駆け引きと手続が必要だったのである」と、さらりと述べている。でもこのまぜっ返すような書き方は、まだ頭の堅い権成主義者ぞろいの当時の学界を、さぞや刺激したに違いない。

しかし今にして思うと、実はちょうどこの一九六〇年代後半から、司馬遼太郎が明治の光を、山田風太郎が明治の闇を描いて多数の読者の評価を獲得していく。彼等はもちろんフィクションの世界に遊んだのであるが。しかもこれも今になって思うことだが、著者は限りなく司馬や風太郎に近い皮膚感覚をもっていたのではないか。あたかもフィクションの世界の〝雪どけ〟と、アカデミズムにおける〝雪どけ〟とは、時代的に踵を接していたかの如くである。そこで、あえて「第一次完結」分四巻に限定して言うが、司馬や風太郎の〝明治もの〟を読むライトタッチな気分で、著者のそれを楽しんでもらいたいと、二一世紀の若い世代に対して切に願うものである。

もっとも「第二次完結」分三巻にも、実はその余韻は残っている。著者は政局描写にあたって、さりげなく「城南隠士」や「湖南隠士」の名前で出ているぞっき本の類をひょいと引用している。今で言うなら「赤坂太郎」の如きものか。虚実取りまぜたいかにも怪しい情報を引っぱりこむことによって、あやかしの世界を浮かび上がらせ、権力者たちの「日記」類を基礎とするハードコアの世界との対比の妙を作り出す。達人の技とはこのようなものかと唸る経験を、これまた二一世紀の若い世代にこそ是非と念じてやまない。

こうした歴史叙述のコントラストを明確にする素材として、次に著者がこれはと重きを置いた文献について、あげておきたい。西潟為三『雪月花』は第一巻から第二巻にかけての民権運動のあり方を示すよき資料である。当時、これに目をつけた著者の勘は冴えている。後に著者は『公文書館専門職員養成課程講義記録』（二〇〇〇年）の中で「幕末から一八九七年までの日記。西潟は、自由党の新潟県議会議員、初期議会代議士。当時の地方・中央の活動の様子が克明に記録されている」と簡潔に述べている。今ではもう単行本（野島出版、一九七四年）になっているが、著者は、特に第二巻において、『雪月花』の引用につき、「金原左門・江村学一「自由民権運動関係資料（六）」中央大学『法学新報』未刊」と記している。「未刊」とは、これまた傑作な表現ではないか。さぞや当時の関係者はあわてふためき、公刊への努力を惜しまなかったに違いない。これも著者の〝いたずら心〟のなせる術だ。その後、増刷に際し、掲載誌の巻号を明記しているのもさすがだ。

政党内閣時代の地方政界における政友会対民政党の対立状況を活写した文献として、著者は山口喜久一郎『和歌山県政史譚（上）』（帯伊書店、一九四六年）をあげている。この本は、政友と民政の角逐をあからさまに描いて惜しみない。著者は、同じく後の『講義録』の中で、次のように述べている。

「山口という人は、和歌山新聞主筆、県会議員・議長（政友会）だった。一九二九年七月浜口内閣成立、民政系知事が着任、政友会が戦々恐々たるうちに政友系県議員・警官・教師はいっせいに馘首・左遷されて民政系が復活、採用試験も許認可も民政一色に切り替わった。そして一九三一年県会改選で政民逆転。ところがその一二月犬養政友会内閣成立。政友会県議は、上京陳情してようやく札付きの政友会の古つわものを内務部長と警察部長に貰い受けてきた。ただちに臨戦準備、年を越えて一月解散、総選挙、政友会大勝。これは物語として抜群である。地方政界の様子が手に取るように分かる。真青になって奔走するのも、じつは面白いのであろう。政治家とは、そういう人種なのかもしれない」。

実はこれと先述の「城南隠士」らの書きぶりを比較してみると五十歩百歩とも言えるのだ。あやかしの世界は、著者の独壇場に違いない。

それに何といっても著者は、地下運動の記録を好む。なかでも地下運動の記録として著者が〝秀逸〟と評したのは、この一冊だけだ。そう、築地小劇場の女優だった沢村貞子の『貝の歌』（暮しの手帖社、一九七八年）である。著者は第五巻の第一五章第三節の「地下運動」の項に、次のように書いている。

「以下に『貝のうた』のなかの一九二九年から三三年までの部分をなるべく原文に忠実に要約し

たい。これほどいきいきと、しみじみと、地下運動の経験を語った文章は稀であろう。そして、私からみれば問題の核心をついている」。

このあとに、実に一五頁の長きにわたって、『貝の歌』を著者の地の文の中に組みこみつつ、その全体像を明らかにするという試みがなされる。これは単純な引用ではない。著者の文章との合作である。これを読めば確かに地下運動の世界が、ごく日常の庶民の生活と二重写しになって存在したことがよくわかる。その点で「秀逸」との評価もうなずける。ただ二一世紀の今、沢村貞子といったところで、晩年はお茶の間のテレビで渋い脇役だったことなど、若き研究たちはまったく知らないであろう。たとえ情報として耳にしたとしても、なぜそして何を著者が、こんなにもページ数を使って切々と訴えたかったかがわかるまい。

第七巻の敗戦にむけての庶民の「日記」群――『夢声戦争日記』（中央公論社、一九六〇年）などもその一つだが、徳川夢声その人がかの独特の風貌と共に、目をつぶると瞼に浮かんで来なければ、引用の妙を理解し難いのではないか。

かくて時の流れは、常識の世界をいつのまにやら非常識にしていくのだ。かつての庶民のよく知るヒーロー、そしてヒロインは、無残にも時の流れにとり残されてしまう。そのニュアンスを弁えてさえいれば、著者の引用文献と歴史叙述の意図が、少しは内在的に見えてくるはずのものである。それにしても時の流れに耐えうる、歴史叙述とは何かということを、改めて考えさせる場面ではあろう。

文字資料もさることながら、今日オーラル・ヒストリーと呼ばれている口述資料も、著者はたっぷりと引用している。『日本政党史論』第四巻、第五巻、第七巻は、早い段階でのオーラル・ヒストリーの成果物と評価しうる。しかも著者自らがオーラル・ヒストリーによる口述記録の作成に携わりつつ、それらを『日本政党史論』の執筆に活用したことに、意味があるのだ。テーマは官僚制と政党政治の関係の解明に他ならない。著者は生来の好奇心と研究上の関心から、戦前の内務官僚に網羅的に証言を求める「内政史研究会」に積極的に参加している。特に政策研究大学院大学の創設記念シンポジウム（『政策とオーラルヒストリー』中央公論新社、一九九八年）における著者の自己評価は次のようなものである。

「非常に役に立ちました。予想以上でした。戦前の内務省とか官僚制は、われわれが直接には知らない世界で、その実態はどのようなものだったのか、内務省というものの感触が五十人に二百回もお会いすれば、ああこういうものだったのか、とわかったような気がいたします。それがあるから、書くときに何か拠りどころがあるというか、安心感があるわけですね」。

まさにオーラル・ヒストリーから、著者の中に内務省という役所とその官僚についての心象風景が立ち上がったのだ。そこからこの時代の歴史的背景を描き出し、かの官僚制の歴史的文脈を把握することが可能となった。とりわけ第四巻第一一章「官僚制と政党化」には、「内政史研究会」の談話速記録が縦横無尽に活用された。

実は「内政史研究会」のインタヴューは、明治末から大正にかけての内務省入省者を主としているので、共通の体験を語っている人が多い。その共通体験の部分に著者は着目し、長目の引用でニュアンスを伝えようと工夫した。つまり長尺の引用をくり返すことによって、各人の個性差を浮き彫りにすると同時に、その個性差を越えて、むしろ大枠での類似性にスポットをあてているのだ。そして牧民官的教育を受けた世代から研究者的教育を受けた世代への変化を、多くのオーラル・ヒストリーを重ね合わせることによって浮かび上がらせることが出来たのである。

第五巻では、政友会と民政党による政党政治と官僚知事との対立と攻防の有様を、やはりオーラル・ヒストリーとその他の資料を複層的に組合わせることによって、明らかにしている。二一世紀の今では、むしろ現代政治の解明にこそオーラル・ヒストリーが多用される傾向にあるが、著者は戦前の歴史叙述にオーラル・ヒストリーが有益であることを示した点で、『日本政党史論』は先駆的で重要な意味を持つと言わねばならない。

ところで解説の冒頭で述べたように、全巻完結後三〇年の間に、くり返しチェックを行っていた著者は、折に触れて自ら訂正部分につき示唆をしている。その一端に触れておこう。著者は先述の二〇〇〇年の『公文書館専門職員養成課程講義記録』の中で、こう断言する。

「ところで新しい史料、新しい解釈があらわれると、多かれ少なかれ従来の研究を書き改める必要が生ずる。既存の史料でも、よみなおせば、なにか発見があるものです」。

著者はその例として、田中義一内閣の総辞職の原因となった張作霖爆殺事件について述べる。『日本政党史論』第五巻における叙述には、『西園寺公と政局』第一巻、『松本剛吉政治日誌』、『小川平吉関係文書』などを用いたと言う。ところがそれから二〇年余りして、『昭和天皇とその時代』を書く際には、その後刊行された『牧野伸顕日記』（中央公論社、一九九〇年）、『昭和初期の天皇と宮中』（岩波書店、一九九三年）、『岡部長景日記』（柏書房、一九九三年）を参照したところ、「驚くべき記述」に出会ったとして、著者はこう語る。

「要するに、昭和天皇は、イギリスの議会王政を尊重し、西園寺に師事していたが、『憲政常道』を固守しようとしたわけではなかった。西園寺自身も強硬な陸軍と対決することを避けた。こうして天皇と宮中は、陸軍と国会および世論と妥協し、最小抵抗線をめぐるうちに対米宣戦にまで逢着することになった。昭和初頭の政党政治は、そのように脆弱な構造にすぎなかった。『憲政常道』や大正デモクラシーは見直しの必要があるかもしれない」。

著者は、『日本政党史論』第五巻の歴史叙述を、小は張作霖爆殺事件における天皇の態度の解釈を変えたことから、大は憲政常道や大正デモクラシーの解釈に至るまでの大幅書き換えの可能性を示唆しているのだ。先にも述べた著者の永久運動的志向が、ここに垣間見えるとは言えまいか。

また著者は、こんな解釈変更をも、同じ『講義記録』の中で述べている。

「原敬は、大正初年以来授爵を避けるため元老の間を奔走している。山県らはその理由を理解しかねた。彼は東北諸藩出身者を『一山三文』で冷遇した薩長藩閥に対する遺恨を忘れていなかった。だから藩閥が作った栄誉の体系を拒絶したのだと、私は想像したが（『日本政党史論』第四巻）、それはどうもロマンティックな思い込みでした。やはり現実的理由は、彼が山県に語ったように、貴族院に入れば、衆議院における指導力を失うからだったろう。政友会は、彼の城だった。山県のほうでは、原を衆議院から外すために授爵を策したかもしれない」。

若き日のロマンチシズム的理解からか、分別のわかる大人のリアリズム的理解への訂正を、著者はここに明示している。

結　なぜか歴史が書ける——〝自然さ〟の感覚を求めて

解説の最後で、再び著者の歴史叙述と文体について触れておきたい。「升味史論体」にも、時の流れによる変化があったことは、先に述べた。それでも著者は常に達意の文章を書いていたように思う。しかし晩年に至って著者は真っ向からそれを否定する。晩年の書『なぜ歴史が書けるか』（千倉書房、二〇〇八年）の、結末部分で著者は、「歴史家は叙述する。しかし思うような文章がなかなか書けない。」と切り出す。そしてこの独特の「史論」スタイルを編み出した人にして、そんなに苦吟をしていたのかとの気分を抱かせる告白が続くのだ。

「私は、文章を書くのに苦労した。文章の目標は、簡明ということだと思うが、その目標にいたる指針は、ある自然さの感覚ではなかろうか。私の考えているなにかが簡明な表現をえたとき、私は、その表現に自然さを感ずる」。

そして「自然さ」の獲得までの難行苦行の様を、「そう感ずるまでには、精魂も尽き果てる」と述べて、「なにか書きたいことがあって書き始めるにもかかわらず、書いているうちにそのなにかが分解し変形してしまう。煙のように消えてしまう。かくてはならじと考えなおし書きなおし、これでよかろうとひと眠り、目がさめて読みなおすと、注入したはずの精気がまったく失われて、野垂れ死のむくろのごとくである。かくてはならじと書きなおし、眠り込んで目がさめて読んでみると、これまた狂人のうわごとのごとく支離滅裂である。かくてはならじ……もがくというのがいちばんピッタリする」。

そして「くたばらずにもがいていれば、私のなにかが形（表現）を獲得する」というのが、著者が到達した結論である。だがこの皮膚感覚でわかる「もがいたあげく自然さの感覚で表現を得られる」という著者の思いは、今や絶滅種となりつつある肉筆原稿用紙派にしか、伝わらないかもしれぬ。専ら今はやりのＩＴ電子文字派にとっては、想定外の事態たる可能性が強い。しかしいずれにせよ、『日本政党史論』全七巻から時空を越えて広がるコスモスの中味を、解説者は明らかにしえたと思う。そこでこの解説は、著者の『日本政党史論』全七巻に対する著者自身のオマージュたる次の一文でしめくくることとしたい。これも晩年の書物からである。

「意味や効用があるから歴史を書くのではない。それは人生のようなものであろうか。われわれは、人生の意味や効用を知ってうまれたのではない。知っているから生きているのでもない。生きていればわかるかもしれないが、わからないかもしれない」。

著者は自問自答の中に、執筆の永久運動を確認し、自在の境地に達し、『日本政党史論』を書き続けるために、輪廻のあるが如く、こうつぶやくのだ。

「そうして生きていれば、あの耽溺がつむじ風のように歴史家をさらっていく。なぜ歴史が書けるか——なぜか歴史が書ける」と。

補　書評一覧（以下引用は番号による）

第一巻
（A－一）　山本四郎『日本読書新聞』一九六六年一月一七日号。

（A－二）　大江志乃夫『朝日ジャーナル』一九六六年二月一九日号。

（A－三）　鳥海靖『図書新聞』一九六六年二月五日号。

（A－四）　伊藤隆『エコノミスト』一九六六年三月一五日号。

（A－五）　坂野潤治『史学雑誌・回顧と展望』一九六六年五月号。

第二巻
（B－一）　成沢光『史学雑誌・回顧と展望』一九六七年五月号。

（B－二）　宇野俊一『日本史研究入門Ⅲ―明治政治史』（井上光貞・永原慶二編、東京大学出版会、一九六九年）。

（B－三）　大森弥『政治学研究入門―官僚制と自治』（岩永健吉郎編、東京大学出版会、一九七四年）。

第三巻
（C－一）　松沢哲成『週刊読書人』一九六八年三月一一日号。

（C－二）　関口栄一『史学雑誌・回顧と展望』一九六八年五月号。

第四巻
（D－一）　成沢光『週刊読書人』一九六八年四月二九日号。

（D－二）　金原左門・菅原彬州『史学雑誌・回顧と展望』一九六九年五月号。

（D－三）　大石嘉一郎『岩波講座・日本歴史14―近代史序説』（岩波書店、一九七五年）。

（D－四）　雨宮昭一『岩波講座・日本歴史26―近代の政治Ⅱ』（岩波書店、一九七七年）。

第三巻・第四巻
（E－一）　飛鳥井雅道・今井清一・江口圭一・木坂順一郎・金原左門・松尾尊兊『シンポジウム日本史20・大正デモクラシー』（学生社、一九六九年）。

（E－二）　由井正臣『日本史研究入門Ⅳ―近・現代の政治（Ⅰ）』（井上光貞・永原慶二編、東京大学出版会、一九七五年）。

（E－三）　由井正臣『論集日本歴史12・大正デモクラシー―解説』（有精堂、一九七七年）。

第一巻―第四巻
（F－一）　伊藤隆『図書新聞』一九六八年四月一三日号。

（F－二）　ジョージ・アキタ『明治立憲政と伊藤博文―日本語版への序文』（東京大学出版会、一九七一年）。

第五巻

（G－一）　御厨貴『週刊読書人』一九七九年一〇月八日号。

（G－二）　伊藤隆・山室健徳『史学雑誌・書評』一九八〇年一〇月号。

第六巻・第七巻

（H－一）　中島誠『東京新聞』一九八〇年一一月一〇日号。

（H－二）　内田健三『信濃毎日新聞』一九八〇年一一月九日号。

（H－三）　御厨貴『史学雑誌・回顧と展望』一九八一年五月号。

第七巻

（I－一）　内田満『読売新聞』一九八〇年一一月二四日号。

（J－一）　『鹿児島新報』一九八〇年一一月二四日号。

（J－二）　佐々木隆『週刊読書人』一九八〇年一一月一〇日号。

（J－三）　石田雄『朝日ジャーナル』一九八一年三月二〇日号。

以下は著者（升味氏）が本書について言及したもの

（M－一）「日本史研究と政治学」『岩波講座・日本歴史25』（岩波書店、一九七六年）。

（M－二）「なぜ歴史が書けるか（一）―（八）」『UP』一九八一年三月号―一〇月号。

8　佐藤誠三郎著『「死の跳躍」を越えて——西洋の衝撃と日本』

（都市出版、一九九二年。新版＝千倉書房、二〇〇九年）

※以下に掲載するのは、二〇〇九年に新版が刊行された際に「新版への解題」と題されて収録されたものである。

佐藤誠三郎逝きて十年。人は棺を覆って初めて真価が定まるという。わが恩師、佐藤誠三郎も、亡くなってこれだけの月日が経つと、ようやく歴史の文脈の中で捉えられるようになる。結論を先取りするならば、学者としての側面こそが佐藤を佐藤たらしめている、と言えるのではなかろうか。

たしかに華麗な研究者人生を生き抜いた佐藤に、還暦の折、北岡伸一ともども私もお手伝いした本書の旧版しか、まとまった単著の論文集がないのは、意外なことである。だが、考えてもみよ。碩学と言われた学者であろうと亡くなるやいなや急速に忘却される時代にわれわれは生きている。高坂正堯は熱い思いを抱く弟子たちの協力により著作集が刊行された上、なお新潮選書から歴史のエッセンスを汲んだ論集が数冊も世に送られた。萩原延壽は遺族と旧編集者の不退転の努力が著作集に結実した。高坂も萩原も、これら死後の出版物によって、まだしばらく学者冥利に尽きる扱いに浴することになろう。彼らは死してなおサバイバル、否、リバイバルできた幸福な存在である。世の凡百の研究者は、著作集が編まれることもなく、したがって亡くなってしまえば再評価のチャンスを得ることもなく埋もれていくのが常なのである。

では、そもそも単著の論文集を一冊しか持たぬ佐藤を、果たしてどう見ればよいのだろうか。無論、村上泰亮、公文俊平との最良の共同執筆作品『文明としてのイエ社会』（中央公論社、一九七九年）、松崎哲久との共著『自民党政権』（中央公論社、一九八六年）という二冊の名著や亡くなるまでの数年間、憑かれたように取り組んだ『笹川良一研究—異次元からの使者』（中央公論社、一九九八年）というやや評価の難しい単著のことを忘れることはできないが、ここは先を急ごう。

佐藤誠三郎は方法と対象の二点において、常に定型的スタイルに陥ることを嫌い抜いた。書いているそばから自身の文章が古び、陳腐に見えてしまう性分だった。おかしなことに、佐藤は弟子であれ同僚であれ、およそ他人の文章に手入れをすることは得意中の得意であった。書いた本人の思考領域を越え、はるか先まで行って、本人が考えてもみなかったことまで見事に言い切ってしまう。斯く言う私もずいぶんその恩恵を蒙ったクチである。

だが皮肉なことに、仮借のない手入れは自分の文章に及ぶとき、病のように自身を蝕んだ。手入れは永久運動の如くくり返され、手を入れるほどに原稿は完成から遠ざかった。やがて未完のまま体力の限界か筆力の限界で力尽きる。本書の旧版に収められた論文を書いた後、佐藤が「共同執筆」という方法に活路を見出したことも、今にして思えばよく理解できるのだ。

本当に学問的に信頼しあっている仲間が集まれば、よりよい作品にするためにお互いに徹底的に手を加えあうことが可能なのだと「イエ社会論」や「自民党論」に没頭していたころ、佐藤が胸を張ってよく語っていたことを思い出す。たとえ個性の輝きを犠牲にしたとしても、複数の知性の輝きにはかなわないのだと、佐藤は確信に満ちた言葉で作品の完成を喜んだ。しかし当時の私は個性の輝きのほうが大事ではないかと思ったりしたものだ。

その佐藤は最晩年に至り、この新版に新たに収録した「丸山眞男論」——これもまた手入れの途中であり、佐藤の性分からしてよく公表したものだと思う——の続きをこそ期待されていたにもかかわらず、ものの見事に関心をそらしてしまう。「丸山眞男」ならぬ「笹川良一」の発見であった。人物を扱うことに代わりはないが、それにしてもいささか荒っぽい方向転換であった。じつは本書『死の跳躍」を越えて』という論文集を価値あらしめているのも、佐藤の筆になる直接間接の「人間の表象」そのものであった。端的に言って、人物に対峙してそれを筆におこしたとき、佐藤の学問は香しい昇華をあらわし、他の追随を許さぬ独壇場を築き上げるのだった。

本書の第二部「危機のリーダーシップ」を構成する第四章「川路聖謨」、第五章「大久保利通」、第六章「岩倉具視」の三部作、政治学的分析に力点を置いた第一部「西洋文明の衝撃」中の第一章「幕末・明治初期における対外意識の諸類型」や第三章「幕末における政治的対立の特質」といった論文でも、人間がくっきりと描きだされ、浮かび上がる点にたまらない魅力を感ずる。論文としての構成上、端役に押しやられていても「人」をきちんと捉えているからこそ論文も説得的なのだ。それは戦間期を取り扱い、主題からは極端に人的要素が希釈された第七章「協調と自立の間」にさえ窺える。

かつて、この論文が掲載された『国際緊張緩和の政治過程』(『年報政治学』一九六九年度版、岩波書店)を私の手から取り上げながら佐藤は、坂本義和が序文で自分を批判している、と興奮の面持ちで語った。そこで坂本は、軍縮が可能か否か、どちらの立場を選択するかは、軍事的能力の問題ではなく、どちらのリスクを選ぶかという思考様式の問題である、と述べていた。それは違う、と佐藤は続けた。状況の変化とそれに伴う人の思考の変化を探らなければおかしい、とも強調した。今ならわかる。佐藤は、人は変わるしそれを前提にしない限り歴史は語れない、と言いたかったのだ。例の共同執筆の「イエ社会論」「自民党論」においてさえ、人と歴史を綴った部分は明らかに佐藤の筆になるものと確信がもてた。複数の知性の中でも、これまた他の追随を許さぬ佐藤にしか書けない表現だったからだ。もったいない、と何度思ったことか。

ここで一冊の本を挙げなくてはならない。佐藤が収録文書の選定と章節構成にあたった『幕末政治論集』(『日本思想大系』五六巻、岩波書店、一九七六年)である。本来、本書第三章「幕末における政治的対立の特質」は、同書の解説として執筆された論文であった。ところが同論文は都市出版刊の旧版『「死の跳躍」を越えて』に収録される際、何故か「はじめに」と題された第一節が省かれた。今回、新版編集の最終段階でかなり強引に収録に踏み切ったこの一節にも、対象の定型化を拒む、佐藤の内に潜んでいた天の邪鬼の姿は窺える。

佐藤はこう述べる。

「ペリー来航以後に何よりも必要とされたのは、一般的抽象的な海防論や攘夷論ではなく、当面の危機をどう切り抜けるかという具体的な方策であった。幕末期は、いつかは現実化するかも知れない難問題に心をくだく哲学者やアラーミストの時代ではなく、実務家とファナティクスとが活躍する激動期であった。実際の政治過程に大きな影響を及ぼした発言や、主要な政治集団のその時どきの立場を代表するような論策は当然、すぐれて時事的であり、状況に密着している」。さらに佐藤はこのように断ずる。

「思想の価値とその直接的影響力とは同じではない。現実政治に大きな衝撃を及ぼしたのは、しばしば、独創的思想家の透徹した論文ではなく、有能なアジテーターによって書かれたパンフレットであった。また独創的であることは、代表的ないし典型的であることと、しばしば矛盾しやすい」。

この点を押さえておかねば、「幕末における政治的対立の特質」のダイナミズムは見失われてしまう。「実務家」と「ファナティクス」が活躍し、「有能なアジテーター」と「独創的思想家」が対立する構造は、まさに佐藤が生きた一九六〇年代、それも六〇年代末の大学反乱の時代構造を即反映している。佐藤も時代の子である。佐藤は社会反乱の状況に自称〝反動〟の立場から積極的に対応していく。

その過程で幕末・維新ならぬ状況と化した現代に対応すべく執筆した論文が、この新版においても収録がかなわず悔しい思いをした「現代日本における学生と大学――学生反乱との関連において」(『新しい大学像をもとめて』日本評論社、一九六九年に所収)である。ここでも佐藤は、確かに「実務家」と「ファナティクス」に焦点を当てた構造分析を行っている。しかも幕末・維新期から社会反乱期まで百年をへだててなお、佐藤は「人間」をじっと見つめようとしている。

幕末・維新期において川路・大久保・岩倉を描きながら「ファナティクス」たちに反転した佐藤は、現代においても知識人・丸山を描きながら、今度は敢えて反知識人・笹川良一に反転して見せたのだ。

マスメディアと知識人からは評判が悪いが実像はまったく異なる笹川を取り上げることに、晩年の佐藤は幕末・維新期とは異なる現代のパラドクスを見出そうとしたのかも知れない。しかしそれらの試みはすべて未完に終わってしまった……。

あらためて本書に収められた論文の今日的意義について触れることにしたい。佐藤誠三郎も、川路聖謨はおろか大久保利通や岩倉具視といった近代史上の人物と同じ歴史の水平線の彼方にしか捉えられない〝平成くん〟たち──東大教養ゼミで出会う平成育ちの二〇才前後の学生を私はこう呼び習わしている──から、三〇代前半の若き研究者世代までにとって、本書は〝新古典〟としての役割を果たすに違いない。川路・大久保・岩倉は、幕末・維新期という時代と、自らに課せられた課題との二律背反的な立場を、強く認識せざるをえなかった。手を伸ばせば届きそうな〝理想の〟国家像と、時代認識というギャップを背負った彼らが如何に切り結び、その緊張関係に耐えたかを、佐藤は明確に論じている。それは抽象的理論的ではなく、危機の時代に遭遇した一人一人の具体的人間像を通して描かれるリーダーシップ論にほかならない。しかも彼らが〝政治的〟人間へと化けていく有様を、強い共感をもって描き切ることが佐藤には可能だった。一九六〇年代を生きた若き歴史学徒たる佐藤の経験がそこに投影されていたからだ。だからこそ歴史と現代との共振現象など夢のまた夢である平成くんにとって、『「死の跳躍」を越えて』新版は〝新古典〟の価値を発揮するのである。

ハーバード大学留学前後から佐藤は、自らの学問の活性化の意味をこめて多正面作戦に入る。第一部収録の二論文は、具体的人間像の先に姿を現わした幕末・維新期の風景を、人々の対外態度に絞って考察したものだ。第一章は日本国内での歴史的類型化、第二章は李朝朝鮮との比較類型化を扱っている。いずれも第四章、川路論文の発展的コロラリーとして理解できる。対外態度の視角を二〇世紀前半の日本を対象に、さらには三〇年代との比較で現代を対象に各々論じたのが第三部収録の二章だ。もはや最初に人物ありきのスタイルを取らないが、いわゆる国際関係ではなく、集団的個性の相剋として対外態度を描こうと試みる佐藤の姿が浮かび上がる。

平成くんにとっての〝新古典〟的意義をさらに強調するなら、佐藤が、今まさに学界を覆ってあまりある、臆病なまでのタコツボ的実証主義と、無神経きわまる無機質的な分析第一主義のいずれをも排していた点を称揚したい。佐藤の完璧主義を反映し、体系的というよりは断面的であるのだが、それゆえ本書は平成くんたちに向けた、優れた〝近代政治史〟への招待になっている。「この奥は深いぞ」と読む者を奮い立たせる暗喩があるのだ。

多正面作戦の佐藤は、一方で「自由論」（「日本人の自由の系譜」『日本人とは自由か』紀伊國屋書店、一九七六年）と、「正義論」（「日本における正義」『西欧の正義　日本の正義』三修社、一九八〇年）を発表している。自由や正義という汎用されがちな用語を、前者は明治期と現代、後者は徳川期と現代との比較の中で浮かび上がらせようと試みた論文である。これまた断面的ではあるのだが、思わぬ史料（古く、しかも面白い！）からの引用に目を見はらされる。

他方、「政党論」（「日本の政党」『ブリタニカ国際大百科事典』ＴＢＳブリタニカ、一九七四年に所収）と、「日本の政治」（「内政と外交―日本」『政治学研究入門』東京大学出版会、一九七四年）には、体系にかなり近しい断面の組合せといった趣がある。前者「自民党論」、後者が「イエ社会論」の原型をなすものであることは言うまでもない。日本近代全体を政党のパノラマで捉え、さらには日本近代を歴史と共に構造（環境・文化・社会）で説き明かす野心的試みである。ちなみに筆者が参加した一九七二年の佐藤ゼミでは、後者のための文献を集中して読んだ記憶がある。明らかに本書の第一部・第三部の諸論文からの発展的コロラリーであろう。これらは、ぜひ、本書によって佐藤誠三郎と出会った（あるいは再会した）みなさんに応用篇として読み進めて欲しい。

先に挙げた『幕末政治論集』は、以上の多正面作戦展開中に編まれた。同書の各節扉には、佐藤の手になる合計一二の「解説文」が置かれており、史料の読みから時代の読みがみごとに浮き彫りにされている。その生き生きした感じは、同書の本文とつきあわせたときに明確な立体的歴史像を結ぶであろう。状況規定的な「実務家」と「ファナティクス」が交錯する様を、新版と『論集』と同時期に書かれた論文群とを合わせ読むことで詳らかにする。これは平成くんたちとのゼミで、いつの日か実現を期したい。

晩年の佐藤誠三郎はさらにパノラマを広げて「文明論」を数編書いている。逝去一年前の「近代はどこへ向かうのか」（『アステイオン』一九九八年秋号）は、冷徹なリアリズムと甘えを許さぬペシミズムに彩られ、佐藤の人生の秋を重ね合わせた感のある論文だ。しかし文明論のいきつくところ、佐藤は絶望の中にはっきりと希望を見出している。佐藤は極限において人の叡智を信じるのだ。そのスタンスは、処女作ともいえる「川路聖謨」から一貫して佐藤誠三郎という研究者の学問のバックボーンだった。徳川幕府と運命を共にした川路は、明治天皇というカリスマの誕生に日本の未来を託したのだから。明治維新という変革期においては、「敗北者さえも一面においては協力者であり支持者であった」のである。

ペシミズムに通底するオプティミズムを信ずることで、断面にしかすぎなかった佐藤の諸論文が、華麗なる万華鏡の如く一挙に「人間」の姿を織りなしていく。佐藤誠三郎の学問の魅力と本領はここにあろう。〝新古典〟たる佐藤史学は、いま再び豊穣の季節を迎えようとしている。

9　吉田常吉・佐藤誠三郎編『幕末政治論集』（「日本思想大系」第五六巻）（岩波書店、一九七六年）

小さな「古典鑑賞会」と称する読書会形式の集まりで、幕末の政治論を少しずつ読んでいる。テキストは「日本思想大系」第五六巻『幕末政治論集』（岩波書店、一九七六年）。わが師、佐藤誠三郎が編者であり解説を付している。

その昔、駆け出しの助手の頃、ほんの少しだけお手伝いした記憶がある。もっとも完成した後も通読はなかなか困難な史料集であった。

それから四〇年足らずの時が流れ、還暦退職を迎えた私は、いよいよ長年果たさざりし『幕末政治論集』に取り掛かる決意をした。私より若い数人の仲間と語らって、皆でつつく、いや愛《め》でる試みである。王政復古の大号令ではないが、佐藤誠三郎の編集方針は今さらながら実に明快そのものであった。

「ペリー来航以後に何よりも必要とされたのは、一般的抽象的な海防論や攘夷論ではなく、当面の危機をどう切り抜けるかという具体的方策であった。幕末期は、いつかは現実化するかも知れない難問題に心をくだく哲学者やアラーミストの時代ではなく、実務家とファナティクスとが活躍する激動期であった。したがって本巻には、実際の政治過程に大きな影響を及ぼした発言や、主要な政治集団のその時どきの立場を代表するような論策が、主として収録されている。それらは当然、すぐれて時事的であり、状況に密着している。したがってその意味を正確に理解するためには、それらがどのような状況で、誰にたいして、何を意図して書かれたのか、を知ることが、決定的に重要である」（五五六頁）。

佐藤は、さながら花吹雪《ふぶき》のごとくペリー来航以来散乱せる「有能なアジテーターによるパンフレット」を集録し、幕末政治のダイナミクスを解き明かそうとの野心的試みを仄《ほの》めかしている。

まずはペリー来航から桜田門外の変までを読んでみよう。

主役として躍り出る水戸の徳川斉昭《なりあき》の書翰からは、「柔軟な攘夷論」「言外の意味」を読み取ることができる。すなわち斉昭は「内戦外和」論に基づき、攘夷主義対開国主義という二値論理に回収し得ない第三の道を想定していたにもかかわらず、斉昭の状況規定よりもはるかに速く現実政治の状況化が進んだため、斉昭の政治指導力は空転せざるを得ない。

あまりにもペリー来航以前の政治構造からの改革志向がはっきりしすぎていたために、かえって斉昭はペリー来航後の急速な政治の状況化に後れを取り、台頭するさまざまな政治的主体への調整力を喪失したと言えよう。

ハリス来日によって通商条約交渉が争点化すると、幕府内部の「開国」をめぐる論争はいよいよ活発となる。対外的には避戦主義を常に優先し、開国主義を「国内統一とガバナンスの強化」といった体制整備の上に位置づける議論が主流となる。しかしそれは幕府内での合意にすぎず、朝廷にはほとんど効果をもたなかった。幕府と朝廷とでは、言論空間の在り方が全く異なっていたにもかかわらず、老中堀田正睦《まさよし》は朝廷の空気を読めぬまま勅許獲得に失敗したのであった。

　ここに実は通商条約問題と将軍継嗣問題とがクロスし、言語空間が拡大する状況が生じていた。さらに幕府、朝廷、雄藩、志士など、地理的にも人的にも言語空間はかつてない膨張を遂げ、混乱を引き起こすことになる。開国主義を支えるべき下部構造としての「国内統一とガバナンスの強化」という体制整備の構想が、急速に将軍継嗣問題として現実化することで、最優先課題としてせり上がる。それは人に解決を求める一橋派と制度に重きを置く南紀派との対立に他ならない。しかもその争点化ゆえに相互不信と謀略のイメージが、言語空間に漲《みなぎ》り始める。

　かくて安政の大獄と桜田門外の変を、井伊家史料から読んでいくと、井伊直弼《なおすけ》と長野主膳の認識の枠組みが浮かび上がってくる。そこには第一に水戸藩と徳川斉昭への極端なまでの警戒心と、それと裏腹に薩長雄藩の動向に関するまったくの無関心とがあらわになる。第二に朝幕間の離間の「謀略」を、斉昭ら一橋派と断定する。第三に井伊らは、通商条約に絶対反対ではなく、「国内統一とガバナンスの強化」が進めばかまわなかった。ただ体制整備には、異国風に流れる風潮への嫌悪感が間違いなくある。

　しかし、朝廷の説得のためには、対外強硬論をことさら強調する必要もあった。陰謀論は陰謀論を呼び、幕末の政治過程は動態化の一途をたどる。どうやら幕末期は維新期以後の政治よりは、はるかに面倒な主体相互の読みを解き明かしていかねばならない。「古典鑑賞会」による読みの連鎖が期待されるところだ。

解題——明治史の未発の可能性

前田　亮介
（北海道大学准教授）

〝私の明治史〟をめぐる旅

本書の著者である御厨貴氏は、歴史家としての自らの「原風景」を辿るなかで、祖父・木村尚達《しょうたつ》（一八七九―一九四七年）の記憶に触れたことがある[1]。木村は、戦前の司法官僚としては元来やや傍流にありながら検事総長や司法大臣まで昇りつめるものの、戦中に麹町の邸宅を空襲で失い、戦後には公職追放にあって失意のうちに亡くなった。そのため一九五一年生まれの著者には伝聞でしか知りえず、また邸宅跡から出てきたゆかりの品もわずかに鉄瓶だけだったが、その痕跡自体の巨大さによって幼い著者に歴史研究への原初的な憧れをよびおこしてくれる存在だったのである。

しかし、亡き祖父を通じて日々追体験していた「近衛〔文麿〕の時代」＝昭和戦前期を大学で学ぼうとした著者は、「自分にとってはリアルな、しかし他人にとってはバーチャルな歴史体験をとりあえずは封じこめることが、アカデミズムへの道だと信じこもうとした」との事情から、まもなく明治史にテーマを変更する。灰燼に帰した祖父の館の遠い記憶に連なる「権力の館」のアイディアを得ることで著者が「封印」を解きえたのは、実にこの（東大法学部の助手論文に取り組んでいた一九七〇年代後半の）三〇年後のことだったという。まちがいなく著者の二一世紀の代表作の一つとなるだろう『権力の館を歩く』（毎日新聞社、二〇一〇年〈現ちくま文庫、二〇一三年〉）の「あとがき」での告白である。

他人と共有が難しい「リアル」な歴史との再会を、著者がようやく果たすにいたる以上の自己回復のプロセスにおいて、「明治史」の位置はややもすると微妙なものだろう。実存的接点を欠いたまま、厳格な「アカデミズム」の世界に著者を長く閉じこめた要因のようにも、見えなくないからである。ただ、著者のきわめて多彩な歴史研究の原点が明治史にある事実に鑑みれば、後年の自己回復の契機もやはり明治史研究のうちに内在していたとみるべきなのではないか。そしてそのような展望に立つとき、御厨氏がこれまで発表してきた単著未収録の明治史関係の論考を網羅的に収録した本書は、個々の内容はもちろん、いわば日本政治史学史の観点からも興味深い知見を提供してくれるのである。

周知のように、著者にはすでに、『明治国家形成と地方経営——一八八一〜一八九〇年』（東京大学出版会、一九八〇年）と『首都計画の政治——形成期明治国家の実像』（山川出版社、一九八四年）という、国会の開設を約束した明治一四（一八八一）年政変後の統治機構（内閣制度・帝国議会）の創出をテーマとする二部作の主著があり（現在『明治国家をつくる——地方経営と首都計画』〈藤原書店、二〇〇七年〉として合本）、また創出した統治機構の運用が焦点となる明治後期についても、実験的な通史として『明治国家の完成——一八九〇〜一九〇五』（日本の近代3、中央公論新社、二〇〇一年〈現中公文庫、二〇一二年〉）が刊行されている。これらはいずれも、近代国家形成期の国家理性について最も包括的かつ周到な説明を用意しており、明治史や日本政治史の研究を志す者が最初に手にとるべき必読文献である。

では、この『明治史論集』は、『明治国家をつくる』二部作（以下『つくる』）から『明治国家の完成』（以下『完成』）までの御厨氏の研究史でどのような位置を占めるのだろうか。本書の魅力が、「大久保〔利通〕没後体制」論（第1〜3章）のようなすでに世評の高い名論文を一書として読める状態にしたことにあるのは疑いない。ただ、本書のより大きな魅力は、著者ですら存在を忘れていたような知られざる小品――本書には著者がいちはやく発見しつつも、継承者を得ないまま結局未完のアイディアや未知の沃野への着眼にとどまった論点も少なからず含まれている――を通じて、若き日の御厨氏の思考の軌跡やゆらぎを、より繊細に理解する手がかりを得られることにある。ちょうど将棋の棋譜が、記録には直接残らない膨大な試行錯誤の結果であるように、研究の体系化の過程で実際は選ばれなかった「変化」を想像する楽しみが、読者には残されているのである。

したがって、本書を単に日本政治史の大家の落穂拾いとして漫然と通読してしまうと、やや味わいを損なうことになるだろう。それだけではない。実は後述のように、御厨氏は、明治史の叙述の手法を初期の『つくる』二部作と後年の『完成』でドラスティックに転換している。そして第一作（『明治国家形成と地方経営』）刊行翌年（一九八一年）の「大久保没後体制」から、二〇一一年の升味準之輔『日本政党史論』全七巻の「解題」まで収めた本書は、歴史叙述をめぐる御厨氏の三〇年の模索のちょうど過渡期に位置するものなのである。書き下ろしとなった本書の「序」で、収録した論文／書評の大半を執筆した一九八〇年代を著者が「〝私の明治史〟との戦いの日々」というリリカルな表現で振り返っているのは、まさにこの点と大きく関わっている。

すでに牧原出氏によって、『つくる』二部作のとくに第二作（『首都計画の政治』）で採った叙述スタイルが「御厨史学」のその後の多面的展開の原型となったことが指摘されている。(2) 本書は、ないし前段に引用した回顧は、そうした「第一作から第二作への知的跳躍」を経ても、なお無視できない豊かな振幅と葛藤があったことを示唆するものといえるかもしれない。では、著者にとって本書はどのような意味で「〝私の明治史〟との戦い」の記録なのか。そして、明治史の外在的な選択に起因する封印の時代が、どのように「権力の館」への解放を内在的に準備したのか。以下ではこれらの問いを検討することで、解題の務めに代えたい。

本書の概要

まず本書の内容を概観する。第Ⅰ部の序章では、明治憲法の運用・定着局面における天皇の政治的役割を通史スタイルで論じている。超然主義の知恵でもあった内閣＝枢密院の一体的運用によっても危機管理に失敗しつづける藩閥（の時々の政権担当者）を、明治天皇は「元勲優遇」の詔勅で順次慰撫し、「建国の父祖共同体」として包摂していく。天皇を介在させたこの「建国の父祖共同体」による統治システムは、しかし明治憲法体制との不整合が顕在化するにつれ、二〇世紀初頭には「バーチャルリアリティであるが故に統治にもっていた言い難い力」を喪失し、「目にみえる制度」である「元老会議」に再編されていく。同じ憲法外制度である「元老会議」とそれ以前の天皇も一体となった「目にみえない共同体」の断絶を強調している点がユニークである。とはいえ、二度の対外戦争に伴うデモクラシーの進展によって政治社会の可視の領域が拡大していくと、こうした（著者の愛用する言葉を借りれば）「暗黙知」の作動領域は縮小せざるをえず、大正政変後には「不安定な擬似桂園体制」の試みが繰り返される。『完成』の主題を第一次世界大戦まで延長しつつ、その後に本格的に到来する政党の時代の不可避性を、天皇を核とする明治憲法下の暗黙知の担い手（元老、宮中、枢密院）

の側から逆照射した試みとしても読むことができよう。

つづく本論部分では時代がやや遡り、西南戦争の終結から立憲制導入にいたる明治前期の政治史を多くの章で対象としている。まず第1章から第3章は、『形成』で扱えなかった明治一四年政変にいたる政治史を、国会開設要求と財政危機に直面した「大久保没後体制」の自己変革という観点から位置づけたいずれも完成度の高い論文である。とくに第1章は、著者の政治史家としての才気が、一四年政変後の内閣制度の創設や満州事変後の国策統合機関問題などと同様に、流動化した政治状況が再固定化する力学の析出にいかんなく発揮されることを鮮やかに示す傑作である。味読を勧めたい（序の註（15）で岡義達『政治』〈岩波新書、一九七一年〉の引用がある点も興味深い）。また、第2・3章では、第1章の主題に、全国運動として「大久保没後体制」と対峙した自由民権運動、さらに新設された府県会で民権派と対峙しつつ中央政府とも一定の緊張を保っていた地方官（県令／知事）の分析を組みいれることで、「大久保没後体制」下の地方経営という新たな領域を切り開いている。戦後の吉田茂あたりまで共有されていた書簡による政治的なコミュニケーション[3]が、話し言葉から自律した「政治の客観化の契機」となり、「独自の言語空間を作り出し」ていく明治史固有のダイナミズムを実にいきいきと再現している点も大きな魅力である。

第4章は、『首都計画の政治』刊行前年に行われた講演をもとにしており、同書の複雑な論旨をきわめてわかりやすく把握できる意義がある。政治の領域で省庁間対立の一挙解決をめざす後発官庁の挑戦を斥け、実務レベルで争点を処理する「行政の論理」を確立した内務省が、しかし同時に、国会の未開設に便乗した、元来地方税である入府税の国税化（による東京府会のバイパス）の構想は最終的に断念し、「世論との関数関係のなかで首都計画ということを考えていく」にいたる経緯が説明されている。省庁セクショナリズムの分析につきない著者のデモクラシー論への射程を窺わせる記述として重要であろう(4)。

第5章は、日本の最初期の地方自治体を支えた多様なアクターを取り上げている。明治一四年政変後の地方政治の与件は、中央官庁である内務省が財源も地方官への統制能力も欠き、機能不全を深めたことだった。ここに、各地方の政治経済問題を地道に議論する場として府県会活動を重視した田口卯吉や、東京府会／市会の掌握をめざす芳川顕正や星亨、さらには独自の「牧民官」意識に基づき政治行動や政策提言を行う地方官といった、地方政治自体の自律的なダイナミズムを駆動力とするアクターが台頭してくることになる。「府政・市政への関与を、短絡的に国政関与のための手段と決めつけることはできない」のである。このなかで著者が強く惹かれていたのは第2章で論じた地方官であり、佐藤誠三郎、村松岐夫、高畠通敏らによる同時代の地方政府／地方政治研究と照応する分析がめざされたが、未完に終わっている。四「都市と市民」では、一方では明治以来の「富国強兵」の観念が政治指導者を根強く拘束したために、他方では都市のグランド・デザインの市民的な基盤の不在により、「都市計画」（より広くいえば、庭園や広場の設計といった「空間計画」(5)）的な発想が近代日本では定着しえなかったという見取り図を示している。

いずれにせよ、著者は書評編2で取り上げる地方巡察使や巡幸なども含めた、必ずしも政党に媒介されない中央―地方をつなぐ回路の多様性に、この時期強い関心を抱いていたのだろう。そうした明治前期の中央―地方関係の多様性は、一面で初期官僚制のゆるさと不可分であり、東京市区改正にはじまる「計画」の時代の到来はこの多様性に質的な変容を促していく。第6章では治水・鉄道といった政党の伸張の指標となる「地方利益」争点が、第7章では戦前―戦後を貫く「国土計画」の系譜が考察されている。とくに明治二五（一八九二）年に誕生した「鉄道会議」の議事録をめぐる座談会では、政党の台頭とともに鉄道会議が機能を低下させていく力学を史料内在的に読み解いている。『首都計画の政治』で論じた条約改正期の元老院につづく、帝国議会とは異質な会議体の分析としても興味深い。こうした多方面にわたる政治史の「インフラ整備に近い貢献」[6]によって、星亨―原敬―田中角栄で描かれる既存の「地方利益論」を相対化しつつ、より豊かにすることが可能となったのである。

末尾の第8章は知識人論であり、「明治国家の本来有していた多様性と共にほとんど忘却してしまった田口〔卯吉〕の百科全書的活動」に光をあてた点で国家論ともなっている。とりわけ田口の政治的隘路を、「明治国家の形成」を支えてきたその「独立自営の精神」がむしろ逆機能したことに見出している。すなわち明治二〇～三〇年代の田口は、現実政治においては対外硬派に接近して自己主張せざるをえず、また「形成」期の学知の担い手であったため学問の専門化・制度化にも対応できず、「制度的完成に近づいた明治国家」から疎外されざるをえない。著者は、日露戦争の勝利による明治国家の「完成」とともに皮肉にも退場を余儀なくされていった多くの「百科全書派」の代表に、田口を位置づけるのである。なお、こうした在野知識人が担ってきた百科全書的な役割を明治後期から継承していったのが、特定の主義主張をもたない点で国民一般を体現していた雑誌『太陽』だったと思われる。[7]そして『太陽』における「非排除の論理」の発見は、著者の天皇〔制〕研究の深化に大いに資したであろう。[8]本書を読み進めてきた読者は、円環を描くように、ここにいたって再び冒頭の序章へと誘われることになる。

第Ⅱ部の書評編では、1・3で『形成』の重要な先行研究である有泉貞夫氏と藤森照信氏の著作を取り上げている。一については、「地方利益」を構成する多様な政策領域（治水、道路、鉄道、学校……）をより繊細に分節化した上で、第一次松方内閣の有名な「積極主義」を、内務・農商務・大蔵三省の競合というダイナミックな図式で再解釈した点、また日清戦争後の民党的理念の終焉と政党内での壮士の役割の終焉を重ね合わせる立論を批判し、議会外で活動する壮士的な存在（院外団）の二〇世紀の新たな役割を展望している点、が注目に値する。そして費用負担の問題を主とする政治過程分析の不在を批判しつつも、著者自身がいかにも楽しげな3は、「都市計画史に内在する社会史的な吸引力に引きこまれ、その呪縛からのがれられなくなってしまった[10]」という当時の雰囲気を伝えていなくもない。

2の地方巡察使復命書の紹介は、きわめて興味深く密度の濃い議論となっている。著者は、明治一四年政変後の自由民権運動の高揚のさなかで全国に派遣された明治一五・一六（一八八二・八三）年の地方巡察使が、「計画性・集中性および網羅性において、空前絶後の規模を有するもの」だったと指摘した上で、その二度の実施の過程に山県有朋（当時は参事院議長）の政治的上昇をオーヴァーラップさせる。すなわち「山県にとっては、既存の内務省—地方官ルート以外による情報収集が是非とも必要」であり、地方巡察使の派遣には中央政府から自立しがちな「現役地方官に対する威嚇と監視」の意図も託されていた。著者はさらに、明治一六年末の山県の内務卿への転任と内務省の政治的活性化にこの復命書が持った含意も推測するが、残念ながらこうした問題提起は今日ほとんど記憶されていない。これは、つづく5・6でとりあげた、高橋是清が中心となった黎明期の特許行政の動向（著者は、制度化が進む前の段階にこそ面白さがあると強調する）や、高橋の私文書を各所に「漂流」させた東京の都市（計画）行政のメカニズムについても同様である。

最後に7・8は、いずれも生前に著者と縁の深かった升味準之輔と佐藤誠三郎の主著を検討している。7では、原敬内閣までの『日本政党史論』の第一次完結分（一～四巻）が「構造的分析」、「政局史的叙述」、大陸との「比較と関係」の三要素で構成されていたものの、第二次完結分（五～七巻）からは政党の記述が人間模様の描写に終始し、地方政治や官僚制との関係の分析も減少し、「集権化」「逆流」「横流」といった政治的ダイナミズムが失われたことを指摘している。ただ、「運命」論に傾斜し、史料引用も長大となった「升味史論体」の変化を著者はいたずらに後退とはみず、より内在的に、五五年体制の予想外の強さを升味が再認識したことによる「組織なき政党」批判からの脱却と捉えるのである。また8では、激動の幕末維新期を「哲学者やアラーミスト」ではなく「実務家とファナティクス」の時代と喝破した（旧版で削除された部分の）佐藤の指摘を引用しつつ、佐藤がそもそも具体的状況から遊離した思想研究一般に懐疑的であり、「状況の変化とそれに伴う人の思考の変化」を問う必要を強調していた点に、あらためて注意を促している。

升味と佐藤についてはすでに著者が別の媒体で追悼文を寄せており、明治史の開拓者としてやはり名前を逸することができない坂本多加雄と中村隆英のそれとあわせて、ぜひ参照されたい[11]。9は佐藤が編者を務め、各章の扉にも卓越した政局分析を付している史料集『幕末政治論集』を、今日の視点から再読した研究会の成果である。幕末・維新の日本を捉えるパラダイムの再設定、という若き日の課題認識（書評4）に対する、三〇年越しの応答作業の一環とみることもできるだろう。

『形成』と『完成』の間

このように本書の多くは、明治史のあらゆる未発の可能性を併呑《へいどん》しつくそうとするかのような、三〇代の歴史家の強烈な知的好奇心の産物である。第一人者の成熟した叙述を予想して本書を手に取った読者は、政治史学の外延を限りなく拡張し、かつ拡張の成果をたえず還元することでハイ・ポリティックスの因果関係を力強く再構成していこうとする、一九八〇年代の論考にみなぎる若々しさに、強い印象を受けることだろう。『明治国家形成と地方経営』でいったん完成させたジグソー・パズルの精緻さに自足せず、ピースを大幅に増量して一からつくりなおそうとするような熱気が溢れているのである（著者自身は第1章へのコメントで、当時は助手論文の枠組みを「どうにかして前後〔の時代〕に延長したい、いや延長しなければならぬ、との強迫神経症的な思いに苛《さいな》まれていた」と述べている）。

しかし本書の読者はやがて、パズルの「中心」と「周縁」の間を自在に行き来する御厨氏のうちに生じつつあった亀裂にも、気づかされることになるだろう。若き日の著者には、狭義の政治からこぼれ落ちてしまう豊かな歴史の細部を、あくまで政治過程に統合して整合的に説明しようとする志向が顕著だが、実はこのことは、歴史の因果連鎖を重視していた初期の方法的立場と固く結びついている。かつて著者は『明治国家形成と地方経営』のあとがきで、「国家統合の底流に存在する地方をめぐる諸問題」という表現を類似のものも含めて三度繰り返している。[12] そしてこの表現は、『首都計画の政治』のあとがきでも冒頭で反復され、その末尾では「発見された事実の単なる累積からだけでは、実は解釈は生まれない。実証手続きによって明らかにされる一局面や一問題を、一つの統体に総合する作業こそが、歴史解釈を行う上での十分条件となろう」と総括している。(13) 一方で「できる限り政治史の裾野を拡大しその沃土を開拓したいと念じ」ながらも、「一局面や一問題」の「累積」ではない「統合（総合）」を叙述の軸とせざるをえない葛藤を、そこに窺うことができる。

右の引用の前半に、近年まで一貫する、事実発見が自己目的化した歴史研究（「精密実証主義」）への著者の批判意識を認める向きもあるかもしれない。しかし真の対立は、「一つの統体に総合する作業」と「政治史の裾野の拡大」（本書の「序」から引けば、「体系的一貫性」と「歴史物語」）のどちらの方向に事実を動員するかという歴史叙述観の間にあったとみるべきであろう。そしてこの葛藤は、『つくる』二部作ですでに顕在化していた「内閣制度の創設は「地方経営」の制度化の結果であるが、帝国議会の開設は、「地方経営」・「首都計画」の制度化の与件にすぎない(14)」という問題とも重なってくる。明治国家の（公式の）制度が生みだされるダイナミズムを論じた『つくる』の達成を自ら覆すかのように、その後の著者は「制度化」を専ら政治的な活力の喪失と解していくことになるが、本書が映しだす多様な問題意識ははからずも、著者が因果関係の析出にはあきたらず、豊饒な「与件」の描出に傾いていく前夜の魅力的な試行錯誤の跡を浮かび上がらせているのである。

〝私の明治史〟をめぐるグラデーションの背景を知る上で、「明治史の「流れ」と幕末・維新期の「歴史物語」」(15)（『形成』の二〇年後に上梓した『完成』への自著解題でもある）は有益な手がかりとなる。まず著者は「歴史における必然論」を斥けて次のように述べる。

「意図と結果との因果関係は、歴史の個々の事象の「証明」のためには必要であっても、歴史の全体の〝流れ〟の中の「物語」には必要ないからです。おそらく必然論は歴史の「物語」をひどく単調にし、つまらなくしてしまうでしょう。かくて歴史物語から、一方で〝進歩の観念〟に基づく必然論を退けると同時に、他方で〝偉人の存在〟に基づく必然論を退けねばなりません」（同論文一二頁）。

ここでいう「〝進歩の観念〟に基づく必然論」が、歴史の進歩への規範的評価と因果関係の重視を結びつける著者独特の視点を反映している点に注意すべきだろう。「意図と結果との因果関係」を重視した日本政治史の「普通の「通史」」（二六頁）こそ、この「〝進歩〟史観」の代表である。

「［〝進歩〟史観は］これまでの日本政治史の最も合理的な解釈であり、通説的見解として受け入れられてきました。これによれば、元老という人格的主体から政党という組織的主体への移行は、統治の〝進歩〟として捉えられることになる。……新たな統合主体創出の失敗もまた、統治をめぐる〝進歩〟史観の文脈で理解されて当然でしょう。いったんこの通説的見解が確立すると、天皇の逸脱行為はたまさかのイレギュラーな行為と化して、近代政治史全体の流れの中では稀釈されてしまいます」（五三頁）。

そうした歴史の因果律から漏れる「逸脱」や「イレギュラー」といった偶発性を捕捉すべく著者が参照するのはやはり、明治天皇がつくりあげた「建国の父祖共同体」である。著者によれば、それは「近代的支配制度としての明治憲法体制」と不即不離ながら、明確な制度の形をとらない「今一つ別個の統治の様式」であり、しかも「近代的言説空間の中に秩序だって位置づけ」にくいため、分析は容易でない――「すべてを合理的かつ合目的的に解釈する近代の作法に対して、実は昔ながらの手強い非合理的な理解を求める前近代の作法が存在するのではないか」[16]（二六頁）。かくして『完成』は「明治天皇のアクティブかつ形にならぬ支配様式の全体像を蘇らせる」ことをめざすことになる（同）。「目にみえぬ」「形にならぬ」何ものかの復元[17]が、「近代的」な歴史解釈を革新する鍵なのである。

要するに、「〝進歩〟史観」批判はかなりの程度、著者自身の転向宣言である。そしてそのためには、「まことに過ぎたるは及ばざるが如しで、バランスがよくなりすぎると歴史の〝流れ〟は逆に見失われ、無味乾燥な「概論」になってしまう恐れなしとしない」（一三頁）とあるように、「意図と結果との因果関係」の合目的的・体系的な解釈に収斂しない、非合理性や偶発性の契機を織りこんだ「（相対的に）バランスが悪い」通史を書かなければならない。そこで著者が「〝流れ〟」をとらえた「物語」の理念型と仰ぐのは、「誰が意図したわけでもないのに、幕府が不適応症に陥っていく様を明らかに」した大佛次郎の『天皇の世紀』である。同書では黒船の来航という「本来一回起的なシーンの描写が……ある普遍性をもって今の我々にも迫ってくる」（二〇頁）。このもう一つの「普遍性」の発見が、「「通史」の常識ともいうべき……編年史的叙述」（二二頁）から著者が訣別する転機となった。

御厨氏の軌跡からいま想起されるのは、ハンナ・アーレントが古典古代と近代の歴史叙述を対比しつつ、近代に登場した「過程」（process）の概念が普遍性と意義を独占していくことを批判的に考察した論文「歴史の概念」（一九五八年）である。ソクラテスやトゥキュディデスの叙述に現われた古代ギリシアの歴史観について、彼女は次のように整理している。

「因果関係やコンテクストは出来事そのものが与える光に照らして理解され、この光によって人間の事柄が一つ一つ浮かび上がるのである。したがって因果関係やコンテクストは、出来事を多かれ少なかれその付随物にしてしまう――たとえその出来事に適切な位置づけを与えるにしても――ような独立した実体とは考えられなかった。行ないや出来事はすべて、その個々の形態のうちに「普遍的」意味を分有し、また個々の形態において「普遍的」意味を開示していたため、自らを展開しつつすべてを併呑してゆく一つの過程によって意味を与えられる必要などなかったのである」[18]。

ここにみられる「出来事そのものが与える光」を「因果関係やコンテクスト」の析出の上位におくアーレントの理解は、『完成』にいたる御厨史学の再編をみる上でも示唆に富む。「「精密実証主義」と「歴史物語」とをめぐる学者の本分と領分に関わる永遠の課題」を「通奏低音」とする論文集（本書「序」）として位置づけられる本書は、著者がそうした歴史叙述をめぐるアンビヴァレントな課題に向き合うなかでなお、一律のリズムを刻むリニアーな時間軸を前提とした「一つの過程」の観念によって、個々の「出来事」の光に迫ろうとしていた時代の貴重な記録である。

封印が解かれるとき

ところで、「体系的一貫性」と「精密実証主義」を組み合わせた初期の歴史叙述の手法を乗り越えるべく、著者が「暗黙知」と「歴史物語」に新たに接近していく以上の経緯は、政治過程論的アプローチの説明能力に対するある種の断念に支えられたものでもあろう。すなわち、本書の時期の著者は、政治史研究に非政治の領域を取りこむことにはきわめて意欲的な一方、主要な変化を引き起こす原因はあくまで政治にあり、産業構造や法秩序、自然環境といった、政治から自律した論理を持つ諸領域がどのように政治を規定するかという逆方向のヴェクトルには必ずしも関心を払っていない。政治史の外延の拡張に努めたために、かえって政治（過程）決定論の性格が強まったのである。

それだけに、「過程」追跡によって説明できない暗黙知との出会いは、御厨史学を洗練させ、広い読者へ開放していく意義を持ったと思われる（著者の時評における長老再評価は、その一例である）。政治過程の限界点の認知（「領分」）が前提となったことで筆致にはおおらかさが増し、それぞれの領域やアクターについても統合の客体ではない自律的・内在的な論理を描き分けうる好循環が生まれてくる。そしてこうした「過程」の時間軸からの解放の延長上にあるのが、空間への視圏の拡大であろう。近年の著者の「権力の館」論は、初期御厨史学との関係でいえば、政治の可動域を外在的に規定する「制度」として建築物を位置づける試みとみることもできるのではないか。

『権力の館を歩く』の序論「テーマとアプローチ」では、「すべてが建築によって決まるとする建築決定論を主張するものではない」と断りつつも、政治決定のあり方を規定する空間の重要性を強調している。とくに興味深いのは、こうした空間的視点の導入によって、「政治」を特定の会談や会議に光をあてる事件史としてではなく、日常性の動態のうちに捉える視点を新たに獲得したことである――「必ずしも記念性・象徴性を伴わなくとも、日常性の中にこそ、かえってそのダイナミズムは生き生きと存在しているのではないか」(19)。日常性の析出を一般に不得手とする政治史学の革新にむけた、歴史的時間への物語性の導入（「過程」の相対化）とならぶもう一つの方法的提言である。

もちろんこうした空間的視点は突然現われたわけではない。まず本書でも随所で論じた都市政策があり、これと不可分なものとして大正期から戦後にいたる住宅（公団）政策があり[20]、またかつて司馬遼太郎の『胡蝶の夢』を手がかりに、幕末に誕生した新たなインフラである病院を、身分制解体を促して以来の平等化圧力によって（のちに田中角栄が「退院を強行」したように）権力者も無力化しうるもう一つの「館」として論じたこともあった[21]。ただ居住環境と政治の関係は結局まとまらなかった。それはやはり、著者が「マイナーレベルでの対立抗争が、メジャーレベルでの制度改変によって一挙に合理的に収拾解決される」[22]という二部作の枠組み（明治期の国家のサイズが小さく、「国家統合」を担う統治の中枢部と「底流」の地方経営・首都計画を同時に分析することが可能だったがゆえになしえた功績でもある）[23]に代わる叙述の型を、まだ定位しえていなかったからでもあろう。「マイナーレベル」それ自体の広がりを「メジャーレベル」の帰趨からいったん切り離して議論する視点の確立は、「空間の政治学」への移行と補完的な関係にある。空間でゆるやかに仕切られたそうした遊びの余地の拡大のうちに、秩序変動期の「可塑性」を糧とする「政治の豊饒さ」[24]も生まれてくるのである。

著者が二〇〇八年に『明治国家をつくる』をまとめる際に新たに附した序「楕円の構造と異端の系譜」は、こうした型の再定位という点から読みなおしても刺戟的な文章である。実は著者はこれに先立ち、「二つの焦点を持つ楕円構造」という表現を一九八四年の第二作で使っている[25]。ただこのときの「楕円」はあくまで「国家統合」の「底流」を支える両輪として地方経営と首都計画を並列したものであり、二〇〇八年の「楕円」とは微妙に含意が異なっている。後者では、「楕円」の担い手たる「異能の敗者＝トリックスター」は、同時につくられた「合理的でかつ体系的な統治システム」の前に敗北し、「「椿円」の構造が明確化し、「敗者」の系譜が継続化する世界」を形づくることになる。当初の「椿円」が「統治システムの合理化」の要因だったのに対し、『つくる』における「椿円」はむしろ、かかる合理性の体系をゆるがす不穏さの象徴として、立ち現われてくるのである。

この「椿円」の再解釈は、御厨史学史についての読み手の理解を「異端の敗者の系譜」論で書き換えようとする著者一流の仕掛けにほかならない。そしてこれは、価値観が多元化・相対化していく一九七〇年代の「ブラックホール」を前に自己形成した著者のたえざる知的沃野の拡大のなせるわざでもある。著者が庄司薫の『狼なんかこわくない』(中公文庫、二〇〇六年〈初版一九七三年〉)に寄せた「庄司薫はにげ薫　三十三年たっての解説」の白眉は、元号と世紀が並存した「ラビリンス」のような作中の可逆的な時間軸と、カバー裏の著者写真の構図とに、作家が仕掛けた「からくり」を見出した部分である。解説で、著者の慧眼は『赤頭巾ちゃん気をつけて』四部作のなかで『赤』だけが『狼』と同じ「マンション近くにある下り坂途中での全身の肖像」を捉えた一枚である点に着目し、一九六〇年代を読み解くのに最も適切な「双子」のペアをめぐる「間違い探し」を読者に仕掛けたものと看破する。(26) 時間と空間それぞれでの種明かしを重ね合わせた鮮やかな分析である。

こうした間違い探しを仕掛ける「都市の子」(27) のいたずら心への感度は、おそらく御厨氏の作品群に接する際にも必要となるものだろう。そしてちょうどマンホールの横まで何気なく移動する写真の中の庄司薫と同様に、本書には「さっと流せばまったく同じ肖像写真に見える」ように著者が配置してきた歴史家の精神史を読み解くためのヒントがちりばめられている。明治史との闘争の時代の切迫感と、こうした洒脱さがほどよく混在していることも、また本書の魅力である。

註

(1) 御厨貴「ある日本政治学者の原風景――『権力の館を歩く』への旅」(同『政治へのまなざし』千倉書房、二〇一二年)二五一～二五四頁。同「ある肖像」(文藝春秋編『私たちが生きた20世紀』下、文春文庫、二〇一〇年)三一八～三三〇頁も参照。なお、以下では特に断りのない限り、本文中の引用での傍点はすべて前田による。
(2) 牧原出「「御厨史学」の誕生」(御厨貴『明治国家をつくる――地方経営と首都計画』藤原書店、二〇〇七年)六三九頁。
(3) 御厨貴『本に映る時代』(読売新聞社、一九九七年)二九二～二九三頁を参照。
(4) 著者はこの入府税問題の帰趨について当時、「財源の問題は、デモクラティック・コントロールの側面にかかわってくる」と述べている。「シンポジウム　明治の東京計画」(『総合都市研究』一九、一九八三年)一四三頁。
(5) 御厨貴「解説」(原武史『完本　皇居前広場』文春学藝ライブラリー、二〇一四年)二六七頁。
(6) 五百旗頭薫「コメント」(御厨貴『知の格闘――掟破りの政治学講義』ちくま新書、二〇一四年)一四七頁。
(7) 御厨貴「明治史の「流れ」と幕末・維新期の「歴史物語」」(同『戦前史のダイナミズム』(放送大学叢書)左右社、二〇一六年)二二頁を参照。
(8) 五百旗頭、前掲「コメント」一四四～一四五頁。
(9) 大野伴睦などが代表格であろう。院外団に新たな光をあてた近年の研究として、藤野裕子『都市と暴動の民衆史――東京・一九〇五―一九二三年』(有志舎、二〇一五年)。
(10) 御厨貴『首都計画の政治――形成期明治国家の実像』(山川出版社、一九八四年)三三三頁。
(11) 御厨貴「畏友を悼む――坂本多加雄の幻の遺著に」、「闘論を愛した保守ラディカル――追悼・佐藤誠三郎先生」、「升味さん、とお呼びしましょう――弔辞・升味準之輔先生」、いずれも御厨、前掲『政治へのまなざし』所収。同「国家を論じない憲法論議――坂本多加雄の国家論の射程」(御厨貴『天皇と政治――近代日本のダイナミズム』藤原書店、二〇〇六年)。同「中村隆英さんは政治史へいかに越境したか」(統計研究会『学際〈第三次〉』一、二〇一六年)。
(12) 御厨貴『明治国家形成と地方経営――一八八一～一八九〇年』(東京大学出版会、一九八〇年)二八〇頁。
(13) 御厨、前掲『首都計画の政治』三三四頁。
(14) 牧原、前掲「「御厨史学」の誕生」六三七頁。
(15) 御厨、前掲「明治史の「流れ」と幕末・維新期の「歴史物語」」。以下、本文中に引用頁を( )で示す。なお、歴史物語の再評価にむけた理論的考察として、ポール・リクール『時間と物語』Ⅰ（久米博訳、新曜社、一九八七年）。

(16) 同様のフレーズは「重要なポイント」として復唱されており、著者の強いこだわりを見出すことができる。御厨、同右、二八～二九頁、五四～五五頁。歴史叙述における偶発性の契機については、さしあたり村上淳一「歴史と偶然」（同『仮想の近代――西洋的理性とポストモダン』東京大学出版会、一九九二年）参照。

(17) こうした暗黙知の可視化・形象化は、戦後も地方の旅館に潜伏していたような「明治の英雄の亡霊」を呼びだすことになりかねない。山川菊栄「明治の亡霊」『文藝春秋』一九五一年五月号、鈴木裕子編『新装増補　山川菊栄集　評論篇』七（岩波書店、二〇一一年）所収。著者が「〝偉人の存在〟に基づく必然論を退け」るゆえんである。

(18) ハンナ・アーレント「歴史の概念――古代と近代」（同『過去と未来の間――政治思想への8試論』引田隆也・齋藤純一訳、みすず書房、一九九四年、原著一九六八年）八三～八四頁。また歴史家カルロ・ギンズブルグは、古典古代の歴史叙述の精神をいきいきとした描写を意味する「エナルゲイア（enargeia）」に見出している（「描写と引用」、同『糸と痕跡』上村忠男訳、みすず書房、二〇〇八年）。こうした知的系譜のうちに明治期の史論を位置づけることも可能であろう。坂本多加雄「「不死」と「永遠」」（同『知識人』読売新聞社、一九九六年）四九～五三頁。

(19) 御厨貴『権力の館を歩く』（毎日新聞社、二〇一〇年）一六頁。

(20) 御厨、前掲『本に映る時代』二五七～二五九頁。なお著者は「社会資本整備と『公団』の史的意味」と題した論文を準備していた時期があり、目次と序文の一部を「水資源開発と環境問題――Public District の日米比較政策史研究」（『旭硝子財団助成研究成果報告』一九九四年、国立国会図書館所蔵）で見ることができる。

(21) 御厨、前掲『本に映る時代』二六九～二七一頁。

(22) 御厨貴「序　楕円の構造と異端の系譜」（前掲『明治国家をつくる』）v頁。

(23) 五百旗頭、前掲「コメント」一四二～一四三頁。

(24) 御厨貴『馬場恒吾の面目――危機の時代のリベラリスト』（中公文庫、二〇一三年〈初版一九九七年〉）一五頁。傍点は御厨氏。

(25) 御厨、前掲『首都計画の政治』三三二頁。

(26) 御厨貴「庄司薫はにげ薫　三十三年たっての解説」（同『表象の戦後人物誌』千倉書房、二〇〇八年）一六八～一六九頁。

(27) 御厨貴『「保守」の終わり』（毎日新聞社、二〇〇四年）一四七頁。

わが学問生活の原点たる一九八〇年代——あとがきにかえて

明治史・明治政治史は、今を去ること四〇年前のわが学問生活の原点であった。しかしこの分野に対して、その後の私は随分と冷たかったと思う。〝お宝〟発見第二弾となる本書作成の段階に入った時、つくづくそう思った。そもそも〝お宝〟発見の契機が、前著『戦後をつくる』よりももっと他人任せであった。ありていに言おう。吉田書店の吉田真也君の熱心で持続的なすすめがなかったら、歯牙にもかけずに断っていただろう。何故かと言うと、きちっとしたモノグラフィーの形をとった、明治史三部作で私の明治史はすべて完成されており、その余のものはリーディングスに収める価値はなき反故の如きものと、信じてやまなかったからである。そもそも一つの本になるほどの分量もないと思い込んでいた。

そんな私のかたくなな態度を、「北風と太陽」ではないが、太陽の如き暖かさで溶かしてくれたのは、二人の弟子の何げなくさりげない言葉であった。私が都立大に赴任した時の最初の弟子である坂本一登君（國學院大學教授）と、はしなくも東大での最後の弟子世代である前田亮介君（北海道大学准教授）の二人がまったく別の機会に、私のまとまったブックスタイルになっていない、いくつかの明治史の論文について、「あれはを何とかして下さい」いや「何とかなりませんか」との思わぬ陳情に及んだこと、おまけに「若い学生に読ませたいんです」の一言だ。これは泣かせる。すぐにおちた。

ここから先は、都立大出身の吉田真也君と、北大に赴任したばかりの前田亮介君との二人三脚での〝お宝〟発見の旅となる。二人で次から次へと、国会図書館にまで通って私の明治史関連の硬軟とりまぜた文献を探しあて引っぱり出してくれたのだ。今、こうして目次一覧をながめて見ると、忘れていたもの、忘れていたかったものばかりである。逆に、一九八〇年代、三〇歳代の私は、驚くほどに明治史に淫《いん》していたことが、今さらながらわかった。

こうして自らの明治史の文献への再会を果たしている間に、それらがおりなす私の学者生活のインフラのあり方をも掘りおこしてくれることになった。それは何であろうか。一九八〇年代の一〇年間の私を学問的に支えてくれたのは、「近代日本研究会」（山川出版社）と「都立大法学部・都立大政治学」（目黒八雲キャンパス）とであった。

「近代日本研究会」は、私の東大法学部助手時代の師にあたる、伊藤隆、佐藤誠三郎、中村隆英、坂野潤治、三谷太一郎というキラ星の如き五人の編集委員による、若手研究者を混えての学問研鑽の〝場〟にほかならなかった。「年報研究会」あるいは「編集委員会」で、山川出版社の丸卓を囲んでの談論風発は、今思い出しても楽しく、その余韻を味わえる。そこから五人の編集同人の各々が関わった国連大学「松方財政」研究会、「転換期日本」研究会、「言論は日本を動かす」刊行プロジェクトなどの多くの研究プロジェクトに誘われ参加する好機に恵まれた。私は三〇歳代の若き駆け出しの時代に、共同研究三昧の生活を送ることができて本当に幸せだったと思う。

「都立大法学部・都立大政治学」は二〇歳代末から一〇年余の私の勤務先にあたる。南大沢に移った一九九〇年代とはまったく異なる。八雲での自由闊達な言動こそが、若き日の私の大学人としての成長いや増長を促したのであった。「都立大政治学」は、神川信彦（西洋政治史）、升味準之輔（政治学）、赤木須留喜（行政学）のファウンダー世代、岡部達味（国際政治）、半澤孝麿（西洋政治思想史）の中間管理職世代、そして水谷三公（都市行政）、宮村治雄（日本政治思想史）の若手世代と、きれいに三世代に分かれていた。月一回の大学院生を交えた「政治学総合演習」で、政治学としての共通感覚を養い、他流試合のコツを学んだように思う。ちなみに、私で政治学系の定員八名がちょうど埋まったせいもありこの一〇年は常に私が最若手であり続けた。政治学会に赴けば少しずつ前に押し出され、責任と行儀を嫌でも身につけさせられるのだが、大学に戻ってくればしたい放題、放埓の限りを尽くした。

それは「都立大法学部」全体の構造にも連動していた。同じく若手の法律学の仲間たる渕倫彦（西洋法制史）、渋谷達紀（商法）、前田雅英（刑法）、小寺彰（国際法）といった人たちと、つるんでは教授会で悪さをした覚えがある。

「実践的な政治学」の真髄をともかくも体得しえたのは、若き彼等とのつき合いのおかげである。なかでも水谷さんからは、天馬空を駆けるが如くの汎政治の面白さを教わり、渋谷さんからは、特許制度のもつ政治史的意味を学び、書評論文もどきに仕上げた経緯がある（本書第Ⅱ部5を参照されたい）。渕さんの非政治的言説のからくりめいた広がりに対して、前田さんは反政治が充分に政治たりうる微妙な按配を常に示唆してくれた。

かくて私の明治史の〝お宝発見〟は、私の一九八〇年代、燃え木にたとえれば一番炎の勢いのある時期についての勤務先の都立大学での私の生態をも再発見する運びとなった。

吉田真也君のセレクトと編集のウデには唸らされた。前田亮介君の明治史の〝未発〟の可能性を追究する情熱と、解題の巧みさには、出藍《しゅつらん》の誉《ほま》れと言う以外に言葉がない。

本書を手にした若い研究者や学生が、くめども尽きぬ明治史の虜になったらしめたものだ。御厨翁はそうなれば若返りの契機を得るやもしれぬ。でも淡い期待などは持たずに、ただただ待つだけの喜びをかみしめることとしよう。

明治一五〇年にあやかりつつ

御厨翁はかく語りき

【ま行】

【や行】

【ら行】

【か行】

【さ行】

人名索引

【あ行】

二　明治国家形成期の都市計画——東京市区改正の政治過程
『歴史公論』第9巻第5号、1983年
三　“水系”と近代日本政治
『創文』第234号、1983年
補　〈座談会〉鉄道会議の群像と近代日本の形成
『図書新聞』1988年8月13日号

第7章　日本政治における地方利益論の再検討
『レヴァイアサン』第2号、1988年

第8章　「百科全書派」の誕生と終焉——田口卯吉の明治
（原題：「田口卯吉」）『言論は日本を動かす　①近代を考える』（講談社、1986年）

第Ⅱ部　明治史を読む——書評編

1　有泉貞夫著『明治政治史の基礎過程——地方政治状況史論』
『史学雑誌』第90巻第2号、1981年
2　我部政男編『明治十五年 明治十六年 地方巡察使復命書』上・下巻
『史学雑誌』第91巻第3号、1982年
3　藤森照信著『明治の東京計画』
『史学雑誌』第92巻第10号、1983年
4　近代日本研究会編『年報・近代日本研究3　幕末・維新の日本』
『国家学会雑誌』第95巻5・6号、1982年
5　特許庁編『工業所有権制度百年史』上巻
『史学雑誌』第94巻第6号、1985年
6　『高橋是清遺稿集』『高橋是清関係文書』
（原題：「『高橋是清遺稿集』とその周辺」）『特許研究』第5号、1988年
7　升味準之輔著『日本政党史論』全7巻
（原題：「解説　升味史論体のコスモス——“自然さ”の感覚を求めて」）『新装版　日本政党史論　第1巻』（升味準之輔著、2011年）
8　佐藤誠三郎著『「死の跳躍」を越えて』
（原題：「新版への解題」）『「死の跳躍」を越えて——西洋の衝撃と日本』（佐藤誠三郎著、千倉書房、2009年）
9　吉田常吉・佐藤誠三郎編『日本思想大系56　幕末政治論集』」
『外交』第23号（2014年1月号）

初出一覧

（本書に再録するにあたって、適宜修正を加えたものもある）

第Ⅰ部　明治史を書く――論文編

序　章　明治がつくった二〇世紀日本

（原題：「20 世紀の開幕」「日露戦争と戦後経営」「帝国主義の時代」）『日本政治史―― 20 世紀の日本政治』（天川晃との共著、放送大学教育振興会、2003 年）

第 1 章　大久保没後体制――統治機構改革と財政転換

『年報・近代日本研究 3　幕末・維新の日本』（山川出版社、1981 年）

第 2 章　地方制度改革と民権運動の展開

『日本歴史大系　第 4 巻　近代Ⅰ』（山川出版社、1987 年）〔『日本歴史大系　普及版　第 13 巻　明治国家の成立』山川出版社、1996 年〕

第 3 章　一四年政変と基本路線の確定

『日本歴史大系　第 4 巻　近代Ⅰ』（山川出版社、1987 年）〔『日本歴史大系　普及版　第 13 巻　明治国家の成立』山川出版社、1996 年〕

第 4 章　東京市区改正の政治史

『東京を考える　その 2』（東京都立大学事務局調査課編、1984 年）

第 5 章　地方自治をつくる

一　東京統治事始――芳川顕正・星亨・田口卯吉

『研修とうきょう』（東京都職員研修所）第 6 号、1986 年

二　地方の時代と明治の地方官

『彷書月刊』第 2 巻第 11 号、1986 年

三　自由民権期の地方官

『地方自治の窓』第 54 号、1995 年

四　都市と市民

『地域開発』第 416 号、1999 年 5 月

第 6 章　初期官僚制から「計画」の時代へ

一　初期官僚制

『歴史公論』第 8 巻第 3 号、1982 年

著者

御厨　貴（みくりや・たかし）

東京大学先端科学技術研究センター客員教授（名誉教授）。

1951（昭和26）年、東京都生まれ。東京大学法学部卒業。ハーバード大学客員研究員、東京都立大学教授、政策研究大学院大学教授、東京大学教授、放送大学教授、青山学院大学特任教授などを歴任。博士（学術、東京大学）。

専門は日本政治史、オーラル・ヒストリー、公共政策、建築と政治。

著書に『政策の総合と権力』（東京大学出版会、サントリー学芸賞受賞）、『馬場恒吾の面目』（中公文庫、吉野作造賞受賞）、『権力の館を歩く』（ちくま文庫）、『知の格闘』（ちくま新書）、『政治の眼力』（文春新書）、『戦前史のダイナミズム』（放送大学叢書、左右社）など多数。

サントリーホールディングス（株）の取締役、TBSテレビ「時事放談」の司会も務める。

解題執筆者

前田 亮介（まえだ・りょうすけ）

北海道大学大学院法学研究科准教授。

1985（昭和60）年生まれ。東京大学大学院人文社会系研究科博士課程修了、博士（文学）。

専門は日本政治史。

著書に『全国政治の始動——帝国議会開設後の明治国家』（東京大学出版会、2016年）がある。

明治史論集
書くことと読むこと

2017年5月8日　初版第1刷発行

著　者　御厨　貴
発行者　吉田真也
発行所　合同会社 吉田書店
102-0072　東京都千代田区飯田橋2-9-6 東西館ビル本館32
TEL：03-6272-9172　FAX：03-6272-9173
http://www.yoshidapublishing.com/

装丁　奥定泰之
DTP　閏月社
印刷・製本　モリモト印刷株式会社

定価はカバーに表示してあります。

ISBN978-4-905497-50-9